근대 일본의 한국 인식과 침략론

일제침탈사연구총서
정치
03

근대 일본의 한국 인식과 침략론

동북아역사재단 일제침탈사 편찬위원회 기획
방광석 지음

동북아역사재단
NORTHEAST ASIAN HISTORY FOUNDATION

| 발간사 |

    일본이 한국을 침탈한 지 100년이 지나고 한국이 일본의 지배로부터 벗어난 지 70년이 넘었건만, 식민 지배에 대한 청산은 이루어지지 못하고 있다. 일본의 독도영유권 주장은 도를 넘어섰다. 일본은 일본군'위안부', 강제동원 등 인적 수탈의 강제성도 인정하지 않고 있다. 일본군'위안부'와 강제동원의 피해를 해결하는 방안을 놓고 한·일 간의 갈등은 최고조에 이르고 있다. 역사문제를 벗어나 무역분쟁, 안보위기 등 현실문제가 위기 국면을 맞고 있다.
    한·일 간의 갈등은 식민 지배의 역사를 어떻게 볼 것인가 하는 역사인식에서 기인한다. 역사는 현재와 과거의 대화이며 이를 기반으로 미래로 나아갈 수 있다. 과거 침략의 역사를 미화하면서 평화로운 미래를 말하는 것은 불가능하다. 식민 지배와 전쟁발발의 책임을 인정하지 않고 반성하지 않으면 다시 군국주의가 부활할 수 있고 전쟁이 일어날 위험성도 배제할 수 없다. 미래지향적 한일관계를 형성하고 나아가 동아시아의 평화와 번영의 기틀을 조성하기 위해 일본은 식민 지배의 책임을 인정하고 그 청산을 위해 노력해야 할 것이다.
    식민 지배의 역사를 청산하기 위해서는 식민 지배는 어떻게 이루어졌는지 그 실상을 명확하게 규명하는 일이 긴요하다. 그동안 일본 제국주의에 맞서 조국의 독립을 위해 헌신한 독립운동가들의 활동을 찾아내고 역사적으로 평가하는 일에는 상당한 성과를 거두었다. 반면 일제 식민침탈의 구체적인 실상을 규명하는 일에는 충분한 노력을 기울이지 못했다. 제국주의가 식민지를 침탈했다는 것은 너무나 당연한 사실로 여겨졌기 때문에, 굳이 식민 지배에서 비롯된 수탈과 억압, 인권유린을 낱낱이 확인할 필요가 없었는지도 모른다. 그러는 사이 일본은 식민 지배가 오히려 한국에 은혜를 베푼 것이라고 미화하고, 참혹한 인권유린을 부인하는 역사부정의 인식을 보이는 데까지 이르고 있다. 일제의 통치와 침탈 그리고 그 피해를 종합적으로 조사하고 편찬할 필요성이 여기에 있다.

일제침탈사를 체계적으로 정리하는 일은 개인이 감당하기 어렵다. 이에 우리 재단은 한국 학계의 힘을 모아 일제침탈사 편찬위원회를 꾸렸다. 편찬위원회가 중심이 되어 일제의 식민지 침탈사를 정치·경제·사회·문화 모든 방면에 걸쳐 체계적으로 집대성하기로 했다. 일제 식민침탈의 실체를 파악하기 위해 2020년부터 세 가지 방면으로 사업을 추진하고 있다. 하나는 일제침탈의 실상을 구체적이고 생생한 자료를 통해서 제공하는 일로서 '일제침탈사 자료총서'로 편찬한다. 다른 하나는 이들 자료들을 바탕으로 연구한 결과물을 '일제침탈사 연구총서'로 간행한다. 그리고 연구의 결과를 대중들이 이해하기 쉽게 '일제침탈사 교양총서'를 바로알기 시리즈로 간행한다. 자료총서 100권, 연구총서 50권, 교양총서 70권을 기본 목표로 삼아 진행하고 있다.

  '일제침탈사 연구총서'는 일제침탈의 실태를 정치·경제·사회·문화 분야로 대별한 뒤 50여 개 세부 주제로 구성했다. 국내외 학계 전문가들이 현재까지 축적된 연구 성과를 반영하면서 풍부한 자료를 활용하여 집필했다. 연구자뿐만 아니라 교육 현장에서도 활용되고 일반 독자들도 이해할 수 있도록 집필하기 위해 노력했다. 연구총서 시리즈가 일제침탈의 역사적 실상을 규명하고 은폐된 역사적 사실을 기억하고 왜곡된 과거사에 대한 인식을 바로 잡음으로써 역사인식의 차이로 인한 논란과 갈등을 극복하는데 기여하는 디딤돌이 되기를 바란다.

2024년
동북아역사재단 이사장

| 편찬사 |

1945년 한국이 일제 지배로부터 해방된 지 79년의 세월이 지났다. 그럼에도 불구하고 일본 사회 일각에서는 여전히 일제의 한국 지배를 합리화하고 미화하는 주장이 나오고 있으며, 최근에는 한국 사회 일각에서도 일제 지배를 왜곡하고 옹호하는 주장이 나오고 있다. 이는 한국과 일본 사회, 한일관계와 동아시아 국제관계의 미래를 위해서도 결코 바람직하지 않은 일이다.

이에 동북아역사재단은 일제의 한국 침략과 식민 지배에 대한 학계의 연구 성과를 총정리한 '일제침탈사 연구총서'를 발간하기로 하였다. 이에 따라 2019년 9월 학계의 전문가를 중심으로 편찬위원회를 구성하였으며, 편찬위원회는 학계의 연구 성과를 토대로 정치·경제·사회·문화 부문에서 일제의 침탈이 어떻게 이루어졌는지 정리하여 연구총서 50권을 발간하기로 하였다.

주지하듯이 1905년 일제는 러일전쟁에서 승리한 뒤, 한국에 군대를 주둔시키면서 한국의 외교권을 빼앗고 통감부를 두어 내정에 간섭하였다. 1910년 일제는 군사력으로 한국 정부를 강압하여 마침내 한국을 강제 병합하였다. 이후 35년간 한국은 일제의 식민통치를 받았다.

일제는 한국의 영토와 주권을 침탈하였을 뿐만 아니라, 군사력과 경찰력으로 한국을 지배하면서, 정치·경제·사회·문화의 모든 부문에서 한국인의 권리와 자유, 기회와 이익을 박탈하거나 제한하였다. 정치적으로는 군사력과 경찰력, 각종 악법을 동원하여 독립운동을 탄압하고, 한국인의 정치활동을 억압하고 참정권을 박탈하였으며, 집회와 결사의 자유를 억압하였다. 경제적으로는 일본 자본이 경제의 주도권을 장악하고, 일본인 위주의 경제정책을 수행했으며, 식량과 공업원료, 지하자원 등을 헐값으로 빼앗아 갔고, 농민과 노동자 등 대다수 한국인의 경제생활을 어렵게 하였다. 사회적으로는 한국인들을 차별적으로 대우하고, 한국인의 교육의 기회를 제한하고, 한국인으로서의 정체성을 박탈하여 결국은 일본의 2등 국민으로 만들고자 하였다. 문화적으로는 표현과 창작의 자유, 종교와 사상의 자유를 억압하고, 한글 대신 일본어를 주로 가르치고, 언론과 대중문화를 통제하였다. 중일전쟁, 아시아태평양전쟁을 도발한 뒤에는 인적·물적 자원을 전쟁에 강제동원하고, 많은 이들을 전장에 징집하여 생명까지 희생시켰다.

'일제침탈사 연구총서'는 침탈, 억압, 차별, 동화, 수탈, 통제, 동원 등의 단어로 요약되는 일제의 침략과 식민 지배의 실상과 그 기제를 명확히 밝히고자 하였다. 이를 통해 일제의 강제 병합을 정당화하거나 식민 지배를 미화하는 논리들을 비판 극복하고, 더 나아가 일제 식민 지배의 특성이 무엇이었는지, 식민통치의 부정적 유산이 해방 이후에 어떤 영향을 미쳤는지를 밝히고자 하였다.

편찬위원회는 연구총서와 함께 침탈사와 관련된 중요한 주제들에 관하여 각종 법령과 신문·잡지 기사 등 자료들을 정리하여 '일제침탈사 자료총서'도 발간하기로 하였다. 아울러 일반인과 학생들이 보다 쉽게 읽을 수 있는 '일제침탈사 교양총서'를 바로알기 시리즈로 발간하기로 하였다.

일제의 한국 침략과 식민 지배의 역사는 광복 후 서둘러 정리해 냈어야 했지만, 학계의 연구가 미흡하여 엄두를 내기 어려웠다. 이제 학계의 연구가 어느 정도 축적되어 광복 80주년을 맞기 전에 이와 같은 작업을 할 수 있게 된 것을 다행으로 생각한다. 한일 양국 국민이 과거사에 대한 올바른 역사인식을 갖고 성찰을 통해 미래를 향해 함께 나아갈 수 있기를 기대하면서 삼가 이 책들을 펴낸다.

2024년
동북아역사재단 일제침탈사 편찬위원회

차례

발간사 4
편찬사 7

머리말

제1장 **메이지유신기의 대외팽창론과 '정한론'**
　1. 막말 시기의 조선멸시관과 대외팽창론　　　　　　　　　20
　2. 메이지유신기의 '대외화친론'과 '국위선양론'　　　　　31
　3. '정한론'의 전개와 성격　　　　　　　　　　　　　　　47

제2장 **자유민권운동기 '연대'와 '침략'의 조선 인식**
　1. 번벌관료의 조선 인식　　　　　　　　　　　　　　　　66
　2. 자유민권파의 조선 인식과 침략론　　　　　　　　　　85
　3. '연대론'과 '탈아론'　　　　　　　　　　　　　　　　101

제3장 **청일전쟁기 '보호국화'의 추진과 조선 인식**
　1. 청일전쟁기 일본정부의 조선 정책　　　　　　　　　　126
　2. 한반도 중립화안과 일본의 보호국화 정책　　　　　　139
　3. 국권주의자의 조선 인식　　　　　　　　　　　　　　163

제4장　러일전쟁기 한반도 지배론과 보호국화
1. 이토 히로부미의 한국 침략론　226
2. 보호국론과 보호국 논쟁　254

제5장　한국병합기 '병합론'과 강제병합의 실현
1. 일본정부의 '한국병합' 구상　276
2. '안중근 의거'와 일본의 한국 강제병합　303

맺음말

부록 주요 관련 사료 345
참고문헌 399
찾아보기 407

머리말

근대 일본의 한국 인식과 한국 침략에 관해서는 한국과 일본에 다양한 연구 성과가 축적되어 있다. 일본 학계에서는 서양 열강의 영향력이 강한 동아시아 국제정세 속에서 일본의 독립과 안보를 위해서는 다른 국가가 한반도를 지배하기 전에 일본이 배타적으로 지배하는 것이 불가피했다고 보는 경향이 강하다. 이것은 정세론에 치우쳐 일본의 침략론과 침략 의도를 축소해 파악하는 한계가 있다. 또한 일본정부 내에서는 한국 지배를 강력히 주장하는 강경파[무단파]와 내부 정비를 먼저 주장한 온건파[문치파] 등 다양한 세력이 존재했는데, 강경파가 득세하면서 그들의 주장이 관철되었다고 보는 연구가 주류를 차지하고 있다. 그러나 온건파라 하더라도 한국 침략 자체를 부인하지 않고 결국 한국병합론으로 기울었기 때문에, 일본정부 내의 대외노선의 차이를 지나치게 강조하는 것은 실제의 역사 전개에 대한 오해를 초래할 위험성을 갖고 있다.

한편 한국에서는 일본의 한국병합을 목표로 한 침략론이 막말(幕末), 메이지(明治) 초기부터 일관되게 유지되었고, 그것이 러일전쟁 이후 실현되었다고 보는 견해가 뿌리 깊이 이어져 왔다. 그러나 메이지 초기까지 일본의 한국 인식은 피상적이었고, 일본이 현실적으로 한국을 병합할 국력을 갖추고 있지 못했다는 점을 보더라도 이러한 견해는 선험적이며 실증적이지 못한 문제점을 드러내고 있다. 일본의 한국 인식은 시기별로 국제정세에 대응해 변화하였을 뿐만 아니라 그에 맞추어 일본정부가 추진하는 한국 정책도 변화하여 나갔다고 보는 것이 합당할 것이다.

이러한 일본의 한국 침략을 둘러싼 한일 역사학계의 상반된 이해는 실증연구가 진전됨에 따라 균형 잡힌 역사 인식으로 나아가고 있지만, 아직 충분히 진전되었다고는 할 수 없다. 이 책에서는 객관적인 연구 시야를 유지하면서 관련 사료를 재검토하고, 지금까지 한국과 일본에서 축적된 실증적 연구 성과를 반영해 메이지유신기부터 한국병합 시기 정부와 민간을 포함한 일본의 한국 인식 및 침략론에 대한 일관적인 역사상을 제시하고자 하였다. 이 책에서 다루는 주제와 관련된 선행연구는 매우 다양하고 방대하여 여기에서 개별 연구문헌의 내용을 소개하는 것은 생략한다. 이 책의 구성 및 주요 내용은 다음과 같다.

제1장에서는 먼저 에도(江戶)시대에 형성된 조선멸시관과 대외팽창론이 메이지 시기의 한국 인식으로 어떻게 연결되었는지 확인하려고 하였다. 메이지유신 지도자들의 대외 인식은 막부 말기에 대외사상을 전개한 대표적인 사상가 사토 노부히로(佐藤信淵)와 요시다 쇼인(吉田松陰)의 대외 인식과 팽창론으로부터 큰 영향을 받았기 때문이다. 에도시대 후기부터 막말 시기에 걸쳐 국학자들의 황국사관이 형성되었고, 그것이 외정론(外征論)으로 전개되었다. 사상적으로는 고대의 건국신화, 진구(神功) 황후의 '정한(征韓)' 전설, 도요토미 히데요시(豊臣秀吉)의 조선 침략 사실 등을 바탕으로 '신주일본(神州日本)'에 대한 우월감과 아시아인에 대한 멸시사상을 갖고 있었다. 이는 일본이 주변 여러 나라를 지배하는 것을 당연시하는 '팔굉일우론(八紘一宇論)'부터 '정한론(征韓論)'의 연원이라는 의미다.

'보신(戊辰)전쟁'을 통해 에도막부를 타도한 메이지 신정부는 에도막부의 외교방침을 승계하고 '만국공법질서'를 수용하였다. 이를 바탕으로 구미국가에 대해서는 '대외화친론'의 입장을 취하였고, 주변 아시아 지역에는 '국위선양론'을 전개하였다. 메이지 정부의 공문서와 관료의 의견서를 중심으로 '국위선양론'에서 나타나는 조선 인식을 분석하려고 하였다. 이어서 실질적인 조선침략론으로 대두된 '정한론'의 내용과 성격을 밝히고자 한다. 메이지유신 이후의 '정한론'은 이전부터 있던 조선멸시관을 바탕으로 한 조선침략론으로 이념적 대외침략론과 달리 실질적인 외교정책의 바탕이 되는 것으로, 대조선외교를 담당한 실무관료를 포함해 기도 다카요시(木戶孝允)와 사이고 다카모리(西鄕隆盛) 등 메이지 정부 지도자에 이르기까지 다양하게 주장되었다. 이와 관련해 많은 연구 성과가 축적되어 있지만, 개별 주제에 관해 단편적이고 분산적인 연구가 대부분이다. 이 책에서는 '정한론'이 분출되기 시작하는 메이지유신 직후부터 조선 침략이 실현되는 '강화도사건'까지 일본정부, 일본인의 한국 인식의 내용과 성격을 일관성을 갖고 파악하려고 하였다.[1]

제2장에서는 1876년 조일수호조규의 체결 이후, 주로 1880년대에 전개된 한국에 대한 일본의 인식과 침략론을 살펴보고자 하였다. 청일수호조규의 체결 과정을 통해 조선의 '내정'과 '외교'는 '자주'에 속한다는 답변을 받은 일본정부는 이른바 '포함외교'를 통해 조선과 불평등조약을 체결하고 한반도에 대한 진출을 시작했다. 이후 조선에서 경제적 이익을 추구하면서 임오군란, 갑신정변을 거치면서 조선 인식과 침략론을 구체화해 나갔다. 특히 갑신정변에서는 조선의 정변 과정에 간섭하며 침략적 행동을 취했는데, 당시 일본정부의 '문명론'적 조선 인식이 반영된 것이라 할 수 있다. 번벌(藩閥)정부의 최고지도자 가운데 1명인 이토 히로부미(伊藤博文)를 중심으로 정부 측의 조선 인식과 정책론을 검토하였다. 한편으로 갑신정변을 전후해 '조선개혁론'을 외치는 후쿠자와 유키치(福澤諭吉)와 게이오의숙(慶應義塾) 출신자 및 자유민권파도 깊숙이 관여되어 있었다. '연대론'에서 '탈아론'으로 급변한 후쿠자와나 '대동합방론'을 주장한 다루이 도키치(樽井藤吉)의 조선 인식이 가지는 의미, 무력에 의한 조선

---

[1] 이 책에서는 '한국 인식'과 '조선 인식'을 혼용하고 있다. 원칙적으로 대한제국 성립 이전은 '조선 인식', 대한제국 성립 이후는 '한국 인식'이라는 용어를 사용했으나 한반도에 대한 전반적인 인식을 가리킬 때는 시기를 구별하지 않고 '한국 인식'을 사용했다.

내정개혁을 외치며 오사카(大阪)사건을 일으킨 자유당 계열 운동가를 중심으로 한 자유민권파의 조선 인식과 침략론을 분석하였다.

제3장에서는 청일전쟁을 통해 실질적으로 추진되었으나 좌절된 일본의 조선보호국화를 배경으로 당시 정부와 민간에서 제시된 조선 인식과 침략론을 살펴보려고 한다. 갑신정변 이후 체결된 톈진(天津)조약을 통해 청일 양국은 조선에서 군대를 철수시키고 표면적으로는 세력 균형을 이루고 있었다. 그러나 그 사이 일본에서는 군비확장정책을 추진하면서 장래에 있을 청국과의 전쟁을 준비하고 있었고, 청일전쟁의 대결은 현실화되었다. 갑신정변 이후 청일전쟁에 이르는 시기의 조선중립화론, 야마가타 아리토모(山縣有朋)의 '이익선'론, 청일전쟁 시기 수상이었던 이토의 조선정책 등 일본정부의 조선 인식과 침략론이 어떻게 변화하였는지 정리하고자 하였다. 나아가 청일전쟁 이후 전개된 조선보호국론, 조선방임론, 실질적 보호국화론의 내용과 의미도 명확히 하고자 하였다. 청일전쟁 이후 삼국간섭과 을미사변을 통해 일본은 조선에서 일시적으로 후퇴할 수밖에 없었으나, 청일전쟁에서의 승리를 통해 일본의 중국 및 조선에 대한 멸시의식과 지배의식은 더욱 확산되었다고 할 수 있다. 아울러 자유민권운동에 뿌리를 둔 현양사와 '조선낭인'을 중심으로 국권주의자들의 조선 인식을 분석하고, 그것이 한국 침략론에 끼친 영향에 대해 살펴보고자 하였다.

제4장에서는 러일전쟁의 결과 을사늑약이 체결되고 통감부가 설치되어 한국이 일본의 보호국화된 이후 한국병합에 이르기까지 일본의 한국 인식과 침략론이 어떻게 변화되고 구체화되었는지 검토하고자 하였다. 러일전쟁에서 일본이 '승전'하여 포츠머스 조약을 체결하고 영일동맹의 개정, 가쓰라-태프트 협약을 통해 구미 열강으로부터 한국 지배를 인정받은 이후 일본의 침략론은 더욱 구체화 되어 갔다. 이토 히로부미 등 정

부 지도자들의 한국 침략론과 함께 보호통치 방식을 놓고 이집트 방식이나 알제리 방식 등을 원용하면서 구체적인 식민지 침략론이 아리가 나가오(有賀長雄), 다치 사쿠타로(立作太郞) 등 다양한 학자와 관료들에 의해 전개되었는데 그들의 보호국론을 비교하며 살펴보았다. 이러한 논의와 민간에서 전개된 보호국론은 언론을 통해 전개되면서 일본인의 멸시적 한국 인식으로 이어진 것으로 보인다.

제5장에서는 '보호'에서 '병합'으로 일본정부의 한국 지배 방침이 변경되고, 한국 강제병합이 추진되는 시기의 침략론을 검토하고자 하였다. 1907년의 헤이그 사건, 정미조약 체결을 통해 일본정부의 한국 지배정책이 변화하면서 병합론에 대한 논의도 구체화되었다. 그것은 한반도를 둘러싸고 영국과 러시아를 중심으로 한 세력균형에서 '앙탕트'체제로 국제정치가 변화하는 것과 맞물려 있었다. 그 사이 일본정부 내에서는 외무성과 군부의 한국 독점지배 구상이 부상하고, 가쓰라 수상과 고무라 외상 등도 직접식민지론을 주장하였다. 한국병합의 지배 구상을 구체적으로 입안한 외무성과 육군성 등 일본정부 내의 '병합안'을 비교 검토하며 실제 어떠한 방식의 '병합 방침'으로 귀결되었는지를 살펴보고자 한다. 아울러 '안중근 의거'에 대한 국내외적 반응과 '안중근 의거'가 일본의 한국 강제병합에 끼친 영향과 의미를 검토해 보았다.

이 책의 서술은 저자가 지금까지 학계에 발표한 연구 성과 가운데 일본의 한국 인식 및 한국 침략론과 관련된 글들을 참고하였고 전체 주제에 맞춰 추가, 보완하면서 새롭게 집필하였다. 일부 장절의 서술은 선학의 기존 관련 연구를 활용하여 서술하였다. 집필과정에서 이용한 선행 연구는 각주와 참고문헌을 통해 밝혔다

제1장
메이지유신기의 대외팽창론과 '정한론'

1. 막말 시기의 조선멸시관과 대외팽창론

일본은 메이지유신(明治維新)을 통해 식민지화의 위기 속에서 국가적 독립을 유지하고 '부국강병'을 달성하여 서양적 근대국가를 건설한 것으로 일반적으로 이해되고 있다. 반면, 일본이 군사적 팽창을 통해 주변 아시아 지역을 침략해 나간 사실은 제국주의적 상황 속에서 국가의 자존을 위해 어쩔 수 없이 진행된 것으로 간주하는 경향이 강하다. 이는 당시 러시아를 중심으로 한 서양 세력이 조선과 중국 등 동아시아 지역을 지배하면 일본의 독립이 위태롭게 되기 때문에 국가적 독립을 유지하기 위해서는 주변 지역을 침략해 일본의 세력범위에 두는 것이 불가피했다는 인식에 바탕을 두고 있다.

이러한 역사 인식은 메이지유신 지도자들의 대외 인식과 깊은 관련이 있다. 메이지유신을 주도하였고, 메이지 정부의 실권을 장악한 번벌(藩閥) 지도자들은 식민지화에 대한 과잉적 위기의식 아래 설득력이 부족한 자의적인 팽창 논리를 앞세워 징병제를 실시하고 군비를 증강시켜 침략정책을 추진해 나갔다. 그것을 주도한 대표적 인물이 야마가타 아리토모(山縣有朋)이다. 막부와의 전쟁에 직접 참가했고, 신정부 수립 후 오무라 마스지로(大村益次郎)의 뒤를 이어 군대 창설의 핵심 역할을 맡게 된 야마가타는 처음부터 치안유지용이 아니라 대외팽창용 군대를 만들려는 구상을 갖고 있었다. 메이지유신 직후 프랑스와 독일로 군사시찰을 다녀온 야마가타는 「군비의견서(軍備意見書)」(1871.12)를 통해 외부를 향한 군대 건설을 주장했고, 그를 위해 국민들의 반발을 물리치고 징병제를 추진해 나갔다. 류큐(琉球)합병, 타이완 침공, 강화도사건 등을 거치며 형성된 일본의 '과잉방어'적 대외팽창노선은 '주권선' 방어를 위해서는 '이익선'을 확보해야 한다는 전략으로 발전되어, 군국주의를 바탕으로 한 근대 일본의 제국주의로 정착되어 갔던 것이다.[1]

이 장에서는 서양에 굴종하면서 주변 지역을 침략해 나간 메이지 정부의 팽창주의가 어떻게 정착되었는지 메이지유신 지도자[2]들의 대외 인식을 통해 검토하고자 한다. 팽창적 대외 인식은 요시다 쇼인(吉田松陰) 등의 영향을 받은 기도 다카요시(木戶孝允), 이토 히로부미(伊藤博文), 야마가타 아리토모 등 조슈(長州) 출신 지도자뿐만 아니라, 사이고 다카모리(西鄕隆盛), 오쿠보 도시미치(大久保利通) 등 사쓰마(薩摩) 출신 지도자들도 어느 정도 공통적으로 지니고 있었다고 보기 때문이다. 메이지유신 지도자들의 대외 인식을 통해 일본의 팽창주의 노선의 정착이라는 메이지유신의 부정적 유산을 살피고 이후 증폭되어 전개되는 근대 일본의 아시아 침략의 배경을 파악할 수 있다.[3]

1) 팽창적 조선 인식의 연원 - 사토 노부히로

메이지유신 지도자들의 대외 인식은 에도(江戶)시대 대외팽창론의 영향을 크게 받았다. 에도 후기부터 막말 시기에 걸쳐 국학자들에 의해 황

---

1 藤村道生, 1961, 『山縣有朋』, 吉川弘文館 참조.
2 메이지유신을 성공시키고 권력을 장악한 중심적 인물을 메이지유신 지도자로 볼 수 있는데 본절에서는 왕정복고 직후만이 아니라 1870년대 이후까지도 정권의 수뇌부를 구성한 번벌관료의 대외인식을 중심으로 살펴본다.
3 메이지유신 지도자들의 대외 인식은 주로 내셔널리즘과 관련해 연구되어 왔고 팽창주의의 시점에서 조망한 연구는 드물다. 井上淸, 1975, 『新版 日本軍國主義 Ⅱ』, 現代評論社 참조.

국사관이 형성되고, 그것을 바탕으로 '외정론(外征論)'이 전개된다. 사상적으로는 고대의 건국신화, 진구(神功) 황후의 '정한(征韓)' 전설, 도요토미 히데요시(豊臣秀吉)의 조선 침략 사실 등을 바탕으로 '신주일본(神州日本)'에 대한 우월감과 아시아인에 대한 멸시사상이 있다. 이를 바탕으로 일본이 주변 여러 나라를 지배하는 것을 당연시하는 '팔굉일우론(八紘一宇論)'부터 '정한론'이 생겨나게 된다. 대표적인 사람이 사토 노부히로(佐藤信淵, 1769~1850)이다.

사토 노부히로는 농정학, 난학, 지리학 등을 배우고, 홋카이도(北海道), 나가사키(長崎) 등을 견학한 뒤 천황중심주의적 세계관을 형성하고, 그를 바탕으로 침략적 대외론을 전개했다. 그는 『우내혼동비책(宇內混同祕策)』에서 "세계의 지리를 보건대 만국은 황국을 근본으로 하니 황국은 실로 만국의 근본이다. 그 내역을 논하고자 한다. 무릇 황국으로부터 외국을 정벌하는 것은 그 세(勢)에 순응하는 것이어서 쉬우나 다른 나라가 황국으로 침입하는 것은 거스르는 것이어서 어렵다"[4]라는 의견을 내놓는다.

여기서 현실적인 경쟁자로 생각하고 있는 것은 서양이 아니라 중국이다. 사토가 생각하기에 일본 주위의 나라에서 땅이 넓고 물산이 풍부하며 군사가 강한 나라로는 중국이 으뜸이기 때문이다. 그런데 두 차례에 걸친 정벌에도 불구하고 실패로 끝난 몽골의 침략을 떠올려 보면, 중국이 일본을 침략해서 성공할 리는 없으며, 역으로 일본은 몇 년 만 준비하면 전시에 재산 피해가 심대하고 주군의 명에 잘 따르지도 않는 중국을 쉽게 정벌할 수 있다는 주장이 이어진다. 중국만 정벌하면 다른 오랑캐들을 정벌하기는 쉬우며, 그 때문에라도 중국 정벌의 필요가 있다는 논리를 편다.

---

4 「混同秘策」, 1977, 『日本思想大系』 45, 東京: 岩波書店, 426~427쪽.

이때 사토가 염두에 두고 있는 판도는 중국을 포함해서 서역, 시암(타이), 인도 등이다.[5]

이어서 "아시아 대주(大洲) 중에서는 중화국을 제일로 친다. 조선, 류큐 등은 공히 부용(附庸)의 속지(屬地)이기에 나라[國]로 헤아리지 않는다"라고 하며, 조선에 대해서는 중국에 딸려 있는 속지로 파악하며 멸시적인 인식을 드러내고 있다. 조선은 외국에 무력으로 패하여 신복한 적이 없는 일본과 대등한 독립국가일 수 없다며, 국가의 명단에서 제외하고 침략의 대상으로 삼는다.[6]

나아가 『일본서기(日本書紀)』, 『고사기(古事記)』에 근거해 다음과 같이 '팔굉일우' 사상의 실현, 즉 대외침략론을 전개한다.

일본은 대지에서 최초로 만들어진 나라로 세계 만국의 근본이다. 그러므로 그 근본을 잘 엮으면 전 세계를 모두 군현과 같이 만들 수 있고 만국의 군장(君長), 모두 신하로 삼을 것이다. … 무릇 다른 나라를 경략하는 법은 약하여 취하기 쉬운 곳으로부터 시작하는 것이 방법이다. … 지금 세계 만국 가운데에서 황국이 공격해서 취하기 쉬운 토지는 중국의 만주보다 쉬운 곳은 없다. 이로부터 만주뿐만 아니라 중국 전토의 쇠미가 시작될 것이고 타타르(韃靼)를 취득한 다음에는 조선과 중국이 다음이 될 것이다.[7]

---

5 최은석, 2010, 「사토 노부히로의 대외관-구제와 침략」, 『동북아역사논총』 30, 동북아역사재단, 258~259쪽.
6 최은석, 2010, 위의 논문, 262~263쪽.
7 大川周明 編, 1935, 『佐藤信淵集』, 誠文堂新光社, 303~306쪽.

사토는 이러한 침략 구상뿐만 아니라 실제로 원정에 필요한 군사전략까지도 구체적으로 논하고 있다. 시마네현(島根縣) 마쓰에(松江)와 야마구치현(山口縣) 하기(萩)에서 많은 군함에 무기와 화포[車筒]를 싣고 조선 동해안으로 가 함경도, 강원도, 경상도를 경략해야 하며, 규슈(九州)의 하카다(博多) 군대는 많은 군함을 타고 조선 남해안으로 나아가 충청도 여러 곳을 덮쳐야 한다고 하였다. 이 조선침공 작전계획은 도요토미의 임진왜란을 교훈으로 삼은 것이다. 그는 정복한 조선인과 중국인을 교육, 훈련시켜 천황 아래로 따르게 하려고 하였고, 이러한 조선과 중국 침략 구상을 '세계만국의 창생(蒼生)을 구제'하는 것이라고 주장했다. 이러한 사노 노부히로의 대외침략론은 팽창적 조선 인식의 원류라고 평가할 수 있다.

2) 일본 중심주의의 원류 - 요시다 쇼인

사토 노부히로에 이어 막말 시기의 열렬한 존황 사상가로 구체적 대외팽창론을 전개한 사람은 요시다 쇼인(1830~1859)이다. 요시다는 어려서 병학과 포술을 배운 뒤, 에도로 나가 사쿠마 쇼잔(佐久間象山)에게서 양학(洋學)을 배웠다. 1850년대 중반 개국(開國) 시기 우라가(浦賀), 나가사키, 시모다(下田) 등 개항장도 직접 견문해 서양 열강의 위력을 통감하고 부국강병, 해외침략론을 주장하게 되었다.

요시다 쇼인은 에도시대 말기의 하급무사로 '존왕양이론(尊王攘夷論)'과 '일군만민론(一君萬民論)'을 주장하고, 쇼카손주쿠(松下村塾)를 운영해 메이지유신의 지도자를 다수 배출한 사상가이자 교육자로 널리 알려져 있다.

요시다 쇼인은 도자마번(外樣藩)인 조슈번(長州藩, 현 야마구치현) 하기의 하급무사 스기 유리노스케(杉百合之助)의 차남으로 출생해 요시다 가(家)의 양자가 되었다. 본명은 노리가타(矩方), 유명(幼名) 도라노스케(寅之助)이며, 요시다는 원래 그의 호이다. 그는 일본 우익 사상의 창시자이자 근대는 물론 현대까지도 일본 정계에 영향을 끼치고 있는 조슈번벌(長州藩閥)의 아버지로 일컬어진다.

요시다는 5세 때 야마가류(山鹿流) 병학 사범인 숙부의 양자가 되었다. 숙부 다마키 후미노신(玉木文之進)으로부터 병법을 배우고, 1850년 병학 연구를 위하여 규슈에서 유학하였다. 이듬해 에도로 가서 막말의 유명한 사상가 사쿠마 쇼잔에게 서양 학문을 배우고, 미국 동인도함대 페리(M.C.Perry) 제독이 이끈 흑선(黑船) 내항으로 전개된 에도막부의 대응에 대해 분노를 느끼며 존왕론에 관심을 갖게 되었다. 한편으로 외국 유학을 결심하고, 제자인 가네코 시게노스케(金子重之輔)와 해외 밀항을 시도하였다가 실패하여 투옥되기도 하였다.

요시다는 1853년 나가사키에 정박해 있는 러시아 군함에 무단 잠입하여 유럽의 선진화된 과학기술과 문명 등을 배우고 싶다며 밀항을 요구하였으나 러시아 함장으로부터 거절당했다. 그 이듬해인 1854년 같은 목적으로 에도만(江戶灣)에 정박해 있던 페리 함선에 쪽배를 타고 잠입하며 미국으로 밀항 유학을 시도하나 페리는 요시다의 밀항으로 말미암아 에도막부와 예기치 않은 분쟁이 야기될 것을 우려하여 그의 요구를 거절하였다.

당시는 막부가 백성들이 양이와 접촉하거나 외국으로 밀항하는 것 자체를 국법에서 중죄로 처리하는 이른바 '쇄국체제'를 유지하고 있었다. 요시다는 막부의 철저한 통제하에서 서양의 선진과학과 기술을 알기 위해서라면 목숨을 걸고 밀항해서 유학하여 일본의 힘을 배양하여 외세에 대응하여야 한다는 무모하고 과격한 행동을 한 것이다. 즉 요시다는 서양을 배워 '일본을 구하겠다'라는 사명감을 지니고 '밀항'을 도모하였던 것이다.

결국 요시다는 밀항 시도로 인하여 그의 스승인 사쿠마 쇼잔과 더불어 투옥되었고 옥중에서 『유수록(幽囚錄)』을 집필한다. 『유수록』에서 그는 일본은 군함과 대포를 준비하여 해군력을 강화하고 북쪽의 홋카이도를 개척하고 나아가 오호츠크해까지 다스리며 남으로는 류큐와 타이완을 복속하고 조선을 정벌한 다음 북으로는 만주까지를 아우르겠다는 팽창론을 주장한다.

『유수록』에서 요시다는 "지금 급히 무비(武備)를 닦아 즉각 에조(蝦夷)를 개간해 제후에게 봉건하고 틈을 보아 캄차카, 오호츠크를 빼앗고 류큐를 타이르고 … 조선을 다그쳐 인질을 보내게 하고 옛 성사(盛事)와 같이 조공하게 한다. 북으로는 만주 땅을 할양하고 남으로는 타이완, 여송(呂宋 - 필리핀)의 여러 섬을 공격해 점차 진취의 기세를 보여야 할 것"[8]이라고 강조했다. 즉 강력한 서양 세력에 맞서는 것을 그만두고 조심하면서 따르고, 그 사이에 국력을 길러 힘이 약하고 취하기 쉬운 조선과 중국, 아시아 나라들을 수중에 넣음으로써 서구 열강에 빼앗긴 이익을 회복한다는 것으로 메이지유신 이후 팽창주의의 원형이라고 할 수 있다.

또 요시다는 1855년 4월 24일 형 스기 우메타로(杉梅太郎)에게 보낸 『옥시첩(獄是帖)』에 "러시아, 미국과 강화가 정해졌다. 결단코 우리가 이것을 깨뜨려 이적(夷狄)에게 신의를 잃어서는 안 된다. 장정(章程)을 엄히 하고 신의를 두텁게 하고, 그 사이에 국력을 길러 취하기 쉬운 조선, 만주,

---

8   奈良本辰也, 2013, 『吉田松陰著作選』, 講談社, 158쪽.

중국을 복종시켜 교역에서 러시아, 미국에게 잃은 것을 조선과 만주에서 보상해야 할 것"[9]이라고 강조했다.

요시다의 이 같은 논리의 바탕에는 『일본서기』, 『고사기』의 신화에 근거한 일본의 '선민(選民)'으로서 진구황후, 도요토미가 이루지 못했던 침략의 야망을 성취해야 한다는 사관과 아시아에 대한 멸시감이 깔려 있다. 그는 "조선은 예로부터 우리에게 신속(臣屬)하였다. … 군대를 일으켜 삼한(三韓)의 무례를 공격하고…국위를 해외에 펼치는 것이 어찌 장대하지 아니한가?"[10]라고 하면서, "기회를 보아 에조를 개간하고 류큐를 공격하고, 조선을 취하며 만주를 억누르고 제압하고 인도로 나아간다. 진취의 기세를 펴고 퇴수(退守)의 기반을 굳건히 해 진구황후가 아직 이루지 못한 것을 이루고 도요토미가 아직 이루지 못한 바를 이루어야 한다"[11]라고 하였다.

요시다는 진구(神功) 황후가 '삼한정벌'을 했다는 사실을 믿어 고대부터 한반도는 일본의 속국이라는 사관을 갖고 있었다. 그러므로 서양 열강이 아시아를 침략하고 있는 상황에서 도요토미와 같은 행동은 오히려 국체에 맞는 것이라고 주장하였다. 요시다는 이러한 구상을 실현하기 위한 구체적인 군사전략도 제시했다. 1858년 2월 19일 가쓰라 고고로[桂小五郎, 훗날 기도 다카요시]에게 보낸 편지에서 "원대한 전략의 시작은 조슈에서 조선, 만주로 나아가는 것이 좋다. 조선, 만주로 나아가려 한다면 다케시마(竹島)가 하나의 중간기지이다. 이것이 오늘날 하나의 기책(奇策)이라

9　『吉田松陰全集』 제8권, 岩波書店, 1939, 423쪽.

10　위와 같음.

11　「外征論」, 『吉田松陰全集』 제3권, 岩波書店, 1934, 64~65쪽.

고 생각한다"¹²라고 하였다.

요시다의 해외팽창, '정한' 구상은 그의 문하생과 국학, 유학자, 존왕양이 지사들에게 계승되어 갔다. 국학자인 히라노 구니오미(平野國臣)도 같은 시기 요시다와 흡사한 '정한론', 세계정복론을 주장하였고¹³, 요시다의 문하생으로 메이지유신의 지도자 가운데 1명인 기도 다카요시가 유신 직후부터 '정한론'을 주장한 것은 잘 알려져 있다.

요시다는 쇼카손주쿠를 통해서 일본인들에게 잘 알려져 있다. 이는 메이지유신의 태동지인 하기에에 있던 요시다 쇼인이 운영한 사설 학교이다. 흑선을 앞세운 미국의 무력시위에 굴복해 에도막부가 어쩔 수 없이 미국과 화친조약을 체결한 1854년, 사카모토 료마(坂本龍馬)는 요시다 쇼인을 에도에서 만났다. 요시다는 사카모토보다 불과 여섯 살 위였지만 1850년 유일한 서양 학문의 창구인 규슈의 나가사키에 유학하여 서양의 군사학 등 서구의 과학과 기술을 학습하였다. 사카모토는 이러한 요시다로부터 그 당시 서양의 정세와 국내 일본 정황 그리고 대응방안에 대하여 가르침을 받았다고 한다.

1855년 출옥한 뒤 요시다는 숙부 다마키가 설립한 쇼카손주쿠를 인수하여 이를 주재하였다. 그는 선생으로서 자신의 사상을 조슈번에 모여든 청년 무사들에게 설파하였다. 이때 그의 문하생으로 막부 타도의 선봉장 다카스기 신사쿠(高杉晉作), 존왕양이운동의 지도자 구사카 겐즈이(久坂玄瑞), 메이지 정부의 초대 총리 이토 히로부미, 메이지 시대 외교를 주도한 이노우에 몬타[井上聞多, 훗날 이노우에 가오루(井上馨)로 개명], 일본 육

---

12 『吉田松陰全集』第6卷, 岩波書店, 1934, 11~12쪽.
13 「尊皇英斷錄」, 『平野國臣傳記及遺稿』遺稿, 博文社書店, 1916. 15~33쪽.

군의 아버지로 일컬어지는 야마가타 아리토모 등이 있고, 메이지유신 3걸 가운데 1명인 기도 다카요시도 요시다의 영향하에 있었다. 쇼카손주쿠는 이러한 메이지유신의 주도 세력을 다수 배출하여 메이지유신의 성지가 된다.

  요시다는 '천하는 천황이 지배하고, 그 아래 만민은 평등하다'라는, 즉 천황 아래에서 만인이 평등하다는 '일군만민론'을 주창하였다. 또한 그는 조선을 속국화하고, 만주, 타이완, 필리핀 영유를 주장하기도 했다. 일본 중심의 팽창론 내지 침략론이다. 한편 요시다는 기존의 교육자들과 달리 교육의 대상에 신분이나 남녀의 구별을 두지 않았다[초망굴기론(草莽崛起論)]. '존왕론'과 밀접한 관련이 있으며 신분의 차별 없이 모든 이를 규합하여 막부를 타도하고, 천황을 중심으로 새로운 정치체제를 수립하려고 하였다.

  요시다는 1858년 존왕양이를 주창하다 안세이(安政) 탄압으로 다시 막부의 감옥에 갇혔고, 이듬해 심문을 받다가 로주(老中) 마나베 아키카쓰(間部詮勝)의 암살 계획을 진술한 후 사형판결을 받고 만 29세의 나이로 참수되었다. 시체는 벌거벗겨져 나무통에 넣어진 채로 아무렇게나 매장되었으나, 후에 격분한 제자들이 막부로부터 시체를 인수해 예를 갖추어 안장했다. 존왕양이를 위해서라면 직접적인 행동도 서슴지 않았던 행동파였다고 할 수 있다.

  요시다 쇼인은 무엇보다 메이지유신의 지도자를 길러냈다는 것 때문에 일본인들에게 널리 알려져 있다. 특히 그의 제자 가운데 내각총리대신, 귀족원 의장, 추밀원 의장, 입헌정우회 총재, 초대 한국통감 등을 역임한 일본정부의 원로이자 정치가인 이토 히로부미가 있다. 이토는 요시다와 열한 살 차이로 1857년부터 2년 남짓 쇼카손주쿠에서 요시다의 가르침을 받았다. 1859년 막부의 탄압에 의해 요시다가 처형되면서 사제관계는 길게 이어지지 못했으나 이토는 요시다를 평생 스승으로 떠받들면서 사상의 후계자임을 자처했다. 이후 메이지 정부의 최고지도자로 성장한 이토는 '존왕론'을 신조로 삼아 천황 중심의 입헌체제를 구축했으며, 일본의 '대국주의'화 노선을 선택해 오키나와, 홋카이도, 조선, 사할린, 만주로 지배 영역을 확대하는 일본의 제국주의적 침략을 주도했다. 특히 한국과 관련해서는 1905년 을사늑약을 강제로 체결해 대한제국의 외교권을 빼앗고, 1907년 헤이그 사건 이후 정미조약을 강요하고, 고종을 퇴위시키는 등 일본정부를 대표해 한국 침략을 진두지휘하다 안중근에 의해 사살당했다. 이러한 이토의 정치적 활동은 바로 막부 말기에 구상된 요시다의 사상을 실천한 것이며, 이후 전개된 아시아주의, 일본 중심주의의 원류를 이루는 것이라 할 수 있다.

2. 메이지유신기의 '대외화친론'과 '국위선양론'

1) 만국공법과 국권확장론

에도막부를 붕괴시키고 천황 중심의 신정부에서 권력을 장악한 주도 세력은 조슈와 사쓰마를 비롯한 번벌 관료였다. 그 가운데는 기도 다카요시, 이토 히로부미, 야마가타 아리토모 등 요시다 쇼인의 제자가 다수 포함되어 있었고, 신정부 수립에 국학, 존황론의 영향이 컸으므로 요시다 쇼인 등의 팽창적 대외 인식이 은연중에 메이지 정부에 이어진 것은 당연하다. 그러나 메이지 신정부는 성립 직후 서양 국가들과의 정면 대결을 피하고 막부가 체결한 불평등조약을 인정하는 '대외화친'의 외교방침을 천명하였기 때문에 서양식 '만국공법'의 외교논리를 무시할 수 없었다.

1868년 1월 대외 기본방침으로 제시된 「대외화친, 국위선양 포고」는 구 막부가 체결한 조약을 신정부가 이행함과 아울러 불평등조약의 개정과 세계의 '공법'에 바탕을 둔 외교 추진을 내걸었다. 동시에 "크게 군비를 충실히 하고 국위를 해외 만국에 빛나게 한다"[14]라는 의욕을 나타냈다. 이러한 대외화친, 국위선양의 자세는 같은 해 3월 14일에 공포된 「오개조서문(五箇條誓文)」에도 관철되었다. "구래의 누습을 타파하고 천지의 공도(公道)에 바탕을 두어야 한다", "지식을 세계에서 구하여 크게 황기(皇基)를 진기(振起)시킨다"는 서문의 내용은[15] 대외화친과 개국진취, 국위선양

---

14 『復古記』一 [芝原拓自 外 編, 1988, 『對外觀』(日本近代思想大系12) 岩波書店, 3쪽]
15 歷史學硏究會 編, 1997, 『日本史史料 近代』, 岩波書店, 82쪽.

의 국시를 표현한 것이다. 한편 「오개조서문」과 동시에 일군만민, 천황친정의 취지를 천황 스스로가 국민에게 말한 「국위선양의 신한(宸翰)」에서도 "근래 세계가 크게 열려 각국이 사방에서 서로 웅비할 때… 친히 사방을 경영하고 너희 백성을 안무(安撫)하고 마침내 만리의 파도를 개척하여 국위를 사방에 선포"[16]한다고 하여 다시 석극적인 해외진출의 야망을 드러내고 있다.

그런데 메이지 신정부의 지도자들은 만국공법에 대해 어떻게 이해하고 있었을까. 메이지 신정부는 당초 '만국의 공법', '세계의 공법', '천하의 공도'를 존중하겠다고 하였기 때문에 '만국공법'에 대한 관심은 지대하였다. '만국공법'은 실정법상 국제법규에 한정하여 이해하기보다는 국제관계를 규율하는 자연법적 조리 또는 이상으로 받아들이는 것이 일반적이었다. 그리고 유교적 개념으로 치환되어 '천하의 통정(通情), 세계의 공리(公理)' 등으로 사용되었다.

그러나 '만국의 공법', '천지의 공도'를 바탕으로 국가 상호 간 대등하고 평등하게 규정되어야 할 세계에서 '만국공법'이 존중되지 않고, 현실의 구미 열강은 이를 그대로 지키지 않았기 때문에, 메이지 정부 지도자들은 실제로는 '만국공법'은 거의 신용하지 않았다. 현실 세계에 존재하는 것은 국제간 파워 폴리틱스(power politics), 약육강식의 힘의 논리밖에 없다고 믿었다.

메이지유신 지도자 중 1명인 기도 다카요시는 1868년 11월 8일 일기에 "황국(皇國)의 병력이 서양 강국을 대적할 수 있을 만큼 갖추어지지 않으면 만국공법도 원래부터 믿을 수 없다. 약자에 대해서는 크게 공법의

---

16 『太政官日誌』第五號(『對外觀』), 4~5쪽.

이름을 빌려 이득을 꾀하는 것이 적지 않다. 따라서 만국공법은 약자를 빼앗는 하나의 도구이다"[17]라고 적고 있으며, 같은 내용이 13일 자 야마구치번(山口藩)의 참정(參政) 노무라 모토스케(野村素介)에게 보낸 편지에도 적나라하게 표현되어 있다.

> 만국공법이라고 말해도 이것은 다른 나라를 빼앗는 도구로 조금도 방심해서는 안 된다. 오늘날 세상이 종횡으로 왕래하고 있는데 명목이 없이는 함부로 다른 나라도 빼앗을 수 없기 때문에 어쩔 수 없이 이와 같은 법을 만들었다고 생각한다. 약국은 이 법으로 빼앗고 강국은 이 법으로 빼앗겼다는 것을 듣지 못했다. 안심할 수 없는 세상이다.[18]

19세기 당시의 국제법, 즉 '만국공법'은 유럽 근대주권국가 사이에서 대등하고 평등한 질서를 형성하고 있었을 뿐이고, 터키, 페르시아, 중국, 일본, 조선 등 비문명국에 대한 주권제한 및 영토획득은 정당화하고 있는 불평등한 법적 세계 시스템이었다. 1871~1873년 미구회람(米歐回覽) 사절을 경험하게 되는 이와쿠라 도모미(岩倉具視)나 기도 다카요시 등은 당시 이미 '만국공법'의 불평등한 구조를 간파하고 있었다. 그러나 그들의 인식은 그다지 철저한 것은 아니었다. 현실에서는 적나라한 주권국가의 완력이 상위에서 국제관계를 지배하고 있고 '만국공법'은 그 모략과 강탈의 명분을 제공하고 있다는 냉소적인 판단이 공통적이었다고 할 수 있다. 이러한 현실 국제정치에 대한 현실적인 판단이 내셔널리즘을 더욱 힘의

17　妻木忠太 編, 1932, 『木戸孝允日記』 第1, 日本史籍協會, 138쪽.
18　妻木忠太 編, 1930, 『木戸孝允文書』 第3, 日本史籍協會, 188쪽.

논리의 방향으로 자극한 것은 분명하다. 메이지 국가의 대외선언은 강국 또는 대국으로 상승하려는 강렬한 국가의지의 표명이기도 하다.[19]

'만국공법'을 불신한다고 해서 그것을 준수하지 않을 수는 없었다. 일본에서는 '국위선양'을 위해서라도 '조약 개정'을 통해 서양 열강과의 격차를 줄이려 하였다. 그러한 모순과 열등감을 자각하는 중요한 계기가 이와쿠라 사절단의 경험이었다.

즉 특명전권 사절의 목적과 사명을 명시한 「사유서(事由書)」에는 '열국공법(列國公法)'은 국제간의 상호 '대등한 권리'를 보장하고 있다고 하면서도, 막말 이래 이 권리가 '능욕침범'되고 있는 것은 일본이 취하고 있는 동양적 '국체풍속'이 '열국공법'을 통용되기 어렵게 해서 열강에게 이용당하고 있기 때문이라고 보았다. 그래서 "종전의 조약을 개정하려고 한다면 열국공법에 의하지 않으면 안 된다. 열국공법에 의해 일본의 국률, 민률, 무역률, 형법률, 세법 등 공법과 상반되는 것을 변혁, 개정하지 않으면 안 된다"고 당시의 과제를 제기하고 있다.[20] 이 점은 이와쿠라 사절단이 최초로 방문한 미국에서 사절단 수뇌들에게 사절단의 사명을 재확인할 것을 요구한 이토 히로부미의 의견서에 선명하게 표현되어 있다.

> 천황 폐하는 동양 여러 나라에서 행해지는 정치 풍속으로 일본의 선미(善美)를 다하기에 족하다고 보지 않는다. 왜냐하면 구미 각국의 정치, 제도, 풍속, 교육, 영생(營生), 수산(守産)이 대체로 동양을 뛰어넘기 때문이다. 그러므로 개명의 풍(風)을 우리나라에 이식하고 우리 국

---

19   芝原拓自,「對外觀とナショナリズム」,『對外觀』, 467~468쪽.
20   『對外觀』(日本近代思想大系12), 17~26쪽.

민으로 하여금 신속히 동등한 경지로 진보하게 하려는 생각을 갖고 밤낮으로 노력하는 것을 사무로 한다.[21]

메이지유신 이래 불평등조약의 개정과 국위선양을 선언해 온 일본정부 지도자들은 자신들이 체험한 현실 국제환경 속에서 아시아가 약하다는 자각과 구미 열강과 대등한 지위에 오르고 싶다는 강한 의욕을 공통적으로 나타내고 있다. 실제 사절단 일행은 구미 각지를 정력적으로 조사, 견문하면서 그러한 인식을 구체화시켰다. 그러한 의지는 개화에 무관심하고 고루해 보이는 조선과 중국에 대한 멸시의 감정으로 연결되어 갔다고 보인다.

이상을 살펴보면, 메이지 정부 지도자들은 국위선양, 즉 국권 확장의 강렬한 지향이 있었지만 서양 국가에 대해서는 그것을 펼칠 수 없었다. 군사는 물론 정치와 풍속 등 모든 측면에서 동양을 압도하고 있는 서양 국가에 대해서는 그들이 요구하는 '만국공법'의 논리를 받아들여 법제 정비, 문명개화, 부국강병을 필요로 하는 지난한 조약개정 교섭에 매진할 수밖에 없었고, 반면 서양에 뒤처진 주변 아시아 지역은 국권 확장의 대상이 되어 갔다.

---

21 『對外觀』(日本近代思想大系12), 26~32쪽.

2) 아시아 침략론의 전개

일본의 대외 인식은 서양 국가들에 대한 것과 달리 인근 조선, 중국과의 관계에서는 상이한 지향과 국면이 있었다. 특히 조선에 대한 멸시적 인식과 국권 확장의 의도는 메이지유신 당초부터 이미 국가의지로 표명되어 실천되고 있었다. 서양 열강의 개국 요구를 일체 거부하고 있던 조선에 대해 일본이 새로 국교 개선의 요구를 한 것을 직접적인 발단으로 하여 이른바 '정한론'이 전개되었다.

메이지 신정부가 쓰시마번을 통해 조선에 보낸 외교문서에 '황(皇)', '칙(勅)', '조(詔)' 등의 글자가 사용되어 조선 측이 그것을 거부하자 무례하고 모욕적이라며 기도와 외교당국의 정한론 열기가 고조되었다.

1870년 6월 외무대록(外務大錄) 사다 하쿠보(佐田白茅)와 모리야마 시게루(森山茂) 등은 건백서를 통해 서양 국가들이 조선에 관심을 가질 여유가 없는 지금이야말로 "황위를 조선에 미칠 좋은 기회"라며 '황사(皇使)'의 파견을 독촉했다.[22] 기도도 같은 시기의 건백서에서 조선에 대한 요구는 '천하의 통정, 세계의 공리'라는 입장에서 조선의 사태는 그만둘 수 없는 형세라고 보고, 외교 교섭 시 "조선이 공리에 따르지 않을 때는 우리도 역시 확실한 결정을 취해야 한다"고 말했다.[23] 이러한 논의를 통해 사절을 파견하여 조선이 거절하면 무력을 발동한다는 일본정부의 방침이 결정되어 갔다.

본격적 조선침략론은 1873년 사이고 다카모리, 이타가키 다이스케(板

---

22 『日本外交文書』제3권, 147쪽.
23 『日本外交文書』제3권, 145~146쪽.

垣退助) 등에 의해 주장된 이른바 '정한론'이다. 일본 신정부의 국교교섭 요구를 '왜양일체론(倭洋一體論)'적 관점에서 배격해 온 조선정부의 조치에 대해 일본의 위정자는 '무례'하다며 반감을 품고, 조선정부가 일본의 교섭 요구에 응하지 않는다면 무력을 통해서라도 조선을 '응징'한다는 주장을 한 것은 널리 알려진 사실이다. 대표적인 '정한론'자인 사이고는 자신이 스스로 조선에 사절로 파견되어 '폭살'당하면 그것을 빌미로 군대를 파견해 조선을 굴복시키라는 다소 황당한 주장을 펼쳤다. 평화적 교섭을 추진하고 그것이 이루어지지 않으면 무력을 사용하자는 것이지만 조선이 어떤 행동으로 나올지 충분히 고려하지 않고 어디까지나 교섭 결렬을 의식하여 그 뒤에 전쟁을 일으킬 것을 생각한 것이다. 이 '견사폭살론(遣使暴殺論)'은 이타가키 등 정부 내 강경론자들의 이해를 구하려는 방편이라는 측면이 있었다고 하지만,[24] 그렇다고 해서 사이고가 평화적 교섭을 원했던 것은 아니다. 사이고의 입장에서는 폐번치현(廢藩置縣) 이후 메이지 신정부가 펼친 문명개화 정책으로 특권이 상실된 사족들의 불만을 외부로 돌리려 한 측면이 크게 작용했다. 여기에는 "조선이 약하고 취하기 쉽다"고 보는 사토 노부히로 이래의 팽창적 조선 인식이 바탕에 깔려 있다고 보아야 할 것이다.

이러한 1873년의 '정한론'은 이와쿠라 사절단이 해외에 파견된 기간 동안 이른바 '잔류정부'의 유력자들이 찬성하여 정부의 정책으로 거의 결정되었으나 사절단에 참여한 지도자들이 귀국하여 반대함으로써 양자가 팽팽히 대립한 끝에 정변의 형태로 좌절되었다. 1873년 10월의 '정한론' 정변이 그것인데 정변 때 이와쿠라, 오쿠보, 기도 등 이른바 '내치파'가

---

24 毛利敏彦, 1979, 『明治六年政変』, 中央公論社 참조.

'정한론'을 반대한 것은 이와쿠라 사절단의 경험을 통한 정세 판단의 견해차가 있었으며, 한편으로 정부 내 주도권 다툼의 요소가 있었다. 유신 당초부터 있었던 조선을 향한 팽창 지향은 이와쿠라, 오쿠보, 기도 등 '내치파'에게도 잠재되어 있었고, 이후 '운요호[雲揚丸]사건'을 통해 '내치파'가 주도하는 '정한론'이 실현되게 된다.[25]

메이지 정부 지도자들의 아시아 팽창론은 조선에만 한정되지 않고 다른 주변 지역으로도 향했다. 1874년 2월 6일 오쿠보와 오쿠마 시게노부(大隈重信)가 연명으로 제출한 「대만번지처분요략(臺灣蕃地處分要略)」[26]은 류큐 어민이 타이완 원주민에 의해 살해당한 사건을 빌미로 류큐의 귀속 문제를 일거에 해결하려는 것으로, 이 주장이 내각회의에서 채택됨에 따라 타이완 침공이 이루어지게 되었다. 이 문서에서 오쿠보와 오쿠마는 류큐의 청일양속설(淸日兩屬說)을 부정하고 "류큐는 예부터 우리 제국의 소속"이라는 점을 주장하였다. 그리고 류큐 인민을 살해한 '타이완 토번(土蕃) 부락'은 청국의 지배가 미치지 않는 무주지이기 때문에 일본정부가 살해에 대해 보복할 의무가 있다는 '공리'를 내걸었다. 그러나 이는 객관적으로 매우 설득력이 부족한 논리이다. '토번'의 귀속에 대해서는 사전교섭에서 청국 측이 주장하듯이 일본의 에조, 미국의 아메리칸 인디언 등과 같이 복속되지 않은 주민이 있는 것은 세계적으로 많은 사례가 있으므로 '토번 부락'을 무주지라고 할 수 없다. 오쿠보와 오쿠마의 주장에 따르면, 일본이 점유하고 있는 홋카이도의 아이누 거주지는 일본의 판도에 포

---

25 '정한론' 정변과 '정한론'의 실천인 '강화도조약'에 관해서는 제3절에서 구체적으로 살펴보겠다.
26 『大久保利通文書』第五, 日本史籍協會, 1928, 343~346쪽.

함되지 않게 되어 버리므로 그 논리에는 무리가 있다. 또 그때까지 청조와 류큐왕국의 전통적인 책봉관계가 엄연히 계속되고 있었다.

일본이 1872년 멋대로 류큐번을 설치하고 류큐의 외교사무를 외무성이 접수하고 번의 사무를 내무성 관할로 강행하였다 하더라도 그것은 약소국가에 대한 침략적 지배이지 국제적으로 '공리'가 될 수는 없다. 청국은 타이완 원주민과 류큐 표류민 사이의 사건 해결은 바로 '우리나라의 권한'에 속하는 문제이며, 일본이 간섭할 문제가 아니라고 반발하였다.[27] 따라서 「타이완번지처분요략(臺灣番地處分要略)」과 그에 따른 타이완 침공, 오쿠보의 베이징(北京) 담판은 '공리'가 아니라 실제 힘의 논리로 청국과 류큐의 종속관계를 부정하고 '류큐 병합'을 강행하려는 자세를 분명히 밝힌 것이라 할 수 있다. 이러한 점을 보면, 일본이 주장해 온 '만국공법'의 논리는 자의적으로 해석되어 침략을 정당화하는 명분으로서만 작용하였던 것이다.

같은 시기에 오쿠보와 오쿠마가 조선 국교 교섭과 관련하여 제출한 「조선견사(朝鮮遣使)에 관한 취조서(取調書)」(1874.2)도 비슷한 논리를 전개하고 있다.

1. 조선에 사절 파견의 일은 이미 조정에서 결정되었다. 따라서 그 목적을 달성하고 순서를 찾기 위해 수 명을 뽑아 도항하게 한다. [부전(附箋)] 어일신(御一新) 이래 조선에 사절을 파견한 것은 이미 여러 번이지만 그들은 번번이 이를 거부했다. 국욕(國辱)이라 해야 할 것이다. 지금 다시 사절을 파견하여 공의(公誼)를 표하고 정성을 다하

---

27 王藝生, 1934, 『日支外交六十年史』1, 建設社.

겠지만 다시 그들이 받아들이지 않을 때는 문죄(問罪)의 군대를 보내지 않으면 안 된다. 따라서 미리 계획을 해 두어야 한다.
2. 우국(友國)의 공의(公誼)를 표하고, 구교(舊交)의 성의를 다함은 사절 파견의 취지이므로 그 목적을 잃어서는 안 된다.
3. 그 국정(國情)의 여하, 군비의 허실, 판도의 형세 등을 탐정하여 후일을 계획하는 데 참고해야 할 것이다. [부전] 조선은 국경을 러시아와 접하고 있다. 러시아의 상황을 헤아려야 할 것이다. 적당한 사람을 파견해 국경에 들어가 탐정하게 해야 한다. 중국 역시 그렇게 해야 할 것이다. 또 조선에 군사를 보내기로 의결할 때는 미리 러시아에 조회해 관련되는 일이 없음을 담판해야 한다.
4. 초량관(草梁館)은 곧 우리 국권을 행해 왔고 일부의 땅을 점유해 관민을 보호하고 상로(商路)를 개설하였다.[후략][28]

조선과 '우국의 공의'를 중시하여 사절을 파견한다고 하지만 거부할 경우에는 문죄하여 군대를 출병한다는 전제 아래 조선의 내정 정탐과 러시아와 사전 교섭까지 제의하고 있다. 이것은 이전과 마찬가지로 사절을 파견하고 그것이 거부당하면 출병한다는 사이고의 '정한론' 구상과 동일한 것이었다. 실제 1875년 9월 먼저 일본 측이 군함 운요호 등을 보내 도발하고, 포함외교 정책을 실행해 강화도사건을 일으키는 난폭한 형태로 구체화되었다. 그 결과로 주지하듯이 군함 6척을 이끌고 와 수교를 강요한 '조일수호조규'의 조인은 이러한 노골적인 군사행동과 압력을 배경으로 이루어졌다.

---

28 『大久保利通文書』第五, 371~373쪽.

오쿠보는 강화도사건 후 1875년 10월 이와쿠라에게 보낸 「각서(覺書)」[29]에서 전권사절 파견을 위한 만국공법 연구와 각국 공사에 통지할 것을 요청함과 아울러 '대목적'으로 '조선을 개화로 유도할 취지' 뿐만 아니라 이미 '조선을 우리에게 귀속해 삼켜 버릴 취지'까지 검토하도록 요청하고 있다. 한편 청국에 대해서도 1875년 4월 이와쿠라는 「외교에 관한 상서(上書)」에서 "(청국은) 아세아주의 좋은 곳에 있어 영토와 인구가 탁월하고 순치(脣齒)의 옛 우방이다. 위축되고 움츠리고 있지만 그 강약성쇠가 일본과 관계가 있으므로 화의를 두텁게 하고 무역을 여는 것은 오늘날 노력해야 할 바이고, 그 국세를 살펴 기회를 보아 경략하는 것은 훗날의 깊은 책모"[30]라고 보아 청국과 당분간 협력해야 하겠지만 시세에 따라 정복할 수도 있다는 생각을 나타냈다.

이렇듯 '내치파'가 주도하던 메이지 정부 안에서도 힘의 논리와 조선, 중국에 대한 국권 확장의 야심이 그대로 드러나고 있다. 인근의 아시아 지역, 특히 조선은 완미(頑迷)하고 일본을 모욕했다며 완력으로 굴복시켜 침략할 대상으로밖에 보지 않았다. 이러한 팽창적 대외 인식 아래 타이완 침공과 강화도사건 등 여러 차례에 걸쳐 무력도발을 벌여나갔던 것이다.

이러한 과정을 거쳐 1876년 2월 일본과 조선 사이에 조일수호조규가 체결되었다. 그 제1조에 "조선국은 자주지방(自主之邦)으로 일본국과 평등한 권리를 보유한다"고 규정하고 류큐와 함께 '자주지방'인 조선을 청국의 번속국에서 분리하는 일본의 정략은 실제 '일본과 평등'한 것이 아니라 일본이 서양 열강과 불평등조약을 맺은 상태를 되돌려 조선에게 강

---

29 『大久保利通文書』第六, 444~449쪽.
30 『岩倉具視關係文書』第一卷, 日本史籍協會, 1927, 392쪽.

요하는 정략이었다. 전통적인 청국과 조선, 류큐의 종속관계를 부정하고 '류큐처분'을 하고 조선을 압박하는 정책은 이후 계속 추진된다. 류큐는 오랫동안 왕통이 이어지고 언어, 풍속, 종교, 학문이 상대적으로 독자성을 지니고 있었고, 청국과 일본에 '양속(兩屬)'하는 '자주국'이었는데 류큐처분은 일본 및 류큐 민중의 의사를 묻지 않고 폭력적으로 강행되었고 청국에는 병합을 기정사실로 강요하려고 한 난폭한 권력 발동이었다.

조선이 개국한 이후 일본은 조선 외교를 주도하면서 통상을 독점하려는 정책을 펼쳤다. 그것은 조선에서 청국의 영향력을 줄이고, 일본의 영향력을 강화하려는 것이었기 때문에 청국과의 충돌은 불가피했다. 1882년 임오군란과 1884년 갑신정변은 조선에 국권을 확장하려는 일본의 꿈이 청국의 적극적인 개입으로 크게 좌절된 사건이었다고 할 수 있다. 이미 '류큐처분'을 청국이 불승인하였고 이후 내놓은 류큐분도안(分島案)도 난항을 겪고 있어 대청강경론이 거세졌다. 일본정부 지도자들은 일본의 조선 정책이 종주국 청국의 국가이익과 양립할 수 없어 장래 청일 대립이 불가피하고 인식했다. 그러한 인식을 보여주는 것이 1880년 11월 일본정부의 참의이자 참모본부장이었던 야마가타 아리토모가 제출한 「진린방병비략표(進隣邦兵備略表)」이다.[31] 이 상주문에서 야마가타는 청국의 군비 쇄신, 병력 증강 등의 실례를 제시하면서 "인근 나라의 군비가 강한 것은 한편으로 기쁘면서 한편으로 두렵다. … 청국이 과연 강해진다면 우리와 조선 사이에 개입할 것"이라고 논하며 대항적으로 군비를 확장할 것을 건의하고 있다.

1882년 임오군란 때 청국이 조선에 군대를 파병하여 대원군을 연행

---

31   大山梓 編, 1966, 『山縣有朋意見書』, 原書房, 91~99쪽.

하고 군대를 주둔하는 사태를 보고 일본 지도자들은 언젠가 일본과 청국의 충돌이 불가피할 것으로 예측하고 육해군의 확장에 착수했다. 그것은 지금까지의 대조선 정략의 필연적 귀결이라고 할 수 있다. 당시 참사원장 야마가타는 「육해군 확장에 관한 재정 상신」을 제출하여 "유럽 각국과는 서로 멀리 떨어져 있어 급박하지 않지만", "이전에 우리를 멸시한 직접 부근의 외환"은 매우 급하다며 청국에 대한 군비 확장의 필요를 주장했다.[32] 2년 전 「진린방병비략표」에서 야마가타는 청국만이 아니라 세계정세 일반에 대한 경계를 근거로 군비확장을 주장했다. 러시아의 남하 위협 등 구미 열강의 제국주의적 세계분할 경쟁이 일본의 독립을 위태롭게 하고 있다고 보면서 강병(强兵)이야말로 국가의 부강 독립과 국민의 권리 자유의 기반이라고 강조하였다. 그러나 지금은 구미 각국은 "멀리 떨어져 있어 급박하지 않다"고 하면서도 "주변의 외환"을 강조해 군비확장을 서둘러야 한다는 주장의 동기는 류큐, 조선에 대한 일본의 팽창이 격화시킨 청국과의 대립에 대처하려는 것이 분명하다.

조선을 둘러싼 청일 양국의 대치는 갑신정변을 거쳐 기본적으로 청일전쟁까지 이어졌다. 그 사이 조러밀약 문제, 아프가니스탄을 둘러싼 영·러의 대립을 배경으로 한 영국의 거문도점령사건 등 동아시아를 둘러싼 국제적 긴장이 조성되었다. 이때 야마가타는 「외교정략론」[33]을 통해 일본의 대조선, 동아시아정책의 근간을 제시했다. 널리 알려진 '이익선'론인데, 이를 발전시켜 1890년 당시 수상이었던 야마가타는 일본의 '주권선'을 방어하기 위해서는 '이익선'을 방호하는 것이 필요하다며 일본의 "주

---

32 大山梓 編, 1966, 앞의 책, 118~119쪽.
33 大山梓 編, 1966, 위의 책, 196~200쪽.

권선의 초점은 실로 조선에 있다"고 주장하였다. 이를 위해 육해군을 확장하고, 애국교육을 실시할 필요가 있다는 것이다. 이 의견서와 동시에 각료들에게 회람된 것으로 보이는 야마가타의 「군사의견서」[34]에서는 캐나다 태평양철도와 시베리아철도 건설 문제 등 동아시아에 대한 영·러의 군사적 진술 가능성 등 새로운 국제정세에 대한 인식과 판단을 제시하였으며 한편, '조선중립화' 등 조선 정책의 중요성을 지적하고 있다. '이익선'의 초점인 조선을 '보호'하기 위한 군비 확장정책은 1890년 말 초대 제국의회의 시정방침연설에서 '국시'로 다시 선언되었다.

이러한 군비확장 노선을 주도한 것은 야마가타이지만 그뿐만 아니라 이와쿠라, 이토 등 당시 일본정부 지도자들이 대체로 동조하고 있었다고 생각된다. 앞으로 청국과 대결해 조선을 둘러싼 일본의 국익을 보호, 신장하려는 기본자세가 더욱 명확해졌다. 이를 통해 메이지유신 이래의 만국대치(萬國對峙), 국위선양, 국권 확장 등 막연하고 추상적이었던 국가목표가 이 시기에 들어 현실적, 구체적으로 확정되어 갔다고 할 수 있다.

메이지유신을 실행한 지도자들은 서양 열강에 의한 식민지화에 대해 과잉적 위기의식을 갖고, 그에 대한 대상으로 설득력이 부족한 자의적인 팽창 논리를 앞세워 동아시아 지역에 대한 침략정책을 추진해 나갔다. 본 절에서는 서양에 굴종하면서 주변 지역을 침략해 나간 메이지 정부의 팽창주의가 어떻게 정착되어 나갔는지를 메이지유신 지도자들의 대외 인식을 통해 검토하였다.

메이지유신 지도자들의 대외 인식은 에도시대 후기 팽창론자인 사토 노부히로와 요시다 쇼인의 영향을 크게 받았다. 그들의 주장은 고대의 건

---

34   大山梓 編, 1966, 앞의 책, 174~185쪽.

국신화, 진구황후의 '정한' 전설, 도요토미 히데요시의 조선 침략 사실 등을 바탕으로 한 일본에 대한 우월감과 아시아에 대한 멸시사상을 바탕으로 한 것이었다. 그들은 천황중심주의적 세계관을 형성하고 가까운 캄차카, 류큐, 조선을 확보하고 이어서 타이완, 필리핀, 만주를 공격해야 한다고 주장했다. 서양 열강에 맞서지 말고 조심하면서, 그 사이에 힘을 길러 약하고 취하기 쉬운 조선과 중국 지역을 수중에 넣어야 한다는 침략론이었다.

사토와 요시다의 팽창론은 메이지유신 지도자들에게 계승되었다. 특히 조슈 출신의 지도자 가운데에는 기도 다카요시, 이토 히로부미, 야마가타 아리토모 등 요시다의 제자가 많았고 신정부 수립에 국학, 존황론의 영향이 컸으므로 요시다의 팽창적 대외 인식이 메이지 정부에 이어진 것은 당연하다. 3메이지 신정부는 '대외화친'의 외교방침을 천명하였기 때문에 서양식 '만국공법'의 외교 논리를 무시할 수는 없었다. 그렇지만 '만국공법'에 내재하는 불평등한 구조, 즉 약육강식의 힘의 논리를 간파하고 있었다. 원칙상 국가 상호 간 대등하고 평등하게 규정되어야 할 세계에서 '만국공법'은 존중되지 않고, 현실의 구미 열강은 이를 자신들에게 유리하게만 이용하였기 때문에 메이지유신 지도자들은 일찍부터 '만국공법'을 그대로 신용하지 않았다. 그러므로 메이지유신 지도자들은 서양 열강의 압박 아래 '만국공법'을 준수하지 않을 수 없다고 판단했으나 대신에 서양 열강과 마찬가지로 '만국공법'의 논리를 이용해 주변 아시아 지역에 대해 국권을 확장시켜 나가는 정책을 펼쳤다.

먼저 메이지 정부가 '국권 확장'의 대상으로 삼은 곳은 조선이었다. '왕정복고' 이후 외교관계 재정립에 갈등을 겪고 있던 조선에 대해 기도 다카요시 등은 조선침략론을 제기하였다. 일본이 보낸 외교문서를 거부한 조선정부의 '무례'를 응징한다는 것이 명분이었으나 실제로는 "황위를 조선에 미칠 좋은 기회"라고 보았다. 기도는 '세계의 공리'를 내세웠지만 요시다의 팽창론을 계승한 뿌리 깊은 조선멸시관이 그 바탕에 깔려 있음은 자명하다.

메이지 정부 지도자들의 아시아 팽창론은 조선에만 한정되지 않았다. 류큐 표류민사건을 기회로 단행한 타이완 침공과 오쿠보의 베이징 담판은 '공리'가 아니라 실제 힘의 논리로 '류큐처분'을 강행하려는 자세를 분명히 밝힌 것이다. 일본이 주장해 온 '만국공법'의 논리는 자의적으로 해석되어 침략을 정당화하는 명분으로만 작용하였던 것이다.

운요호사건과 조일수호조규의 체결을 거치며 구체화된 일본정부의 대조선, 동아시아 정책은 조선의 외교와 통상을 독점하려는 것이었고, 그것은 필연적으로 청국과의 대결, 군비확장이라는 팽창적 정책을 초래했다. 이러한 대외 인식과 정책노선은 임오군란, 갑신정변을 거치며 야마가타에 의해 주도되어 1890년경 '이익선'론을 통해 '국시'로 확정되었다.

메이지유신을 주도하고 이후 정권을 장악한 일본정부 지도자들은 에도시대 이래의 팽창적 대외 인식을 바탕으로 '만국공법'의 논리를 활용하며 '정한론'과 타이완 침공, 운요호사건 등 주변 지역에 대한 침략적 도발을 잇달아 벌여 나가면서 군비확장을 바탕으로 한 제국주의적 노선으로 나아갔다. 메이지유신은 국내적으로 중앙집권적 통일국가, 근대국민국가를 만들어 나가는 과정이었으나 한편으로 메이지 정부에서 아시아에 대한 팽창적 대외 인식과 정책이 확대되고 정착되는 과정이었다고 할 수 있다.

3. '정한론'의 전개와 성격

조선을 무력으로 침공하여 침략하겠다는 일본의 팽창론은 막부 말기 사토 노부히로, 요시다 쇼인 등의 조선멸시관, 대외팽창론에도 보이는 것이나 1868년 '왕정복고'를 통해 메이지 신정부가 수립되어 조선과 외교교섭을 하면서 대외정책으로 발전하였다.

에도막부가 멸망할 때까지 조선과의 외교관계는 쓰시마번(對馬藩)이 담당해 왔다. 쓰시마는 막부로부터 조선과의 외교 무역을 '가역(家役)'으로 인정받고, 부산의 초량항에 설치한 왜관에서 무역을 하였다. 메이지 정부가 성립된 후에도 폐번치현 때까지 쓰시마의 가역을 인정하였다. 쓰시마는 정부의 명령에 의해 가로(家老) 히구치 데쓰시로(樋口鉄四郎)를 대수대차사(大修大差使)로 임명해 왕정복고를 알렸는데, 그것을 예고한 선문사(先問使)가 1868년 11월 13일에 쓰시마를 출발하였으며, 이어서 히구치도 출발하여 부산에 도착하였다. 그러나 조선정부는 선문사 사절단이 제출한 서계(書契)도, 히구치가 제출한 서계도 받지 않았다.

조선정부가 서계 받는 것을 거부했던 이유는 서계의 형식이 이전과 달랐기 때문이다. 첫째 과거에는 서계에 사용되지 않았던 '황(皇)', '조(詔)' 등의 단어가 쓰여 있었다. '황'은 종주국인 청국의 황제를 가리키는 말이고, '조'는 황제가 명령을 내리는 문서를 가리키는 말이다. 이전에는 조선 국왕과 도쿠가와(德川) 쇼군(將軍)은 대등한 관계였는데, 이 서계의 양식에 의하면 일본 천황은 청국 황제와 동등하여 조선 국왕보다 상위에 있게 된다. 일본 측은 국서를 천황의 이름으로 하는 이상 청나라와의 균형을 맞추기 위하여 조선왕조를 다소 격하시킨다 하더라도 어쩔 수 없다는 생각을 고수했다. 요컨대 천황을 조선 국왕보다 상위에 두려고 했기 때문에 전처럼 일본과 대등한 관계를 요구하는 조선정부와 충돌했던 것이다. 둘째는 조선정부가 내려주었던 쓰시마 번주(藩主)의 인장 대신에 새로운 인장이 사용되었다. 이 때문에 조선정부가 이를 인정하지 않았던 것이다.

그러나 이렇게 된 이유가 서면의 형식에만 있었던 것은 아니다. 당시, 조선은 구미 제국의 무력 침입을 빈번하게 받았는데, 1866년 8~9월 미국의 무장상선 제너럴셔먼호가 대동강을 거슬러 올라와 평양 근처까지 침입한 사건, 같은 해 9~11월 프랑스 함대의 강화도 점령사건(병인양요), 1871년 5~7월 미국 함대의 강화도 포대(砲台) 점령사건(신미양요) 등이 일어났다. 이러한 상황에서 실권을 장악하고 있던 대원군은 화이(華夷) 사상에 기초한 쇄국주의를 취했다. 더구나 조선정부는 일본이 서양과 교류를 함으로써 서양오랑캐와 일체[倭洋一體]가 되었다고 간주하였다. 이것이 조선정부가 일본을 경계한 이유 중 하나였다. 일본정부는 여러 번 교섭을 시도했지만 성공하지 못했다. 이러한 배경에서 조선을 무력으로 침공해 굴복시키려는 '정한론'이 연이어 제기된다. 본절에서는 메이지유신 이후부터 1876년 '강화도조약'의 체결까지 정한론의 전개와 실천에 대해 살펴보겠다.

1) 메이지유신 직후의 '정한론'

메이지 정부가 성립되기 직전인 1867년 3월 초 규슈 출신의 일본인 핫코 준슈쿠(八戶順叔)는 홍콩에 체류하면서 광둥(廣東)에서 발간되는 『중외신문(中外新聞)』에 "조선 국왕이 5년에 1번씩 에도에 가서 대군(大君)을 알현하고, 공물을 바치는 것이 고례(古例)이나 조선 국왕이 이런 예를 폐한 지 오래되므로 일본이 군함 80척을 구입하고 군대를 보내 조선국을 정토할 뜻을 가지고 있다"라는 정한설을 주장하는 기사를 내보냈다. 막말 대외팽창론의 발현이라고 할 수 있다.

메이지 정부가 수립된 후 정부의 핵심 인물인 기도 다카요시는 '왕정복고' 쿠데타 직후부터 이미 조선침략론을 제기하였다. 1868년 1월 4일 산조 사네토미(三條實美), 이와쿠라 도모미에게 보낸 서한에서 쓰시마번이 조선의 신하와 같은 상태에 있어 크게 '명분'을 해치고 있다고 보고, "조선 정도는 황국(皇國)의 판도로 추가하여 조선에 일본부(日本府)와 같은 것을 만들어 두어야 한다고 생각한다"[35]라고 주장했다. 이제 막 막부군과 내전을 시작한 단계에서 기도는 조선을 침략하여 일본 영도로 삼고 더구나 그 안에 '일본부'를 설치해야 한다고 주장하는 것이다. 기도는 명확히 요시다 쇼인의 팽창론을 충실히 계승했다.

나아가 기도는 1869년 2월 1일 태정대신 산조 사네토미와 우대신 이와쿠라 도모미에게 "조선을 정벌하면 일본의 국위가 세계에 떨쳐지고, 국내의 인심을 국외로 향하게 할 수 있다"며 구체적인 '정한론'을 주장했다.[36]

이전에도 말씀드렸듯이 정한일건(征韓一件)을 잘 생각하신 다음 결단해 주시기 바랍니다. 정한이라 하더라도 처음부터 무력으로 정벌하는 것은 아니고, 황국의 국시로 정해진 것을 가지고 세계의 조리(條理)를 추진해 이에 거스를 때는 즉각 무력을 통해 정벌하더라도 당연한 것이라 생각합니다. … 마침내 정한을 결단하여 하코다테(函館)를 평정한

---

35 『木戶孝允文書』第3, 72~75쪽.
36 日本史籍協會, 1932, 『木戶孝允日記』1, 159~161쪽.

다음 정한의 준비에 착수해 실력으로 조선 부산 쪽에 항구를 개항하기 바랍니다. … 황국의 대방침을 세워 모든 백성[億萬蒼生]의 눈을 내정에서 외교로 돌리고 육해군의 군사적 기능도 착실히 높여 황국을 크게 흥기(興起)하여 만세에 유지하는 것 외에 다른 방책은 없습니다.[37]

기도는 판적봉환(版籍奉還) 이후에도 열심히 정한을 주장하고 조선에 대해 크게 '신주(神州)의 위엄을 신장'할 것, '천하의 누습을 바꾸어 멀리 해외로 목적을 정할' 것, '황국의 큰 방향을 정해 백성의 눈을 돌릴' 것을 기대하고 있었다.[38] 신정부 수립 후 사족들의 불만을 해외로 돌리려는 의도가 깔려 있다고 할 수 있다.

한편 조선과의 외교 실패의 책임을 쓰시마 도주에게 전가시키며, 조선 외교 교섭권한을 회수하려고 외교의 실황을 조사하기 위해 왜관에 파견된 사다 하쿠보는 귀국보고에서 구체적인 정한론이 담긴 건백서(建白書)를 정부에 제출하였다. "조선은 불구대천의 적으로 반드시 정벌해야 하며 정벌하지 않으면 황위(皇威)가 서지 않는다. 30개 대대의 병력만 동원하여 4로(路)로 나누어 공격하면 50일 이내에 정복이 가능하다. 지금 프랑스와 미국이 조선침공을 계획하고 러시아가 호시탐탐하는데 일본이 우유부단하면 기회를 잃을 것이다. 재정 면에서도 군사비는 50일 이내 회수가 가능하며, 조선은 쌀·보리 등 곡물이 풍부하고 조선인을 홋카이도 개척사업에 전용(轉用)하면 일거양득이다"라며 즉시 출병을 주장했다.

이러한 출병안이 나오자 병부대보(兵部大輔) 기무라 나가토시(木村永

---

37 日本史籍協會, 1932, 앞의 책, 237~243쪽.
38 『木戶孝允日記』第1, 276~277쪽.

敏) 등의 동조를 얻은 기도 다카요시는 "군대·함선·군자(軍資)·기계(器械)를 미리 준비하여 완급(緩急)에 대비하여야 한다"라는 건백서를 정부에 제출했다.

1870년 7월 외무권대승(外務權大丞) 야나기와라 사키미쓰(柳原前光)도 조선침략론을 전개해 "북은 만주에 연하고, 서는 청과 접해 있는 조선을 우리의 영역으로 만들면 황국보전(皇國保全)의 기초로서 장차 만국경략진취(萬國經略進取)의 기본이 된다. 만약 다른 나라에 선수를 빼앗기면 국사(國事)는 이에 끝난다"[39]라며 조선 강점을 주장했다.

> 황국은 절해(絶海)의 외로운 큰 섬인 까닭에 앞으로 설령 마땅한 군비를 갖추더라도 주위가 바다로 둘러싸인 땅을 영원히 각국과 병립해 국위를 확장하는 것은 매우 어려운 일이라고 생각합니다. 그런데 조선국은 북쪽으로는 만주로 이어져 있고 서쪽으로는 달청(韃淸)에 접한 땅으로 그것을 수복(綏服)한다면 실로 황국 보전의 기초이자 장래 만국경략과 진취의 기본이 될 것이나, 만약 다른 곳에 선수를 빼앗긴다면 이로써 국사가 끝나고 말 것입니다. 근년에 각국 또한 그 국정을 탐지해서 빈번히 엿보는 자가 많습니다. 이미 러시아 같은 나라는 만주 동북을 잠식하고 그 세력이 조선을 삼키려 하니 황국이 한시라도 경솔하게 볼 수 없는 때라고 생각합니다.[40]

---

39 芝原拓自, 猪飼隆明, 池田正博 校注, 1989, 『對外觀(日本近代思想大系12)』, 岩波書店, 14~15쪽.

40 「朝鮮論考」, 『日本外交文書』 제3권, 149~150쪽.

러시아의 조선에 대한 야심을 강조하면서 조선은 북쪽으로 만주, 서쪽으로 청국과 접하고 있어 이를 복속시키면 "황국 보전의 기초이며 나중에 만국경략, 진취의 기본"이 될 것이라며 사절 파견과 출병이 급무임을 건의하고 있다. 역사적으로 뿌리 깊은 일본 지배층의 조선멸시관을 드러내고 있으며, 조선을 복속시켜 세력권에 들이는 것을 당연시하고 있다.

이와 함께 외무대승인 마루야마 사쿠라(丸山作樂)도 사다의 출병론에 공명하고 동지들을 규합하여 1870년 12월 "조선국은 황국을 위한 중지(重地)로서 지금 손을 쓰지 않으면 반드시 다른 나라가 정복할 것이다. 지금 때를 잃지 않고 속히 군대를 출동시켜 침공하면 반드시 공을 이룰 것이고, 조선이 문명개화한 뒤에는 도저히 정벌할 수 없을 것이다"라고 하여 스스로 총지휘관이 되어 결사대를 모집하고 12월 중에 단독으로 조선에 침입하려고 시도하였다.

그러나 이 무렵은 일본 국내가 불안한 때라 참의(參議) 오쿠보 도시미치 등은 국내 문제를 선결로 내세우며 반대했다. 그러나 일본 외무성은 조선출병을 예상한 준비를 진행했다. 특히 조선 침략에 대한 청의 간섭을 막기 위해 1870년 8월 파견한 야나기와라가 청국 직예총독(直隸總督) 이홍장(李鴻章)과 회담하고, 이듬해 4월 대장경(大藏卿) 다테 무네나리(伊達宗城)가 전권대사로 파견되어 청국 대표 이홍장과 「청일수호조규상정해관세칙(淸日修好條規商程海關稅則)」을 조인했다.

1870년 일본 외무성에서는 정식으로 외무소승(外務小丞)인 요시오카 고키(吉岡弘毅)를 사절로 부산에 파견했으나 부산 왜학 훈도(訓導) 안동준(安東晙)은 "우리나라와의 모든 교섭은 소를 통해 정식 경로를 통하여 올 것"을 요구하며 거절했다. 국교 교섭이 교착상태에 빠지자 곤란해진 쓰시마 도주는 해결책을 강구하여, 1870년 5월 상순부터 구례의 방식을 취하는 타협안을 내놓아 어느 정도 타결이 되는 듯했다. 그러나 주일독일대리공사 브란트가 외교 교섭을 위해 군함을 거느리고 부산에 입항했다가 거절되자 공포로 위협한 사건이 발생했는데, 그 배에 역관 등 일본인이 동승한 사실이 밝혀져 조선에서는 반일감정이 격화되었다.

일본정부는 1871년 7월 400여 년간 조선과의 외교를 전담하던 쓰시마 도주에게 세급직권을 박탈하고 대신 외무대승으로 임명하여 조선과의 수교를 관장하게 했다. 일본에서는 이 사실을 조선 측에 알리기 위하여 외무소승 요시오카, 외무대록(外務大錄) 모리야마 시게루 등이 11월 3일 부산 왜관에 와서 면담을 요청했으나 거절당했다. 1872년 1월 모리야마, 히로쓰 히로노부(廣津弘信), 외무성10등출사(外務省十等出仕) 사가라 마사키(相良正樹) 등이 왜관에 도착하여 서계를 전달하려고 청했으나, 역시 허락받지 못했다.

그러자 이해 5월 20일 사가라는 왜관의 왜인은 규정된 지역을 벗어날 수 없고 절차를 밟지 않고는 부사를 만날 수 없다는 규정을 벗어나 왜관 주재 관리들을 이끌고 동래부로 몰려가 부사를 면접하려 했다. 이때 동래부사 정현덕(鄭顯德)이 이들을 책망하고 왜관으로 돌아가게 하자, 그들은 왜관에 머물던 자들을 모두 데리고 일본으로 돌아갔다. 이 당시 일본 조야에서는 이 기회를 이용하여 호전적인 사족과 신흥 자본주의 세력을 앞장세우고 대륙진출의 침략정책을 주장하는 무리가 유력하게 대두되었으며, 이들은 조선이 새로운 서계를 받아들이지 않는 것은 외교 교섭을 외면하는 처사라고 정한론도 불사하겠다는 태도를 굳히고 있었다.

2) '정한론' 정변

1873년 4월 도쿄 상인 미쓰코시[三越: 일설에는 미쓰이(三井組)라고도 함] 집사가 쓰시마 상인의 명의를 빌어 일본공관에서 무역을 하고자 했다. 쓰시마 상인 이외에는 무역을 인정하지 않았던 조선의 관헌은 5월 28일 공관 문 앞에 밀무역을 단속한다는 명령서를 붙여서 일본 측을 비난했다.

이 사건에 대한 일본공관의 보고가 외무성에 전해져, 정원(正院)에서 회의가 시작되었다. 태정(太政)대신 산조 사네토미가 제출했던 안건은 이 사건이 국가적인 치욕의 문제이므로 단연코 무력으로 해결하지 않으면 안 되고, 즉시 인민의 보호를 위해 약간의 육군과 군함 몇 척을 파견해서 유사시 규슈사령부로 하여금 신속하게 응원을 하도록 하고, 그와 더불어서 사절을 보내서 담판을 짓도록 하자는 것이었다. 참의 이타가키 다이스케는 거류민을 보호하기 위해 1개 대대를 파견할 것을 주장했다. 사이고 다카모리는 군대를 파견하게 되면 조선 관민은 이를 일본이 조선을 침략하는 것이라고 의심할 수 있기 때문에, 먼저 전권 사절을 파견해서 공리공도로 담판을 짓는 것이 합당하며, 자신이 그 사절에 취임할 수 있게 해달라고 신청했다. 이날 각료회의에서는 결론이 내려지지 않았지만, 8월 17일에 열린 각의에서는 사이고를 조선에 파견할 사절로 내정했다.

산조는 천황에게 이 일을 건의하였지만, 천황은 이 일을 이와쿠라 도모미의 귀국을 기다렸다가 논의한 후에 보고하라고 명했다

이와쿠라사절단의 부사(副使)인 오쿠보 도시미치는 5월 26일, 또 다른 부사인 기도 다카요시는 7월 23일, 이와쿠라는 9월 13일에 귀국했다. 산조와 이와쿠라는 오쿠보에게 참의 취임을 요청해 10월에 오쿠보가 이를 수락했다. 그러나 오쿠보는 수락에 즈음해서 조선에 사절단을 파견하는

것을 연기한다는 방침을 중도에 변경하지 않는다는 것과, 외무대신 소에지마 다네오미(副島種臣)를 동시에 참의로 취임시킬 것 등을 조건으로 삼았다. 10월 12일 오쿠보가, 13일에는 소에지마가 참의에 취임했다. 14일에는 각료회의가 열렸다. 이와쿠라, 오쿠보는 사절단의 파견을 연기할 것을 주장했으며, 이타가키, 소에지마, 고토 쇼지로(後藤象次郎), 에토 신페이(江藤新平)는 사이고에게 찬성하였지만, 결론은 다음날로 미루어졌다. 10월 15일에 열린 각료회의에 사이고는 참석하지 않고,「견한사절결정시말(遣韓使節決定始末)」[41]을 제출하였다. 각료회의에서 산조, 이와쿠라는 사이고를 사절로 파견하기로 결정하였다. 17일 약속을 어기게 되자 오쿠보는 사표를 제출하였다. 오쿠보의 태도에 놀란 이와쿠라도 사의를 표명했고, 기도 역시 사표를 제출했다. 18일 산조는 과로로 고열을 일으켜 직무를 수행하는 것이 불가능해졌다. 20일 이와쿠라가 태정대신 대리로 취임했다. 22일 사이고, 이타가키, 에토, 소에지마 등 4명의 참의는 이와쿠라를 방문하여 각료회의에서 결정된 내용을 천황에게 알릴 것을 요청했지만, 이와쿠라는 산조와 자신은 다르기 때문에 자신의 뜻대로 하겠다며 이를 거부했다. 23일 사이고는 사표를 제출했다. 같은 날 이와쿠라는 각료회의 결정과 사절단 파견 반대라는 자신의 입장을 천황에게 건의하였으며, 24일 천황은 그의 의견을 따랐다. 이날 사이고는 참의, 근위도독(近衛都督) 직위에서 해임당했다. 또한 이타가키, 에토, 고토, 소에지마 등 4명의 참의도 사표를 제출했으며, 다음날인 25일 사표가 수리되었다. 오쿠보가 제출한 사표는 받아들여지지 않았다.

    이러한 정한론 정변과 관련해 지금까지 일반적으로 잔류정부의 중심

---

41 大西鄕全集刊行會, 1977,『大西鄕全集』제2권, 平凡社, 1873년 10월 17일 자.

인물이었던 사이고는 정한론자로 간주되고 있었으나, 과연 사이고가 정한론자인지에 관해서는 이론이 존재한다. 모리 도시히코(毛利敏彦)는 그의 저서 『메이지 6년 정변의 연구(明治六年政變の硏究)』(有斐閣, 1978)와 『메이지 6년 정변(明治六年政變)』(中公新書, 1979)에서 통설을 부정하고, 사이고의 주장은 "평화적·도의적 교섭에 의한 조선과의 수호론이며, 정한론과는 정반대의 주장이다"라고 말한다(『메이지 6년 정변』 서문). 위에서 든 「견한사절결정시말」은 사이고가 이러한 판단을 하게 된 가장 큰 근거이다. 이 자료에서 사이고는 조선에 대해 무력시위를 하는 것에 반대하여 "다만 친교를 목적으로 한다는 취지를 관철시켜서 일을 진행해야 합니다"라고 말하고 있다. 모리는 이전까지 사이고를 정한론자로 인정하는 연구에서 이 문서를 인용하지 않았던 결점을 지적하고 있다.

그런데 사이고가 이타가키에게 보낸 두 통의 편지[42]에서 사이고는 자신을 조선에 사절로 보내면 "사절을 죽일 것이 분명합니다. 그렇게 되면 그때는 천하의 모두가 토벌해야 한다고 할 것이므로 그 상황까지 가야 합니다"라고 말하고 있다. 이 2개의 편지는 사이고를 정한론자로 인정하는 근거가 되었던 것이다. 그러나 모리는 이 2개의 편지가 사이고의 진의를 말한 것이 아니라고 본다. 결국 사절에 취임하고자 하는 사이고가 "대(對)조선 강경론자 이타가키의 지지를 얻고자 하는 술책으로서, 진의가 아님에도 불구하고, 사절 폭살을 운운했다"라고 추정하였다.[43] 게다가 모리는 이 추정을 보강하기 위하여 공관에 근무했던 히로쓰 히로노부가 부산에서 보고를 보냈던 1873년 5월 21일부터 사이고의 조선 파견을 각료회의

---

42 1873년 7월 29일, 8월 17일 이타가키 다이스케(板垣退助) 앞으로 보낸 사이고 다카모리(西鄕隆盛)의 편지(『大西鄕全集』 제2권).
43 毛利敏彦, 1978, 『明治六年政變の硏究』, 有斐閣, 88쪽.

에서 내정했던 8월 17일까지 쓴 사이고의 편지 속에서 조선에 대한 사절 파견이 개전의 계기가 될 것이라는 취지의 글이 있는 것은 이타가키에게 보낸 편지뿐이라고 하였다.[44]

그러나 이 판단에는 두 가지 의문점이 있다. 첫째, 8월 17일 자 편지는 이타가키에게 보낸 것이었지만, 이 편지에는 사이고가 산조를 방문해서 사절을 파견하면 조선정부는 틀림없이 사절을 폭살할 것이며, 그로 인해 전쟁의 계기가 마련될 것이라고 말한 내용이 들어 있다. 사이고는 이러한 말을 일본의 군사력 부족 때문에 사절 파견이 전쟁의 계기가 되는 것을 매우 불안하게 생각하고 있던 산조에게도 말했음을 보여주고 있다. 따라서 이타가키 앞으로 보낸 글이 대조선 강경론자인 이타가키를 자기편으로 끌어들이기 위한 사이고의 술책이라고는 말할 수 없다. 또한 오쿠보는 「정한론에 관한 의견서」(1873. 10)에서 "이번에 사절 파견에 관한 논의가 제기된 것을 살펴보면, 이번 특명사절을 파견하여 만약 그 접대가 오만무례하면 이로써 병단(兵端)을 일으키기에 뚜렷한 명분을 주는 것이다. 즉 전쟁을 선포해서 그 죄를 묻고자 하는 뜻과 흡사하다"라고 말해 사이고가 이타가키에게 보냈던 주장을 알고 있었음을 보여주고 있다. 이것은 오쿠부가 산조를 경유하여, 혹은 사이고로부터 직접 그의 주장을 들었다는 것을 증명하고 있다. 여기에서도 사이고는 이타가키 이외의 사람에게도 이타가키에게 말했던 것과 같은 내용을 말했다고 추정할 수 있다.

둘째 모리의 주장대로 이타가키 앞으로 보낸 사이고의 편지가 술책을 위한 것이라면 어째서 각료회의에 제출했던 「견한사절결정시말」에는 그러한 배려가 없었는가 하는 점이다. 모리의 연구방법론이 편파적인 것은

---

44 毛利敏彦, 1979, 『明治六年政變』, 中公新書, 120~121쪽.

아닐까? 모리는 이 문서는 "개인 편지나 비공식적인 여러 서류가 아니라, 태정대신 앞으로 보내는 공식적인 의사 표명이기 때문에 그 사료적 가치가 높다고 할 수 있다"라고 말한다.[45] 그러나 발표를 목적으로 하지 않는 개인 편지가 좀 더 솔직하게 쓰여지고 공표된 문서는 여러 방면에서 일어날 반작용을 어느 정도 고려해야 할 필요가 있다고 볼 수 있다. 그렇다면 오쿠보처럼 사절단의 파견을 연기할 것을 주장하는 자도 포함되어 있는 각료회의에서 통과시킬 수 있는 전술적 배려가 작용함으로써, 이 문서는 평화적 주장을 강하게 나타냈다는 해석도 충분히 성립될 수 있지 않겠는가.

또 하나 고찰해야 할 것은 이 시기의 정한론의 개념에 대한 검토이다. 전면적인 무력침략만을 정한론이라 할 수 있는가. 서생론(書生論)이나 무책임한 말이라면 몰라도 당시의 일본 군사력을 현실적으로 본다면 과연 조선에 대한 전면적인 전쟁이 가능했을까. 아마 어려웠을 것이다. 산조가 해군성 차관인 가쓰 가이슈(勝海舟)에게 해군력에 대해 질문하자 가쓰는 "만일 전쟁하기로 결의되어 정부가 싸울 것을 명령한다면 직위를 사임하는 수밖에 도리가 없다"라고 대답했다. 1869년 10월 외무성 관리 미야모토 오카즈(宮本小一)는 「조선론」에서 "이 상태라면 조선은 러시아에 잠식되겠지만, 지금 일본의 병력, 경제, 식량이 풍족하지 못함이 고민된다. 아직 조선을 병합시킬 힘이 없다. 헛되이 명령을 내렸다가 도중에 중단하게 되면 천하의 웃음거리가 되고 만다"라고 말하고, 무력시위와 설득공작을 결합시켜 조선을 일본과 연결시킬 것을 주장하고 있다.

육군 대장이었던 사이고는 당연히 일본의 군사력이 어느 정도인지 알고 있었을 것이다. 따라서 사이고가 일거에 무력 침략하지 않았다고 해서

---

45 毛利敏彦, 1979, 앞의 책, 186쪽.

사상의 내면이 평화주의자라고 말할 수는 없는 것이다. 오히려 이타가키 앞으로 보낸 편지에서 "공법상으로 요약하면 이러한 일은 마땅히 토벌해야 함이 도리이다"라고 말하는 것이 사상사적으로 보면 중요한 일이 아닐까. 결국, 당시 일본 군사력에 의해 제약을 받은 사이고는 즉각적인 무력 사용을 통한 조선 정벌을 보류했지만, 사상의 근본에 있어서는 역시 정한론자였던 것이다. 적어도 사이고가 원칙적으로는 조선과의 전쟁을 부정하지는 않았다는 점은 이야기할 수 있는 것이다. 그러나 모리 역시 "사이고 다카모리는 가령 넓은 의미에서 정한론자의 범주에 들어갈 수 있다"라고 말했기 때문에,[46] 이 점은 모리도 인정하고 있을지 모른다. 그 후 일본의 조선 침략의 역사와 관련지어 말한다면 정치사적 관점으로 보아 사이고가 1873년의 단계에서 즉시 무력 정한을 의도했던가, 그렇지 않았던가 하는 점만이 아니라, 사상적으로 정한론자였던가, 아니었던가 하는 점도 중요한 논점이 될 것이다.

3) '정한론'의 실천 - 강화도조약

1873년 12월 조선에서는 대원군이 정권에서 물러나게 되고, 민씨 일파가 정권을 장악했으며, 대원군 쪽의 대일관계를 담당했던 관리도 교체되었다. 일본정부는 1874년 6월 조선의 정치정세를 시찰하기 위해 외무성 관리 모리야마 시게루를 부산으로 파견했다. 모리야마와 조선정부는 부산에서 정체상태에 빠져 있던 조일관계를 타개하기 위한 협의를 진행했다. 모리야마는 귀국하여 협의 내용을 보고하였으며, 일본정부는 모리

---

[46] 毛利敏彦, 1978, 앞의 책, 205쪽.

야마를 이사관(理事官), 히로쓰 히로노부를 부관으로 임명하여 다시 조선으로 갈 것을 명령했다. 1875년 2월 부산에 도착한 모리야마는 외무대신의 서계를 건네주었다. 그러나 조선정부는 서계 가운데 '대일본(大日本)', '황상(皇上)' 등의 단어가 들어 있는 것을 문제시하였으며, 또한 모리야마가 서양식 대례복을 입었다는 것 등에 난색을 표해 교섭은 다시 교착상태에 빠지게 되었다.

그래서 모리야마는 4월에 히로쓰를 도쿄에 보내, 군함 파견 건의서를 외무대신에게 제출했다.[47] 그 내용은 조선정부 안에 내부 다툼이 일어난 것을 이용하여 군함 한두 척을 조선 연안으로 파견해 해로를 측량한다는 명목으로 무력시위를 하도록 하여 조선과의 교섭 촉진을 측면에서 원조해 주기 바란다는 것이었다.

일본정부는 군함인 가스가(春日), 운요(雲揚), 다이니테이보(第二丁卯)를 조선 근해로 파견하기로 결정했다. 5월 25일에는 운요가, 6월 12일에는 다이니테이보가 각각 부산에 입항하였다. 운요는 거듭 조선의 동해안을 측량하면서 시위한 후, 부산을 경유하여 나가사키로 돌아갔지만, 9월이 되자 다시 출항하여 조선 서해안으로 향했다. 9월 20일 운요는 조선의 수도 한성을 방위하는 요새인 강화도에 접근했다. 강화도의 초지진(草之鎭) 포대는 운요에 발포를 하였다. 운요는 이에 응전한 후 이날 오후에 제물포 맞은편 해안인 영종도 부근에 나타나서 영종도 동쪽 끝의 포대를 공격하고 퇴각했다.

일본정부는 12월 구로다 기요타카(黑田淸隆)를 특명전권변리대신으로,

---

47 조선과의 교섭자로 파견된 외무성 관리 히로쓰 히로노부가 1875년 4월 외무대신 앞으로 보낸 군함 파견 건의서(『日本外交文書』 제8권)

이노우에 가오루를 특명부전권변리대신으로 임명하여 강화도사건의 해결과 조선과의 수호교섭을 위해 조선으로 파견할 것을 명령했다. 구로다와 이노우에는 군함 3척, 기선 3척으로 구성된 함대를 인솔하여 1876년 1월 15일 부산에 입항하여, 2월 11일부터 강화도에서 조선정부와 회담을 시작하여 조약안을 제시하고, 26일 「조일수호조규」을 체결하였다.

이 조약의 문제점은 무엇보다도 일본이 치외법권을 획득한 것에 있다(제10관). 또한 일본은 1876년 8월 24일 자로 일본 이사관과 조선 강수관(講修官)의 왕복 서한에서 바다관세 의무세를 인정시키고 같은 날 조인된 「조일수호조규」 부록 제7관에는 조선 국내에서 일본 화폐의 유통권을 획득했다. 이들 권리는 일본이 일방적으로 획득했던 것이며, 따라서 불평등한 것이었다.

조약 제7관에서 일본은 조선의 연안측량권을 획득했는데, 이것은 일본의 군사적 침략을 용이하게 해 주는 것이었다. 게다가 조약 제5관에 따라 1880년 원산이, 1883년에는 인천이 개항되었는데, 이것은 경제적 문제로만 끝나는 것이 아니며, 정치·군사적 문제와도 얽혀 있다. 특히, 원산의 개항과 관련해서는 "원산항이 단순히 무역항으로서만 중요한 것이 아니라 인접 국가의 군사문제와 관련해서 앞으로 양국의 이해에 관련"된다고 보고, 결국 러시아의 남하에 대비한 군사적 대항을 위한 거점으로 설정할 필요도 있었던 것이다.[48]

부산, 인천, 원산 등 개항지에는 '일본인 전용 거주지'가 설정되었다. 거류지에서는 일본인이 조선정부로부터 독립하여 행정권, 경찰권을 장악

---

48 1879년 외무대신 데라지마 무네노리(寺島宗則)가 대리공사 하나부사 요시모토(花房義質) 앞으로 보낸 훈시.

하게 되었으며, 거류지는 조선침략의 발판이 되었다.

조약 제1관에서 "조선은 자주국"이라고 규정하고 있는 것은 한국에서 지적하고 있는 것처럼 조선에 대한 청국의 종주권을 부정하고, 일본의 조선 침략을 용이하게 하려는 것이었다.

마찬가지로 8월 24일 소약 제11관에 의해서 '조선이 정한 항구에서의 일본인 무역규칙'이 조인되었다. 이 무역규칙 제6조의 조선 측의 문장은 "이후 조선정부에서 정한 항구에서 거류하는 일본인은 양곡 및 잡곡을 수출입할 수 있다"라고 되어 있다(원문 한문). 그 의미는 조일 간의 쌀과 잡곡의 무역은 인정하지 않지만, 조선의 개항장에서 거류하는 일본인이 일본으로부터 쌀과 잡곡을 반입하고, 그래도 쌀과 잡곡이 모자라는 경우 조선 측의 공급을 허용한다는 것이다. 그런데 제6조의 일본 측 문장은 "이후 조선의 여러 항구에서 쌀 및 잡곡의 수출입을 할 수 있다"라고 되어 있다. 결국 '거류하는 일본인'이라는 문구가 빠져서 미곡무역을 인정하는 조문이 된 것이다. 이것은 일본 측이 조선정부와 같은 조약 초안에 합의해 놓고, 조인 바로 직전에 '거류하는 일본인'이라는 어구를 초안에서 삭제하고는 강제로 조인하도록 한 데서 발생한 결과이다.

이 교섭에 임했던 미야모토 오카즈는 보고서에서 제6조에 대해 "저들의 의도는 각 항구에 거류하는 일본인의 식량을 위해서 미곡 매입을 허가한다는 뜻으로 허용한 것이다"라고 말하고 있듯이 조선 측 조문의 의미를 알면서도 "문장이 뜻하는 바에 따르면 미곡의 수출입을 허락함과 유사하다"라고 하여 일본에 유리한 대로 해석하고 있다. 결국 일본 측 조문 해석에 따라서 조선 미곡의 수출입이 행해졌다. 조선의 쌀은 금과 함께 일본의 중요한 수입품이 되었다.

이상에서 살펴보았듯이, 메이지유신기의 조선 인식은 에도시대 말기의 조선멸시관과 대외팽창론의 영향을 짙게 받았다. 사토 노부히로와 요시다 쇼인의 사상을 통해 당시의 조선멸시관과 대외팽창론을 살필 수가 있는데, 특히 요시다 쇼인의 대외팽창론과 존황론은 메이지 신정부의 지도자들에게 계승되었다고 할 수 있다. 메이지유신 직후 일본정부는 서양 열강과의 대립을 피하기 위해 '대외화친론'을 외교방침으로 내세우는 한편 적극적인 해외진출을 통한 '국위선양'을 중시하였다. 그것은 만국공법의 논리를 이용해 서양 열강이 행해 온 것과 같은 방식으로 주변지역으로 팽창하려는 국권확장론으로 나타났다. 류큐 병합, 타이완 침공은 그러한 국권확장정책의 실천이라고 할 수 있다.

메이지 정부는 조선에 대해서도 국권확장정책을 펼쳤다. 메이지유신 직후 쓰시마를 통한 이전의 조선과의 외교 방식을 바꾸어 만국공법의 논리에 따른 새로운 외교관계를 맺으려고 하였으나 '서계' 문제로 인해 교섭에 진전이 보이지 않자 '정한론'이 일어나게 되었다. 정한론은 고대 '진구황후'의 한반도 남부 지배설이나 임진왜란의 경험을 통해 형성된 조선멸시론에 기반을 둔 것이었다. 이러한 정한론은 조선에 대한 국권확장정책으로 발전하여 정한론 정변이 일어나게 된다.

정한론 정변은 대조선 정책을 둘러싼 정부 내 외교노선 분쟁이라는 측면이 있지만 정부 내 각 세력의 외교노선의 차이는 미미했고 정권의 주도권 다툼의 성격이 컸다. 그것은 1873년 단계에서 '정한정책'에 반대했던 '내치파' 지도자들이 정변 직후 타이완 침공이나 운요호사건을 일으킨 것으로도 확인할 수 있다. 즉 운요호사건과 강화도조약의 체결은 막부 말기의 조선멸시관과 대외팽창론을 계승한 메이지 정부 지도자들의 침략적 조선 인식을 보여주는 것이다. 이후 임오군란, 갑신정변, 청일전쟁을 거치면서 메이지 정부의 침략적 조선 인식은 확대되어 갔다고 할 수 있다.

제2장
자유민권운동기
'연대'와 '침략'의 조선 인식

1. 번벌관료의 조선인식
-이토 히로부미를 중심으로

　강화도조약, 즉 조일수호조규를 체결한 이후 조선과 일본의 외교관계가 점차 밀접해짐에 따라 조선에 대한 인식이 심화되고 구체화되어 갔다. 메이지유신 이후 조선과의 외교관계가 깊어지는 가운데 일본정부는 조선에 대해 어떠한 인식을 갖고 있었을까? 이 절에서는 메이지 신정부에서 주도권을 쥐고 있던 번벌(藩閥)관료를 통해 일본정부의 조선 인식을 확인하고자 한다. 그중에서도 메이지유신 이후 약 40년에 걸쳐 일본의 국내 정치와 대외정책에 깊숙이 관여해 온 메이지 정부의 중심인물인 이토 히로부미(伊藤博文)의 조선 인식과 정책을 청일전쟁 이전 시기에 초점을 맞추어 살펴보고자 한다. 이토 히로부미는 1870년대 이후 번벌 정권의 핵심적 지위에 있으면서 조선과 관련된 정책에 지속적으로 관여해 왔기 때문이다.

　이토 히로부미는 1873년 '정한론' 정변을 통해 정권의 핵심 직책인 참의(參議)에 오른 이후 번벌 정권을 이끌면서 궁중개혁, 화족제(華族制) 및 내각제의 창설, 헌법기초 등을 통해 근대입헌체제를 구축하는 한편, 조약개정, 청일전쟁, 러일협상 등 일본의 대외정책과 침략을 주도한 명실공히 메이지 정부의 최고지도자였다. 특히 조선과 관련해서는 1905년부터 1909년에 걸쳐 직접 '통감정치'를 펼쳤을 뿐만 아니라 '정한론' 정변, 운요호[雲揚丸]사건, 갑신정변, 갑오개혁 등에 직간접적으로 관여한 것으로 알려져 있다. 따라서 일본의 조선 침략과 식민지화 과정을 해명하기 위해서는 메이지 정부의 정책을 전면에서 이끌었던 이토 히로부미의 조선 인식과 행동을 통시적으로 검토할 필요가 있다.

그러나 한국에서는 안중근의 이토 사살 사건과 관련해 한국병합을 주도한 침략의 '원흉'이라는 이미지가 일반화되어 있는 반면, 이토 히로부미의 인식과 정책에 대한 객관적이고 실증적인 연구는 미미한 실정이다.[1] 일본에서도 번벌 정권의 운용이나 입헌체제의 확립 등 국내 정치의 측면만 부각되고 대외 인식이나 대 아시아정책에 관한 연구는 그리 많지 않다.[2] 이토 히로부미에 관한 일본의 연구는 입헌제도를 중심으로 근대적 국가체제를 구축한 주역이자 네 차례에 걸친 수상으로서 민간의 반정부 세력이나 야당, 정부 내 여러 세력과 대립, 유착하면서 어떻게 정국을 운영했는지를 밝히려는 국내 정치사에 치중해 연구되었다. 외교나 대외관계와 관련해서는 청일전쟁의 추진 과정, 러일전쟁 전후 구미 열강 외교에 대한 연구가 일부 이루어졌으나 '협상파' 또는 '문치파(文治派)'의 일부로서 다루었을 뿐 이토 개인에 초점을 맞춘 연구는 거의 이루어지지 않았다.[3] 1990년경부터 이토의 이름을 제목으로 내건 연구가 등장하기 시작했는데, 주로 입헌제도나 정당정치의 확립과 운용에 관련되는 것이 많다. 조선 정책에 관해서는 이토의 사후 100년을 맞이해 '보호통치' 시기를 중심으로 연구가 활발해졌으나 아직 이토의 조선 인식과 정책이 충분

1　林敏, 1991. 3, 「伊藤博文とアジア――對淸認識及びその對應策を中心として」, 『史學研究』191; 大澤博明, 1992.9, 「伊藤博文と日淸戰爭への道」 『社會科學硏究』 44(2) 등이 있다.
2　청일전쟁의 배경을 중심으로 1880년대 이후 일본정부의 동아시아 정책을 다룬 연구를 통해 이토의 외교적 대응과 정책을 부분적으로 파악할 수 있다(대표적인 연구로는 高橋秀直, 1995, 『日淸戰爭への道』, 東京創元社; 崔碩莞, 1997, 『日淸戰爭への道程』, 吉川弘文舘; 大澤博明, 2001, 『近代日本の東アジア政策と軍事』, 成文堂 등을 들 수 있다). 그러나 러일전쟁 이전 이토의 조선 정책을 다룬 전론은 거의 없다.
3　대표적인 연구로는 山邊健太郎, 1966, 『日韓併合小史』, 岩波書店; 姜東鎭, 1979, 『日本の朝鮮支配政策史研究』 東京大學出版會.

히 해명되었다고는 할 수 없다. 이토가 메이지 초기부터 정부의 수뇌로서 대조선 정책에 깊숙이 관여한 것을 생각할 때 통감부 시기 이외에도 러일전쟁 이전 이토의 조선 인식과 정책을 해명하는 것은 일본의 조선 침략 과정을 이해하는 데 필수적이라 할 수 있다.

한편, 한국에서도 이토 히로부미의 조선 정책에 관한 연구는 그다지 이루어지지 않았다.[4] 통감부 시기 이토의 한국 인식과 정책에 관해서는 '시정개선 협의회'의 회의록(「大臣會議筆記」)을 이용한 연구 등 선행연구가 존재하나[5] 러일전쟁 이전을 대상으로 한 연구는 없다. 기존 연구에 단편적으로 언급된 내용을 보면, 1873년 정한론쟁(征韓論爭)에서 '정한유보론'을 취하긴 했으나 정한 자체에 반대한 것은 아니며 그 후 일관되게 조선침략론을 갖고 있었다고 보고 있다. 또한 1880년대 이후 특히 갑신정변이나 청일전쟁, 갑오개혁 등을 통해 조선의 보호국화를 기도했으며 러일전쟁 이후에는 한국병합을 전제로 '보호통치'를 펼쳤다는 것이 일반적인 해석이나 대체로 1차 자료에 의한 논증이 결여되어 있다.

이토 히로부미는 메이지 초기에는 일본정부 내 '개명파'의 핵심 인물로 서구 문명의 급진적 흡수, 구미 외교에 주로 관여하였으며 번벌 정권의 지도자로 부상한 1880년경 이후 점차 아시아 외교, 대조선 정책에도 깊숙이 관여하게 되었다. 그렇게 볼 때 이토의 조선 인식과 정책은 크게 세 시기로 나누어 볼 수 있다. 제1기는 막말(幕末) 시기부터 임오군란 이

---

[4] 한명근, 2001, 「통감부 시기 일제의 침략론」, 『국사관논총』 90; 박수연, 1998, 『伊藤博文의 對韓政策』, 숭실대학교 석사학위논문; 동, 1998.12, 「統監 伊藤博文의 대한정책과 이에 대한 애국계몽파의 인식」, 『한국민족운동사연구』 20.

[5] 류재곤, 1986, 『日帝統監 伊藤博文의 對韓侵略政策(1906~1909): '大臣會議筆記'를 中心으로』, 한국정신문화연구원 석사학위논문; 동, 「伊藤博文의 對韓侵略政策」(趙恒來 編著, 2006, 『日帝의 對韓侵略政策史硏究: 日帝侵略要人을 중심으로』, 한국학술정보).

전까지이다. 이토가 입헌체제의 수립 등 국내 문제에 관심이 쏠려 있고 대외 문제에는 상대적으로 관심이 소홀했던 시기이다. 제2기는 임오군란에서 러일전쟁 이전까지의 시기이다. 임오군란, 갑신정변을 통해 조선 문제에 구체적으로 관여하게 된 이후 동아시아의 국제질서를 재편하고 조선을 일본의 세력 아래에 두려고 기도하다 실패한 청일전쟁 이후까지의 시기이다. 제3기는 러일전쟁 이후 한국 통감에 부임하여 안중근에 의해 사살당할 때까지의 시기로 일본정부의 최고지도자인 이토가 직접 조선으로 건너와 조선인과 접촉하며 '보호통치'를 펼치던 시기이다. 제3기에 관해서는 연구 성과가 축적되어 어느 정도 해명되었으므로,[6] 본절에서는 이토 히로부미가 조선 정책에 본격적으로 관여하기 이전인 제1기와 제2기, 즉 러일전쟁 이전 시기에 주목하고자 한다.

　이토는 막말 시기의 대표적인 존왕양이론자 요시다 쇼인(吉田松陰)의 쇼카손주쿠(松下村塾)에서 훗날 메이지유신의 주역이 되는 동료들과 함께 요시다의 국가주의와 대외팽창론을 흡수했다. 그 뒤 과격한 테러리스트의 모습을 보이며 '정한론자' 기도 다카요시(木戶孝允) 밑에서 막부체제 타도의 일선에서 활약했다. 이토의 정치사상과 조선 인식의 원형은 이때 형성되었다고 할 수 있다. 1873년의 '정한론' 정변에서는 '비정한파'의 입장에 섰지만, 당시 일본이 처해 있는 상황에서 '내치(內治)'가 우선이라고 판단했을 뿐 대외침략 자체를 반대한 것은 아니었다. 이토가 구체적인 조선 인식을 드러낸 것은 조선, 청국과의 갈등이 일어난 1882년의 임오군란 이후라 할 수 있다. 유럽에서 입헌제도를 조사 중이었던 이토는 임오

6　海野福壽, 2004, 『伊藤博文と韓國倂合』, 靑木書店; 이성환/이토 유키오 편, 2009, 『한국과 이토 히로부미』, 선인; 방광석, 2010.10, 「일본의 한국 침략정책과 伊藤博文」, 『일본역사연구』 제32집; 伊藤之雄, 2011, 『伊藤博文をめぐる日韓關係』, ミネルヴァ書房.

군란 대책에 관해 자신의 의견을 드러냈으며, 귀국 후 갑신정변 과정에서 직접 청국과의 교섭에 나서 톈진(天津)조약을 맺었다. 이러한 과정을 거치면서 이토의 조선 정책은 구체화되어 갔던 것이다. 1885년 초대 내각총리대신으로 명실공히 일본정부의 최고지도자가 된 이토는 대외정책을 직접 지휘했다. 청일전쟁의 발발과 강화과정도 수상으로서 직접 주도했으며 '명성황후시해사건' 처리에도 관여했다. 이후 이토는 1898과 1900년 두 차례 더 수상을 맡았고 그 외의 시기에도 겐로(元老) 혹은 추밀원 의장으로 대외정책에 깊숙이 참여했다.

따라서 본절에서는 이토의 조선 인식이 형성된 막말부터 청일전쟁 이후까지 이토의 조선 정책을 시기순으로 검토할 것이다. 구체적으로 러일전쟁 이전 이토 히로부미의 조선 인식과 정책을 막말·메이지 초기(1860~1870년대), 임오군란·갑신정변 시기(1880년대), 청일전쟁 전후(1890년대)의 세 시기로 나누어 살펴보고자 한다.

1) 막말·메이지 초기 조선 인식

이토 히로부미의 초기 사상 형성에 큰 영향을 미친 사람은 요시다 쇼인이다. 이토의 조선 인식도 요시다 쇼인의 '존왕양이'론에 다대한 영향을 받았다. 농민 출신인 이토는 아버지가 무사 집안에 양자로 들어감에 따라 말단 무사 신분을 얻었다. 그리고 쇼카손주쿠에 들어가 요시다를 사사하게 되었다. 쇼카손주쿠에서 이토는 요시다의 존황론을 배웠다. 요시다의 존황론은 아마테라스오미카미(天照大神) - 진무(神武) 천황 - 진구(神功) 황후로 이어지는 고대의 신화 및 전설을 사실로 파악해 신주(神州) 일본이 조선 및 주변 나라를 지배하는 것이 당연하다는 생각이다. 요시다는 제자들에게 일본이 다른 나라에 비해 우월한 까닭을 알아야 하며 조선은 고대 일본에 신속(臣屬)하고 있었다고 가르쳤다. 1858년 안세이(安政) 대옥(大獄)을 통해 처형당한 요시다는 유고를 통해 대외적 팽창을 강조했다.

> 군사를 일으켜 삼한(三韓)의 무례를 응징한다는 것 … 국위를 해외에 떨치는 것은 얼마나 장엄한 일인가. … 지금 시급하게 무비(武備)를 바로잡고 즉시 홋카이도를 적절히 개간하여 제후에게 봉건하고, 틈을 노려 캄차카와 류큐를 회유하여 … 조선을 책망하여 볼모로 잡고 옛처럼 공물을 바치도록 하며 북으로는 만주의 땅을 차지하고 남으로는 타이완과 필리핀을 공격하여 서서히 진취적인 세력을 보여주어야 한다.[7]

요시다는 또한 "러시아와 미국에 대해서는 강화를 일정하게 하여 우리가 결코 이를 깨뜨려 이적(夷狄)에게 믿음을 잃어서는 안 된다. 다만 법을 엄격히 하고 신의를 두텁게 하여 그동안에 국력을 길러 빼앗기 수월한 조선, 만주, 지나를 복종시키고 교역으로 러시아와 미국에게 빼앗긴 것은 선만(鮮滿)의 땅으로 보상받아야 할 것"이라고 강조했다.[8]

이러한 요시다 쇼인의 대외팽창론은 이토는 물론 기도 다카요시, 야마가타 아리토모(山縣有朋) 등 나중에 메이지 정부의 지도자로 성장하는 문인 및 제자들의 대외 인식에 큰 영향을 주었다.

메이지유신 이후 이토 히로부미는 주로 '서양통'으로 구미 각국과의 외

---

7 栗栖安一 編, 1942,「幽囚錄」,『解說吉田松陰遺文集』(正), 撰書堂, 42~133쪽.
8 「獄是帖」,『吉田松陰全集』제8권, 岩波書店, 1986, 423쪽.

교관계와 '문명개화' 정책에 관여했으며, 조선을 비롯한 주변국과의 관계에는 직접 관여하지 않았다. 1873년 10월에 발생한 '정한론' 정변은 이토가 정치적으로 성장하는 데 결정적 계기였다. 1871년 12월부터 1873년 9월까지 이와쿠라 도모미(岩倉具視), 기도 다카요시, 오쿠보 도시미치(大久保利通)와 함께 구미 12개국을 순방한 이와쿠라 사절단의 경험을 통해 정치가로서의 자질, 인맥을 구축한 것은 그 후 이토의 정치자산이 되었다.

잘 알려져 있듯이 '정한론'은 이와쿠라 사절단 외유 중 조선과의 국교 재개라는 외교 문제를 무력으로 해결하려는 사이고 다카모리(西鄕隆盛) 등 잔류정부 관료에 의해 제기되었는데 실제 내용은 조선에 사절을 보내 통교를 요구하자는 것이고 그것이 받아들여지지 않고 사절을 살해한다면 조선에 군대를 파견해 무력으로 해결하자는 것이었다. 구미에서 돌아온 이와쿠라와 오쿠보 등은 이러한 사태로 인해 자신들이 정치적 주도권을 잃게 될 것을 우려해 '내치' 우선을 주장하며 천황을 이용한 교묘한 술책으로 사절 파견 결정을 번복함으로써 이른바 '정한'파가 실각하고 하야하기에 이른 것이다. 이때 '내치'파에 가담해 이와쿠라, 오쿠보, 기도 등을 주선하며 적극적으로 뒤에서 공작을 담당한 자가 바로 이토 히로부미였다. 이토는 당시 일본의 최우선 과제는 서양문물을 받아들여 개혁을 추진하는 것이었고 외교적 분쟁을 일으킬 시기가 아니라고 판단했다. 즉 '내치'를 주장해 '정한파'로부터 정권의 주도권을 빼앗으려는 것이 정변을 일으킨 목적이어서 '정한론' 자체에 반대했다기보다는 보류하자는 입장이었다. 여기에는 1869년 '정한론'을 주장했던 기도 다카요시 그리고 오쿠보 도시미치도 견해를 같이 했다.[9]

---

9 방광석, 2008, 『근대 일본의 국가체제 확립과정-伊藤博文와 '제국헌법체제'』, 혜안,

이러한 이토의 자세는 이듬해 벌어진 타이완 침공에 대한 의견에서도 잘 드러난다. 타이완에 표류했다 살해당한 오키나와 어민 문제를 빌미로 타이완을 정벌하자는 논의가 일어나자 기도는 반대 의견서를 제출하여 크게 반발했는데 이토도 다음과 같은 의견서를 제출했다.

'타이완 정토(征討)'의 건은 기도(木戶)가 받아들이지 않았고, 이미 지난해 이후 의견서를 제출했습니다. 오늘날의 국정을 통해 장래를 생각해 볼 때 기도의 논의가 지극히 정당하다고 하더라도 오늘날의 형세에 이르러 원인이 있으므로 어쩔 수 없는 측면도 있습니다. (중략) 기도와 마찬가지로 저도 정한론이 마땅치 않다고 생각하는 주의는 앞으로 국가의 흥륭(興隆)을 기하기 위해서는 먼저 내정을 충분히 정비하는 것이 오늘의 급무이고 또 민력을 배양하는 것이 첫 번째 목적입니다. (중략) 그러므로 마찬가지로 정한도 타이완도 완급이 있어야 할 것입니다.¹⁰

타이완 침공에 대해 이토는 신중하게 반대 의견을 제시하는 데 그쳤다. 현실적인 정치가인 이토는 자신의 의견이 반영되지 않더라도 정치적 상황을 통해 결정된 정책에는 반대 의견을 고집하지 않고 수용하였다.

1875년 9월에 운요호사건이 발생하였다. 1873년의 '정한론'을 실천한 것이다. 1875년 초 일본정부는 가스카(春日), 운요, 다이니테이보(第二丁卯) 등 군함 세 척을 조선 근해에 파견하기로 했고, 그중 운요호는 강화

제1장 참조.
10 小松綠 編, 1928, 『伊藤公全集』 제1권, 昭和出版社, 171~172쪽.

도에 접근해 포대를 공격하는 등 분쟁을 일으키고 그것을 빌미로 이듬해 사절을 파견해 조일수호조규(朝日修好條規)를 체결했다. 이러한 무력을 통한 불평등조약 체결 과정에 이토도 관여하였다. 특히 기도 다카요시가 조선 파견 사절에 임명되었다가 병으로 사퇴하고 구로다 기요타카(黑田淸隆)를 정사, 이노우에 가오루(井上馨)를 부사로 임명하는 과정을 주도하였음을 볼 때[11] 조선에 불평등조약의 체결을 요구하는 일본의 정책에 이토가 깊이 관여했음을 알 수 있다. 후일 이토는 자신이 조선을 독립국으로 승인하는 것을 최초로 발의했다고 주장했는데, 이는 조일수호조규의 내용을 가리키는 것으로 보인다.[12]

최근 조일수호조규의 체결 과정에 앞서 운요호 파견도 이토가 주도한 것이라는 주장이 제기되었으나,[13] 논증이 충분하지 않아 설득력이 떨어진다. 즉 근래 발굴한 운요호 함장 이노우에 요시카(井上良馨)의 보고서가 공부성 용지에 기록되어 있다는 것을 근거로 공부경(工部卿)이었던 이토가 운요호사건의 마스터플랜을 마련하였고 사건 이후에도 원래의 의도대로 사건을 통제하기 위해 공식보고서의 조작을 주도했다고 추론하고 있는데, 이토의 관여를 증명할 직접적인 자료의 제시 없이 이토를 운요호사건의 주모자로 지목하는 것은 실증적으로 한계가 있다. 다만 보고서를 제출받은 후 그것을 조작해 일본 주장의 정당성을 합리화하는 데 관여한 것은 정황상 가능했던 것으로 보인다.

---

11 이토는 특히 이노우에가 부사직(副使職)을 수락하도록 적극 설득했다.(春畝公追頌會 編, 1934, 『伊藤博文傳』 中卷, 統正社, 2~7쪽).
12 小松綠 編, 1928, 『伊藤公全集』 제2권, 昭和出版社, 458쪽.
13 김흥수, 2009, 「운요호사건과 이토 히로부미」, 『한일관계사연구』 제33집; 동, 2010, 『한일관계의 근대적 개편과정』, 서울대학교 출판문화원.

따라서 운요호사건에 대한 이토의 관여는 한정적이었던 것으로 보인다. 다만 타이완 침공 논의에서도 알 수 있듯이 이토는 대외 문제에 적극적으로 자신의 견해를 피력하여 왔고, 정부의 정책이 결정된 이상 자신의 견해와 다르더라도 그것을 끝까지 반박하지 않고 수용하는 정치적으로 유연한 자세를 취했다.

2) 임오군란 · 갑신정변 시기의 조선 정책

조선에서 임오군란이 일어난 1882년 여름 이토는 유럽에 체재하고 있었다. 1882년 3월 입헌제도 수립을 위한 조사를 위해 독일을 비롯해 오스트리아, 프랑스, 영국 등에서 서양 입헌제를 연구하고 일본의 입헌체제 수립구상을 가다듬은 뒤 1883년 8월 귀국했다. 따라서 임오군란을 통한 대(對)조선 정책에 직접적으로 관여할 수는 없었으나 이와쿠라, 이노우에, 야마다 등 정부 요인들과의 왕복서한을 통해 자세한 정보를 보고받고 있었으며 자신의 견해를 적극 피력하기도 했다.

1882년 8월 27일 야마다에게 보낸 답장에서 이토는 임오군란과 관련해 "앞으로 담판에 따라서는 지나(支那)와 전투를 벌이게 될지도 모르므로 소홀함이 없도록 해야 하겠지만 지금은 가능한 한 평온을 유지하는 것이 상책이라 할 수 있다"[14]라며 청국에 대한 군사적 열세를 인식하고 온건한 대응을 권했다.

1882년 10월 조선에서 특명전권대신 겸 수신사로 박영효, 김만식, 김옥균 등이 방일했다. 당시 임오군란 처리를 담당한 외무경 이노우에 가오

---

14 『伊藤博文傳』中卷, 302~306쪽.

루는 박영효, 김옥균 등과 의견을 교환한 결과 조선정부 내에는 일본에 의지해 '독립자주'를 꾀하는 소장 관료가 있다는 것을 확인했다. 이들 개혁을 꾀하는 일파는 국왕의 지지를 받고 있다고 하지만 매우 소수여서 그들을 적극적으로 원조하더라도 과연 소기의 목적을 달성할 수 있을지 의심스럽게 생각한 이노우에는 다음 3개 항으로 구성된 대조선 정책을 산조 사네토미(三條實美) 태정대신(太政大臣)에게 제출했다.

① 관계 열강과 협력해 조선의 독립을 승인하게 한다.
② 청한 종속 문제에 관해 청국과 직접 교섭한다.
③ 조선의 혁신파를 원조해 자발적으로 독립의 성과를 올리게 한다.[15]

이를 열람한 이와쿠라 도모미 우대신은 일본과 청국이 정면충돌할 우려가 있기 때문에 제2항은 절대로 회피하고 제1항, 제3항을 채용해야 하며 청국과 마찰을 일으킬 위험이 있으므로 문화적 방면에서 서서히 지도 원조를 해야 할 것이라는 의견을 내놓았다.[16]

이노우에는 유럽에 가 있는 이토 참의에게도 의견을 구했는데, 이와쿠라의 소극론에 비해 이토 히로부미는 적극적 의견을 전개했다. 이토는 이노우에 외무경의 질문에 답해 "조선을 독립국으로 삼는 것이 긴요하므로 그들의 희망에 따라 보조를 해 주어야 한다"라고 답했다. 조선으로 하여금 공개적으로 독립을 선언하게 하고 구미에 특사를 파견해 조약을 체결

---

15 多田好問 編, 1968, 『岩倉公實記』 下, 原書房, 907~908쪽.
16 多田好問 編, 1968, 위의 책, 907~908쪽; 高橋秀直, 1995, 『日淸戰爭への道』, 東京創元社, 55~67쪽 참조.

하게 하는 것이 합당할 것이라는 의견을 개진했다.[17]

조선이 청의 속국에서 벗어나 독립국이 되어 서양 나라들과 조약을 체결해야 한다는 것이나 그것을 실현하는 것은 쉽지 않은 일이었다. 이노우에는 "경성변란 후 청국정부가 조선 내정에 심하게 관여하고 대원군을 구인(拘引)하고 병력을 경성에 주둔하는 등 압제를 싫어하고 순수한 부용국이 되는 것을 꺼려 가능한 종전과 같이 자주에 맡길 것을 제의한 것이다. 그 충정은 청국의 속박에서 벗어나 독립을 선언하겠다는 결의가 있으나 이를 결행할 기세는 아직 없기 때문에 귀군(貴君)이 권고한 바와 같이 미국정부에 보낸 국서를 철회하고 독립을 공언하게 하는 것 등은 그들에게 있어 가장 처치하기 어렵다고 생각한다"며[18] 적극정책을 펼 수 없는 당시 정세를 설명했다. 따라서 이노우에는 종전의 방침을 완화하여 조선 독립에 적극적으로 원조하는 것을 회피하고 이번의 전권대신 박영효 등에 대해서도 일본정부의 방침을 명시하지 않고 잠시 사태를 주시하기로 했다. 다행히 미국정부도 일본정부의 방침을 따라 조선을 독립국으로 간주하여 한미수호통상조약을 비준할 전망이었다. 결과적으로 이노우에는 청과의 대립을 의식해 임오군란 이전의 적극정책을 소극정책으로 변경한다는 원칙을 결정한 것이다.

청국의 '조선속방론'을 어느 정도 묵인하면서 임오군란을 매듭지은 이노우에 외무경은 1882년 11월 이토 히로부미에게 그 대처 과정을 상세히 전하면서 구미 여러 나라의 대응을 포함한 조선 문제의 전망을 피력했다.

---

17 『世外井上公傳』 제3권, 原書房, 1968, 493쪽.

18 『世外井上公傳』 제3권, 494쪽.

영국과 미국, 독일 각국이 조선과 맺은 조약의 비준에 대해 각국 공사들에게 확인해 보니 영국과 독일 두 나라는 비준을 재고 있는 듯하다. 특히 영국 공사의 의견은 이 조약은 첫째, 아편 매매를 금지하고 둘째, 연해무역권을 조선이 점유하는 것으로 조선 측에 이익이 있는 조약이다. 한편 이러한 조약을 조선과 체결하면 청국정부와 조약을 개정할 때 청국이 '속방인 조선의 조약'에서조차 이러하다는 구실을 주어 '영국의 통상이익을 해하는 것'이 심하게 된다. 따라서 영국은 결국에는 이 조약에는 비준하지 않을 것이라고 하였다. 독일도 조선과의 조약으로 별다른 이익을 얻을 수 없으므로 보류하게 될 것이다. (중략) 다만 미국정부에서는 조선과 조약을 체결하면 어느 정도 청국 및 일본에 이익을 줄 것으로 생각하여 이것을 비준하려 할 것이다. 한편 청국정부는 착착 '조선이 속방인 실정' 사실을 가지고 각국에 속방인 것을 나타내려는 듯이 보인다. 청국정부의 저의는 작년 일본정부가 류큐에 대해 청국의 이론이 있음에도 폐번치현의 처분을 거행한 것처럼 이번에 조선에 대해서 같은 처분을 시행하려 하고 있는 듯이 보인다. 조선의 모습은 '거의 쇠약의 극치'에 이르러 있으며 게다가 독립을 희망한다고는 해도 결국 '국왕과 기타 두세 명의 신하의 마음'일 뿐으로 결코 조선정부의 의향은 아니다. 그러므로 급하게 조선을 보조하여 강력하게 독립을 성취시키려는 것은 득책이 아니다.[19]

여기에서 알 수 있듯이 이노우에는 미국 이외의 서양 각국이 조선과의 조약 체결에 응하지 않을 것으로 보았으나 이후 영국, 독일, 프랑스가

---

19 『伊藤博文關係文書』제1권, 塙書房, 1973. 177~181쪽.

조선과 조약을 맺는 상황이 전개되면서 일본의 조선 중립화 구상은 구체성을 띠어갔다. 앞서 적극적인 조선 정책을 제의한 이토 히로부미도 서양 각국의 승인을 받는 조선 중립화 구상에 대체로 동조를 표시하며 유럽에서 이러한 상황을 주시하고 있었다고 할 수 있다.

조선의 '독립'에 대해 국제적인 공인을 받으려는 일본의 정책은 1882년부터 1884년에 걸쳐 조선과 미국, 영국, 독일, 이탈리아, 러시아 사이에 각각 조약이 체결, 비준됨으로써 일단 달성되었고 조선 중립화 구상도 힘을 얻게 되었다. 그러나 이것은 1884년 12월 갑신정변으로 유명무실화되었다. 급진 개화파가 일으킨 쿠데타에 청국군이 개입하여 조선 정부를 청국이 장악하였기 때문이다.

1884년 12월 19일 사태 수습을 위해 조선에 파견된 이노우에 고와시(井上毅)는 시모노세키에서 이토와 이노우에 앞으로 글을 보내 이대로 일이 진행되어 간다면 장차 청국이 조선을 지배하게 되어 운요호사건을 일으킨 '1875년 이래'의 일본의 정략이 수포로 돌아가 버릴 것이라고 우려하였다.[20]

이노우에 고와시는 이토 참의 겸 궁내경, 이노우에 외무경 등에게 청국에 대한 강경책을 진언하였다. 12월 27일에는 이토에게 다음과 같이 제안하였다.

청국정부를 압박해 조선에 주둔하고 있는 병력을 철수하게 하는 데 중점이 있다. 그때 취할 수 있는 방책은 첫째, 조선은 청의 속국이 아니라고 논하는 것. 둘째, '경성사변'에서 청국 측의 '침범 행위'를 따지

---

20 『井上毅傳 史料篇』 제1권, 國學院大學圖書館, 1966, 440쪽.

는 것. 셋째, 선후책을 논하고 양국 장래의 '사태'를 막는다는 것을 철병 명목으로 삼을 것이라는 세 가지이다.²¹

첫째 안은 청국과 일본 사이의 논의가 '속국론'에 이르면 청은 일본에 반발할 것이고 군사적인 충돌로 이어질 것이다. 둘째 안은 청국 측의 '침범 행위'를 따진다 해도 특별한 증거가 없으므로 전쟁으로 분쟁을 해결할 수밖에 없어 세 번째 안을 채용해야 한다는 것이 이노우에의 견해였다. 이것으로 조선에 청국과의 '명의상의 관계'를 남긴다고 하더라도 '실력의 관계'를 끊어 조선이 점차 '독립의 진보'를 얻게 하는 것이 가능하다는 것이다.

갑신정변 처리에 대해 이노우에 가오루 외무경은 조선과 청국에 각각 별개로 교섭을 진행한다는 방침을 취했다. 조선이 외교상 자주권을 갖는다는 것을 전제로 교섭을 진행하려 한 것이다. 그것은 조선이 독립국인 것을 국제적으로 분명히 하고, 청국에도 그것을 인정하게 하려는 종래의 방침에 따른 것이다.

이에 비해 이토는 평화적 해결을 중시했다. 이토는 청국에 대한 담판 문제에 강약의 두 가지 방법이 있다면서 강론이란 속국론에 입각해 청국 병력을 철수시키는 것이고, 약론이란 단지 청국과 일본의 장래 우호 보장으로 양국의 병사를 철수하는 것이라고 보았다. 만일 강론으로 담판하면 청국 측은 반드시 거부할 것이므로 회담이 결렬될 때는 전쟁을 할 수밖에 없다고 주장했다.²² 전쟁이 벌어지면 일본에 승산이 있다고 확신할 수

---

21 앞의 책, 446쪽.
22 『伊藤博文傳』中卷, 400~403쪽.

없다. 즉 조선 '독립론'을 명분으로 청국과의 교섭에 임하려는 이노우에의 입장이 강경론이라면 이에 대해 이토의 입장은 온건론이었다.[23]

갑신정변의 국제적인 처리는 조선과 청국에서 각각 별도로 행해졌다. 조선과는 이노우에 가오루가 교섭을 담당해 1885년 1월 한성조약이 체결되었다. 조선 측과의 교섭을 통해 이노우에는 조선의 '독립'이 국제적으로 공인되어 있음을 나타내려 하였다. 담판 과정에 주조선 청국 대사인 오대징(吳大澂)이 나타나 간섭하려 했으나 이노우에는 조선 전권대신인 김굉집에게 "조선이 청의 속국이라면 귀국과는 담판할 수 없다"라고 추궁해 "조선은 청의 속국이 아니며 이번 담판에 청국은 일체 관여하지 않겠다"라는 확답을 받았다.[24]

청국과는 이토 히로부미가 대사로 파견되어 1885년 4월 톈진조약을 체결하였다. 일본정부는 이토 대사 앞으로 보낸 훈령을 통해 정변 당시 청국군을 지휘한 장군의 처벌과 조선에서 군대 철수를 청국에 요구하라고 지시했다. 이토와 이노우에는 청국이 프랑스와 전쟁을 하고 있어 일본과의 담판에 전력을 다할 여유가 없다고 판단하였고, 실제로 청국 측은 일본의 공동철병 요구에 응할 방침을 정하고 있었다. 러시아 등 서양 열강의 조선 침략이 우려되고 있는 상황에서 동아시아 정세를 안정시키기 위해서는 청일협조가 필요했기 때문이다. 이러한 배경에서 청일 공동철병은 톈진조약에 의해 구체화 되었고, 조선의 '독립'에 대해 국제적인 공인을 얻으려는 일본 측의 정책은 성과를 거두었다. 이토와 이홍장은 ①

23　오비나타 스미오, 「청일전쟁 전후 일본 정치에서의 동아시아 질서 구상」, 왕현종 외, 2009,『청일전쟁기 한·중·일 삼국의 상호전략』, 동북아역사재단, 149쪽, 참조.
24　『世外井上公傳』 제3권, 520~521쪽.

조선에서 청일 양군의 철수, ② 조선군 재편성을 위해 제3국으로부터 군사교관을 고용할 것, ③ 조선에 파병할 경우에는 상호 통보해야 한다는 것[行文知照]을 내용으로 하는 톈진조약에 조인했다.[25] 일본 측은 조선에 대해 청국과 대등한 권한을 얻은 것으로 받아들였다.

이토는 메이지 초기 이래 새로운 동아시아 질서를 모색하는 가운데 조선이 국제법상 '독립국'으로 인정을 받아야 일본이 조선에 관여할 수 있다는 정책을 추구해 왔다. 일본정부는 임오군란 이후 조선 영세중립화를 최상책으로 생각하고 갑신정변의 처리에서는 조선 영세중립화의 가능성을 탐색하기도 했다.[26] 조선 영세중립화는 실현되지 않았지만 톈진조약에 의해 청일 간에 조선 보전에 대한 합의가 성립한 것은 메이지 초기 이후 일본의 조선 정책의 하나의 도달점이었으며 그것을 주도한 이토의 대조선 구상이 실현되었음을 보여주는 것이다.

갑신정변 이후 조선정부는 러시아에 급속히 접근하였고, 영국이 거문도를 점령하는 등 동아시아에서 러시아와 영국의 대립이 심화되었다. 일본정부는 대조선 정책의 전환을 꾀했고, 조선의 러시아 접근을 우려한 이노우에 외무경은 1885년 6월 청국의 서승조(徐承祖) 주일공사에게 '조선 변법 8개 조'를 제기하기도 했다.[27] 러시아의 조선 단독 보호를 저지하고, 청일 양국의 조선공동보호를 꾀하려는 것이었다. 이러한 기도는 중국의 거부로 실패하였으나 조선을 일본의 '이익선'으로 보고 중립화하려는 구상으로 이어진다고 볼 수 있다.

---

25 1885년 톈진조약에 관해서는 大澤博明, 2004~2005, 「日淸天津條約(一八八五年)の硏究」(一)~(二), 『熊本法學』No.106~107 참조.

26 大澤博明, 2001, 『近代日本の東アジア政策と軍事』, 成文堂, 70~77쪽.

27 髙橋秀直, 1995, 『日淸戰爭への道』, 東京創元社, 190~194쪽. 참조.

갑신정변 이후 청일전쟁 이전에 조선을 포함해 동아시아 질서구상을 명확하게 제시한 것은 야마가타 아리토모이다. 1888년 1월 제시된 야마가타의 의견서는 군비확장의 필요성을 강조하기 위해 전개한 앞부분의 '주권선'/'이익선'론, 뒷부분의 조선 영세중립화론, 양자를 잇는 중간의 정세 분석 부분으로 나뉘어져 있다.[28] 서두에서 일본이 독립 자위의 길로 나아가기 위해서는 '주권선의 수어(守禦)'와 '이익선의 방호(防護)'가 필요하다고 전제하고 '이익선', 즉 조선의 확보를 강조하고 그를 위한 군비확충을 주장했다. '이익선'을 방호하여 일본이 완전히 독립하려면 조선의 중립화가 필요하다는 것이다. 시베리아철도가 완성되면 '이익선'인 조선의 독립이 위협을 받는다. 동양의 상류(上流)를 러시아가 차지하면 직접 위험이 미치는 것은 청일 양국이다. 톈진조약에서 한 발 더 나아가 '연합보호의 방책'을 취하여 조선을 공법상 항구중립국으로 삼아야 하며 조선의 중립은 청국만이 아니라 영국, 독일의 이익과도 간접적으로 관계되어 있다는 것이다.

이렇게 해서 야마가타는 영, 독, 일, 청 4국에 의한 조선의 항구중립화 구상을 제기하였다. 이 구상은 남하하는 러시아를 주 대상으로 한 대책이었으므로 중립을 협의 보장하는 관계국에 러시아는 물론 포함되지 않는다. 야마가타는 이러한 자신의 구상에 입각해 1890년 12월 6일 제1회 제국의회의 시정방침 연설에서 주권선, '이익선'론을 중심으로 군비확장의 필요성을 제기했다.[29]

야마가타의 의견은 동아시아의 청일관계에 영국과 독일을 끌어들임

---

28 大山梓 編, 1966, 『山縣有朋意見書』, 原書房, 196~200쪽. 芝原拓自 外 編, 1988, 『對外觀(日本近代思想大系 12)』, 岩波書店, 81~86쪽.
29 『山縣有朋意見書』, 201~204쪽.

으로써 그 힘으로 러시아의 진출을 억제해 한반도의 안정을 꾀하려는 세력균형의 논리에 서 있다. 톈진조약을 직접 체결한 이토는 청일협조에 의한 동아시아 국제정세의 안정을 꾀하려 했기 때문에 야마가타의 구상에 반대할 이유가 없어, 그것을 수용한 것으로 보인다.

 조선의 개항 이후 일본정부는 조선을 국제법상 '독립국'으로 인정받게 한 뒤 일본이 조선에 관여하는 정책을 추구해 왔다. 그것은 임오군란과 갑신정변을 거치면서 어느 정도 성공하였다. 조선을 독립국으로 인정해 서양 각국과 조선이 개별적으로 조약을 맺었으며 일본이 바라던 조선의 영세중립화는 실현되지 않았지만, 톈진조약을 통해 표면적으로 조선에 대해 청국과 대등한 권한을 얻은 것이다. 이후 1880년대 후반 일본정부는 군비확장에 매진하면서 조선을 일본의 '이익선'으로 삼아 항구중립화를 꾀하는 정책을 펼쳐 나갔다.

2. 자유민권파의 조선 인식과 침략론
   - 오사카사건을 중심으로

1873년 10월의 '정한론' 정변으로 정부가 분열된 이후 메이지 정부는 사쓰마(薩摩), 조슈(長州)의 번벌 관료를 중심으로 '개발 독재' 성격의 정책을 추진하였고 하야한 주요 지도자들은 사족(士族) 반란과 자유민권운동으로 분화되어 나갔다. 1874년 1월 '정한론' 정변으로 하야한 주요 지도자들 가운데 사가[佐賀: 히젠(肥前)]와 고치[高知: 도사(土佐)] 출신자들은 이듬해 1월「민선의원설립건백서(民選議院設立建白書)」를 정부에 제출하여 의회를 설립할 것을 주장했다. 그 내용은 당시의 정권은 왕실에게도 없고 인민에게도 없으며 오로지 소수의 관료가 독점하여 문제가 많다고 주장하고 서양식 의회를 설립해 공정한 정치를 하자는 것이었다. 이는 가고시마(鹿兒島: 사쓰마)와 야마구치(山口: 조슈) 등 한정된 지역 출신자가 정권을 독점하고 있는 당시의 상황을 '유사(有司)독재'라고 비판하면서 다양한 세력이 정치에 참가하기 위해서는 서양식 의회정치를 도입할 필요가 있다는 것이었다. 이를 기점으로 이른바 '자유민권운동'이 시작되었다.

자유민권운동은 이타가키 다이스케(板垣退助), 고토 쇼지로(後藤象二郎) 등 고치 출신자들이 주도하였다. 1874년 고치의 사족을 중심으로 '입지사(立志社)'라는 정치결사를 설립하였으며, 이듬해에는 오사카에 '애국사(愛國社)'를 결성해 전국적 운동조직으로 만들었다. 이후 세력을 규합하여 정부에 의회 설립을 요구하기 시작했으나 당시 징병령, 폐도령(廢刀令), 질록처분(秩祿處分) 등으로 특권을 상실해 정부에 불만을 품고 있던 많은 사족은 자유민권운동보다는 무력을 동원한 사족 반란에 참여하였다. 따라서 자유민권운동이 본격화된 것은 최후의 사족 반란인 세이난(西南)전쟁이 진압된 1877년 이후이다. 더 이상 무력을 통한 정권 전복이 어렵다고 판단한 사족들이 평화적인 방법으로 정부를 압박하는 자유민권운동에 관심을 갖게 되었던 것이다.

1878년 5월 정부의 실질적 최고지도자 오쿠보 도시미치가 암살된 후, 9월에 전국의 13개 정치결사 대표가 오사카에 모인 애국사재흥대회는 자유민권운동을 재점화시켰다. 이듬해에는 제2회, 제3회 애국사대회가 열려 청원운동을 통해 국회개설을 요구하기로 결정하였고, 1880년에는 국회기성동맹이 결성되었다. 민권파는 각지에서 집회를 열어 세력을 규합하고 연설회를 통해 정부를 규탄하고 국회개설을 요구하는 청원서인 건백서를 제출했다.

이렇게 자유민권운동이 활발히 전개되자 정부는 큰 압박을 받았다. 자유민권운동이 정부 전복운동으로 나아가는 것을 막기 위해 1881년 10월 정부는 그들의 요구를 받아들이는 형태로 '국회개설조칙'을 발표해 10년 뒤에 의회를 개설하겠다고 약속했다. 당시 정부 내 유력자인 오쿠마 시게노부(大隈重信)가 민간에서 주장하는 조기 의회개설과 영국식 정당내각제를 내용으로 하는 급진적인 입헌제 수립론을 주장했기 때문에, 정부 수뇌는 정변을 통해 오쿠마를 정부에서 축출하면서 서둘러 프러시아식 대권내각제를 중심으로 한 보수적인 입헌제 수립 방침을 세웠다. 민권파로서는 일단 '국회개설조칙'을 통해 자신들의 주장이 수용되었다고 보고, 이후 헌법초안의 작성과 정당을 결성하는 방향으로 나아갔다. 민권파를 비롯해 민간에서 다양한 헌법초안이 작성되었으며 자유당(1881), 입헌개진당(1882)을 비롯한 정당이 결성되었다.

민권파의 지도자들은 1881년 '국회개설조칙'을 통해 자신들의 요구가 반영되었다고 보았으나 그것은 한편으로 반정부운동의 목표가 상실된 것을 의미했다. 이타가키나 고토와 같은 민권파 지도자들과 달리 자유당의 일반 당원들을 디플레이션으로 인한 경제적 타격과 번벌 정권의 현실적인 '폭정'에 대항한 '혁명'을 외치며 과격한 운동으로 나아갔는데, '후쿠시마사건', '가파산사건', '나고야사건' 등 이른바 '격화사건'이다. 그 가운데에서도 대외적인 문제를 일으켜 국내 문제를 해결하기 위해서 '의용병'을 조직해 '조선개혁'을 시도하려 한 것이 '오사카사건'이다. 오사카사건은 국내의 '민권'에 치중했던 자유민권파의 '국권'인식, 조선 인식이 표출된 대표적인 사건이다. 따라서 여기에서는 오사카사건의 내용과 함께 그들의 조선 인식의 성격을 검토해 보고자 한다.

1) 오사카사건의 내용

오사카사건은 1885년 11월 옛 자유당 당원 오이 겐타로(大井憲太郎), 고바야시 구스오(小林障雄), 이소야마 세이베(磯山淸兵衛), 아라이 쇼고(新井章吾) 등이 계획했다가 미수에 그친 사건이다. 자유당은 1884년 이미 당이 해체된 상황이었다. 그 계획이란 우선 이소야마, 아라이의 지휘 아래에 있는 장사 20여 명을 조선으로 보내 친청파인 민씨 정권의 고관을 살해하고, 김옥균, 박영효 등의 개화파 정권을 수립시키는 것이었다. 그렇게 되면 청과 일본의 대립이 발생하여 일본은 외환에 직면하게 되고 동시에 일본 국내의 여론이 들끓는 상황이 만들어지면, 이를 이용해 '내지혁명'을 일으키고자 했다. 즉 메이지 초기부터 자유민권운동을 주도해 온 자유당이 1884년 3월에 발생한 군마(群馬)사건 등과 같은 이른바 '격화사건'을 계기로 같은 해 10월에 당을 해체하고, 이어서 발생한 농민운동과 결합한 지치부(秩父)사건 등의 봉기가 실패로 끝나는 등 민권운동이 전반적으로 퇴조한 가운데 '조선개혁'이라는 대외적인 문제를 일으켜 이를 타개하는 실마리를 찾으려 한 것이다.

이 계획을 최초로 제창한 자는 고바야시이다. 그의 법정 증언에 의하면 1885년 3월경 그가 오이에게 말했던 것이 시작이고, 7월까지 오이, 고바야시, 이소야마, 아라이 등 4명의 지도부가 만들어졌다. 그 후 자금 조달, 폭약류 조달, 동지 모집 등이 진행되었다. 10월, 조선으로 건너갈 장사들이 출항지인 나가사키로 갈 단계가 되자 이소야마가 탈락하여, 11월 아라이가 조선으로 건너갈 장사의 수령에 취임했다. 그러나 계획이 발각되어 오이와 고바야시가 11월 23일 오사카에서 체포된 것을 비롯하여, 그 밖의 관계자들도 체포되었다. 기소된 사람은 모두 64명이었다. 오이도 조선에 가기로 했다고 했지만, 결국 오이와 고바야시는 '내지혁명'을 위해 일본에 남기로 되어 있었다.

자유당 당내 좌파였던 오이 겐타로 등은 자유당 우파 수뇌부와 메이지 정부의 조선 내정개입과는 다른 입장에서, 조선 인민의 독립투쟁과 일본의 자유민권운동을 묶는 연대체를 만들어 양국에서 동시에 민주주의 혁명을 일으키는 것을 목표로 삼았다. 그래서 오이를 중심으로 후쿠다 히데코(福田英子), 고바야시 구스오, 이소야마 세이베, 아라이 쇼고, 이나가키 시메스(稲垣示) 등 자유당 좌파들은 동지들을 이끌고 한반도로 건너가 다시 쿠데타를 일으키자는 음모를 진행했다. 그들은 쿠데타로써 당시 조선의 민씨 정권을 무너뜨리고 실각한 김옥균을 재집권시켜 줌으로써 조선에 입헌군주정을 구축하고 청나라로부터 독립시킨다는 계획을 세웠다. 일본 국내에서 자유민권운동이 메이지 정부의 탄압을 받고 있던 상황에서, 해외의 민주혁명을 도와 일본의 국위를 선양하고 국내 개혁의 당위를 확보하기 위한 심산이었다. 그리하여 폭탄 제조, 자금 조달을 위한 무장강도 등의 행동이 진행되던 도중, 이소야마가 배반, 밀고하여 139명이 체포되었다. 고바야시와 이소야마는 외환죄가 적용되어 금고 6년 형에 처해졌고, 그 외 여러 사람에게 형벌이 가해졌다. 음모의 중심인물인 오이와 조선에 침투할 예정인 부대의 책임자였던 아라이는 징역 9년을 선고받았다. 하지만 불과 2년 만인 1889년 대일본제국헌법 반포 기념 특사로 모두 석방되었다.

이 사건의 발단과 의도에 대해 오이는 다음과 같이 말한다.

이 사건이 드러난 것은 1885년 3월 이후이지만 그것을 들은 것은 1884년 10월경 오사카에서 자유당 해당회의가 열렸을 때였다. 여기에는 우리와 고바야시 구스오(小林障雄), 이소야마 세이베 등이 왔고, 야마기와 시치시(山際七司), 호시 도루(星亨) 등은 니가타(新潟)에서 호시가 연설하던 중 관리를 모욕했다는 이유로 오지 못했다. 전보를 보내 불참할 것을 통보해 왔다. 당시 김옥균은 일본에 와서 이노우에 가오루 외무대신을 만나 조선 독립에 관한 건을 의뢰했으나 정부로부터 거절당하고, 그 후 어느 민간인 신사를 만나 그 일을 부탁한바, 그 신사는 다른 신사에게 그를 소개하여 면회시킨 후, 김옥균은 즉시 조선으로 돌아갔다. 그 후 그는 다시 일본을 방문할 예정이었다. 우리들이 오사카에 모였을 때를 전후하여 김옥균이 다시 올 때가 되었다고 생각하고 있었다.(중략)

일본인의 뇌는 완전히 굳어 있으므로 이것으로는 더 이상 사회진화를 바랄 수 없다. 귀천과 상하 구별이 심한 낡은 사회의 전통을 존중하고 새로운 것을 싫어하는 일을 타파해야 한다. 그렇게 하기 위해서는 사회 전체에 활동력을 심어주어야 한다. 사회에 활동력을 심어주기 위해서 외환(外患) 등은 가장 좋은 수단이고, 그때야말로 비로소 인민에게 참된 애국심이 생겨난다. 외환이 일어났을 때야말로 국가의 귀중함을 알게 되고, 아무리 비굴한 인민이라도 애국심을 갖게 될 것이다.[30]

즉 1884년 갑신정변 이전에 김옥균이 이노우에 외무대신에게 '조선 독립'에 관한 건을 의뢰하였고 민권파도 김옥균과 접촉하고 있었는데 김옥균이 귀국해 성급하게 갑신정변을 일으켜 조선개혁이 좌절되었다는 것이다. 그리고 일본의 인심과 사회개량을 하기 위해 '조선 개혁'에 대한 간섭이라는 '외환'을 이용하려고 하였다는 점을 드러내고 있다.

2) 오사카사건에 대한 기존 연구[31]

오사카사건에 대해서는 일본 국내의 민주주의와 아시아 민중의 연대·해방을 지향하는 민권론의 연장이라고 적극적으로 평가하는 입장[32], 주관적 의도가 민권론의 연장선상인 국제주의에 있었음에도 국내 혁명의 계기

---

30 「國事犯事件公判傍聽筆記」(『大阪日報』附錄), 『大阪事件關係史料集』上卷, 日本經濟評論社, 1985.
31 오사카사건에 관한 연구사 정리는 박삼헌, 2006.12, 「메이지초기 대외팽창론의 한 유형-아라이 쇼고(新井章吾)와 오사카사건을 중심으로」, 『문화사학』 26호, 242~246쪽 참조.
32 平野義太郎, 1938, 『馬城大井憲太郎傳』, 大井馬城傳編纂部; 同, 1965, 『大井憲太郎』, 吉川弘文館; 同, 1968, 「自由民權とくに大阪事件の評價について」, 『大井憲太郎〉研究』, 風媒社 등이 있다.

를 '조선개혁'과 대외긴장에서 찾았으므로 현실적으로는 민권론에서 국권론으로의 전향이라고 평가하는 입장33으로 크게 나눌 수 있다. 지금은 후자의 입장이 일반적이라 할 수 있다. 비교적 최근에 간행된 한중일 삼국 공동 교과서에서는 '자유민권운동의 한계와 변질'이라는 소제목에서 "자유민권운동은 일본을 자유와 인권의 나라로 만들려는 운동이었으나, 일본 국내의 개혁운동이 점차 한계에 봉착하자 나라 밖으로 눈을 돌려 외국으로 세력을 확대해야 한다고 주장하였습니다. 1884년 조선에서 갑신정변이 일어나자, 민권운동 측 신문은 청을 강하게 비난하며, 일본은 청과 싸워야 한다는 강경론을 폈습니다. 이듬해 1885년에는 무기를 지니고 조선으로 건너가 정권의 실력자들을 살해하여 청과 일본이 대립하면 이를 이용

33　遠山茂樹, 1948, 『尊攘思想と絶對主義』, 白日書院; 同, 1991(1950年 초출), 「自由民權運動と大陸問題」, 『遠山茂樹著作集』 第三卷, 岩波書店; 同, 1992(1951年 초출), 「日本のナショナリズム」, 『遠山茂樹著作集』 第五卷, 岩波書店; 由井正臣, 1958, 「大井憲太郎の思想」, 近代日本史硏究會編, 『近代日本史硏究』 6; 山口光朔, 1959, 「大井憲太郎の國權主義」, 『國史論集:創立五十年記念』 2, 讀史會; 中塚明, 1959, 「自由民權運動と朝鮮-とくに大阪事件について」, 『奈良女子大學文學部付屬中學校, 高等學校硏究紀要』 第二集; 同, 1960, 「大井憲太郎論」, 『歷史學硏究』 No.247; 同, 1966, 「大井憲太郎の歷史的評價-とくにアジア連帶の側面について平野義太郎氏の見解を批判する-」, 『歷史評論』 188號; 同, 1969, 『近代日本と朝鮮』, 三省堂; 井上淸, 1955, 『條約改正-明治の民族問題-』, 岩波新書; 中塚明, 1965, 『日本の歷史』 中, 岩波新書; 旗田巍, 1969, 『日本人の朝鮮觀』, 勁草書房; 山田昭次, 1970, 「征韓論 自由民權論 文明開化論-江華島事件と自由民權運動-」, 『朝鮮史硏究會論文集』 7; 同, 1979, 「甲申政變期的日本の思想狀況-『大同合邦論』および大阪事件硏究序說-」, 林英夫·山田昭次編, 『幕藩制から近代へ』, 柏書房; 西重信, 1979, 「大井憲太郎の朝鮮觀-『大阪事件』 公判の弁論をとおして-」, 季刊 『三千里』; 森長英三郎, 1979, 「自由党大阪事件」, 『裁判自由民權時代』, 日本評論社; 大阪事件硏究會編著, 1928, 『大阪事件の硏究』, 柏書房 등이 있다. 이중 자유민권 백주년을 기념하여 출판된 大阪事件硏究會編著, 『大阪事件の硏究』는 오사카사건에 대한 종합적 연구 성과라고 할 수 있는데, 여기에서는 후자의 입장을 취하면서도 '국권론으로의 전향' 보다는 '민권론의 연장'에 초점을 맞추고 있다.

하여 일본 국내에서 혁명을 일으킨다는 자유민권파의 계획이 사전에 발각되는 사건마저 일어났습니다"라고 오사카사건을 설명하고 있다.[34]

이상과 같은 오사카사건에 대한 기존 연구의 특징은 첫째 오사카사건의 논리를 분석하는 주된 대상이 오이 겐타로의 사상에 집중적이라는 점이다. 종래 연구에서는 오사카사건 이전의 오이 겐타로에 대해 대체로 민주적 평민적 급진적이라는 평가를 내리면서 구 자유당 좌파로 분류하고 있다.[35] 하지만 1892년에 오이 겐타로 등이 결성한 '동양자유당'은 그 취지문에서 "우리 일본인은 모름지기 아세아 혁신의 지도자임을 자임해야 한다. 특히 조선은 우리나라의 제방(堤防)이다. 일단 무너지면 그 화환(禍患)이 막대하다. 애써 이를 수축(修築)하고 조선국의 안전을 도모하는 것은 일본국의 급무"[36]라고 언급하고 있듯이, 한반도를 발판삼아 아시아 대륙으로 진출하고, 이 지역의 개혁을 추진하는 것을 목표로 삼는 단체였다. 이것은 당시의 수상 야마가타 아리토모가 주장한 '이익선'론과 동일한 국권론적 논리이기도 하다. 이렇듯 오사카사건 이후 불과 7여 년 후에 국권론적 경향으로 명확히 '전향'하는 오이 겐타로의 사상이 오사카사건에서부터 시작하는지의 여부가 검토되고 있고, 이는 곧 오사카사건의 성격을 민권론에서 국권론으로의 '전향'이라고 보는 근거가 되고 있다. 다시 말해서 오사카사건의 성격은 오이 겐타로의 사상을 어떻게 평가할 것인가에 달렸다고 할 수 있다.

---

34 한중일3국공동역사편찬위원회 지음, 2005, 『미래를 여는 역사』, 한겨레신문사, 53쪽.
35 마키하라 노리오(牧原憲夫) 씨는 오이 겐타로의 급진성을 인정하면서도 "궁극적으로는 체제내적인 계몽사상가"로 평가하고 있다(牧原憲夫, 「大井憲太郎の思想構造と大阪事件の論理」, 위의 大阪事件研究會編著, 『大阪事件の研究』, 40쪽.
36 앞의 平野義太郎, 『馬城大井憲太郎傳』, 297쪽.

그렇지만 오사카사건으로 체포된 139명 중 공소 된 자가 58여 명이고, 제1심에서 경금고(輕禁錮) 1년 이상의 중형을 받는 자는 오이 겐타로를 포함하여 26명이나 된다. 이중 현재 연구되어 있는 자는 오이 겐타로와 함께 오사카사건의 발기인으로 참여한 고바야시 구스오, 군자금 획득을 위해 강도를 감행한 오야 마사오(大矢正夫) 그리고 유일한 여성 참가자인 가게야마 히데코(景山英子) 정도이다.[37] 아무리 오사카사건의 주동자로서 오이 겐타로가 차지하는 위치를 인정한다고 할지라도, 오이 겐타로의 사상이 곧 참가자 모두의 사상을 대표한다고 할 수는 없기 때문에, 오사카사건의 전모를 파악하기 위해서는 그 참가자 각각의 사상을 검토가 필요하다고 할 수 있다.

둘째 오사카사건을 민권론의 연장이라고 평가하든, 국권론으로의 '전향'이라고 평가하든, 오사카사건의 주관적 의도는 민권론에 기초한 국제연대주의에 있었다고 평가하고 있는 점이다. 예를 들어 도야마 시게키(遠

---

[37] 이들에 관한 연구는 주로 앞에서 언급한 大阪事件硏究會編著, 『大阪事件の硏究』에 수록되어 있다. 松尾貞子의 「小林樟雄小論」, 小川原健太의 「大矢正夫素描」, 江刺昭子의 「景山英子と大阪事件」이 그것이다. 한편 오야 마사오에 대해서는 色川大吉編, 1979, 『大矢正夫自徐傳』, 大和書房이 있고, 가게야마(후쿠다) 히데코(景山(福田)英子)에 대해서는 玉城肇, 1934, 「大阪事件と景山英子」, 『歷史科學』 3卷 12號; 住谷悅治, 1948, 『自由民權女性先驅者 -楠瀨喜多子·岸田俊子·景山英子-』, 文星堂; 住谷悅治編, 1949, 『福田英子 妾の半生涯』, 實業之日本社; 村田靜子, 1959, 『福田英子 -婦人解放運動の先驅者-』, 岩波新書; 「景山英子の警察調書と予審調書について」, 『歷史評論』 195號, 1966; 女性史硏究會編, 1962, 『福田英子硏究-35周年在記念して-』, 女性史硏究會; 光田京子, 1983, 「景山英子女性解放思想-民權期を中心に-」, 藤井駿先生喜壽記念會編, 『岡山の歷史と文化』, 福武書店 등이 있다. 가게야마에 관한 연구는 주로 근대 일본 여성해방운동의 선구자라는 관점에서 이루어지고 있다. 이는 메이지 말기에 그녀가 사회주의에 기초한 여성해방운동을 펼쳤기 때문이다. 최근에 가게야마의 저작과 편지 등 관계 자료를 편집한 村田靜子·大木基子編, 1998, 『福田英子集』, 不二出版이 출판되었다.

山)는 "자유당 최고 수뇌의 조선독립당 지원계획38과 달리 표면적으로는 같은 목적을 내걸면서도 방법은 대조적으로, 어디까지나 재야성을 견지하면서 일본 인민의 자유민권 투쟁과 조선 인민의 자유민권 투쟁의 동맹이라는 형태로 시도되었던 것이 오이 겐타로 등의 자유당 좌파가 일으킨 오사카사건이었다"39라고 언급하면서, "이른바 자유당의 오사카사건은 민주주의를 기초로 하여 국제주의로 나아간 민족주의의 표현이었다. 여기에 국내 변혁운동의 봉착을 국제적 위기의 압력으로 타개하려는 전략의 혼란이 있었다는 것은 오늘날 엄밀히 비판받아야 하지만, 그 본의는 그들이 신봉하는 자유민권주의를 확장하고, 조선의 독립을 확보하여 조선의 야만봉건주의를 철폐하고, 민중의 자유평등을 실현하기 위해 일본 조선이 서로 형제와 같은 동정을 느끼며 어려울 때 서로 돕고자 하는 철저한 국제주의의 입장을 취하였다"40라고 평가하고 있다. 오사카사건이 현실적으로는 국권론(=침략주의)적 경향을 보이더라도, 그 주체의 주관적 의도는 '천황제 절대주의의 국권론(=위로부터의 내셔널리즘)'과 구별되는 '자유민권파의 국권론(=아래로부터의 내셔널리즘)'에 기초한다는 것이다.41

---

38 1883년에 베트남을 둘러싸고 청불전쟁이 일어나자, 자유당의 고토 쇼지로(後藤象二郞) 등이 조선에서 청의 세력을 약화시키기 위해 김옥균 등 개화파에게 프랑스로부터 원조받은 자금을 제공하여 정권을 장악하게 하려던 계획이다.
39 遠山茂樹, 1991(1950년 초출), 「自由民權運動と大陸問題」, 『遠山茂樹著作集』第三卷, 岩波書店, 83쪽.
40 앞의 樹, 『尊攘思想と絶對主義』, 46쪽.
41 앞의 遠山茂樹, 「日本のナショナリズム」, 229쪽. 이러한 입장은 메이지 초기에 등장한 이른바 '아시아주의'에 대한 연구에서도 보이고 있다. 예를 들어 일본의 '아시아주의' 연구자 다케우치 요시미(竹內好) 씨는 1880년대 아시아주의를 설명하는 가운데 '오이 겐타로와 오사카사건'이라는 소제목에서 "오이의 경우, 어쨌든 대의명분이 '자유민권'에 있었고, '신질서'나 '공영권', '皇道' 그 자체에 있지 않았다는 점에서 그 뒷세대

그렇지만 이와 같은 오사카사건의 평가는 근대 일본의 국가구상이 자의가 아니라 타의에 의해 개국된 현실을 배경으로 이뤄지고 있는 점을 간과하고 있다. 즉 '천황제 절대주의의 국권론(=위로부터의 내셔널리즘)'이든 '자유민권파의 국권론(=아래로부터의 내셔널리즘)'이든 '내셔널리즘' 이외의 다른 것이 아닌 이상, 그것이 이데올로기적 기능을 수행하기 위해서는 특정 계급이 아닌 전국민적 요구를 반영해야 하고, 당시의 전국민적 요구는 바로 서구 국가와 대등한 근대적 국가의 건설이었던 것이다.

자유민권운동은 1873년 10월 정한론 정변 이후 하야한 이타가키 다이스케 등 사족들이 제출한 「민선의원설립건백서」로 시작되었지만, 1880년 3월의 국회기성동맹에 이르러서는 농민을 포함한 대규모 국민운동으로 발전하였다. 당시 정부는 이제 막 지폐 정리를 위한 긴축정책을 시작하여 당시 해군 측이 요구하였던 대규모 군비증강을 실행할 재원조차 마련하기 힘든 상황이었기 때문에 청과의 협조를 기조로 하는 외교정책을 취하고 있었고, 그 결과 정부는 1882년 임오군란과 1884년 갑신정변 당시 청과의 충돌을 회피하기 위해 조속한 해결을 도모하는 태도를 취했다. 이러한 정부의 소극외교를 굴욕외교로 공격하며 대외강경 노선을 주장한 세력은 오히려 민권파였다.[42]

와 구별된다"고 지적하고 있다.(竹內好, 1963, 「解說 アジア主義の展望」, 竹內好編, 『現代日本思想大系97 アジア主義』, 筑摩書房, 31쪽. 이 논문은 다케우치 요시미 지음, 서광덕, 백지운 옮김, 2004, 『일본과 아시아』, 소명출판에 제4장 일본의 아시아주의로 번역되어 있으며, 인용문의 해당 쪽수는 261쪽.)

42 이 시기의 민권파의 대외강경론에 대해서는 岡義武, 1957, 「明治初期の自由民權論者の眼に映じたる当時の國際情勢」, 明治史料研究連絡會編, 『民權論からナショナリズムへ』, お茶の水書房; 中塚明, 1959, 「自由党と朝鮮問題-『自由新聞』社說を通じて一」, 『國史論集;創立五十年記念』2, 讀史會; 坂野潤治,1977, 「第一章 壬午・甲申事變期の外交論」, 『明治・思想の實像』, 創文社; 長谷川直子, 1989, 「壬午軍亂をめぐる自由民權

이후 이들의 주장은 정부의 조약개정안 반대를 계기로 시작되는 1887년 삼대사건건백운동(三大事件建白運動)이나 1894년 청일전쟁 후의 삼국간섭 반대운동과 같은 반정부운동으로 이어지게 된다. 민권파가 정부를 비판하고 자신들의 정당성을 주장하는 주요한 논리적 근거는 서구와 대등한 근대적 국가 건설이라는 강렬한 내셔널리즘이었고, 그 결과 근대 일본의 내셔널리즘을 국민적으로 추진한 주체는 정부가 아니라 오히려 민권파였다고 할 수 있는 것이다. 따라서 오사카사건은 자유민권운동이 민권론에서 국권론으로의 '전향'했다는 관점이 아니라 근대 일본이 만들어 낸 내셔널리즘의 발현이라는 관점에서 이해되어야 할 필요가 있다.[43]

3) 오사카사건의 침략적 성격

오사카사건 참가자들의 목적 중의 하나가 '내지혁명'이었다는 것은 재판 당시 대부분의 피고인이 공통적으로 행한 증언이었다. 재판과정에서

派の朝鮮論」, 『國際關係學硏究』 第16號; 伊藤之雄, 1994, 「日淸戰前の中國·朝鮮認識の形成と外交論」, 古屋哲夫編, 『近代日本のアジア認識』, 京都大學人文科學硏究所 등 참조.

43 사케다 마사토시(酒田正敏)는 종래연구가 '국권론'과 '민권론'을 서로 융화될 수 없는 완결한 이데올로기로 파악하면서 '국권과'와 '인권'의 대립점만을 강조해 왔지만, 이것은 '국권론 국권주의 국권파'와 '민권 민권주의 민권파'라는 용어에 대한 오해에서 비롯된 것으로, 국권 없는 민권론은 있을 수 없고 민권 없는 국권론도 있을 수 없다는 측면을 너무도 무시한 것이라고 지적하고 있다. 즉 메이지기에 사용된 '국권'이라는 용어는 '국권 확립 국권 회복'(=대외독립), '국권 신장'(=대외진출), '국가권력' 등 세 가지 의미로, '민권'은 '자연적 인권'(=人民의 權), '국민의 정치적 권리'(國民의 權) 등 두 가지 의미로 혼용되고 있으며, '국권파'이든 '민권파'이든 실현되어야 할 정치적 목적과 가치로서 양자를 모두 취하고 있었다는 것이다.(酒田正敏, 1978, 『近代日本における對外硬運動の硏究』, 東京大學出版會, 4~8쪽 참조)

오이 겐타로와 오야 마사오의 진술에서도 이것을 볼 수 있다.[44] '내지혁명'이나 '내치개량'으로 사건 참가자가 말하고 있는 내용이 모두 밝혀진 것은 아니지만 자유민권운동의 힘으로 국회개설을 쟁취하려는 것을 가리키고 있다고 할 수 있다. 이해하기 어려운 것은 '내지혁명'과 조선 계획의 관계이다. 앞의 자료에서 보이듯이 오이는 사회에 활동력을 주려면, 외환을 일으키는 것이 옳은 방법이라고 보고 있다. 고바야시도 밖에서 일을 일으키면 정부도 바빠지게 되며, 여론에 의해서 사태를 해결하게 되어, 국사를 개량할 수 있다고 같은 내용을 말하고 있다. 갑신정변이 일어나자, 일본에서는 청일전쟁을 대비해서 전국적으로 의용군 결성운동이 일어났다. 오이나 고바야시도 여기에 힌트를 얻어 조선 계획을 생각하게 된 것이다. 이것은 자유당이 해산되자 민권운동이 쇠퇴하고 있는 상황 속에서 민권운동을 부흥시킬 방법을 모색한 결과 기사회생할 수 있는 방법으로 선택되었던 계획이었을 것이다.

그렇다면 개화파의 원조계획도 '내지혁명'의 수단에 지나지 않는 것인가. 그러나 오이 겐타로는 조선 계획은 "죄를 묻는다든지 침략한다는 의미를 내포하지 않고, 동병상련과 환난상휼의 호의주의"에서 나온 것이라고 말한다.

김옥균은 결국 일본에 오지 않았고, 1884년 그곳에서 일을 일으켰다. 우리는 물론 다케조에 신이치로(竹添進一郎) 공사의 연설을 듣고, 그들이 혁명의 뜻을 정한 것이라면 대단히 불쌍하다고 생각했다. 그때,

---

44 「國事犯事件公判傍聽筆記」, (松尾章一, 松尾貞子 共編, 1985, 『國事犯事件公判傍聽筆記』 上卷, 日本經濟評論社).

우리의 국기를 더럽힌 일 따위는 화낼 일이 아니라 오히려 불쌍하게 생각해야 한다고 본다. 그 일은 조선 국왕이나 국민의 마음에서 나온 것이 아니라 완고한 사대당이나 중국 놈들이 시킨 것이다. 그러므로 복수주의라고 생각해서는 안 된다. 물론 조선 국내에서의 이 소동이 우리의 감정을 동하게 한 것은 사실이지만 그것 때문에 계획을 세운 것은 아니다. 우리는 그 전부터 조선의 독립을 생각해 왔던 것이다. 복구주의(復仇主義) 따위의 불결한 단어는 재판 선고에서 기술되지 않기를 바라는 바이다.

또한 이것은 검찰관이 한 말이지만 우리의 행동은 당위적인 전쟁에 해당하는 일이 결코 아니다. 당위적인 전쟁이란 무뢰함을 따진다든지 남을 침략하기 위해 전쟁하는 것을 말한다. 예를 들어 일본이 조선에 대해 무뢰함을 따지고 보상금을 받는 등 이전과 같은 포악한 전쟁 따위를 말하는 것이다. 우리의 이 행동은 죄를 묻는다든지 침략한다는 의미를 내포하지 않고, 동병상련과 환난상휼이라는 호의주의에서 나온 것이지 결코 서로 싸우고 다투는 전쟁은 아니다.[45]

고바야시와 이소야마는 갑신정변의 실패로 망명해 있던 김옥균을 면회했지만, 오이 등 오사카사건 그룹의 간부가 개화파에 대해 어느 정도의 이해와 공감을 가지고 있었던 것일까? 오이 등에 대한 기소 이유의 첫째가 형법 제13조의 외환죄였다. 이 조항은 "외국에 대해 사적으로 전쟁을 시작하는 자는 유기유형(有期流刑)에 처한다. 예비에 그친 자는 1등급 혹은 2등급을 감한다"라고 되어 있다. 오이가 법정에서 자신들이 하려고 했

---

45   위와 같음.

던 것은, 형법 제133조에서 말한 전쟁에 해당하지 않는 것으로 만들기 위해 조선 계획은 호의주의에 의한 것이었다고 말한다. 오이와 고바야시가 개화파에 대해서 어느 정도 공감을 갖고 있었다고 볼 수도 있다. 그러나 법정에서 있었던 오이의 '호의주의(好意主義)'라는 진술에는 법정에서의 기술적인 요소일 가능성이 다분하다는 것도 부정할 수 없는 것이다. 왜냐하면 같은 자료집에 실려 있는 자료에서 보이듯이 오야 마사오는 이 계획을 내지혁명의 기회로 만들기 위해서라고 동의했는데, 방청 기록을 보면 주모자의 의견은 자신의 의견과 반대되기 때문에, 이 같은 목적이라면 동의하지 않았을 것이라고 하고 있다. 이렇게 본다면 오이 등의 지도자는 동지를 모집할 때, 목적으로서 조선에 대한 '호의주의' 등은 말하지 않고 내지혁명만을 말하고, 법정에 섰을 때 비로소 '호의주의'를 말했을 것이라고 판단된다. 또한 나가사카 기사쿠(長坂喜作)는 "조선계획은 오이에게 들었는데, 그 주의는 장사 수십 인을 이끌고 조선으로 건너가서 사대당을 쓰러뜨려 우리나라가 여러 번 받은 치욕을 씻고 국위를 해외에 떨치는 데 있다"라고 말하고 있다.[46]

나가사카의 진술에 의하면 오이는 동지를 모집할 때는 '호의주의'와는 완전히 다른 말을 했다. 적어도 나가사카는 굴욕을 씻고, 국위를 해외에 떨치기 위해서 참가했던 것은 의심할 여지가 없다. 오사카사건 그룹은 이러한 생각의 소유자를 받아들였다.

오사카사건은 궁극적으로 일본의 혁명 또는 개혁을 목적으로 한 계획이었다. 그것은 조선에 '외환'을 일으켜 일본정부를 궁지에 빠뜨림으로써 자유민권운동의 목표를 달성하고자 했던 데에 그 사건의 특이성이 있다. 이 사건은 자유당 해당파에 대항해 오이 등이 민권운동을 쇠퇴로부터 만

---

46 『國事犯被告事件傍聽筆記』제24.

회하려는 차원에서 시도된 것으로 보인다. 그러나 자국의 혁명이나 개혁을 위해서 암살이라는 수단으로 타국의 내정에 개입하려는 것은 침략으로 전화될 수밖에 없는 위험성을 포함하고 있다. 더구나 '외환'을 일으켜 정부를 궁지에 빠뜨리는 것은 국민의 배외의식을 강화할 위험성이 큰 것인데, 이러한 점에 대한 사각이 사건 참가들에게서는 보이지 않는다. '민권론'에서 쉽게 '국권론'으로 전화해 가는 자유민권운동의 한계를 확인할 수 있다. 그 후 오이는 점차 대외팽창주의자가 되어 갔다.

3. '연대론'과 '탈아론'
   - 청일전쟁 이전 민간의 조선인식

일본의 조선 인식이 막연한 상태에서 구체적으로 자리를 잡아나가는 시기는 1880년대이다. 임오군란, 갑신정변을 거치며 조선과 일본이 접촉을 심화하며 연대론과 침략론이 교차하였다. 연대론의 대표적인 저작은 다루이 도키치(樽井藤吉)의 『대동합방론(大東合邦論)』이며, 침략론의 대표적인 저작은 후쿠자와 유키치(福澤諭吉)의 「탈아론(脫亞論)」이다. 이 절에서는 다루이와 후쿠자와의 논의를 중심으로 청일전쟁 이전 일본 민간의 조선 인식을 살펴보고자 한다.

나아가 일본과 조선의 관계에 대한 언설이 정치가와 지식인들로부터 일반 국민들에게까지 퍼지게 된 계기가 된 데에는 신문이나 잡지 등 언론의 역할이 크게 작용했다. 그중에서도 당시 『지지신보(時事新報)』와 『요로즈초호(萬朝報)』 등 신문은 대표적인 대중매체의 역할을 했다고 볼 수 있다. 이 글에서는 이러한 저작과 신문에 실린 언설을 분석함으로써 메이지 시대의 지식인들을 중심으로 조선과의 관계 속에서 '연대'와 '탈아'가 서로 끊임없이 격투해 온 과정을 확인하고, 당시 일본의 조선인식, 아시아 인식을 살펴보고자 한다.[47]

---

47 청일전쟁 이전 민간의 조선인식에 관한 주요 연구로는 中塚明, 1959, 「自由党と朝鮮問題―『自由新聞』社說を通じて―」, 『國史論集(創立五十年記念)』2, 讀史會; 山田昭次, 1970, 「征韓論, 自由民權論, 文明開化論―江華島事件と自由民權運動―」, 『朝鮮史研究會論文集』7; 坂野潤治, 1977, 「第一章 壬午・甲申事變期の外交論」, 『明治・思想の實像』, 創文社; 山田昭次, 1979, 「甲申政變期の日本の思想狀況―『大同合邦論』および大阪事件硏究序說―」(林英夫・山田昭次編, 『幕藩制から近代へ』, 柏書房); 長谷川直子,

1) 다루이 도키치의 『대동합방론』

다루이의 『대동합방론』에 관해서는 한일 간의 학계에서 '연대'와 '침략'이라는 이항 대립적 구도 속에서 한일 양국의 '대등'한 합방을 주장했다는 설과, 반면에 일본이 조선을 합병하는 데 있어 당시 일본 지식인들에게 큰 영향을 미쳤다는 점에서 조선 침략에 대한 긍정설이 양립하고 있다. 문제는 이 두 가지의 설이 현재에도 한일 양국 간의 학술적 해석상에서 찬반론에 얽히어 큰 혼란을 일으키고 있다는 점에서 양국의 관계를 역동적으로 볼 수 없다는 점을 지적하지 않을 수 없다. 구체적으로 말하자면, 결과적으로 조선이 일본의 식민지화가 되었다는 틀 속에서만 이 『대동합방론』을 해석한다면, 영원히 침략설이라는 사실에서부터 서로의 입장이 고정화됨으로써 다루이가 주장하고자 하는 내용이 왜소화될 우려가 생길 것이다.

다루이는 1884년 갑신정변의 실패로 일본에 망명한 김옥균과 깊은 관계를 맺고 있었다.

저자가 쓴 서문에 의하면, 『대동합방론』은 1885(메이지 18년)에 초벌로 쓴 원고가 완성되었다고 한다. 우연의 일치인지 후쿠자와가 「탈아론」을 발표한 연도와 같은 해이다. 그러나 다루이가 투옥되었기 때문에 초고를 분실하고, 1890년이 되어서야 다시 초안을 잡아 『자유평등경론잡지』에 발

1989,「壬午軍亂をめぐる自由民權派の朝鮮論」,『國際關係學研究』第16号; 伊藤之雄, 1994,「日清戰前の中國・朝鮮認識の形成と外交論」(古屋哲夫 編,『近代日本のアジア認識』, 京都大學人文科學研究所); 大日方純夫, 2021,「第四章「自由民權」の國際的視野」, 『世界の中の近代日本と東アジア』, 吉川弘文館. 등이 있다. 이하 청일전쟁 전후 민간의 조선인식에 대한 서술은 羅義圭, 2021,「「可能性」としてのもう一つの日本: 「日韓歷史認識」の連帶を切り拓く手がかりとして」, ココ出版 을 참조.

표한 후, 1893년에 '대동합방론'이라는 제목으로 겨우 세상에 나오게 되었다. 당시 이 책은 메이지 중기 간행물로서는 드물게 조선인, 중국인[支那人]이 읽을 수 있도록 일부러 한문으로 썼다고 다루이는 강조하고 있다.[48] 이 시기는 갑신정변(1884)의 실패로 인해 일본이 조선을 둘러싼 청나라와의 지배권 쟁탈전에서 후퇴되고, 청나라에 이어 서양 열강, 특히 러시아가 조선에 등장함으로써 세력이 약해진 일본은 조선 지배권을 탈환하려고 초조해했던 때이며, 국내적으로는 자유민권운동이 쇠퇴하면서 국권론이 사회적으로 크게 주창되었던 시대였다. 이러한 흐름 속에서 『대동합방론』도 '일본이 청나라를 배제하고 단독적으로 조선과의 동맹을 호소했다'라고 하는 점이다. 이 부분을 현대어역본을 통해 확인해 보면 다음과 같다.

> 옛날 아드리아인이 로마인과 동맹해 외국을 정벌했을 때, 어느 시인이 개선을 축하하는 시를 썼지만, 그중 아드리아인을 로마인보다 우월하다는 시구가 있었기 때문에, 이것이 양국 간의 감정 문제로 일어나, 결국 서로 싸우는 결과가 되었다. 하물며 새롭게 건국할 나라의 명칭에 있어서는 특히 신중을 요한다. 지금, 한일합방을 논함에 있어서, 양국 간의 과거 명칭에 의하지 않고, 오로지 '대동'이라는 하나의 명칭을 가지고 총칭으로 하고자 하는 이유는, 이와 같은 점을 고려했기 때문이다. (중략) 한일합방의 경우도, 제각각 일본, 한국의 과거 명칭을 가지고, 이 것의 총칭으로서 '대동'의 국호를 사용한다면, 사태는 매우 평화스럽고,

---

48 樽井藤吉, 影山正治譯, 1963, 『大東合邦論―現代譯』, 大東塾出版部, 1쪽. 최근 한국에서도 번역본이 출간되었다.(김동희, 김윤희 역, 2020, 『대동합방론』, 흐름) 이 책에서는 일본어 현대어역본을 인용하였다.

그 사이에 감정 문제 등이 일어날 여지는 없을 것이라고 생각된다.[49]

이와 같이 일본이나 조선이라는 양쪽의 국가명에 관계없이, '대동'이라는 국호로 통일하는 것으로 감정 문제는 일어날 수 없다고 하는 생각은 어느 정도 이해할 수 있다. 즉 예를 들면 두 개의 회사가 합병할 때, 합병의 주도권을 쥐는 측이 구(舊) 회사명을 새로운 회사명에 포함시키지 않는 것으로 회사 밖에서는 '연대'적 합병으로 보이는 것처럼, 양국 간이 '연대'적 관계하에서 합병할 수 있다고 주장하고 있는 것이다. 그러나 '연대'라는 면에서 보면, 국호가 해석된 의미 부분에 한정되어, 대부분은 일본에 의해 조선을 흡수하는 형태로 묘사하고 있다. 이것은 이미 근대국가를 향해 순항하고 있는 일본이 근대화에 늦어지고 있는 조선을 이끌고 가야 한다는 온정주의의 인식이 강하게 내포되어 있다는 점도 무시할 수 없다. 요컨대 다루이는 서구 열강의 압박 속에서 우선 서구 문명을 받아들여야 한다는 '자기변혁'을 도모했으나, 결국 그 방법은 자국의 힘을 키워 조선을 동등한 파트너로서가 아닌 퍼터널리즘(paternalism)적인 성향이 강한 '자기보전'을 유지한 '자기변혁'에 불과한 것이라고 볼 수 있겠다. 구체적으로 합병의 이해(利害)에서는 일본이 조선과 합방하는 문장에서 어떠한 이익과 손해가 있는가를 적나라하게 서술하고 있다.

> 첫째는, 조선은 빈약한 국가이다. 지금 조선과 합동하는 것은 부자가 빈자와 재산을 공유하는 이치이다. 둘째는, 조선은 문화를 개방하지 않고, 온갖 공업은 흥성하지 않으며, 국민의 지혜와 견식도 매우 뒤떨

49　樽井藤吉著, 影山正治譯, 1963, 앞의 책, 14쪽; 김동희, 김윤희 역, 2020, 위의 책, 66~67쪽.

어져 있다. 지금 조선과 합병하는 것은, 현자가 우둔한 자에게 교류를 원하는 것과 마찬가지이다. 셋째는, 조선은 국토가 중국과 러시아에 접해 있다. 지금 조선과 합병한다면, 훗날 그 방위를 위해 대단한 비용을 부담해야만 할 책임이 있다.⁵⁰

이상 셋째 항목까지만 인용했으나, 전부 여섯째 항목까지 있고, 넷째 항목부터는 일본이 조선과 합방함으로써 오히려 조선이 큰 이익을 얻는다고 하는 반면, 일본은 국비를 사용하여 확실한 손해를 본다고 주장하고 있다. 또 조선은 정치적으로 부패하고 있어 합방을 한다고 하더라도 일본은 큰 피해를 입을 것이고, 게다가 조선인들은 자주기성(自主氣性)이 부족한 민족이라는 결론을 내리고 있다. 그런데 일본이 위험성을 감수하면서까지 합방하려는 이유는 조선과 합방함으로써 '부국'할 수 있다는 점에 자신감을 내비치고 있기 때문이다. 반면, 다루이는 조선과 동맹을 맺어야 한다는 주장과 함께 철저하게 서구형 근대화를 지향하고 있다는 점이다. 그는 "유럽을 보면, 그 속국이 본토 면적의 수십 배에 이르는 것이 적지 않다. 그러나 일본은 인구가 실제로 세계 제5위의 대국이면서, 1개의 속국도 가지고 있지 않다. 더욱이 영토확장의 전망도 볼 수 없다."⁵¹ 거기에서 조선과의 합방으로 그 돌파구를 여는 것이고, 조선이 만약 적극적으로 일본과 함께 하지 않는다면, 전 세계의 생존경쟁에 있어서 우승열패의 천칙에서 벗어날 수 없을 것이라고 하는 '약육강식'의 세계정세를 언

50　樽井藤吉著, 影山正治譯, 1963, 앞의 책, 75쪽; 김동희, 김윤희 역, 앞의 책, 221쪽.
51　樽井藤吉著, 影山正治譯, 1963, 위의 책, 65~66쪽. 김동희, 김윤희 역, 2020, 위의 책, 182~183쪽.

급하고 있다.

또 『대동합방론』이 발표된 시점은 1891년으로 청일전쟁 이전이다. 다루이는 이 책 속에서 조선과 일본이 우선 합병하여 연방을 결성하고, 그것과 동시에 청나라와 동맹함으로써 백인 세력의 침략을 막아야만 한다고 주장하고 있다. 왜냐하면, 아직 미약한 일본 국력이 그의 머릿속에 있었을 것이다.[52] 그러므로 청나라와는 합방이 아니라, 동맹이라고 하는 형태로 맺는 것을 주창했던 것이다.

게다가 서구인은 "동방에는 바다와 육지에 2개의 강국이 있다(東方有海陸二強國)"[53]라고 칭하고, 그 강대국을 중국과 일본이라고 가리키며 이 양국이 있기 때문이야말로, 동북아시아의 황색인종의 위엄을 유지하고 있는 것이라고 주장하고 있다. 여기에서도 확실히 조선을 한 단계 밑으로 보고 있다고 할 수 있다. 결국, 이 책에서 다루이가 논한 결론은 백인종 서구 열강의 아시아 침략에 대항하기 위해 황인종의 아시아 모든 나라는 단결해 일어나야만 하고, 거기에는 일본과 조선이 대등한 형태로 합병해 '대동'이라고 하는 새로운 합방국을 만들어, 그 대동국이 청나라와 긴밀하게 손을 붙잡아야만 한다는 주장이다.

일본이 서양의 침략에 대항해 '문명화'를 내걸고 아시아, 특히 조선과 '연대'해야 한다는 다루이의 입장은 갑신정변 이전의 '흥아론'의 입장을 취하고 있던 후쿠자와 유키치나, 오사카사건의 오이 겐타로 등과 가깝다고 할 수 있다.[54]

---

52 的野半介, 1914, 『江藤南白』下, 南白顯彰會, 289쪽.
53 樽井藤吉, 影山正治譯, 1963, 앞의 책, 86쪽. 김동희, 김윤희 역, 2020, 앞의 책, 243쪽.
54 요네타니 마사후미 지음, 조은미 옮김, 2010, 『아시아/일본 : 사이(間)에서 근대의 폭력을 생각한다』, 그린비출판사, 35쪽. 요네타니는 '유럽'의 문명과 근대의 압박에 맞

그러나 '연대'라고 하는 것은 겉치레이고, 속내를 보면 일본이 조선을 식민지화해 서구 열강으로부터의 침략에 준비해야만 한다고 하는 다루이의 사상이 노골적으로 나타나고 있다. 여기에서 다루이의 논조는 서구 열강에의 문명개화를 긍정하면서, 거기에서 국가의 팽창론, 즉 먼저 자국을 강하게 하고 나서 해외에 식민지를 만드는 것이 외압의 침략으로부터 자국을 지키는 것이라고 하는 서구형 근대화에 힘을 실었던 것은 아닐까? 그러나 다루이의『대동합방론』에서 엿볼 수 있는 것은 아시아 연대론과 침략론이 어느 한 방향으로만 진행되었던 것이 아니라, 그 속에는 정치적 사회적으로 복잡한 이데올로기가 얽혀 있었다는 점을 감안하더라도, 결국은 서양 열강과의 만남에서 자국의 독립을 지키면서 민생의 안정을 추구하는 '왕도'의 길이 아닌 타자 조선을 식민지화하는 '패도의 길'로 향함으로써 후대에 왜곡된 아시아주의를 심어주게 되는 씨앗이 되었다고 할 수 있다.

2) 후쿠자와 유키치의 조선관 - 「탈아론」을 중심으로

일본의 '근대화'는 후쿠자와 유키치의 「탈아론」을 중심으로 표상되어져 왔다. '아시아로부터의 이탈 = 근대화'라고 하는 의미와 관련해, 고모리 요이치(小森陽一)는 유키치의 '문명', '반개(半開)', '야만'('미개')의 삼극 구조의 논리를 인용해, '반개'는 '야만' 그리고 '문명'에 대해서 '반개'라고 할 수 없으므로 '야만'을 전제하에 계속 날조하지 않는 이상 자기의 위치를

서 '아시아'의 연대와 해방을 주장하는 '아시아주의' 담론 속에는 오리엔탈리즘과 식민주의의 계기를 내포한 문명화론이 각인되어 있었다고 주장한다.

보존할 수 없었다고 주장하고 있다.[55] 또 홋타 요시에(堀田善衛)는 근대 일본은 "아시아로부터 결별하는 것에 의해서 그 근대성을 획득한 것이다"[56]라고 주장하고 있다. 결국, 일본과 아시아라고 하는 이항 대립적 구도 속에서 일본은 서구식 근대화를 이루기 위해 식민지를 만들고, 그곳에서 자원을 빼앗아 국가를 풍요롭게 하는 부국강병, 즉 대국주의를 지향했다는 점이고, '야만' = '아시아'라는 도식 속에서 이웃 나라 조선이 메이지 일본 국가에게 가장 좋은 구실이 된 국가였다는 것은 부정할 수 없을 것이다. 이러한 상황 속에서 「탈아론」을 쓴 것은 1885년이다.

후쿠자와는 문명개화=자본주의화=서구화라고 하는 과정을 유일한 최상의 길이라고 생각했고, 서구 문명을 기준으로 아시아의 시대적 착오를 비판했다. 그는 서구 문명의 신봉자이자 일본이 아시아에서 벗어나 서구형 국가를 지향해야 한다고 주장한 최초의 인물이기도 하다. 이 점은 다루이와는 정반대의 입장이라고 말할 수 있다. 그 부분에 있어서 다음과 같은 구절이 있다.

> 우리나라는 이웃 나라의 개명을 기다려 함께 같이 할 여유가 없을 뿐만 아니라, 오히려 그 무리에서 벗어나 서양 문명국과 진퇴를 함께하고, 그 중국, 조선에 접촉하는 방법도 이웃 나라라고 해서 특별한 배려를 두지 않으며 반드시 서양인이 대하는 식으로 처분해야만 한다. 악우(惡友)를 친하게 사귀는 자는 함께 악명에서 벗어나지 못한다. 우리

---

55 小森陽一, 2001, 『ポストコロニアル』, 岩波書店, 30쪽.
56 堀田善衛, 1957, 『インドで考えたこと』, 岩波書店, 156쪽.

들은 마음속으로 아시아 동방의 악우를 거절할 뿐이다.[57]

일본은 지리적으로는 동북아시아 속에서 위치하고 있지만, 정신적 면에서는 아시아의 '고루(固陋)'에서 이탈해 서구 문명의 길로 가는 것, 즉 하루빨리 아시아에서 벗어나는 것을 역설하고 있다. 외우(外憂)의 위기감을 국민 사이에서 조장하는 것이 무엇보다도 중요하다는 입장에서 국제관계는 완력의 세계이고, 서양열강, 특히 영국의 중국·인도에 대한 가혹한 태도를 알리는 것과 동시에, 서구에 대항할 수 있는 것은 아시아에서는 오직 일본 밖에 없다고 하는 인식을 국민들에게 자각시켰다. 또 위에서 언급한 것처럼, "반드시 서양인이 그것에 대하는 식으로 처분해야만 한다는 힘의 논리에 의해 조선·중국의 문명화를 위해 그 진보를 재촉시켜야 한다"라고 주장하고 있다. 즉 조선과 청나라가 서양 열강에 침략 받아 그 여파가 일본에 미치게 되면 국가의 존부를 위협받게 된다는 것이다.

이 형세를 막기 위해서는 일본이 앞질러 이웃 나라를 각성시켜 급속하게 그 자주독립을 확보해 고유의 문명을 진보시키고, 그 부강을 계몽시켜 지도 개선해서 서구 열강이 동북아시아로의 침략에 저항하기 위한 충분한 힘을 기를 것인지 아니면, 그 나라에 일본 세력을 강하게 뻗치게 함으로써 일본 스스로 대동아로 국방의 경계를 확대하여 동북아 안전의 보강 공작을 실행할 수밖에 없다는 것이 1870년대 후반부터의 근본 사상이자, 당시의 '주류'였다. 그때 자유당 급진파가 전자에 비중을 두었던 것에 대해, 국권론자는 후자에 비중을 두었다. 그러나 다케우치 요시미(竹內好)

---

57   福沢諭吉, 岩谷十郎·西川俊作編, 2003, 『福澤諭吉著作集(第8券)-時事小言』, 慶應義塾大學出版會, 263~265쪽.

에 의하면, 어느 면에서는 "후쿠자와 자신이 약자라고 하는 의식을 가진 자각적 내셔널리스트였기 때문에, 같은 약자인 이웃 나라로의 동정이 없지 않았던 것은 아니다."⁵⁸라고 언급하고 있다. 즉 심정적 아시아주의는 있었다고 역설하고 있다. 그 때문에 김옥균에게도 구원의 손을 내밀었던 것은 아닐까? 즉 일본이 생각해야만 하는 조신 정책에 대해서 다음과 같이 서술하고 있다.

> 우리들은 원래부터 조선을 독립국으로 인정해 대등한 조약을 체결하고, 그 목적은 오로지 조선 국민들을 문명개화로 유도함과 동시에 동양에 개명의 신세계를 열고자 하는 장기간의 계획이 있기 때문에, 최근의 변란은 정치 사회의 보통의 작은 어려움이나 시련으로, 본래 예기한 것이라고 대담하게 마음속으로 굳게 결심해 조선 교류의 이익은 이후 더 10년을 내다봐서 받아들여져야만 한다. 그렇지 않으면 조선의 일에는 좌시 방관해 일제히 관여하지 않는 것으로 경솔하게 결정할 수 없는 '오늘날의 큰 문제'이다.⁵⁹

이와 같이 후쿠자와는 반드시 조선에 노골적으로 영토 진출할 것을 주장한 것만은 아니다. 하지만 그가 마음속으로 품은 긴박감에 비추어 볼 때 아시아연대는 그 당시의 시대적 착오에 불과했던 것처럼 생각된다.

요컨대 『대동합방론』은 후쿠자와의 눈에는 그럴듯한 이상론에 불과

---

58 竹內好, 1963, 「アジア主義」, 『現代思想大系』 9, 筑摩書房, 29~32쪽.
59 「朝鮮國の始末も亦心配なる哉」, 『時事新報』, 1885.4.11.

하다고 주장하고 있다.⁶⁰ 결국 후쿠자와는 김옥균을 적극적으로 지원하지만, 그 개혁이 3일로 끝나고(=갑신정변) 그 실패로 인해 큰 충격에 빠져 조선의 문명화 길은 굳게 닫히게 됐다고 하며 포기해 버린다. 이 사건으로 일본이 아시아에서 벗어나야만 한다는 주장을 펴낸 「탈아론」이 세상에 나오게 된 큰 계기가 됐을 거라고 생각한다. 이후, 그는 문명을 무기로 "일본은 강대한 반면, 조선은 작고 약하며, 일본은 이미 문명으로 발전하고 있는 반면, 조선은 아직 미개하다"⁶¹라는 조선관을 강하게 갖게 되었다.

일본 자본주의의 사상가로서의 "후쿠자와 유키치의 사상은 '부국강병'에 의해서 체계가 잡혀 있다. 후쿠자와가 가령 조선의 독립에 대해서 그때 논했던 것이 사실일지라도, 일본 자본주의의 발전에 도움이 된다고 하는 범위 안에서의 조선 독립을 주장한 것에 지나지 않는다"⁶²라고 말할 수 있다. 또한, 후쿠자와는 일본에 있어서 한층 노골적으로 조선을 향한 무력행사를 정당화시킨다.

원래 이 나라가 결국은 멸망하는 것으로 생각된다면, 나라의 왕족인 이씨 왕조에 있어서는 진심으로 안 된 일이며, 또 바로 그 신하인 귀족·사족에게도 매우 불리하다고 말할 수 있지만, 국민 일반의 이해 여하를 논할 때는, 멸망이야말로 오히려 그 행복을 크게 하는 방편이라고 말하지 않을 수 없다.⁶³

---

60 竹內好, 1963, 앞의 글, 40쪽.
61 福澤諭吉, 岩谷十郎/西川俊作編, 『福澤諭吉著作集(第8卷)―時事小言』, 207쪽.
62 楠原利治他, 1964.6, 「〈アジア主義〉と朝鮮」, 『歷史學硏究』通號289, 24쪽.
63 「朝鮮國の始末も亦心配なる哉」, 『時事新報』, 1885년 4월 11일 자.

조선 국민은 정부의 압제 정치를 받는 것보다도, 오히려 러시아와 영국, 또는 조선에 밀려오는 다른 서구 열강에 의해 식민지화되는 것이 오히려 국민에 있어서 더 행복할 것이라고 진술한 논설이다. 여기에는 극단적으로 후쿠자와는 조선과의 관계 속에서 손을 끊어 조선과의 결별을 선언한 것처럼 보인다. 김옥균의 갑신정변 실패로 후쿠자와는 상상을 초월할 정도로 큰 충격을 받았음에 틀림이 없다. 한편 다루이도 김옥균에게는 지원했지만, 서양화에 대해서 반대했던 것은 아니다. 하지만 그의 안중에는 오히려 일본을 아시아의 지도자로 내세워 서구 열강을 아시아에서 몰아내야만 한다고 하는 에도 말기의 존왕양이 사상을 엿볼 수 있다. 게다가 아시아로부터 벗어나 일본 독자적으로 서양과 손을 잡고 그 안에서 융화하려고 하는 발상은 최후까지 없었던 것으로 보인다.

반면, 후쿠자와는「탈아론」이후, 일본이 아시아에서 벗어나 아시아를 방관자 입장에서 보는 이미지가 강해진다. 후쿠자와의 생각은 일본이 아시아와의 관계를 유지하면 할수록 문명 발전이 오히려 늦어지고, 서구 열강으로부터 독립하는 것도 어렵게 되어 그 결과 청나라와 같이 일본도 서구 열강에 의해 식민지화가 된다는 두려움을 느꼈음에 틀림없다. 일본의 독립을 유지하기 위해서는 아시아로부터의 결별이 필요하다고 하는 생각은, 결국 문명 발전을 무기로 해서 아시아를 멸시화하는 과정으로 나아가게 되었던 점은 부정하기가 어렵다.

확실히 메이지유신 이후 20년까지는 '정한론'이라든지, '부국강병'이라든지, 심정적으로도 지식인 중에는 일본과 아시아와의 관계를 염두에 놓으면서 서구 열강으로부터의 외압에서 벗어나는 것을 고심했다. 예를 들면, 앞에서 서술한 것처럼 다루이는 우선 조선과 동맹을 맺고, 다음에는 청나라와 손을 잡아 마지막으로는 백인들의 아시아 침략에 대항해야만 한다고 하는 생각이 바로 그것이다. 후쿠자와는 이념상으로는 개인을 국가보다 중요시했지만, 현실적으로는 국가를 최우선으로 생각했다. 국가의 이익을 위해서는 타국을 이용하거나 식민지를 만드는 것에 동참하기 시작했다. 결국 후쿠자와의 사상은 문명의 힘으로 약자를 짓밟고 종속시키고 자원을 빼앗아 자국을 풍요롭게 한다는 식민지 논리로 귀결되고 말았다.

3) 언론의 대외팽창론

(1) 『지지신보(時事新報)』

청일전쟁 직전, 일본 사회에서도 전쟁의 승리에 대해서는 반신반의했고, 전쟁의 찬비여론도 확실히 있었다. 여기에서 1892년부터 『지지신보』에 게재된 사설을 중심으로 당시, 후쿠자와가 청일전쟁에 대해서 어떠한 생각을 가지고 있었던가를 살펴보겠다.

1892년, 마쓰카타 마사요시(松方正義) 내각 사직과 제2차 이토 히로부미 내각이 들어선다. 거기에서 민당(民党) 추가예산안의 재부결이 이루어져, 해군의 확장비 등이 소멸되었다. 이토가 '메이지 정부 말로(末路)의 일전(一戰)'이라고 인식할 정도로 지금까지 없었던 심각한 위기 속에서 성립된 내각이었다. 후쿠자와는 때마침 마쓰카타 내각 사직 직전인 7월 19, 20일에 다음과 같은 주장을 하고 있다. "지금 민중의 반대론이 일부분의 과격론에 지나지 않다고 하더라도, 종래 민당이 정부에 도전한 반대운동 가운데 가장 두려워해야만 한다"[64]라고 하며 민중의 반대에 대한 정부 내의 경시론에 깊은 경계심을 드러내며, 그 세력이 정치를 곤란에 빠뜨릴

---

64 慶応義塾 編, 1970, 『福沢諭吉全集』 13, 岩波書店, 412쪽.

수 있다는 강한 경계의식을 나타내고 있었다.

그 대책 마련으로 후쿠자와는 국외로 눈을 돌리는 것으로 내정의 안정에 힘써야만 한다고 노골적으로 주장했다. 그 흐름 속에서 조선에 대해서는 다음과 같이 적나라한 표현으로 언급되어 있다.

> 사회 일반의 눈과 귀를 국외로 돌리어, 국내의 인심을 일치시키는 외에 방책은 없다. (중략) 또는 인심을 국외에 돌리는 방편으로서 남양 제도에 식민지를 개척하는 대책 외에 없다. 그 대책은 조금도 나쁘다고는 못하지만, 식민사업은 너무나 예사로운 계획으로 일시에 인심을 돌려 국내의 분쟁을 잊어버리게 하는데 효과는 적지 않은데다 우리들은 역시 기도(木戸)의 비책으로 조선정략을 주장하지 않을 수 없고, 단지 그 수단은 결코 옛날과 달리, 해마다 몇 십만 엔의 돈을 무익한 전쟁에 사용하는 것이 아니라 항상 동양의 형세에 주목해 기민 활발한 거동에 게을리하지 않고, 국내는 일반의 인심을 자극해 오로지 이 방향으로 집중시켜 국외로는 조선의 난국을 구함과 동시에 크게는 우리나라의 이익을 추구하는 것이다.[65]

국내의 문제해결을 위해 대외전략을 이행하는 것을 주장하고, 민중의 눈을 외부로 돌리는 것으로 국내 정부의 위기를 벗어나려고 하는 의도를 명백히 엿볼 수 있다. 그러나 후쿠자와는 처음부터 조선을 침략·식민지화하는 것을 주장했던 것만은 아니다. 앞 장에서 서술한 것처럼, 「탈아론」이 출판되기 전, 문명이라는 명목 아래에 조선의 문명화를 돕기 위해, 김

---

[65] 慶応義塾 編, 1970, 『福沢諭吉全集』 13, 414쪽.

옥균을 지원하고 조선의 개혁을 도모했다. 그러나 결과적으로 그것이 잘 실행되지 않았다.

그로 인해 후쿠자와는 조선에 대해서 강경한 입장을 취하게 된 것이다. 예를 들면, "당시, 피압박민족과의 연대라는 생각이 전혀 존재하지 않았던 것은 아니지만 현실에 입각해서 보면, 그것은 실현가능한 것은 아니다. 그 때문에 후쿠자와는 일본의 독립만을 초점에 맞추어 논함으로써 서구 열강에 대한 일본의 독립을 보호하기 위한 아시아 관계를 생각했던 것이다"[66]라는 주장도 있지만, 이 당시 "피압박민족과의 연대라는 생각은 전혀 존재하지 않았다"라는 점에서 다케우치 요시미가 후쿠자와를 자각적 내셔널리스트라고 불렀던 것과 변함이 없다. 즉 후쿠자와는 아시아와의 연대와 함께 서구 열강으로부터 일본을 지킨다는 것은 불가능하다고 생각했기 때문에, 아시아에서 벗어나 일본을 독자적으로 문명화시키는 것이 그 당시 후쿠자와가 선택한 길이었다. 세계정세를 염두해 보면 일본이 서구열강으로부터 독립을 유지하기 위해서도 '부국', '강병', 나아가 '식민지'라는 것이 옳다고 생각했을 것이다. 그는 "국외로는 조선의 난국을 구함과 동시에 크게는 우리나라의 이익을 추구하는 것이다"라고 주장하고 있지만, 후쿠자와에게는 '조선의 난국을 구함'이라고 하는 것은 일본 국민에게 오히려 아시아의 맹주로서의 우월감과 자긍심을 심어주는 것으로 전쟁이 일어났을 때 국가를 위해 싸울 수 있는 국민 형성에 필요한 전제 조건이 아니었을까? 간단히 말하자면, 국민국가를 만드는 것이 최우선임을 의미하는 것이다.

---

66 青木功一,「「脫亞論」の源流-〈時事新報〉創刊年に至る福澤諭吉のアジア觀と歐米觀」, 『新聞研究所年報』通號10, 1978.02, 45쪽.

청일전쟁은 1894년 8월 1일, 일본과 청나라의 선전포고로 공식적으로 시작되었다. 후쿠자와는 개시 직전부터 전쟁의 움직임에 적극적으로 관여했다. 우선, 그는 전쟁에 필요한 자금을 모으기 위해, 정부가 실시하고 있는 정책을 다음과 같이 지지하는 사설을 썼다. "우리들은 문명개화를 위해 싸우기로 결심함에 있어, 전쟁의 성패는 단순히 일본국의 이해뿐만 아니라, 동양 문명의 번영과 쇠퇴에 관한 중대한 일이라고 한다면, 그 선도자는 온갖 어려움을 무릅쓰더라도 오직 전진해 나갈 뿐"[67]이라고 말하며, 일본이 동양의 '문명화'라고 하는 사명감을 위해 싸우는 것이라고 전쟁의 정당성을 호소하고 있다. 이것은 후쿠자와가 "일본의 이익을 위해서가 아니다"라고 부정함으로써, 적극적으로 국민과 당시 국제질서의 중심인 서양 열강을 향해 전쟁의 정당함을 호소하는 것으로도 큰 역할을 한 것이 아닐까 여겨진다. 국민에게 적극적인 참전의 구실을 만든 것이다. 결국, 후쿠자와는 청일전쟁을 "문명과 야만의 전쟁이다(文野の戦争なり)"라고 단정 짓고, 다음과 같이 그 정당성을 역설하고 있다.

> 결코 양국 간의 전쟁이 아니다. 본래 일본 국민은 중국인에 대해서 사적인 원한은 없다. 이것을 세계의 일등 국민으로서 인간사회에 보통의 교류를 원하는 것이지만 어떻게 하면 좋은가, 그들은 완강하고 사리에 어두워 상식적 도리로는 알지 못하며, 문명개화의 진보를 보고서도 그것을 기뻐하지 않을 뿐만 아니라, 반대로 그 진보를 방해하는 것으로 무작정 우리에게 반항의 의지를 나타내는 것으로 보아, 어쩔 수 없이 여기에 이르게 되었다.[68]

67　慶応義塾 編, 1970, 『福澤諭吉全集』 14, 515쪽.
68　慶應義塾編, 1970, 『福澤諭吉全集』 14, 491쪽.

그는 청일전쟁을 문명과 야만의 전쟁으로 낙인찍고, 일본이 세계를 대표해 그 죄를 청나라에 추궁해야 하며, 따라서 조선 문명의 진퇴는 일본에 달려 있다고 국민에게 강하게 호소했다. 그 결과 이 전쟁에서의 병력 동원은 15만 명, 부상자는 1만 3,000명에 달했다. 전쟁이 끝난 직후, 후쿠자와는 『지지신보』에 「전사자의 대제전을 거행해야만 한다」[69]라고 하는 논설을 게재했다. 거기에서 그는 국가를 위해서 자신들이 선택된 것에 대해 감사히 여기며 전쟁에 나가는 국민의 표상을 만들어 내려고 했다. 그 때문에 그는 천황을 이용해, 국민의 전사를 '명예의 전사'로서 널리 세상에 알리어 표상했다. 살아남은 병사들은 국가에 돌아와 친척·가족들에게 환영받으며 영웅시되었을 뿐만 아니라 국가로부터 작위훈장을 받음으로써 돈과 명예로 표상되었다. 반면 전장에서 죽은 용사들은, 국민에게 어떠한 환영을 받지도 못했다. 친척과 친족은 단지 살아서 돌아온 병사들의 모습을 곁에서 지켜보면서 눈물을 흘릴 뿐이었다. 거기에서 후쿠자와는 다음과 같이 서술한다.

특히 동양의 형세는 나날이 긴박해, 언제 어떠한 일이 일어날지 예측하지 못한다. 따라서 만일 다시 한번 전쟁이 일어날 우려가 보인다면, 무엇에 의뢰해서 국가를 지켜야만 하는가. 역시 그 이전에는 없었던 용감하게 전진해, 죽음을 보고 돌아온 정신에 의지하지 않을 수 없다고 한다면, 점점 이 정신을 기르는 것이야말로 국가를 지키는 가장 중요한 임무로 삼아, 이 정신을 기르기 위해 영광을 전사자 및 그 유족에게 표상해, 따라서 전장에 죽는 행복감을 느끼게 해야만 한다.[70]

69　慶應義塾編, 1970, 『福澤諭吉全集』 15, 320~322쪽.
70　慶應義塾編, 1970, 『福澤諭吉全集』 15, 321쪽.

이같이 주장하며, 후쿠자와는 국가를 위해 기뻐하며 전쟁에 나가서 죽음을 무서워하지 않는 국민정신을 만들어 내려고 했다. 결국은 일본이 본격적으로 제국주의로의 길을 선택한 것이고, 그 선택을 위해서는 국민 공동체라고 하는 자각이 필요했다. 나아가 국가는 우리 자신들이 지킨다고 하는 국민 동일화와 함께, 타국으로의 팽창주의의 언설이 동시병행으로 이루어졌다고 볼 수 있다.

메이지 시대에 접어들어 가장 중요시된 것은 근대적 국민국가를 만들어 하루빨리 서구 열강과의 불평등조약에서 벗어나 서구 열강으로부터 국가의 독립을 유지하는 것이 가장 큰 목표였고, 청일전쟁을 계기로 이 목표는 어느 정도 달성되었다. 그 이후, 일본 근대국가는 완전하게 유럽과 똑같은 국가 만들기에 몰두하면서 일본이 아시아에서 벗어나 오로지 서양화를 목표로 함으로써 '문명'의 명분 아래, 지식인들과 위정자들 사이에서 퍼져 있던 아시아를 멸시하는 관념이 일반 대중에게까지 널리 퍼지게 하는 환경을 조성하는데 『지지신보』는 큰 역할을 했다고 말하지 않을 수 없다.

(2) 『요로즈초호(萬朝報)』

『요로즈초호』는 1892년 도쿄에서 창간된 일간신문으로 우치무라 간조(內村鑑三), 고토쿠 슈스이(幸德秋水), 사카이 도시히코(堺利彦) 등이 기자로 사회비판의 논진을 펼치고 러일전쟁 이전에는 비전론(非戰論)을 전개했다. 청일전쟁을 앞두고, 우치무라 간조(內村鑑三)가 '의전론자'였다는 것은 잘 알려져 있다. 그는 정치가가 아닌 저널리스트였다. 게다가 저널리스트로서 평론활동을 한 것은 1893년부터 1903년까지의 10년 동안이

었다.⁷¹ 청일전쟁은 당시의 지식인들에게 드물게도 큰 지지를 받은 유일한 전쟁이었고, 우치무라도 예외가 아니었다. 청일전쟁이 시작된 1894년 8월, 우치무라는 『국민의 벗(國民の友)』에 「Justification of the Corean War」라고 하는 영문으로 쓴 기사를 게재하고, 이듬해 9월 그 영문을 일본어 「정의를 위한 청일전쟁(日淸戰爭の義)」이라고 번역해 같은 잡지에 게재함으로써 청일전쟁에의 찬성을 표명했다. 이와 같이, 우치무라도 처음에는 청일전쟁에 대해서 열렬한 '의전론자'였다. 서구인을 향해서, 이 전쟁이 "조선의 독립과 보안을 유지하고", 중국으로 하여금 "우리들과 협력해서 동양의 개혁에 종사해야 한다"⁷²라고 주장하며, 정의의 전쟁이라고 역설했다. 그러나 우치무라는 후쿠자와와 같이, 단순히 '문명화'라는 명분에서 청일전쟁의 정당성을 호소한 것만은 아니다. 다음 문장을 읽으면, 그의 청일전쟁에 대한 '의도'를 엿볼 수 있다.

> 우리들은 조선 전쟁이 지금 일본과 중국 사이에 개전 될 것이라고 믿는다. 그 전쟁이라고 하는 것은, 말하자면 나는 도리의 전쟁을 의미한다. 우리들이 말하는 도리라는 것은 합법성이 모든 본질의 궤변성을 만들 수 있으므로 단순히 합법적인 것만을 의미하는 것이 아니라 도의심에 있어서의 도리, 즉 이 전쟁이 그 정당성을 주장할 수 있는 것은 유일하게 도리의 본질성이 존재하고 있기 때문이다.⁷³

71　武市英雄, 1985, 「ジャーナリスト内村鑑三の対韓観 - 日清、日露戦争を中心に」, 『コミュニケーション研究』 通号15,

72　内村鑑三, 1980, 『内村鑑三全集』 1, 岩波書店, 308쪽.

73　Kanzo Uchimura, 1979, 「Justification of the Corean War」, 『内村鑑三英文著作全集』 5, 教文館, 67쪽.

후쿠자와가 청일전쟁을 합리적 논리에 입각해 그 정당성을 주장했다고 한다면, 오히려 우치무라는 윤리적 관념에 근거해 '문명'의 혜택을 받지 못하고 있는 조선이 세계를 향해서 적극적으로 개방해 가야만 하며 그렇게 하기 위해서는 문명의 진보에 있어서 낙오된 국가는 문명이 진보된 국가가 구해 주어야만 한다는 '도의적 논리'를 주장했다는 점이다. 게다가 청나라는 조선 문명의 진보를 방해하며 여기에 순응하는 조선을 끝내 '은둔의 국가'가 되게 하려고 했던 것은 세계적 진보라는 측면에서 보면, 역행하는 길이라고 역설했다.

결국 청일전쟁은 일본의 승리로 끝나며 중국은 막대한 배상금을 일본에 지불하였다. 또 거기에서 일본의 전쟁 목적이 단순히 조선의 영토보전과 전쟁비용의 배상에서 멈추지 않고, 중국의 뤼순(旅順), 다롄(大連)을 점령하기까지에 이르렀다. 결국, 우치무라는 '정의의 전쟁'이라고 주장한 청일전쟁에서 많은 조선인이 전쟁에서 피를 흘리며 죽어가는 것을 보고 자기 자신의 상처 입은 마음을 고백하고, 『요로즈초호』에 「시제의 관찰(時制の觀察)」[74]을 써서 신랄하게 일본 국가의 죄를 규탄하게 된다. 또한 「국민은 위선자이다(國民は偽善者なり)」, 「애국자의 꼭두각시이다(愛國者の人形なり)」, 「자화자찬하는 야만적 국민(自贊狄國民)」 등을 실었다. 그리고 "사람들은 일제히 모두 대국 일본이라고 부르지만, 나는 오로지 소국 일본이라고 주창하기를 바란다"라며 '작은 일본'[75]을 찬양하며 '대국'으로의 길을 걷고 있는 국가와 대치하며 남은 생애를 전쟁에 반대하는 데 일생을 바

---

74 『萬朝報』, 明治30年 3月 15日[萬朝報刊行会編, 『萬朝報』(復刻版), 日本図書センター, 1983~1993].

75 『萬朝報』, 明治30年 3月 15日.

쳤다. 여기에서, 처음에는 우치무라도 다루이와 후쿠자와 마찬가지로 서구 문명에 의한 '자기변혁'이 일어났으나 조선을 일본의 '자기보전'을 위한 타자가 아닌 조선인들의 죽어 가는 모습 속에서 끊임없는 '자기부정'을 통해 '자기변혁'을 획득했다고 할 수 있다. 이 '자기변혁'에는 타자를 억압하는 '폭력성'이 아닌, 타자와 동등한 입장에서 '연대'하고자 하는 의지가 내포되어 있다고 볼 수 있다.

반면, 청일전쟁 때 『요로즈초호』는 「헌금합시다. 헌금」이라고 하는 표제로, "드디어 청일전쟁이 시작되었습니다. 정의와 용기 있는 동포 여러분, 적극적으로 헌금해 약간의 군비라도 도웁시다"라고, 국민에게 『지지신보』와 마찬가지로 전쟁의 협력을 크게 호소하고 있었다. 또한, '초혼제(招魂祭)'를 통해 전장에서 죽은 병사들의 유족들을 도쿄에 초대해 그들의 희생을 '명예로운 죽음'이라고 칭하며, 천황을 앞에 내세워 '국가를 위해 목숨을 바칠 수 있는 국민 만들기'[76]에 몰입하게 되었다. 『요로즈초호』도 청일전쟁 때 큰 역할을 한 것은 틀림이 없다.

그러나 『요로즈초호』는 청일전쟁 후, 전쟁 찬미에서 비전론자로 전향한 우치무라를 중심으로, 고토쿠 슈스이(幸德秋水), 사카이 도시히코(堺利彦) 등이 전쟁 반대의 주장을 펼쳐 만연한 전쟁 찬미에 저항했다. 우치무라는 『요로즈초호』에 '주의에 피폐한 사회'라고 하는 제목으로 일본 사회를 신랄하게 비판하고, "주의도 마찬가지로, 일본국에 있어서 아무리 신성한 주의라 하더라도 3년보다 길게 그 신성을 유지할 수 없다"[77]라고 주장했다. 그러나 1905년 러일전쟁을 앞두고, 일본의 여론은 전쟁 찬미로

---

76 『萬朝報』, 明治27年 7月29日.
77 『萬朝報』, 明治36年 8月13日.

흘러가는 경향으로 국가가 러시아와의 전쟁을 결정함에 따라 사장인 구로이와 루이코(黑岩淚香)도 전쟁 반대의 깃발을 내리게 되고, 전쟁은 결국 피할 수 없는 현실이 되었다고 주장을 내세우며 우수한 전사를 잃는 것에 슬픔이 복받쳐 오른다고 말했다. "국가의 전쟁은, 즉 자기 자신의 전쟁이라는 긴장감을 갖게 하기 위해, 국가는 물론 온 국민이 하나가 되어 전쟁에 일제히 어떠한 수단도 가리지 않고 남김없이 힘을 다해야 할 것이다"[78] 라고 할 정도였다. 하지만 『요로즈초호』에 관계된 사람 중에서, 러일전쟁에 반대한 대표적인 인물로는 우치무라, 고토쿠, 사카이 등이 있는데, 그들의 전쟁 반대운동은 국가의 위정자들에게는 결코 용납할 수 없는 일이었지만, 그 당시 미국과 영국의 시선을 의식해 처벌에는 이르지 못했다. 왜냐하면 당시 일본은 러일전쟁에서 이겨야만 하기에, 특히 영국과 미국에게 막대한 군자금을 받고 있었기 때문에, 국내 여론을 강제적으로 탄압하는 야만스러운 국가라고 하는 부정적 이미지를 서구에 주는 것으로 국제사회에서의 곤란한 입장을 피하고 싶다는 의혹이 있었기 때문이라고 여겨진다. 그러나 러일전쟁에서 일본이 승리하자마자 국가에 반대하고 있던 사람들이 반역사건으로 재판에 회부되어 사형선고를 받은 것은 그 당시 일반 대중들에게는 그다지 알려져 있지 않다. 즉, '대역사건'을 조작해 천황암살 모의죄의 죄명을 씌워 관련자를 사형시켰던 것이다.

이상에서는 청일전쟁 시기의 신문 논조를 중심으로 조선 침략과 관련된 언론의 흐름을 다루었다. 다만 청일전쟁 때 남겨진 언론의 자유가 러일전쟁 후, 일본 국가가 대국주의로의 길을 걷는 과정에서 철저하게 탄압되었다는 점에 있어서는 주목할 만한 가치는 있지 않을까 생각한다.

---

78 『萬朝報』, 明治36年 8月13日.

지금까지 살펴본 바와 같이, 서양 열강이 아시아를 식민지화하기 위해 야만의 국가라고 날조한 것과 마찬가지로 일본도 그것을 내면화, 내재화해 조선을 야만의 국가로 날조해 문명화라는 그 시대의 보편성을 가지고 조선의 식민지화를 정당화시키게 된다. 거기에는 신문과 잡지라는 당시의 언론이 큰 역할을 하였던 것이다.

조선과 일본 양국 사이의 식민지 언설이 정치가와 지식인들로부터 일반 국민에게까지 퍼지게 된 계기가 된 것이 바로 청일전쟁이었다. 그중에서도 메이지 시기의 『지지신보』와 『요로즈초호』는 대표적인 대중매체의 역할을 했다고 볼 수 있다. 이 절에서는 이러한 언론의 논설을 분석함으로써 메이지 시대의 지식인들을 중심으로 조선과의 관계 속에서 '연대'와 '멸시'가 서로 끊임없이 격투해 온 과정을 확인할 수 있었다.

제3장
청일전쟁기
'보호국화'의 추진과 조선 인식

1. 청일전쟁기 일본정부의 조선 정책

1) 청일전쟁 개전과 조선 정책

1890년대 일본정부의 조선 인식은 청일전쟁을 추진하면서 드러난 조선 정책을 통해서 확인할 수 있다. 일본정부의 지도자들은 조선에 대한 정책을 놓고 서로 대립하고 경합하면서 전쟁을 추진했기 때문이다. 특히 청일전쟁 시기는 조선을 일본의 보호국으로 만들 것인지, 일본과 청국이 공동간섭하면서 독립국가로 유지할지, 아니면 중립국화할지를 놓고 각 정책 노선의 차이와 변화가 있었으므로 그것을 추적하면서 19세기 후반 일본정부의 조선 인식을 확인하고자 한다.

1894년 5월 조선에서 동학농민전쟁이 일어났다. 조선정부는 청국에 출병을 요청하고 일본도 6월 2일 외교관과 일본인의 보호를 목적으로 조선에 군대를 파견하기로 결정했다. 일본군이 조선에 도착하기 전에 농민군과 조선정부 사이에 휴전이 성립되었으나 일본군은 철수하지 않았고 일본정부는 청국에 조선 내정개혁을 제안했다.

일본정부는 이토 수상과 무쓰 무네미쓰(陸奧宗光) 외상이 대조선 정책에 관해 협의를 거듭한 결과 6월 14일 안을 마련해 각의에 제출했다. 이토 수상의 원안은 청일 양국 군대가 공동으로 동학군을 진압할 것과 동학군 평정 뒤에는 내정개혁을 위해 청일 양국이 상설위원 약간 명을 파견한다는 것이 골자였다. 내정개혁으로는 재정을 조사할 것, 중앙정부 및 지방에서 용관을 도태할 것, 국내의 질서와 안녕을 유지하기 충분한 경비대를 상설할 것, 재정을 정리하고 공채를 모집해 유익한 사업을 일으킬 것 등의 조건을 청국에 제안하기로 했다.¹ 이토 수상의 이 원안에 대해 각의에서 각료들은 모두 찬성하였다.² 무쓰 외상은 여기에 덧붙여 "조선에 파견된 일본군을 절대로 철수해서는 안 되며 만일 청국정부가 일본의 제안에 동의하지 않을 경우에는 일본이 단독으로 조선 내정의 개혁을 담당할 결심을 해 두어야 한다"라고 했다.³

청국은 6월 22일 일본 측의 제안을 거부하였다. 청국은 그 이유로 조선의 내란은 이미 평정된 점, 조선의 개혁은 조선 자신에게 맡겨야 한다는 점, 사변 평정 후에는 철병하는 것이 톈진조약의 규정이라는 점을 들었다. 이에 대해 일본 측은 일본군의 주둔은 톈진조약의 취지에 합치한다며 청국에 제1차 절교서를 보냈다.

러시아 공사가 청일관계의 알선을 제안하고, 6월 30일 조선정부의 철병 요구에 응하도록 권고했으나 일본 측은 7월 2일 이것을 거부했다. 또 영국 공사가 청일 간의 조정을 제안했으나 이것도 실패로 끝났다. 일본 측은 7월 12일 제2차 절교서를 각의에서 결정해 14일 청국 측에 송부했다. 7월 19일에는 영국의 제2차 중재안이 제시되었으나 일본은 이 제안도 거절했다. 일본 측은 오히려 오토리 공사가 7월 20일 조선정부에 청국과의 종속관계 파기와 청국군의 청병 등을 요구했다. 23일에는 조선 왕궁을 습격하여 정권을 전복시키고 대원군을 집정으로 하는 친일파 정권

1　『伊藤博文傳』中卷, 57~58쪽.
2　6월 15일 거의 원안대로 각의 안이 결정되었다(日本外務省 編, 1954, 『日本外交文書』 제27권 제2책, 日本國際聯合協會, 206~207쪽).
3　무쓰 무네미쓰 지음, 김승일 옮김, 2020, 『건건록』, 범우사, 58쪽; 『伊藤博文傳』中卷, 58쪽; 鹿島守之助, 1970, 『日本外交史4-日淸戰爭/三國干涉』, 鹿島平和研究所, 9~10쪽.

을 옹립했다. 25일에는 청국에 전쟁을 도발하고, 8월 1일 천황의 선전조서(宣戰詔書)를 발표하기에 이르렀다.[4]

이러한 일본정부의 방책을 주도한 것은 이토 수상과 무쓰 외상이었다. 그들은 야당의 공격으로 인한 국내의 정치적 위기를 벗어나려는 목적에서 처음부터 외교적 분쟁을 일으키려고 의도했다. 무쓰 외상은 8월 17일 앞으로의 대조선 정책에 대해 각의에 자문하였다. 그는 앞으로 취할 조선정책은 4가지가 있다고 하면서, 갑, 을, 병, 정으로 나누어 그 이점과 단점을 제시하였다.

'갑'은 조선 자주 자치안으로 조선을 '하나의 독립국'으로서 조선의 '자주 자치'에 맡기고 일본은 간섭하지 않으며 다른 간섭도 허용하지 않고 그 운명을 조선에 일임하는 노선이다.
'을'은 일본 단독보호안으로 조선을 명의상으로는 독립국으로 공인하면서 실제로는 일본이 직, 간접으로 독립을 '보조[保翼扶持]'하는 안이다.
'병'은 청일 공동관리안이다. 조선이 자력으로 독립을 유지할 수 없고 일본이 보호책임을 맡지 않을 때 청일 양국이 조선의 안전을 담보한다.
'정'은 조선 중립국화안으로 조선을 '세계의 중립국'으로 하는 것을 일본이 구미 제국과 청국에 제기하여 조선을 벨기에나 스위스와 같은 지위에 세우는 안이다.[5]

무쓰는 청일전쟁 후의 조선 정책 노선을 조선 자주자치안, 일본 단독보

---

4 이 과정에 대해서는 『건건록』의 기술(59~81쪽)이 상세하다.
5 『日本外交文書』제27권 제1책, 646~649쪽.

호안, 청일 공동관리안, 조선 중립국화안 등 네 가지로 정리하고 일장일단이 있다며 어느 것을 채용할 지 각의에 물었고, 이토가 수상으로 주재하는 각의에서는 당분간 '을'안, 즉 일본 단독보호안의 방향을 취하기로 하고, 곧 논의하여 확정하였다. 이렇게 해서 청일전쟁을 전개하면서 겉으로는 명목상 조선을 '독립국'으로 취급하면서 실제로는 독립을 '보조'한다는 이유로 일본이 조선의 내정에 개입하는 노선이 채용되었다.

청일전쟁 중에 조선에 대한 내정간섭 노선을 실제로 추진한 것은 새로 조선 공사로 부임한 이노우에 가오루(井上馨)였다. 전임 공사 오토리 게이스케(大鳥圭介)가 군국기무처를 거점으로 한 개혁파와 민씨(閔氏)파, 대원군파 등 여러 파벌이 경합하고 있는 조선정부를 통제하지 못했기 때문에 일본정부에서는 조선정부를 제압하고 '보호국화'를 추진할 수 있는 인물을 파견하려고 했다. 민간의 유력자 고토 쇼지로(後藤象二郎)가 나서기도 했으나[6] 결국 내무대신인 이노우에 가오루가 조선공사로 임명되었다. 이토가 "내외 사정에 정통하고 작은 일에 연연하지 않는 과감한 사람"이 필요하다고 말하자 이노우에는 자신이 직접 맡아 보겠다고 나섰던 것이다.[7]

이노우에는 10월 28일 조선에 도착한 직후 고종과 면담을 통해 청일전쟁의 개전 경위를 설명하고 "착착 개혁의 걸음을 진행하고 내치를 정리하여 독립의 길을 여는 것이 급무"라며 "공사 직무 외에 귀 정부의 고문처럼 만사 흉금을 털어놓고 만사 하문해 주시기 바란다"라고 요청하였다.[8]

---

6   都倉武之, 2006, 「明治27年・甲午改革における日本人顧問官派遣問題―後藤象二郎渡韓計劃を中心に―」, 『武藏野學院大學研究紀要』第3輯, 참조.
7   1894년 9월 27일 자 이토에게 보낸 이노우에 편지, 『伊藤博文關係文書』제1권, 268쪽.
8   『伊藤博文關係文書』제1권, 269~270쪽.

이노우에는 고문과 같은 형태로 조선의 내정에 개입하고 개혁을 추진하려 하였다. 이노우에는 "이집트에 대한 영국의 정책을 취해 현재와 장래의 양책과 결의를 위한 것"이라고 이토 수상 앞에 편지를 보냈다.[9] 이러한 조선 정책은 이토와 이노우에가 서로 의견교환을 한 것으로 보이며, 영국의 이집트 통치와 같은 보호국 지배를 하려는 정책 구상을 갖고 있었음을 보여준다. 1895년 3월 3일 이토 수상은 이노우에 공사에게 다음과 같은 편지를 보냈다.

> 청국은 이미 조선의 일에 개입할 수 없으나 영국과 러시아는 오히려 개입하기 쉬운 형세를 나타내고 있다. 이에 대해 특히 책임을 부담하고 대치하는 것은 일본뿐이다. 일본이 명실공히 조선의 독립을 보호하여 야심을 드러내지 않으면 다른 나라가 개입하는 일은 없겠지만 처치가 타당성을 얻지 못하면 순식간에 비난과 공격이 일어나 조선이 여러 강국 사이의 문제가 될 것은 분명하다. 또 각하가 부임한 이후 개혁을 착착 진행하고 있으나 … 경비가 점점 늘어나고 외채의 지불을 외채로 충당하면 마침내 구제할 수 없게 될 것이므로 주의할 필요가 있다고 생각한다. 일찍부터 이집트 운운하는 논의가 있으나 그 나라는 '나쁜 원인에서 나온 결과'임을 잘 생각해 주기 바란다. 대여하는 금액의 처치에 관해서도 … '주객의 지위'를 분명히 해 국제법상의 관계와 사법상의 계약의 구별을 혼동하지 않도록 해 주기 바란다.[10]

---

9   1894년 12월 25일 자 이토에게 보낸 이노우에 편지, 위의 책, 273쪽.
10 「伊藤首相井上公使ヘ寄スル書簡」, 『秘書類纂 朝鮮交涉資料』 下卷, 原書房, 1970. 556~557쪽.

이토는 이노우에가 추진하는 조선의 '보호국화'에 동의하면서도 일본인 고문관 채용을 통해 조선정부에 관여하는 이노우에의 개혁이 도리어 영국과 러시아 등 열강의 개입을 불러올지도 모르며 일본의 경제적인 부담이 너무 커질 것을 우려했던 것이다.

이노우에도 점차 '보호국화'의 실현에 자신감을 잃어갔다. 1895년 4월 8일 무쓰 외상에게 보낸 의견서를 보면, "종래 일본의 대한 방침은 청국의 간섭을 근저에서부터 없애고 명의 및 사실상 조선의 독립 권리를 보전하는 데 있었다. 이를 위해 군대를 통해 청국을 물리치고 조선으로 하여금 거의 독립 상태를 이루게 하기 때문에 각국이 모두 일본의 대의(大義)를 존경함은 물론이다".[11] 그러나 "철도의 건설, 전시의 관리, 내정정리의 간섭도 모두 다소 조선의 독립권을 손상시킴에 틀림없다. 따라서 일본은 표면상으로 조선의 독립을 주창하고 있으나 그 결과 조선을 예속시킬 야심이 있다는 의심을 받게 되고 선언과 사업이 서로 모순된다는 의심을 받게 될 것이다".[12] 따라서 수비병의 배치, 철도 전신 조약, 내정개혁의 3건에 대해 정부의 방침을 확정하기 바란다고 요청했다. 즉 청일전쟁이 일본의 승리로 기울고, 러시아와 영국 등 서양 열강이 조선의 '독립'에 대한 명확한 태도로 보이자, 청일전쟁 개시 시점에 일본정부가 채택한 '을' 노선이 본래 안고 있던 조선의 '독립'과 '보조' 사이의 모순이 드러나게 되었던 것이다.

청일 양국은 1895년 3월 하순부터 강화 교섭을 벌여 4월 17일 강화조약에 조인했다. 이 시모노세키(下關) 조약의 결과 청국은 마침내 조선이

11　『日本外交文書』제28권, 396~397쪽.

12　위와 같음.

자주국임을 인정하게 되었다. 한편으로 청일전쟁은 일본이 조선의 독립과 개혁을 대의명분으로 한 전쟁이었다. 따라서 일본으로서는 전후에도 조선 독립의 영속, 서양 각국과의 협력이라는 방침을 취하지 않을 수 없었다. 4월 23일 러시아, 프랑스, 독일에 의한 삼국간섭에서도 일본의 랴오둥(遼東)반도 소유는 조선의 독립을 유명무실화하는 것으로, 극동의 영구한 평화에 장애를 줄 것이라는 경고를 받았다.[13]

무쓰 외상은 당시 이노우에 공사를 중심으로 전개되어 온 조선 내정개혁 정책을 포기하고, 조선의 독립을 열국이 공동 보장하는 방식으로 정책을 전환해야 한다고 이토 수상에게 진언했으나[14] 이토는 당장 조선 내정개혁 정책을 포기하는 데는 반대했다. 조선정부의 '개혁'은 겨우 실마리가 풀렸을 뿐이므로 좀 더 자리가 잡힐 때까지는 일본인을 고문으로 두는 일은 어쩔 수 없다고 생각한 것이다.[15]

그러나 삼국간섭의 결과 형세가 완전히 바뀌었다. 6월 4일 각료회의는 앞으로 조선 정책에 대해 가급적 간섭하지 않고 조선을 자립시키는 방침, 즉 '타동(他動)의 방침'을 취하기로 결정했다.

우리의 대한 정략은 독립을 인정하고 청국의 속방을 주장하는 설을 배제하고 마침내 그 독립을 실현하는 데 있다. 지난해 일청 교전의 원인도 바로 여기에서 배태했고 전쟁의 결과 청국에게 완전한 독립을 인정하게 하였다. 또 러시아도 우리에게 명실공히 독립을 인정할 것

---

13 무쓰 무네미쓰 지음, 김승일 옮김, 2020, 앞의 책, 296쪽.
14 『日本外交文書』제28권 제1책, 423쪽.
15 『日本外交文書』제28권 제1책, 418쪽.

을 요구해 이에 대해 우리가 종래 정략을 바탕으로 여러 차례 선언하는 등의 사유가 있다. 따라서 장래 대한 정략은 가능한 간섭을 그만두고 조선으로 하여금 자립하게 하는 방침을 취해야 할 것이다. 그러므로 타동의 방침을 취하는 것으로 결정한다.[16]

이에 따라 그동안 내정개혁을 추진해 온 이노우에 공사는 6월 20일 귀국하였고, 조선에서 박영효가 실각하여 일본에 거리를 두는 새로운 내각이 구성되었다. 게다가 9월 21일 조선에 부임한 신임공사 미우라 고로(三浦梧樓)가 10월 8일 '명성황후시해사건'(을미사변)을 일으킴으로써 조선에서 일본의 지위는 크게 약화되었다. 사건 후 이토는 10월 21일 자 의견서에서 조선에 대해서는 불간섭 노선을 취해야 한다고 주장하기에 이른다.

조선 내정개혁을 돕는 것도 지금까지 여러 가지 수단을 다했지만, 현재 조선인의 정도로서는 도저히 성공의 전망이 없으므로 이를 강요하더라도 이익이 없음을 알았다. 따라서 점차 조선의 방임에 맡기는 것은 다시 논할 필요도 없다. … 전전에 있어 조선 독립의 다툼은 일청 간의 논의였고 각국 국제상의 논의는 아니었다. 러시아라 해도 우리와 마찬가지로 조선의 독립을 우리가 확보할 것을 요구한 데 지나지 않았다. 그런데 전후에는 삼국이 동맹해 조선 독립을 주장하고 랴오둥반도가 조선에 인접한 토지인데 일본의 영토로 삼는 것은 조선의

---

16 『日本外交文書』제28권 제1책, 441쪽 ; 「陸奥外務大臣ノ對韓策」, 『秘書類纂 朝鮮交涉資料』下卷, 597~598쪽.

독립을 위태롭게 하는 것이라고 말하기에 이르렀다. 즉 간섭의 일부는 조선 문제에 속한다. … 따라서 일본정부가 전후에 조선의 독립을 꾀하더라도 가능한 우리의 간섭 흔적을 점차 끊고 다른 나라로 하여금 일본정부의 처치가 조선의 독립을 무시하는 것이라는 비난을 받지 않는 것은 우리의 장래 지위를 보존하는 데 있어서 가장 필요하다.[17]

나아가 '명성황후시해사건'으로 인해 일본의 입장은 더욱 위축되었고, 그 결과 전신 수비병을 철수할 것, 조선의 질서 안정과 동시에 전 군대를 철수시킬 것, 조선의 내정에 간섭하지 않는다는 것을 각국에 선언하게 되었다.[18]

2) 「조선사변처분안」과 일본의 조선 정책

'명성황후시해사건' 이후 일본정부는 조선에서 불간섭 노선을 취하게 되었다. 이에 따라 일본의 동아시아 정책의 변경이 불가피해졌고, 이와 관련한 다양한 논의가 이루어졌다. 이토 히로부미도 「조선사변처분안」을 통해 새로운 대책을 구상했다.[19]

첫 번째 「조선사변처분안」에서는 조선을 영구중립국 혹은 협의중립국화할 것인지, 러시아의 간섭을 허락하는 것이 좋을지를 타진하였다. 영

---

17 「朝鮮事變ニ付意見書」, 『秘書類纂 朝鮮交涉資料』 下卷, 158~162쪽.
18 『日本外交文書』 제28권 제1책, 524~529쪽.
19 이토 이름으로 편찬된 『비서유찬(秘書類纂)』에서 두 개의 「조선사변처분안(朝鮮事變處分案)」이 실려 있는데 정부의 조선 정책을 결정하기 위한 자료로 삼기 위해 기안된 것으로 보이며 이토의 의견서라고 단정할 수는 없다.

구중립국이란 중립에 이해관계가 있는 강국들이 협의한 뒤 하나의 약국의 중립을 승인하고 전시와 평시 모두 중립국으로 삼아 중립국이 그 의사에 따라 다른 나라와 '합종연횡'하지 않고 또 날인한 강국들이 교전할 때 병사와 군함이 들어갈 수 없다는 것이다. 여기서는 일본, 러시아, 영국, 프랑스, 미국, 독일의 6개국에 의한 조선 중립화를 제기하고 있는데, 이는 일본이 지금까지 조선에서 취한 노력이 수포로 돌아간다는 문제점이 있지만, 여러 강국, 특히 러시아가 전시에 조선 국경을 침범할 수 없다는 이점이 있다고 지적했다. 그렇지 않다면 러시아가 조선에 간섭하는 것을 허용하는 것인데 그때는 이집트에서 영국과 프랑스와 같은 대파탄을 가져올 것이다. 그러나 가급적 원활히 교섭하고 시기를 늦춘다면 군비를 정돈하고 실력을 회복할 시간을 벌 수 있는 이점이 있다고 주장하고 있다. 그러나 조선을 영구중립국으로 삼더라도 조선의 실력이 '자동자활(自動自活)'하지 않으면 반드시 내부에서 화란(禍亂)이 생겨 자멸하게 될 것이므로, 조만간 조선 문제로 인해 수년 안에 일본과 러시아 사이에 전쟁이 일어날 것은 피할 수 없다. 그러므로 양쪽 모두 일시적인 미봉책에 지나지 않는다고 보고 있다.[20]

두 번째 「조선사변처분안」은 공사의 범죄 사례를 유럽 국제정치사를 통해 검토한 다음, 조선에 대한 방책으로 ① 영구중립국 혹은 협의중립국화, ② 이집트화, ③ 폴란드화를 제기했다. ①은 조선을 스위스, 벨기에와 같은 영세중립국으로 만들자는 것으로 첫 번째 안과 같은 논의이며, ②는 일본과 조선의 관계를 영국과 이집트의 관계처럼 삼자는 것이다. 요컨대 영국은 터키 황제가 원래 이집트에 갖고 있는 주권을 인정하고 그 대신

---

20 『秘書類纂 朝鮮交涉資料』下卷, 163~168쪽.

영국 군대가 사실상 이집트를 점령하는 것을 인정한다는 협약을 맺은 것으로, 이와 마찬가지로 일본은 조선을 부속시킬 야심이 없다는 것과 각국의 이익을 해치지 않는다는 것을 주장함과 동시에 조선에 내란과 외침의 우려가 있을 때는 사실상 일본이 점령하는 것이 적법하다는 것을 조선이 인정하도록 한다는 것이다. 이 협약으로 영국은 자신들이 갖고 싶은 이집트를 사실상 점령할 수 있다는 것이다. ③은 폴란드가 세 차례에 걸쳐 러시아, 오스트리아, 프러시아에 의해 분할된 것처럼 "동아(東亞)에서 가장 박약한 조선에 외과적 시술을 행해 병근(病根)을 끊어내지 않으면 동양 평화가 항상 위태롭다"라고 보고 동양 평화를 위해 일본, 러시아, 영국 세 나라가 조선을 분할한다는 것이다.[21]

앞으로 조선을 둘러싼 상황의 추이에 따라 세 방책 중에서 하나를 선택할 수 있다는 것이지만, 결국 삼국간섭과 '명성황후시해사건' 이후 일본에서는 조선을 단독으로 점령하거나 '보호국화'하려는 시도는 좌절되었고, 조선정부와 열강의 비난을 피하기 위해 이토는 지금까지의 일본의 조선 정책을 포기하지 않을 수 없게 되었던 것이다.

이후 조선정부가 러시아에 접근함으로써 조선에서 일본의 영향력은 급격히 저하되었으며,[22] 이토가 다시 조선 정책에 본격적으로 관여하게 되는 것은 러일전쟁 시기에 이르러서이다.

이토 히로부미는 제3차 내각의 내각총리대신직에서 사퇴한 직후인

21　『秘書類纂 朝鮮交涉資料』下卷, 169~191쪽. 「조선사변처분안」에 관해서는 오비나타 스미오, 「청일전쟁 전후 일본 정치에서의 동아시아 질서 구상」, 왕현종 외, 2009, 『청일전쟁기 한·중·일 삼국의 상호전략』, 동북아역사재단 참조.

22　이후에도 일본은 조선의 토지 매수, 차관 공여 계획, 철도부설권 획득 계획 등을 통해 조선에 대한 영향력 강화('실질적 보호국화 정책')를 꾀했으나 1900년대에 들어 '고무라(小村) 노선'이 득세할 때까지 '보호국화' 정책은 추진되지 못했다.

1898년 8월 조선과 중국 '만유(漫遊)'길에 올랐다. 8월 22일 인천에 도착해 9월 8일 중국으로 떠날 때까지 20일 가까이 조선에 머물면서 대한제국의 황제, 관료, 인민으로부터 극진한 대접을 받았다고 술회하고 있다.[23]

막말 유신기 이후 유학생 및 관료로서 빈번히 서양 나라들에 파견돼 '개명파', '서양통'으로 불렸던 이토 히로부미가 장기간 조선에 체류한 것은 이때가 처음이다. 조선을 직접 견문하지 못한 만큼 그때까지 조선에 대한 이토의 인식은 피상적인 측면이 있었다고 할 수 있다. 러일전쟁 발발 이후 1904년 3월 '한국황실위문특파대사'로 조선에 파견되었고, 1905년 11월 '을사늑약'을 강요한 뒤 12월 초대 통감이 되면서 비로소 조선에 큰 관심을 갖게 되고 조선 정책을 직접 지휘하게 되었던 것이다.

러일전쟁 이전 이토 히로부미는 조선 정책의 결정자 내지 조정자였으나 입안자 또는 추진자는 아니었다. 따라서 청일전쟁 이전 조선 정책에 관해 정리된 이토의 사료는 찾아보기 힘들다. 이토는 참의와 내각총리대신이라는 정부 수뇌의 입장에서 하나부사 요시모토, 이노우에 가오루, 아오키 슈조(青木周藏), 무쓰 무네미쓰 등 외교담당자들의 주장과 의견을 조정하면서 일본정부의 조선 정책 결정 과정에 참여했다. 그러나 수동적인 결정자의 위치에 머물러 있지만은 않았다. 서양 정치에 대한 풍부한 체험과 근대 국제질서에 대한 폭넓은 인식 외에도 이노우에 고와시, 보아소나드, 뢰슬러 등 법제 관료 및 고용외국인을 활용한 정보와 지식을 바탕으로 주도적으로 정책 결정 과정에 참여하여 현실적인 판단을 내렸다고 할 수 있다.

한편으로 이토 히로부미는 내셔널리스트이자 제국주의 정치가였다.

---

23 9월 13일 부인 우메코(梅子)에게 보낸 편지, 『伊藤博文傳』下卷, 396~397쪽.

청일전쟁 이전에는 청일 협조 속에서 조선의 '독립'을 추진했고, 청일전쟁 후 조선 '중립국화'를 제시하기도 했지만, 그것은 어디까지나 힘에 의해 움직이는 국제정치에 대한 현실적 판단에서 나온 것이지 궁극적으로 조선의 자립을 인정해서는 아니었다. 일본이 군사적 우위를 갖게 되고 서양 열강이 일본의 의도를 용인할 경우 '보호국화' 등 조선에 대한 단독지배정책을 추진했던 사실이 그것을 증명한다.

2. 한반도 중립화안과 일본의 보호국화 정책

19세기 후반 제국주의 열강의 동아시아 침략 속에서 조선은 스스로 독립을 유지하지 못하고 열강의 침탈 경쟁의 대상이 되어 결국 식민지화되었다. 그 가운데 식민지화의 단초가 되는 보호국화는 러일전쟁에서 일본이 승리한 결과 당연히 획득한 결과물로 인식되어 왔다. 그렇다면 한국은 열강의 침략에 대항해 독립을 유지할 능력을 갖추지 못했을 뿐만 아니라 독립할 노력을 하지 않았던 것일까? 열강에 대항할 군사력을 갖추지 못했더라도 독립을 유지할 방법은 없었던 것일까? 실제 한국을 독립국으로 유지하는 방안으로 1880년대부터 조선의 중립화 구상이 다양하게 전개되었다. 1900년대 들어 조선에서는 중립화정책이 끈질기게 추진되었으며 러시아 등 조선 외부에서도 중립화안을 제시하기도 했다.

이 절에서는 일본의 조선 식민지화가 단순히 열강의 세력 다툼으로만 결정된 것이 아니라 독립을 추구하는 조선의 노력과 '경쟁'이 진행되었고 그 '패배'의 결과 식민지화가 이루어졌다는 시점에서, 조선의 중립화 정책, 또는 외부에서 제시한 중립화안을 일본의 보호국화 정책과의 대항 과정 속에서 파악하고자 한다.

1) 일본의 한반도 '중립화' 논의

한반도의 중립화 문제를 처음 제기한 것은 일본이었다. '강화도조약' 이후 조선을 '자주국'으로 대하면서 한반도에 적극적으로 진출하려던 일본은 1882년 발생한 임오군란으로 청에게 우위를 빼앗겨 위기를 맞게 되자 조선 '독립론'을 주장하고 청의 '속방론'을 부정하며 한반도 중립화론을 제기하였다.

당시 일본에서 제기한 대표적 한반도 중립화론은 대표적인 법제관료인 이노우에 고와시(井上毅)의 안이다. 그는 임오군란 발발 직후인 1882년 9월 17일에 「조선정략(朝鮮政略)」[24]을 제출하고, 10월 29일에 「의여마관찰서(擬與馬觀察書)」[25]를 저술하여 자신의 중립화론을 비교적 자세히 소개하였다. 이를테면 청이 비록 조선의 상국(上國)이고 조선은 청의 공국(貢國)이지만 속국은 아니며 하나의 독립국이므로 청·일·미·영·독 5개국이 공동 보호하는 벨기에·스위스 형의 중립국을 만들 것을 회의로 정하자고 제안하였다. 그의 이러한 제안은 청·한 종속관계의 부정에서 출발하려는 것이었다.

한편 일본정부의 고용외국인으로 활약하고 있던 프랑스의 법학자 보아소나드(Gustave Emil Boissonade de Fontarable)도 한반도 중립화론을 제기하였다. 보아소나드는 원래 조선에 대한 청의 종주권보다도 러시아의 조선 침략을 더욱 우려하여 한·청·일 3국동맹론을 주장한 바 있지만,[26] 1882년 9월 22일의 「영구중립에 관한 의견서」[27]와 10월 29일에 쓴 「항수(恒守) 국외중립신론」[28]이라는 글에서, 특히 러시아를 경계하여 청·러시

---

24 井上毅傳記編纂委員會 編, 1966, 『井上毅傳』-史料編 1, 國學院大學圖書館, 312~313쪽.
25 『梧陰文庫(井上毅文書)』 마이크로필름 No. A-856, 國學院大學圖書館 소장. (朴熙琥, 1997, 「舊韓末 韓半島中立化論 硏究」, 동국대학교 사학과 박사학위논문 참고)
26 『日本外交文書』 15, No. 107, 165~173쪽.
27 平塚篤 校訂, 伊藤博文 編, 1934, 『秘書類纂-外交篇』 上, 秘書類纂刊行會, 618~620쪽.
28 『秘書類纂-朝鮮交涉資料』 中, 1936, 223~229쪽.

아·일본 3국을 중심으로 관련 국가들의 인정에 따라 한반도가 영세중립화하는 방법을 구체적으로 제시하였다.

이와 같은 한반도 중립화론을 바탕으로 주조선 일본 공사 다케조에 신이치로(竹添進一郎)는 1884년 10월 30일 재부임하면서 "나는 조선을 장차 영구 국외중립국으로 할 것이다. 조선으로 하여금 스위스·벨기에와 같은 하나의 영구 국외중립국으로 하려는 것은 이노우에 외무경이 항상 희망하는 바였다"[29]라고 하였고, 같은 해 11월 2일 고종을 알현한 자리에서 청불전쟁의 내용을 설명하면서 "만약 조선이 프랑스에 기울어지면 청국과 싸우지 않으면 안 되고 청국에 기울어지면 프랑스와 싸우게 되므로 서양의 예를 본받아 국외중립을 해야 한다"[30]라고 설득한 바가 있다.

조선의 '독립'에 대해 국제적인 공인을 받으려는 일본의 정책은 1882년부터 1884년에 걸쳐 조선과 미국, 영국, 독일, 이탈리아, 러시아 사이에 각각 조약이 체결, 비준됨으로써 일단 달성되었고, 조선 중립화 구상도 힘을 얻게 되었다. 그러나 이것은 1884년 12월 갑신정변으로 유명무실화되었다. 급진 개화파가 일으킨 쿠데타에 청국군이 개입하여 조선정부를 청국이 장악하였기 때문이다.

사태 수습을 위해 조선에 파견된 이노우에 고와시는 시모노세키에서 이토 히로부미 참의와 이노우에 외무경 앞으로 글을 보내 이대로 일이 진행되어 간다면 장차 청국이 조선을 지배하게 되어 운요호사건을 일으킨 '1875년 이래'의 일본의 정략이 수포로 돌아가 버릴 것이라고 우려하였다.[31]

---

29 井上角五郎, 「漢城之殘夢」(한상일 역·해설, 1993, 『서울에 남겨둔 꿈』, 건국대출판부), 44쪽.
30 『秘書類纂-朝鮮交涉資料』上, 260쪽.
31 『井上毅傳 史料篇』제1권, 國學院大學圖書館, 1966, 440쪽.

일본정부의 지도자인 이토는 메이지 초기 이래 새로운 동아시아 질서를 모색하는 가운데 조선이 국제법상 '독립국'으로 인정을 받아야 일본이 조선에 관여할 수 있다는 정책을 추구해 왔다. 일본정부는 임오군란 이후 조선영세중립화를 최상책으로 생각하고 갑신정변의 처리에서는 조선영세중립화의 가능성을 탐색하기도 했다.[32] 조선영세중립화는 실현되지 않았지만, 톈진조약에 의해 청일 간에 조선 보전에 대한 합의가 성립됐다.

청일전쟁 이전에 명시적으로 조선영세중립화론을 주장한 것은 일본정부의 유력자인 야마가타 아리토모(山縣有朋)였다. 그는 1888년 일본정부에 제출한 「군사의견서」에서 군비확장의 필요성을 강조하면서 조선영세중립화론을 주장했다. 이 의견서에서 야마가타는 일본이 독립, 자위의 길로 나아가기 위해서는 '주권선' 외에 '이익선' 즉 한반도를 확보할 필요가 있고 그를 위해서는 군비확충이 필요하다고 말했다. '이익선'을 방호하여 일본이 완전히 독립하려면 영, 독, 일, 청 4국에 의한 조선의 항구중립화가 필요하다는 것이다.

조선의 개항 이후 일본정부는 조선을 국제법상 '독립국'으로 인정받게 한 뒤 일본이 조선에 관여하는 정책을 추구해 왔다. 그러나 일본이 청국에 비해 군사적으로 열세에 있었던 1880년대에는 한반도 중립화론을 주장하며 청국의 조선 간섭을 배제하려 하였던 것이다.

2) 한국에서의 '중립화'론

같은 시기 조선에서도 중립화가 검토되기 시작하였다. 임오군란 후 외

---

32 大澤博明, 2001, 『近代日本の東アジア政策と軍事』, 成文堂, 70~77쪽.

아문 협판(協辦) 묄렌도르프(Paul Georg von Möllendorff)는 조선이 독립을 유지하기 위해서는 벨기에와 같은 영세중립국화 되어야 한다고 판단하고, 이를 위해서는 러시아 주도 아래 청, 일본, 러시아가 국제조약을 체결하는 것이 바람직하다고 보았다. 그 내용은 첫째, 조선의 중립 및 불가침에 대하여 청과 일본이 공동명의로 보장하고 청·일에 대한 상호보장 관계의 유지, 둘째, 군사적 방위 관계의 명시, 셋째, 조선 영토 불가침에 대한 일반적 관계의 보장이었다. 그는 이 구상을 외무독판 김윤식에게 권고하였다.[33]

묄렌도르프의 중립화안은 독일 부영사 부들러(Hermann Budler)에게 이어졌다. 부들러는 1885년 3월 독판교섭통상사무 김윤식에게 스위스를 예로 들어 조선의 영세중립선언을 권고했다. 스위스처럼 조선도 청, 일, 러 사이의 조약 체결로 영토를 보전해야 한다고 주장했다. 일본과 청이 전쟁을 하더라도 청을 지원해서는 안 되고 만국공법에 의거하여 국외중립을 지켜야 한다고 권고했다. 그러나 김윤식은 청일전쟁의 가능성을 부정하면서 이 제안을 거부하였다.[34]

한편 유길준도 같은 시기에 한반도의 중립화를 주장하였다. 유길준은 만국공법에 의거해 조선의 항구중립화를 주장했는데, 구체적으로는 청국이 주도하고 열국이 공동보장하는 벨기에형과 불가리아형의 절충안을 제시했다. 러시아의 남하를 견제하려는 것이 주목적이었다. 그러나 조선에 대한 지배권을 강화하고 있던 청이 조선의 중립화를 주도해야 한다는 발

---

[33] 朴熙琥, 1997, 앞의 글, 55~58쪽. 1882년 9월 이노우에 고와시(井上毅)의 조선중립화 구상이 묄렌도르프의 구상에 영향을 준 것으로 보인다.

[34] 현광호, 2002, 『대한제국의 대외정책』, 신서원, 78쪽.

상은 현실성이 떨어진다.[35]

거문도사건 이후 조선정부는 진지하게 중립화를 검토하기 시작했다. 한반도가 청, 일, 러, 영의 각축장이 되자 특정국가에 안보를 의존할 수 없다는 위기의식이 작용했다. 이후 조선은 구미 국가들과 다각적인 외교를 전개했다. 고종은 1887년 미국에 사절단을 파견했고 유럽 각국에 전권공사를 파견했다. 1891년 6월에는 알렌(Horace Newton Allen) 미국 공사에게 미국이 주도하여 열강에 의한 한국의 독립과 영토보전을 보장해 줄 것을 요청했고, 1897년 3월에는 맥도널드 영국 공사에게 영국정부가 주도하여 조선의 독립을 국제적으로 보장받게 해 달라고 요청했다.[36]

대한제국은 1899년 봄 주한미국 공사 알렌이 휴가차 미국으로 출발하기 직전 고종을 알현했을 때, 고종은 '미국이 한국에 대해서도 열강의 협조를 얻어 영토를 보전하고 중립화를 보장하겠다는 약속을 해 줄 것'을 희망하면서 이를 알렌 공사가 직접 미국정부에 교섭해 주도록 요청하였다. 이에 알렌은 미국의 레이크 챔플레인(Lake Champlain)으로 가서 맥킨리(W. Mckinley) 대통령과 헤이(John Hay) 국무장관을 만나 '이 문제에 미국이 솔선하여 다른 열강과 협약을 체결해 줄 것'을 요청한 고종의 친서를 전달하였다. 그러나 맥킨리 대통령과 헤이 국무장관은 그들의 전통적인 불간섭·중립주의를 이유로 내세워 이 요청을 거절하였다.[37]

---

35 강만길, 1979, 「유길준의 한반도중립화론」, 『분단시대의 역사 인식』, 창작과 비평사, 102~117쪽.

36 현광호, 앞의 책, 80~81쪽.

37 Despatches from U. S. Consul to Korea : Communications to the Secretary of State from the U. S. representatives in Korea, 1883-1905, Allen to the Secretary of State, October 2, 1900, Enclosure, Allen to Mr. Buck.(『신편 한국사』 43, 국사편찬위원회, 2002, 27쪽에서 재인용)

대한제국 정부는 1899년 10월 미국공사관 서기관인 샌즈(William Franklin Sands)를 궁내부 고문으로 용빙하고, 미국을 통한 한국중립화 실현을 기대했다. 샌즈는 한국을 스위스, 벨기에와 같은 영세중립국으로 만들려고 하였고 열강의 보장을 통해 평화조약이나 국제협약을 체결하려고 했다. 이에 대한 러시아 공사 파블로브와 일본 공사 하야시 곤스케(林權助)의 즉각적인 반응은 자국의 이익과 관련하여 부정적이었다. 샌즈는 영국의 지원을 얻기 위해 주한 영국 공사 조단(Sir John N. Jordan)을 만나 자신의 영세중립안을 설득시켜 보았으며, 일본의 이토와도 만나 자신의 안에 대하여 협조를 요청했다. 하지만 미국을 포함해 이 안을 지지하는 관계 열강은 하나도 없었다. 샌즈의 중립화안은 1880년대의 중립화안과 유사하나 중립화 실현을 위해 세부적인 계획을 수립한 진일보한 것이어서 이후 중립화안의 바탕이 되었다.[38]

3) 러일전쟁 이전 한국의 중립화 정책

1900년 중국에서 발생한 의화단사건은 동아시아에서 열강의 대립을 강화시키고, 러일 간에 군사적 충돌이 일어나 대한제국의 독립을 위태롭게 할지도 모른다는 위기감을 안겨 주었다.

이에 고종은 열강과의 관계 강화를 통해 독립을 유지하려는 중립화정책을 추진했다. 1900년 8월 7일 고종은 탁지부대신이었던 조병식을 주일 공사로 파견해 일본 외상 아오키 슈조에게 한국의 중립화에 동의해 줄 것을 요청했다. 또한 주일 미국 공사 버크(Buck)에게 미국정부가 열강과 협

---

38 William F. Sands, 신복룡 역, 1999, 『조선비망록』, 집문당.

력해서 한국의 독립과 중립에 대한 국제적인 보장을 확보하는 데 노력할 것을 요청했으나 실효를 거두지 못했다. 고종은 그동안 실제로 파견되지 않았던 유럽 각국에 공사를 새로 부임시켜 유럽 외교에 치중하는 한편 만국평화회의·적십자회의 등 국제기구를 통해 한국을 중립 지역으로 인정받으려고 노력했다. 또 영세중립국인 벨기에와 수교를 추진해 국교를 맺었다. 고종은 1901년 만한교환설이 유포되자 미국 공사와 빈번하게 상의하는 등 중립화에 열의를 보였고, 한국에 주재하는 벨기에, 프랑스, 독일 공사관과도 긴밀한 외교관계를 맺으려 하였다.[39]

이러한 한국의 중립화 정책에 러시아는 반대를 표명했다. 파블로프(Alexandre I. Pavlov) 주한 러시아 공사는 일본이 한국군을 통제 아래에 두고 한반도 중립화를 추진하고 있다고 판단해 고종에게 중립화안을 조속히 철회할 것을 요구했다. 파블로프는 1900년 10월 19일 이후 수차례에 걸쳐 고종을 알현하여 러시아의 입장을 설명한 다음, 한국과 타 열강 간의 정치·외교적 문제에 있어서 사전에 러시아에 통고되지 않은 사안에 대해서는 러시아가 일체 동의할 수 없다는 것을 분명히 밝혔다. 대신에 파블로프는 1900년 7월 주한 일본 공사 하야시 곤스케에게 한반도에서 러일 간의 세력범위 획정과 각자의 세력범위 내에서 질서보존을 제안하였다.[40] 이러한 제의는 도쿄에서도 동시에 행하여져 주일 러시아 공사 이즈볼스키(A. P. Iswolskii)가 아오키 슈조 외상을 위시하여 야마가타 수상과 이토에게도 같은 내용의 제안을 내놓았다.[41] 이후 러시아는 1901년 1월

---

39 현광호, 2002, 앞의 책, 83~96쪽.
40 『日本外交文書』 33 별책 2 : 北淸事變 (中), No. 1326, 385~386쪽.
41 『日本外交文書』 33 별책 2 : 北淸事變 (中), No. 1326, 385~386쪽.

한국과 상의하지 않고 일본정부에 한국의 중립화를 제의했다. 그러나 일본정부가 만주의 중립화도 전제조건으로 삼자고 요구했기 때문에 실효를 거두지 못했다.

미국정부는 한국 문제에 대해 철저히 불개입 원칙을 고수했다. 셔먼 국무장관은 1897년 11월 알렌 주한 공사에게 미국은 한국에 대해 절대적으로 중립적 태도를 유지해야 한다고 훈령, 미국은 한국의 국가 운명에 관계되는 문제에 대해 상담역을 맡지 않을 것이며, 한국과 어떠한 종류의 보호동맹도 맺지 않을 것임을 명언했다.[42]

영일동맹이 체결되고 러일전쟁의 조짐이 현저해지자 대한제국의 중립화 노력은 다시 점화되었다. 1903년 7월 4일 주일 공사 고영희로부터 러시아와 일본이 전쟁을 결정했다는 전보가 도착하자 고종은 현영운과 현상건을 각각 8월 3일과 8월 21일 일본과 유럽에 파견하여 중립화의 가능성을 타진했다. 9월 3일 고영희는 고무라(小村) 외상에게 중립을 요청하는 외부대신 이도재의 조회서를 수교했다. 또 주러 공사 이범진은 10월 21일 러시아 외무차관 프린스 오보렌스키(Obolensky)에게 한국 중립에 관한 신청을 제출했다. 러시아와 일본은 모두 한국의 중립화에 반대하는 입장을 분명히 했다.

유럽에 파견된 현상건은 프랑스와 러시아에 한국의 중립화를 타진하는 한편, 러일전쟁이 발발할 경우를 대비해 만국평화회의 등 국제기구를 통해 중재를 얻으려고 하였다. 그러나 프랑스 외상과의 면담이 실현되지 않고 헤이그 상설국제재판소는 휴정 중이어서 소기의 성과를 거두지 못했다.[43]

---

42 구영록, 배영수 편, 1982, 『한미관계(1882~1982)』, 서울대학교 미국학연구소.
43 프랑스에서 외상과 회담하는 등 성과가 있었다는 견해도 있다.(박종효 지음, 2014, 『한

현상건의 외교활동은 한국이 그동안 추진해 왔던 중립정책, 즉 열강의 보장에 의한 중립화, 국제기구에 의한 중립화를 목표로 한 것이었다. 그러나 러시아는 이에 응하지 않았고 다른 열강은 관망의 자세를 취했다.

한국정부의 공식적인 국외중립 외교가 거의 무위로 끝날 즈음에 영국 주재 한국 공사관이 국외중립을 시도하였다. 주영 한국 서리공사 이한응(李漢應)은 1904년 1월 13일과 19일 두 차례에 걸쳐 영국 외무성을 방문, 한반도 정세에 관한 장문의 메모와 각서를 수교하였다. 이 각서 내용은 정부의 공식 입장과 거의 같은 국외중립안이었다. 이에 대한 영국의 반응은 회의적이었다. 영국은 1902년의 영일동맹에 따라 이미 한반도에 있어서의 일본의 우월적 지위를 인정하였으며, 그 결과 한반도에 관한 중요한 결정은 일본에게 미루어 왔다. 이것은 영국이 한반도 문제를 두고 주도적인 역할을 하지 않을 것임을 의미하는 것이었다.[44]

한국정부의 적극적인 중립 외교에 대해 러시아와 일본은 한반도에 대한 이권을 얻기 위해 중립화에 반대하는 입장을 명확히 했고, 다른 열강은 관망의 자세를 취하며 한국정부의 요청에 응하려 하지 않았다. 이러한 상황은 러일전쟁의 시작과 함께 일본이 한국을 침략하는 데 유리하게 작용하였다.

당시 한국에서 중립화노선은 이용익을 중심으로 추진되었다. 이근택파가 한러밀약을 추진하고 있었고, 군부대신 민영철, 외부대신 서리 이지용 등이 한일공수동맹을 지지하는 가운데 이용익은 중립노선을 견지하고

반도 분단론의 기원과 러일전쟁(1904~1905)』, 선인.)

44 具㳖烈, 1985, 「李漢應과 韓·英관계-그의 韓半島中立化案을 中心으로」, 『省谷論叢』 16, 省谷學術文化財團, 511쪽.

이지용과의 제휴를 거부했다. 강석호, 이학균, 현상건, 이인영 등이 이용익의 입장을 지지하였다. 이용익은 러일전쟁이 임박한 가운데 중립노선을 견지하는 한편, 한일밀약, 한러밀약을 모두 반대했다.

4) 일본의 한국 '보호국화' 정책 추진

청일전쟁 이후 일본의 한반도 지배에 대한 가능성이 높아지면서 일본은 더 이상 한반도 '중립화'를 고려하지 않고 '보호국화'를 추진하려고 하였다. 일본의 한국 '보호국화'는 청일전쟁 시기 시도되었으나 삼국간섭, 을미사변 등으로 인해 일단 좌절되었다. 아관파천 이후 러시아 세력이 후퇴하고 한반도에 대한 일본의 경제적 침투가 강화되면서 다시 한국의 '보호국화'가 추진된다. 한국 '보호국화'에 대해서는 1901년에 이미 일본의 정치지도자들 사이에 합의가 성립해 있었다. 제4차 이토 내각 가토 다카아키 외상은 1901년 3월 러청밀약에 대한 일본의 대응을 물었을 때 러시아에 대한 공공연한 항의와 함께 한국의 '보호국화'를 제안했다. 또한 가쓰라 다로(桂太郎) 수상은 1901년 6월 내각을 조직하면서 한국의 '보호국화'를 정강의 하나로 내세웠다.[45] 러일 협상노선을 추진한 이토 히로부미도 한국에서 일본의 '자유행동'을 러시아에 승인시키려고 하였다.

일본의 대한정책은 만주 문제와 밀접한 관련이 있어 러시아와의 교섭 과정을 통해 한반도분할론, 만한교환론, 만한불가분론이 주장되었다. 만한불가분론은 한국 문제와 만주 문제는 불가분한 것으로 한국을 확보하기 위해서는 만주 확보도 필요하다는 주장으로 가쓰라 수상, 고무라 외상

45　德富猪一郎 編著, 1971, 『公爵桂太郞傳』 乾卷, 故桂公爵記念事業會, 995쪽.

등이 이러한 입장을 취했고, 이에 비해 이토나 이노우에 등 원로들은 러시아에 의한 만주의 세력범위화를 승인하는 대신에 일본의 한국 세력범위화를 승인해야 한다는 만한교환론을 주장했다는 것이 통설이었다. 이 차이는 이후 영일동맹론과 러일협상론의 대립으로 이어지고 나아가 러일전쟁 개전론과 피전론의 대립이 된다는 것이다. 그러나 비교적 최근에는 만한교환론과 만한불가분론은 완전히 대치되는 것은 아니고 만한교환론=만한불가분론으로 인식되어 원로들도 점차 만한교환론으로 이행해 갔다는 견해가 힘을 얻고 있다.[46]

청일전쟁 이후 의화단사건 시기까지 일본은 러일교섭에서 만한교환은커녕 한국 문제만을 러시아와 교섭했다. 1896년의 야마가타-로바노프협정 체결 시 일본 측은 한국 북부는 러시아, 남부는 일본의 세력권으로 분할하자는 안을 제안했으나 문제시되지 않았다. 또 1898년의 니시-로젠협약 체결 시에는 니시 도쿠지로(西德二郎) 외상이 만한교환을 제의했으나 거부당했고, 러시아의 여순, 대련의 조차를 묵인할 수밖에 없었다. 이렇듯 1890년대 말 일본은 한국의 완전 보호국화를 목표로 삼으면서도 그것은 장기목표이고 현실적으로는 한국 문제만을 러시아와 교섭하고 일부 양보하는 입장이었다.

그러나 의화단사건이 만주에 파급되고 러시아의 만주 침략이 예상되자 외교관을 중심으로 만주 문제와 한국 문제를 일괄처리하려는 구상이 대두한다. 러시아가 만주에 진입하기 시작한 직후인 1900년 7월 22일 고무라 주러 공사는 아오키 외상에게 다음과 같이 상신했다.

---

46 이하 千葉功, 1996, 「滿韓不可分論=滿韓交換論の形成と多角的同盟・協商網の模索」, 『史學雜誌』105-7, 참조.

다른 열강은 한국에 중대한 이해를 갖고 있지 않기 때문에 한국 문제는 다른 열강과 상관없이 러일 사이에서 처리되어야 할 것이다. 현재 시점은 안전하고 항구적인 기반에서 러시아와 양해에 도달할 가장 절호의 시기로 보인다. 러시아의 만주 점령은 결국 기정사실화할 것이고 또 러시아와의 충돌 가능성은 한국에서 일본의 산업상의 기도를 후퇴시킬 것이므로 추구해야 할 최선의 길은 세력범위의 획정을 제안하는 것이다. 즉 러일 양국은 각기 한국 및 만주에서 자유 수완을 보류하고 각자의 세력범위 내에서 상호 통상상의 자유를 보장하는 데 있다.[47]

러시아의 만주침공이라는 호기를 이용해 일본은 한국, 러시아는 만주라는 세력범위를 획정하고 각각 자유수단을 가지면서 상호 통상상의 자유를 보장하는 협상을 맺자는 내용이다. 이것은 만한교환론에 해당한다.

한편 이즈볼스키 주일 러시아 공사는 7월 19일 이토와 면회하고 야마가타-로바노프 협정에 근거해 한국을 이분해 러일 양국이 수비병을 보낼 것을 제의했다. 이에 대해 아오키(靑木) 외상은 거절할 의향이었는데 이토와 야마가타 수상은 찬동하는 의향으로 기울었다.[48] 당시에는 육해군도 아직 만한교환론으로 이행하지 않았다. 러시아의 제안을 거부하는 움직임은 없었다. 해군에서는 한국을 러시아, 일본, 한국의 지배 영역으로 3분하자는 분할안이 제기되었다.[49]

---

47 『日本外交文書』 33, 699~700쪽.
48 『近衛篤麿日記』 제3권, 7월 21조.
49 『齋藤實日記』 1900년 권말 메모.

야마가타 수상은 8월 20일 자로 「북청사변선후책(北淸事變善後策)」을 작성했는데, 북방경영으로서 만한교환에 의한 한국 전토의 확보를 필요시하면서도 당면책으로써 러일 양국에 의한 분할을 주장해 대동강-원산항을 연결하는 선을 경계로 삼는 것이 적당하다고 보았다. 그 대신 남방경영을 우선해 푸젠성(福建省) 외에 저장성(浙江省)을 세력범위에 두어야 한다고 했다.[50] 이 시점에 아오키 외상과 야마가타 수상의 의견에는 차이가 컸다. 아오키는 9월 15일 야마가타 수상과 상의하지 않고 러시아와의 전쟁을 주장한 상주를 직접 천황에게 올렸다. 이에 대해 야마가타는 아직 한국의 완전 확보까지는 생각하지 않고 있다며 각내 불일치로 9월 26일 총사직했다.

1900년 시점에 일본은 아직 한국 문제만을 러시아와 교섭하려는 입장이 강했다. 만한교환론은 외교관 계통에서만 보였을 뿐이다. 이것이 외교정책 전체로 확장되는 것은 중국을 둘러싼 극동 정세의 변화를 인식하게 되면서이다. 러시아가 만주를 중국 본토와 구별해 무기한 주병하면서 '영토보전'을 깨려고 했기 때문에 열강으로부터 비난을 받았다. 한편 일본은 열강의 항의로 좌절된 아모이[샤먼(廈門)]사건의 실패에 따라 남진 의욕이 감퇴되고, 대신에 만주와 한국 문제의 처리를 우선하게 되었다. 러시아의 만주 무기한 주병(駐兵)에 대한 열강의 비난을 이용해 만주에서 러시아의 이익을 인정하는 대신에 한국에서 일본의 이익을 인정받으려 하였다. 러시아의 약점을 이용해 한국 문제에 대한 입장이 한층 더 강경해진 것이다.

1900년 말부터 1901년 1월에 걸쳐 러시아가 일본에 대해 한국 '중립화안'을 제기하였다. 이 제안의 주도권을 쥔 것은 재무대신 비테(Sergei

---

50 『山縣有朋意見書』, 255~264쪽.

Yulyevich Witte)였다. 1901년 1월 7일 주일 러시아공사 이즈볼스키가 열국 공동 보증하에 한국 중립화를 가토 외상에게 제의했다.[51] 이에 대해 원로 이노우에는 당초 한국의 분할안을 고집하고 있었는데, 쓰즈키(都筑)의 생각에 따라 러시아의 제안에 찬동했다.[52] 이토의 생각은 쓰즈키와 약간 달랐다. 한국은 러일 사이의 문제로 억지로 제3국을 끌어들일 필요는 없고 현상유지가 더 낫다는 것이었다.

　가토 외상은 만주와 한국의 동시 중립화 또는 만한교환을 추구했으며 만주의 현상유지를 전제로 한 러시아에 유리한 한국만의 중립화에는 반대였다. 1월 7일 러시아 공사와의 회담 자리에서 가토 외상은 한국의 중립을 논의하기 이전에 러시아의 만주 철수가 먼저라고 말했다. 가토는 1월 12일 자 이토에게 보낸 서한에서 러시아의 제의에 응하는 것은 득책이 아니라고 말했다. 또 17일 진다 스테미(珍田捨巳) 주러 공사에게 전신을 보내 러시아가 만주에서 철수할 때까지 한국중립화 논의는 연기한다는 것을 구두로 러시아 정부에 전달하도록 명했다. 이 회답에 대해 러시아 외상 람즈도르프(Vladimir Nikolaevixh Lamzdorf)는 러시아의 한국중립화 제의는 단지 일본의 의견을 조회한 것에 지나지 않고, 한국중립화는 오히려 일본에게 양보한 것이라고 말했다. 러시아의 한국중립화 계획은 여기에서 일단 중단되었다.

　1901년 3월 15일 개최된 일본 원로회의에서는 한국 문제에 대해서는 현상유지를 하고 기회가 있다면 러시아와 협상한다는 것이 결정되었다. 외교관 측의 만한교환론과 원로들의 현상유지론이 대치했다. 의화단사건

51　『日本外交文書』 34,「韓國ノ永久中立ニ關スル露國ノ提議一件」 참조.
52　모리야마 시게노리 지음, 김세민 옮김, 1994, 『근대한일관계사연구』, 현음사, 175쪽.

이후 러시아가 만주를 침공하자 일본의 한국 지배가 위태롭게 된다고 위기감을 느낀 가토, 고무라, 하야시 곤스케 등 외교관들은 1900년 7월경부터 만한불가분론=만한교환론으로 전환했으나 이토, 야마가타 등 원로와 가쓰라 수상 등은 1901년 4월부터 12월에 걸쳐 점차 만한불가분론=만한교환론으로 이행했다고 보인다.[53]

1903년 12월 말 일본정부는 '대러교섭 결렬 시 일본이 취해야 할 대청한(對淸韓) 방침'을 결정했는데 러일전쟁을 앞두고 일본정부의 대한정책 노선이 확정된 것이라 할 수 있다. 그 내용은 다음과 같다.

"한국에 관해서는 어떠한 경우에도 실력을 통해 일본의 권세 아래에 두어야 함은 물론이지만 가능한 명의(名義)[54]를 바르게 하는 것이 득책이다. 만일 지난날 일청전쟁 때와 같이 공수동맹 또는 다른 보호적 협약을 체결할 수 있다면 가장 좋을 것이다. (중략) 그렇지만 그것이 반드시 성공할지는 기약할 수 없다. 또 그것이 성공하더라도 한국 황제가 시종일관 그 협약을 준수할지는 도저히 기대하기 어려우므로 최후의 성패는 실력 여하에 따를 것임은 말할 필요도 없다. 요건대 한국에 대한 정책은 직접, 간접적으로 군사와 관련된 점이 크므로 군사적인 면을 함께 생각해 제국이 취해야 할 방책을 결정해야 할 것이다."[55]

이제 한반도 중립화는 일본의 대한정책의 선택지에서 사라졌고 실력으로 한국을 장악하는 노선이 굳어졌다. 더 나아가 만한불가분론의 입장에서 한국 문제를 만주 문제와 결부시켜 해결하려고 하였다. 일본이 러시

---

53   千葉功, 1996, 앞의 논문 참조.
54   여기서 말하는 '명의를 바르게 하는 것이 득책'이라 함은 공수동맹조약 또는 보호조약의 체결을 가리키는 것이라 할 수 있다.
55   『日本外交年表竝主要文書』上, 217~219쪽

아에 대한 강경한 정책으로 이행하면서 결국 러일전쟁을 개전하는 방향으로 나아갔다고 할 수 있다.

5) 한국의 전시중립 외교

러일전쟁의 발발이 현실화되는 가운데 평시중립화안이 성공하기 곤란해지고 또 군비충실책도 조기에 실현될 전망이 없자 한국정부는 최후의 수단으로서 전시중립화안을 채용했다. 한국정부의 '전시중립선언'은 1904년 1월 21일 11시발 중국 즈푸(芝罘)에서 외부대신 이지용의 명의로 프랑스어로 각국에 타전되었다. 러·일 간의 평화교섭 결렬 시 한국정부는 엄정중립을 지키겠다는 내용이다. 이것은 이용익의 지휘로 고종 측근의 궁내관들이 프랑스어 교사 마르텔(Martel), 벨기에인 내부고문 델레비유(Delevigue) 등의 협조를 받아 추진되었고, 중립선언문은 주한프랑스 대표 퐁트네가 작성하였다고 한다. 그리고 외부번역관 이건춘을 즈푸 주재 프랑스 영사관에 밀사로 파견해 타전하게 했다.[56]

한국의 중립선언에는 영국정부가 가장 먼저 회답을 보내왔고, 이탈리아, 독일, 프랑스, 덴마크, 청국도 중립 통지를 수령했다는 회신을 보내왔다. 이에 대해 한국의 중립화 추진세력은 중립선언이 성공을 거두었다고 보고, 중립선언으로 한국이 전쟁의 위험에서 벗어날 것으로 판단했다. 고종 역시 영국, 프랑스, 독일, 덴마크 등이 중립선언의 접수를 통보하자 독립불가침을 승인받은 것으로 보았다. 그러나 러시아, 일본, 미국 등 중

---

56 『日本外交文書』 37-1, 311~313쪽; 서영희, 2003, 『대한제국 정치사 연구』, 서울대학교출판부, 181~182쪽 참조.

립화 실현에 핵심적인 국가들은 한국의 중립선언에 무관심하거나 거부하는 입장을 보였다. 일본은 "한국에 대해 직접 당사자이므로 제3국인 영국 등과는 입장이 매우 다르다"며 회답불가 이유를 밝혔다. 이전에 한국의 중립화를 검토한 바 있던 러시아도 분명하게 반대 입장을 보였다. 한국의 실력으로는 도저히 중립을 고수하기 불가능하므로 러시아와 제휴해야 한다고 충고했다.[57] 파블로프 주한 러시아 공사는 일본이 한국 영토를 침범하고 다량의 군수품을 반입한 것을 막지 않고 오히려 이지용 등을 중심으로 한일밀약을 맺으려 한데 대해 항의하고, 만일의 사태에 한국의 실력으로는 도저히 엄정중립을 지키기 어려우므로 차라리 러시아 공사관의 보호를 기대하는 것이 옳다고 주장하며 러시아의 중립 승인을 거부했다.

이러한 상황에서 고종이 영국 등의 회답을 받고 중립선언을 국제사회가 승인한 것으로 받아들인 것은 안이한 판단이라고 할 수 있다. '즈푸선언'은 전시 국외중립 선언이므로 영구적인 것이 아니고 다만 러일전쟁 시 엄정중립을 지킨다는 일시적인 것이었다. 따라서 그간 한국이 추진해 온 열강의 공동 보증 아래 영세중립국화나 러시아가 제의한 바 있는 러시아, 일본, 미국 3국이 공동 보증하는 중립국론과는 차이가 있었다.

한국의 전시중립선언은 실효성이 적었으나 한일 비밀공수동맹을 추진해 온 일본의 가쓰라 내각에는 일시적으로 타격을 주었다. 한국의 중립선언이 이루어진 상태에서 한일동맹조약이 발표되면 일본의 외교적 입장이 난처해질 것은 분명했다. 1월 25일 고무라 외상은 "밀약은 세계에 대해 일본의 지위를 오인시켜 장래의 자유행동을 속박할 위험을 무릅쓰면

---

[57] 『駐韓日本公使館記錄』18, 往電제86호, 1904년 2월 25일, 478쪽. 주러공사 이범진이 중립화 추진에 소극적이었는데 1903년 12월경부터 러시아 측과 한러 동맹조약 체결을 위한 교섭을 진행 중이었기 때문이다.

서까지 체결할 필요와 이익이 없다"라며 밀약을 포기했다. 1월 28일 하야시 주한공사는 "대국(大局)에 대해서는 한국의 태도에 관계없이 (대한 정책을) 속히 결행할 것이다. 한국의 태도는 우리의 실력이 커감에 따라 우리 쪽으로 기울어질 것"이라며 한일동맹의 추진을 촉구했으나 고무라 외상은 '대국에 대한 조치 여하'에 대해서는 함부로 의견을 제출하지 말라고 경고했다.[58] 1903년 9월 말 고무라 외상이 한국군사동맹안을 추진하라고 지시한 이래 약 4개월간의 일본 측 공작은 일단 실패로 돌아갔다.

6) 러일전쟁과 한국 '보호국화'의 실현

1904년 2월 4일 일본정부는 임시 각의 및 어전회의에서 러시아와의 전쟁을 최종결정했고, 2월 6일 자로 러시아에 국교 단절을 통고하는 한편, 2월 8일 여순항의 러시아 함대를 기습 공격함으로써 러일전쟁이 발발했다.

일본군이 인천에 파병되었음을 알리는 주일 공사관의 전보가 2월 6일 도착하자 고종은 동요했다. '전시중립선언'을 했음에도 일본군의 한국 통과를 면할 수 없을 것이지만 다만 대부대가 서울에 주둔하지 않기만을 간절히 희망했다. 일본 측의 견제와 영국 및 미국 공사의 반대로 외국 공사관으로 파천이 여의치 않자, 고종과 측근 세력들은 서울만이라도 중립지대로 보장받는 방안을 러시아 및 프랑스 공사관과 협의했다. 고종이 현상건 등을 보내 러시아 및 프랑스 공사를 설득했으나 이 제의는 거절당했다.[59]

---

58 『日本外交文書』 37-1, 318쪽.
59 『日本外交文書』 37-1, 319쪽. 한철호, 2010.10, 「일제의 국권강점에 관한 대한제국

2월 9일 일본육군 제12사단이 남대문 정거장에 도착하여 속속 서울로 입경하는 분위기 속에서[60] 하야시 공사는 고종을 알현해 러시아와 일본이 국교 단절에 이르게 된 경위를 설명하고, 다시 한일동맹의 필요성을 주장하면서 동맹조약 체결에 관한 교섭을 재개하였다.

　반면 2월 10일 러일 양국이 정식으로 선전포고하고 전쟁을 시작하자 파블로프 주한 러시아 공사는 즉각 한국에서 철수를 결정하였다. 프랑스 공사에게 사무를 위임하고, 2월 12일 인천으로 가서 프랑스 군함을 타고, 16일 중국 즈푸로 이동했다. 일본 측은 한일 공수동맹이 성립되면 러시아 공사의 체류는 군사 행동상 방해가 된다는 이유로 철수를 요구할 생각이었으나 파블로프는 일본 측의 요구가 있기도 전에 평화적 철수 보장을 요구하며 스스로 철수해 버렸다.[61]

　러시아 공사마저 철수하자 일본 측은 더욱 강하게 고종을 협박하기 시작했다. 2월 11일 가토 마스오(加藤增雄) 고문과 오미와 조베(大三輪長兵衛) 등이 고종을 알현해 황제를 설득했다. 한국의 중립선언으로 러일 양국군이 한국에 들어오는 것을 예방할 수 있다고 믿지 말라는 충고와 함께 '전시중립선언'에 대한 각국의 회답은 실제 사태가 되면 아무런 국제적 효력이 없으므로 속히 중립을 철회하라고 요구했다. 고종의 측근에 있던 이용익이 중립론을 옹호하며 개입하려고 하자, 오미와는 자신도 수년 전 중립론을 제창한 적이 있으나 그것은 지금과 같은 일시적인 것이 아니

　　집권세력의 대응과 그 한계」, 『역사와 교육』 11집 참조.
60　일본정부가 개전과 거의 동시에 서둘러 서울을 군사점령했던 것은 고종이 외국공사관에 파천한 다음 일본의 출병을 불법으로 선언할지도 모를 사태를 미연에 방지하려는 정치적 의도가 있었다. (古屋哲夫, 1966, 『日露戰爭』, 中央公論社, 84쪽)
61　『日本外交文書』 37-1, 456~459쪽.

었다면서 이용익을 논박하며 한일동맹조약 체결의 필요성을 다시 강조하였다.[62]

러일전쟁이 전개되는 상황 속에서 고종은 2월 13일 자로 외부대신 이지용을 일본 공사관에 보내 공식적으로 한일동맹조약 교섭을 재개하였다. 이지용은 1903년 11월 말 하야시 공사가 처음으로 한국에 제출한 안을 가져왔다. 이 안은 재일망명자 처리 문제를 위주로 하고 한일 간 군사동맹의 성격은 매우 미약한 것이었다. 그러나 하야시는 2월 13일 자로 기초된 새로운 수정안을 제시했다. 제1조에 일본의 조언에 의한 대한제국의 시정개선 조항, 제4조에 제3국의 침해 혹은 내란에 의한 혼란이 있을 때 일본이 임기 필요한 조치를 취할 수 있다는 문구 등이 추가되어 군사동맹적 성격이 크게 강화되었다. 2월 17일 고종은 오미와를 불러 회견하는 자리에서 일본군이 서울을 점령하고 있는 현실 상황 속에서 어쩔 수 없이 중립화 정책을 포기하고 최대한 유리하게 일본 측과 동맹안 체결을 결심한 것으로 보인다. 일본정부는 고종과 한국정부에 뇌물 공세를 펼치며 적극적으로 일본 측 안을 압박했다. 결국 2월 23일 외부대신 이지용과 일본 공사 하야시의 명의로 한일의정서가 조인되었다.

6개 조항으로 이루어진 한일의정서는 한국에 대한 일제의 보호국화 의도가 명백히 표현되었다. 특히 제1조에는 "대한제국 정부는 대일본제국 정부를 확신하고 시정개선에 관한 충고를 받아들인다"라는 애매한 표현으로 이후 한국에 외교, 재정고문을 비롯해 수많은 고문관, 교관, 참여관 등을 파견해 내정을 장악하며 자신들의 이권을 적극적으로 확장시켜

62　『日本外交文書』37-1, 320쪽; 大三輪長兵衛, 1971,「渡韓始末錄」,『朝鮮學報』61, 183쪽.

나가는 근거가 되었다. 또 제4조에 "제3국의 침해나 내란에 의해 대한제국 황실의 안녕과 영토 보전에 위험이 있을 경우 일본정부는 조속한 조치를 위해 군략상 필요한 지점을 임의로 수용할 수 있다"라는 내용을 삽입해 군사적 강점의 길을 열었다. 또한 제5조에 "대한제국 정부와 대일본제국 정부는 상호 승인을 거치지 않고는 앞으로 본 협정의 취지에 위반하는 협약을 제3국과 맺을 수 없다"라고 명기함으로써 대한제국이 다른 열강에 접근하는 것을 견제하고 한일 간 군사동맹 상태를 강제하였다. 한일의정서 체결 직후 3월 17일 이토 히로부미가 위문사절로 방한했고, 5월 30일에는 한국을 실질적으로 보호국화하려는 내용의 「대한방침」과 「대한시설강령」이 일본 내각에서 결정되었다. 즉 군대의 주둔, 외교권의 장악, 재정의 감독, 교통기관과 통신기관의 장악 등 다양한 특권을 획득하고 한국의 보호국화를 실현하려고 했다.[63]

이후 일본은 의정서 제1조의 취지를 실행한다는 명목으로 1904년 8월 22일 대한제국 정부에 재정, 외교고문을 용빙시키는 협약을 체결하였다. 이 협약은 한국정부가 외국과의 조약 체결이나 그 밖의 중요 외교 안건, 즉 외국인에 대한 특권 양여 혹은 계약 등의 처리에 관해서 미리 일본정부와 협의해야 한다고 명시함으로써 사실상 한국의 독자적인 외교권 수행을 제한하였다. 이듬해인 1905년에는 '보호권 확립'(4월 8일)을 각의에서 결정하였고, '보호권확립실행'(1905년 10월)을 각의 결정하는 한편,[64] 점차적으로 한국의 보호국화에 대한 열강의 승인을 얻었다. 이러한 준비 작업을 마치고 일본정부는 이른바 '을사조약'을 체결해 한국의 외교권을

---

63 外務省 編, 1965, 『日本外交年表竝主要文書』上, 原書房, 224~228쪽.
64 外務省 編, 1965, 위의 책, 233~234쪽.

빼앗고 통감부를 설치했다. 청일전쟁 시기 일본정부가 한때 기도했다가 좌절된 한국 보호국화가 이때 실현된 것이다.[65] 1905년 11월 일본정부의 최고지도자 이토 히로부미가 직접 한국으로 건너와 강압적으로 체결한 '을사조약'은 러일전쟁의 결과에 따른 한국의 외교권 박탈을 공식화한 것일 뿐 의정서의 체결로 이미 한국의 보호국화는 사실상 시작되었다.

19세기 후반 제국주의적 침략이 거세지는 상황 속에서 한국의 '독립'을 둘러싸고 '중립화' 논의가 한국정부는 물론 일본과 러시아 등에서 다양하게 전개되었다. '강화도조약' 이후 한반도에 진출하려 한 일본의 시도가 임오군란, 갑신정변을 거치면서 청국의 조선 '속방화' 정책에 가로막히자, 한반도 '중립화'론 또는 조선영세중립화론을 제기하면서 청국의 조선에 대한 영향력을 제거하려고 하였다. 같은 시기 한국에서도 중립화론이 제기되었지만 청국이 조선에 대한 지배권을 강화하고 서양 열강의 관심이 부족한 상황에서 한반도 중립화는 실현되기 어려웠다.

청일전쟁의 결과 조선에 대한 청국의 지배력은 급속히 약화되었고 승리한 일본은 조선 '보호국화'를 추진함으로써 '중립화' 논의는 일시적으로 사라졌다. 그러나 '삼국간섭'과 '아관파천' 등으로 조선에 대한 러시아의 영향력이 강화되고 일본의 세력이 후퇴함에 따라 한반도 중립화 논의가 다시 일어나게 된다. 한국정부는 열강과의 관계 강화를 통해 독립을 유지하려고, 미국, 러시아, 일본, 프랑스, 영국 등을 대상으로 적극적인 중립 외교를 전개했으나 실질적 성과를 올리지는 못했다. 한반도를 지배하려는 의도를 갖고 있던 러시아와 일본은 한국정부의 요청에 적극적으로

---

65 이러한 과정에 대해서는 방광석, 「메이지정부의 한국 지배정책과 이토 히로부미」, 이성환·이토 유키오 편저, 2009, 『한국과 이토 히로부미』, 선인 참조.

반대를 표명했고, 미국, 프랑스 등 서양 열강은 불간섭주의를 내걸며 관망의 자세를 취했기 때문이다. 러일전쟁이 현실화되자 고종은 최후의 수단으로 전시중립선언을 하였으나 일본군이 한반도에 진주하는 상황 속에서 실효성이 없었다.

3. 국권주의자의 조선 인식 – 현양사와 '조선낭인'을 중심으로

19세기 말 이후 일본의 조선 침략은 정부의 정책으로 추진되었으나 그 배후에서는 언론과 민간단체의 지지와 관여가 작용하였다. 특히 국권주의, 아시아주의를 내세우는 많은 우익 단체들은 적극적으로 자신들의 주장을 정책에 반영시키고자 하였다. 이하에서는 일본정부 지도자들의 조선 정책과 연동하는 민간의 한국 침략론을 현양사 및 '조선낭인'을 중심으로 살펴보고자 한다.

현양사(玄洋社)는 근대 일본의 대표적인 초국가주의 단체, 아시아주의 단체, 또는 우익의 원류로 일컬어져 왔다. 제2차 세계대전 이전 군부와 관료, 재벌의 가교역할을 하며 또한 테러, 협박, 암살을 불사하는 폭력기관으로서 정계 뒤에서 막강한 세력을 자랑하며 청일전쟁, 러일전쟁, 제1차 세계대전, 제2차 세계대전 등 일본이 관여한 수많은 전쟁에서 자금수집과 뒷공작에 관여해 온 것으로 알려져 있다. 또한 아시아주의라는 이름 아래 중국의 쑨원(孫文)과 조선의 김옥균(金玉均)을 비롯해 당시 구미 열강의 식민지 상태에 있던 이슬람 지도자 등 아시아 각국의 독립운동가를 지원하기도 했다.[66]

---

66 현양사에 관해서는 다음과 같은 기존 연구가 참고가 된다. 玄洋社社史編纂會 編, 1917, 『玄洋社社史』, 同編纂會; 馬原鉄男, 1956.5, 「自由民權運動に於ける玄洋社の歷史的評價」, 『日本史研究』 28; 黑龍會編, 1966(복각판), 『東亞先覺志士記傳』 上,中,下, 原書房; 木村時夫, 1974.7, 「玄洋社の成立に關する一研究-日本におけるナショナリズムの研究序說」, 『社會科學討究(早稲田大學アジア太平洋研究センター)』 9(2); 西尾陽太郎, 1969.3, 「玄洋社の成立について」, 『九州文化史研究所紀要』 14; 西尾陽太

현양사 사원은 정부 관리의 하수인 역할을 하거나 유력 정치가에게 힘을 빌려 주었다. 대중의 불안을 선동하거나 진압해 선거 입후보자나 유권자를 위협하거나 반체제적인 노동자를 탄압했다. 탄광업이나 제조업의 경영자는 현양사와 그 관련 조직을 파업 진압에 동원했고 선거 공작에도 활용했다. 제2차 세계대전 직후에는 초국가주의 단체로 지목되어 연합국 총사령부(GHQ)에 의해 해산되었다.

그러나 그 근원을 거슬러 올라가면 현양사는 초국가주의와는 대비되는 자유민권운동 정치결사로서 1870년대에 결성되었다. 번벌정부에 반대하는 민권운동에 적극적으로 참가하다 1880년대 말 전국의 많은 정치결사들이 의회정당으로 재편되어 가는 가운데 국권주의 단체로 그 성격을 전환하여 패전 때까지 결사의 형태를 유지했던 것이다.

현양사의 또 다른 특색은 규슈(九州)의 후쿠오카(福岡)에 근거를 계속 두었다는 것이다. 현양사 회원은 후쿠오카 가운데에서도 지쿠젠(筑前), 그 중에서도 구 후쿠오카번 영역 출신자에 한정되었고, 더구나 사족(士族) 출신자가 대부분이었다. 정치적인 영향력을 키우기 위해 대중을 조직하거나 전국에 지부를 두거나 하지 않았다. 따라서 정확히 말하면 '후쿠오카

郞,1970.4,「玄洋社の大陸政策」,『歷史敎育』18(4); 한상일, 1980,『일본제국주의의 한 연구: 대륙낭인과 대륙팽창』, 까치, (개정판 2002,『아시아 연대와 일본제국주의』, 오름); 조항래, 1993,「일본 국수주의단체 玄洋社의 한국 침략행적」『한일관계사연구』1, (『韓末 日帝의 韓國侵略史硏究』, 아세아문화사, 2006에 재수록); 石瀧豊美, 1997,『玄洋社発: もうひとつの自由民權 增補版』, 西日本新聞社; 강창일, 2002,『근대 일본의 조선 침략과 대아시아주의』, 역사비평사; 蔡洙道, 2002.4,「黒龍會の成立: 玄洋社と大陸浪人の活動を中心に」,『法學新報(中央大學法學會)』109(1/2); 大山正治, 2003.8,「右翼運動の原点と「玄洋社」」,『治安フォーラム』9(8); 永本義弘, 2004,「「玄洋社國權論」への一考察-政治資金源の獲得と明治大陸政策の先兵として」,『九州榮養福祉大學硏究紀要』1.

현양사'라고 할 수 있다.

한편 1890년대에 접어들면 동학농민운동 시기의 '천우협(天佑俠)'과 '명성황후시해사건'을 계기로 '조선낭인'들이 등장하기 시작한다. 1890년대는 자유민권운동도 종식을 고하고 인적 수급 체계가 정비되어 인정 궤도에 올랐기 때문에 청년들로서는 정상 코스를 통해야만 군인 혹은 관료가 될 수 있었다. 정상 코스를 밟지 않은 자들에게는 인적 수급 체계가 폐쇄적이고 경직되어 있었으므로, 이것이 당시 메이지 청년들을 조선을 비롯한 대륙으로 유출시키는 사회적, 정치적인 배경이 되었다. '조선낭인'들은 실제 한반도에 활동하면서 아시아 및 조선에 대한 인식을 구체화하여 갔다.

이 절에서는 초창기부터 현양사를 장악하고 이끌었던 도야마 미쓰루(頭山滿)에게 초점을 맞춰 현양사의 성립과정과 민권/국권단체로서의 활동, 아시아와의 관련 등을 검토한 뒤 1890년대 '조선낭인'들의 아시아 및 조선 인식을 살펴보고자 한다.

1) 현양사의 성립과 활동[67]

(1) 현양사의 성립

일본에서 국권주의 단체의 원류로 평가받은 현양사의 성립과 활동을 그 지도자인 도야마 미쓰루(1855~1944)를 중심으로 살펴보겠다. 도야마는 1855년 4월 12일 후쿠오카성 니시신정[西新町: 현재 후쿠오카시 사와라

---

67 방광석, 「현양사와 도야마 미쓰루」, 박훈 외, 2008, 『일본 우익의 어제와 오늘』, 동북아역사재단 참조.

구(早良區) 니시신(西新)]에서 구로다번(黒田藩)의 우마마와리역(馬廻役)이 었던 아버지 쓰쓰이 가메사쿠(筒井亀策)와 어머니 이소코(イソ子)의 3남으로 태어났다. 어릴 적 이름은 쓰쓰이 오토지로(筒井乙次郎)였다. 뒤에 어머니의 친정 집안인 도야마가(頭山家)의 대를 잇기 위해 양자가 되었다. 도야마가는 18석(石)의 하급무사였다. 도야마는 21세 때인 1876년 후쿠오카 불평사족의 결사인 교지샤(矯志社)의 반정부 봉기에 가담해 체포되면서 현실 문제에 뛰어들게 되었다.[68]

사이고 다카모리(西郷隆盛) 등 가고시마(鹿兒島) 사족이 정부에 반기를 든 세이난(西南)전쟁이 발발한 한 달 뒤인 1877년 3월 후쿠오카에서는 다케베 고시로(武部小四郎, 당시 31세)와 오치 히코시로(越知彦四郎, 당시 27세)를 지도자로 하는 후쿠오카 사족이 사이고 군에 호응하여 거병하는 사건이 일어났다. 그러나 후쿠오카성의 탈취에는 실패하고 패주했다. 다케베 등 중심인물은 막말기에 처단된 지쿠젠 근왕당 지사의 고아들이었다. 이 '후쿠오카의 변(變)'에서 전사자는 54명 그리고 뒤에 사형자 5명, 옥사자 43명, 징역형 422명 등이 처벌을 받았는데, 이들 대부분이 20세 전후의 젊은이였다.

'후쿠오카의 변' 당시, 뒤에 현양사를 창립하는 도야마, 하코다 로쿠스케(箱田六輔), 신도 기헤이타(進藤喜平太)는 그 전해에 일어난 '하기(萩)의 난'에 연좌되어 옥중에 있었다.

---

[68] 도야마 미쓰루에 관해서는 다음과 같은 참고문헌이 있다. 井川聡, 2003,『人ありて: 頭山満と玄洋社』, 海鳥社; 讀賣新聞社, 2001,『頭山満と玄洋社: 大アジア燃ゆるまなざし』, 海鳥社; 泉賢司, 2005.3,「玄洋社と頭山満」,『國士舘大學武德紀要』21; 頭山満, 2007,『頭山満直話集』, 頭山満直話集; 葦津珍彦, 2007,『大アジア主義と頭山満』, 葦津事務所.

'하기의 난'은 요시다 쇼인의 문하생인 마에바라 잇세이(前原一誠)가 이끌었다. 그는 메이지 신정부의 참의(參議)였으나 동향의 기도 다카요시(木戶孝允) 등 요인의 생각에 의문을 품고 고향으로 돌아가 하기 사족의 수령이 되었다. 기도, 오쿠보 도시미치(大久保利通) 등이 이끄는 신정부와 '정한론쟁'(1873)으로 하야한 사이고 다카모리, 이타가키 다이스케(板垣退助) 등 재야 세력의 대립이 심화되고 있던 1876년, 당시 21세였던 도야마는 동지인 하코다, 신도 등과 함께 자주 하기를 방문해 마에바라를 만났다고 한다. 『현양사사사(玄洋社社史)』는 "하코다, 도야마, 신도는 조슈(長州)의 풍운이 심상치 않은 것을 보고 바다를 건너 하기의 마에바라를 방문했다. 마에바라는 후쿠오카 지사의 내방을 매우 기뻐하며 함께 거사하기로 약속했다"라고 적고 있다.[69]

1876년 10월 28일 마에바라가 궐기했다. '하기의 난'이다. 그러나 11월 6일에 체포되고 반란은 진압되었다. 7일 후쿠오카에서는 마에바라와 내통했다고 해 하코다가 체포되었다. 8일에는 경찰에 항의 차 방문한 도야마가 그대로 구속되고 신도도 붙잡혔다. 후쿠오카 현령은 구출 움직임을 피해 다음해 2월 도야마 등을 하기로 이송했다. 마에바라는 체포 1개월 뒤 감옥에서 참수되었고, 도야마 등에 대한 취조도 매우 가혹했다고 한다.

그때 감옥 밖에서는 커다란 소용돌이가 일고 있었다. 세이난전쟁과 그에 호응한 '후쿠오카의 변', 이 '대사건'들은 도야마 등이 옥중에 있을 때 일어났다. 만일 그들이 붙잡히지 않았다면 필시 후쿠오카의 변에 가담했을 것이다. 사이고가 가고시마에서 자살하고, 세이난전쟁이 종결된 1877년

---

[69] 玄洋社社史編纂會 編, 1977, 『玄洋社社史』, 近代史料出版會.

9월 24일 도야마 등은 석방되었다. 그때 도야마의 나이는 22세였다.

도야마와 현양사를 이야기할 때 반드시 등장하는 2명의 여성이 있다. 그중 1명은 노무라 보토니(野村望東尼)이다. 보토니는 1806년 후쿠오카 번사의 3녀로 태어났다. 와카(和歌)를 배우고, 현재 후쿠오카시 주오구(中央區) 히라오(平尾)에 있는 산장에서 살았다. 남편의 사망 후 출가했다. 근왕(勤王)의 뜻을 품게 된 것은 후쿠오카 근왕 지사의 선구였던 히라노 구니오미(平野國臣)와 와카를 매개로 친교를 나누고 도막(倒幕)을 위해 분주하던 지사들을 비호하게 되면서이다. 마침내 히라오의 산장은 조슈번의 기병대(奇兵隊) 창립자인 다카스기 신사쿠(高杉晋作), 사쓰마번(薩摩藩)의 사이고 다카모리 등 지사들의 비밀 집회소가 되어 갔다.

막말의 한 시기 후쿠오카는 도막운동의 중심지였다. 그러나 1865년 구로다번의 근왕파는 좌막파(佐幕派)의 반격으로 일망타진의 탄압을 받는다. 근왕파 지도자인 가로(家老) 가토 시쇼(加藤司書) 이하 7명이 할복, 14명이 참수, 16명이 유배되었고, 보토니도 히메지마(姬島)로 유배되었다. '잇추(乙丑)의 옥(獄)'이라고 불리는 이 좌막파의 쿠데타에서 구로다번의 근왕파 1세대는 사실상 붕괴했다. 그리고 이 사건이 일어난 지 12년 뒤인 1877년 '잇추의 옥'에서 처단된 지사들의 고아를 중심으로 한 청년 사족 그룹이 일으킨 '후쿠오카의 변'이 실패함으로써 2대 연속 비운에 사라졌다.

도야마 등 현양사 결성 멤버는 '잇추의 옥'을 십대 때 목격했다. 히메지마까지 보토니의 호송 임무를 맡은 10명 가운데 당시 15세였던 하코다 로쿠스케도 있었다. 유배당한 이듬해 9월 보토니는 다카스기 신사쿠의 계략으로 기병대의 손에 구출된다. 그 뒤 조슈에 머물며 지사들에 대한 후원을 계속하지만 약 1년 뒤인 1867년 세상을 떠났다.

또 1명의 여성은 다카바 오사무(高場亂)이다. 그가 메이지 초기 문을 연 '고시주쿠(興志塾)'은 현양사의 주요 인물을 키워 낸 사숙(私塾)이다. 주변은 고려인삼 재배지여서 보통 '인삼밭학교'라고 불렸다. 후쿠오카 안과 의사의 딸로 태어난 다카바는 집안의 후계자로 교육을 받았다. 양명학을 배운 뒤 1871년경 인삼밭에 학교를 열어 구로다번의 자제들을 모아 강의를 했다. 학생 가운데는 후쿠오카의 변에서 처형된 다케베 고시로와 나중에 현양사에 결집하는 도야마, 신도, 히라오카 고타로(平岡浩太郎), 나라하라 이타루(奈良原到), 구루시마 쓰네키(來島恒喜) 등이 있었다. 후쿠오카시의 현양사기념관에는 남장을 하고 소 등 위에 옆으로 앉아 있는 다카바의 초상화가 소장되어 있다. 어려서부터 남자아이 취급을 받고 자라 번청(藩廳)으로부터도 대도(帶刀)를 허락받았다고 한다.

도야마와 다카바의 만남은 1871년 도야마가 16세 무렵이다(1874년이라는 설도 있다). 다카바는 호쾌한 성격으로 지엽적인 것에 구애받지 않고 핵심만을 이야기하며 자유방임형 교육을 했다고 한다.

세이난전쟁이 끝난 1877년 9월 도야마 등은 석방되어 후쿠오카로 돌아왔다. 이제 무력을 통해 정부에 대항하는 것은 더 이상 불가능했다. 도야마 등은 하카타만(博多灣)에 '개간사(開墾社)'를 세우고 그곳의 소나무 벌채권을 얻어 경제적 자립을 꾀하면서 새로운 진로를 모색하기 시작했다.

그러던 중 1878년 5월 14일 정부의 지도자 오쿠보 도시미치가 암살되었다는 소식을 접한 도야마는 즉각 고치(高知)에 있는 이타가키 다이스케를 만나기 위해 시고쿠(四國)로 건너갔다. 이타가키의 궐기를 기대하고 있던 도야마는 '무력보다는 언론'이라는 이타가키의 말에 낙심했지만, 이 방문은 도야마와 '자유민권운동'과의 만남이라는 측면에서 하나의 큰 분기점이 되었다. 당시 40세였던 이타가키는 열여덟 살 연하인 도야마에게 중앙 정국의 움직임을 들려주고 무력봉기보다는 입헌정치의 실현이 무엇보다 중요하다고 말했다. 『자유당사』에는 "도사에 찾아오는 지사들이 많다"라며 이타가키가 그들의 솟구치는 혈기를 쓰다듬고 민권의 길로 이끌었다고 적혀 있다. 도야마는 수개월 동안 고치에 머물렀다.

도야마는 그 사이 입지사(立志社)의 연설회에 참석하여 처음으로 대중 앞에서 연설을 체험했다. 나아가 후쿠이(福井)의 스기타 데이이치(杉田定一), 후쿠시마(福島)의 고노 히로나카(河野廣中) 등 고치를 찾아온 전국의 민권가들과 친교를 맺고 인맥을 넓혀 가는 계기를 마련했다. 그리고 현양사 결성에 큰 영향을 미친 우에키 에모리(植木枝盛)를 알게 되었다. 우에키는 고치 출신으로 당시 자유민권운동의 대표적인 논객이었다.

1878년 9월 오사카에서 입지사 주도로 애국사재흥(再興)대회가 열렸다. 애국사는 3년 전 이타가키 등에 의해 전국 규모의 정당 결성을 노리고 결성되었지만, 그 뒤 자연소멸 상태에 있었다. 고치에 체재하고 있던 도야마는 그대로 오사카로 향해 대회에 참가했다. 후쿠오카로부터 신도 기헤이타 등도 달려왔다. 대회에서 각지에 민권결사 설립을 서두르자고 결정함에 따라 후쿠오카로 돌아온 도야마 등은 그해 가을 현양사의 전신인 향양사(向陽社)를 결성한다.

입지사를 모범으로 만들어진 향양사는 교육기관인 향양의숙(向陽義塾) 등을 병설했다. 도야마는 우에키를 초빙해 이론 면에서 지도를 받으려 하였다. 민권운동이 본격화되는 시기에 입지사에서 중요한 위치에 있던 우에키가 왜 후쿠오카에 갔는지는 의문이 들지만, 도야마는 향양사의 사장 하코다와 상의하지 않고 독단적으로 우에키를 초빙했다. 1879년 1월 후쿠오카에 도착한 우에키는 5일 향양의숙 개교식에 참석했고, 약 2개월 동안 후쿠오카에 머물렀다. 그러나 그 사이 자신의 대표 저작인 『민권자유론』을 완성했다.

향양사가 현양사로 명칭을 바꾼 것은 1879년 말로 도야마가 가고시마로 사이고 다카모리의 묘를 찾았을 무렵이다. 초대 사장에는 히라오카 고타로가 취임했다. 현양사의 탄생에 직접적인 영향을 준 것은 고치의 자유민권운동과의 만남이었다. 현양사는 이른바 민권결사로서 출발했던 것이다. 마에바라 잇세이나 사이고 등에 호응하여 무력봉기했으나 실패한 후쿠오카의 청년 사족은 '자유민권'이라는 새로운 깃발을 내걸고 재출발하게 되었다. 주목해야 할 것은 현양사로 결집한 사람들은 거의 예외 없이 사이고에게 숭모의 마음을 갖고 있다는 점이다. 여기에 입지사 등 다른 민권단체와 큰 차이가 있다. 그들의 가슴 속에는 사이고의 유지를 이어 "유신을 다시 일으키겠다"라는 강한 신념이 있었다. 메이지유신 과정에 참여하지 못한 후쿠오카 사족의 굴절된 생각이 투영되었을지도 모른다. 지위와 명예에 집착하지 않고 경우에 따라서는 목숨을 걸고 신념을 관철시키는 그러한 사이고상(像)은 현양사 사람들에게 스스로의 행동을 규율하는 규범으로 자리 잡았다.

(2) 민권운동과 현양사

1879년 11월 오사카에서 개최된 애국사 제3회 대회는 국회개설 청원이 의제였는데, 당시 현양사의 전신인 향양사의 사장이었던 히라오카가 간사로서 대회를 주도했다. 이 자리에서 히라오카는 국회개설 요구를 성공시키기 위해서는 애국사에 연연하지 말고 널리 국민에게 호소해야 할 것이라고 주장해 참석자 다수의 찬성을 받았다. 이것은 다음 해 3월 국회기성동맹의 결성으로 이어졌는데, 동시에 자유민권운동 속에서 현양사가 각광받은 계기가 되었다.

애국사 대회가 열린 1개월 뒤인 1879년 12월 향양사는 현양사로 개칭했다. 그리고 다음 해 5월 후쿠오카 현경에 현양사로서 결사설치신고서를 제출했다. 제출 서류의 첨부자료를 보면 신청 시의 사원은 61명, 도야마, 히라오카, 하코다, 신도 등 간부급은 모두 20대였다.

1879년 11월 6일 후쿠오카시 하카타구(博多區)에 있는 쇼후쿠지(聖福寺)에 향양사 등 민권결사 사원과 유지 등 약 800명이 모였다. 집회는 이틀 동안에 걸쳐 열렸으며, 국회개설과 불평등조약 개정을 원로원에 건의하기로 합의했다. 이로부터 1개월 뒤인 12월 이 모임은 '지쿠젠 공애공중회(共愛公衆會) - 약칭 공애회(共愛會)'로 조직화되었다.

공애회는 후쿠오카 민권운동의 단결력을 보여주었을 뿐만 아니라 현재의 후쿠오카시와 그 주변 지역, 지쿠호(筑豊)의 일부 등 구 지쿠젠국 일대를 망라한 규모와 운영방식으로도 선구적인 특색을 갖고 있었다. 공애회는 17개 군구(郡區)에서 3~5명씩 공선된 위원으로 구성된, 이른바 민설 '의회'였다. 절 등을 회의장으로 삼았고, 의장석 옆에는 답변석을 설치했으며, 방청인도 많았다고 한다. 이러한 공애회 설립은 통제를 강화하는 정부에 대한 도전으로 받아들여졌다.

공애회의 조직화와 운영은 현양사 사람들이 담당했다. 가장 깊이 관여한 사람은 하코다 로쿠스케로 국회개설, 조약 개정의 건언 의원과 회장을 맡았고, 하부조직의 핵심에도 현양사원이 있었다.

규슈의 자유민권운동은 후쿠오카, 구마모토를 축으로 전개되었다. 1881년경 시점에 정치결사는 후쿠오카의 10개를 최고로, 규슈와 야마구치에 모두 27개가 있었다. 공애회도 1881년 9월까지 9번 집회를 열고, 2종류의 헌법초안을 작성했다. 민권운동이 비등해 정부를 위협했다. 1880년 1월에는 전국에서 최초로 공애회가 국회개설과 불평등조약개정 건백서(建白書)를 원로원에 제출했는데, 이 행동을 주도한 것도 현양사 사원이었다.

1881년 10월 12일 정세를 급변시킨 정변이 일어났다. 이토 히로부미를 중심으로 한 정부 수뇌는 오쿠마 시게노부(大隈重信)를 파면하고, 동시에 9년 뒤인 1890년에 국회를 개설한다는 조칙을 공포하였다. 이것은 언뜻, 재야 민권운동 진영의 승리처럼 보였다. 그러나 정부 측에게 국회개설의 선수를 빼앗겨 목표를 상실한 민권운동은 혼란을 겪는다. 이 1881년 정변의 뒤에는 정부 내에서 오쿠마와 주도권 다툼을 벌이고 있던 이토 히로부미의 교묘한 정략이 있었다. 이토의 의도는 오쿠마를 추방하는 한편, 국회개설 요구를 반정부 활동의 무기로 삼아온 재야 민권파의 칼날을 피하는 것이었다.

현양사가 주도해 조직한 공애회 활동은 1881년 정변 직후부터 활동을 정지했다. 한편 중앙에서는 이타가키 다이스케를 중심으로 한 자유당, 하야한 오쿠마를 중심으로 한 입헌개진당이라는 2개의 정당이 생겨났다. 나아가 현양사는 규슈개진당의 결성을 둘러싼 정치결사의 이합집산 과정에서 복잡한 움직임을 보인다. 당시 후쿠오카와 함께 규슈의 민권운동의 중심축을 이루고 있던 구마모토와 관련이 있다.

구마모토에는 민권결사의 중심이었던 '상애사(相愛社)'가 존재하고, 정변 직전인 81년 9월 세이난전쟁에서 사이고군에 가담했던 삿사 도모후사(佐佐友房)를 중심으로 '자명회(紫溟會)'가 결성되어 상애사와 대립하고 있었다. 규슈개진당의 결성대회는 이러한 상황 아래 1882년 3월에 개최되었다. 상애사의 발의에 응해 후쿠오카, 사가(佐賀), 오이타(大分), 가고시마로부터 민권결사의 대표적 인물 140명이 구마모토에 모였다. 현양사로부터는 사장인 하코다와 도야마가 참석했는데, 결국 현양사는 가맹을 보류했다. 상애사와의 관계와 삿사와의 교류를 양립시키려는 도야마와 상애사와 대립하는 자명회에 위화감을 갖고 있는 사원 사이에 미묘한 갈등이 싹트고 있었다.

규슈개진당 가맹을 거절하고 독자적인 길을 선택한 현양사는 히라오카가 마련한 개간장에서 양잠 작업을 했다. 오전 중에는 밭에서 땀을 흘리고, 오후부터는 산장에서 면학했다고 한다. 개간이나 양잠은 재정이 궁핍한 상황을 벗어나기 위해서였다고도 한다.

여기서 도야마와 함께 초기 현양사를 이끈 주요 지도자에 관해 살펴보자. 개성적인 인물들이 모인 현양사 가운데서도 선견적인 발상으로 특히 이채를 띠는 존재는 히라오카 고타로였다. 히라오카는 1851년 후쿠오카 번사의 차남으로 태어났다. 현양사의 다른 지도자들이 메이지 초기 '하기의 난'에 연좌되어 투옥되었지만 히라오카는 세이난전쟁에서 살아남았다. 히라오카는 1868년 번병(藩兵)으로 관군 측에 가담하여 보신(戊辰)전쟁에 참가하였고, 그때 사이고 다카모리와 만났다. 1877년 '후쿠오카의 변'에 참가한 히라오카는 후쿠오카에서 봉기가 실패한 뒤 사이고 군에 합류했으나 정부군에 체포되어 미야자키(宮崎)의 감옥에 투옥되었다. 이후 나가사키, 도쿄로 이송되었다. 1881년 이후 "번벌정부와 싸우기 위해서는 군자금이 필요하다"며 사업경영에 나섰다. 간장과 설탕의 거래, 혹은 구리광산 경영 등에 손을 댔으나 실패의 연속이었다. 그러다 1889년 후쿠오카 지쿠호(筑豊)에서 탄광경영에 성공해 큰돈을 벌었다. '탄광왕'으로 올라선 히라오카는 1894년 중의원 의원으로서 정치의 표면에 등장했다. 물론 현양사의 동료들과는 계속 연결되었다. 히라오카가 쌓은 재력은 현양사 활동의 주요 재원이 됐음은 물론, 향토의 후배들에 대한 면학 원조 그리고 중국의 쑨원 등 일본에 망명한 아시아의 혁명가, 독립운동가의 지원에도 쓰였다.

신도 기헤이타는 1850년생으로 도야마에 비해 5년 연상이다. 현양사가 창립된 이듬해인 1880년, 사원 61명으로 설치신고서를 제출한 현양사는 2년 뒤에는 은사인 다카바 등을 추가해 164명의 큰 조직이 되었다. 도야마나 하코다, 히라오카 등이 밖으로 나가 활동한데 반해, 신도는 후쿠오카에 눌러앉아 후배 육성에 전념했다.

　하코다 로쿠스케는 '하기의 난'에 연좌되어 도야마, 신도와 함께 투옥되었다. 무거운 처벌을 받아 도야마 등 보다 약 1년 늦은 1878년에 출옥했다. 곧바로 신도가 향양사 결성에 참가할 것을 권했으나 거절했다. 그러자 도야마가 설득에 나서, 결국 향양사의 사장에 취임, 초창기 현양사를 지도하게 되었다. 하코다는 구로다번의 하급무사 집안에서 태어나 후쿠오카의 유명한 자산가인 하코다 집안의 양자가 되었다. 통이 크고 사람을 모아 조직화하는 능력이 탁월했다. 1879년 3월 하코다는 오사카에서 열린 애국사 제2회 대회에 참석했다. 그해 민권가의 랭킹을 정한 '메이지민권가합경(明治民權家合鏡)'이 유포됐는데, 최상위인 오제키(大關)에는 이타가키, 바로 밑의 세키와케(關脇)에는 하코다의 이름이 올랐다.

　하코다의 수완이 빛난 것은 후쿠오카 민권결사와 유지를 규합한 공애회의 설립이었다. 사족 중심의 결사뿐만 아니라 농민이나 어민들을 규합하는 '접착제' 역할을 한 것이 하코다였다. 1880년 공애회가 전국에서 처음으로 원로원에 국회개설건백서를 낼 때는 대표로서 상경했다. 현양사가 결성된 직후인 1880년 4월 정부는 결사 상호 간의 연계 등을 금지한 집회조례를 제정하여 민권운동에 대한 단속을 강화했다. 감시의 강화에 의해 민권운동이 쇠퇴해 가는 가운데 동지 61명으로 출발한 현양사도 어려움을 겪었는데, 선두에 선 하코다는 결속이 무너지지 않도록 사재를 털어가며 이것을 지원했다고 한다.

현양사에는 결성 때부터 반세기 이상 변하지 않고 유지된 기본방침이 있다. 헌칙(憲則) 3조가 그것이다.

>제1조 황실을 경대(敬戴)할 것.
>제2조 본국을 애중(愛重)할 것.
>제3조 인민의 권리를 고수할 것.

이 가운데 제3조는 1880년 5월 후쿠오카의 경찰에 제출한 설치신고서에는 '인민의 주권을 고수할 것'으로 되어 있었다. 신고서의 원본은 전쟁 때 소실됐으나, 1936년 당시의 기관지에 '인민의 주권'이 '인민의 권리'로 바뀐 경위가 실려 있다. 그에 따르면 경찰에 신고서를 제출한 날자는 1880년 5월 13일이고, 경찰의 인가가 내려진 것은 8월 31일로 되어 있다. 인가까지 3개월이나 걸린 것은 제3조의 '인민의 주권'이라는 말이 '천황의 주권'을 인정하지 않는 것으로 받아들여져 문제가 되었기 때문이라고 한다. 신고서 제출 책임을 맡은 신도는 몇 번이나 경찰을 찾아갔으나 경찰 측이 강경하게 수정을 명해 현양사 측은 '인민의 권리'로 바꾸지 않을 수 없었다고 한다.

현양사의 헌칙은 종래의 민권적인 색채에 대신해 국가주의 국권적 색채의 성격을 전면에 내세우는 것으로, 구체적인 창립 취지는 다음과 같다.

>현양사는 우국지사의 단결이고, 애국지사의 단결이며 존왕순충(尊王殉忠)의 단결이다. 그리고 민권신장론자의 단결이고, 군국주의자의 단결이다. … 생각건대 빛나는 국사(國史)의 회고는 국민의 원기를 진작하고 국민의 원기진작은 다시 한번 빛나는 국사를 현창하는 데 있다.

우리가 현양사를 창립하는 까닭은 이를 실현하기 위함이다.[70]

현양사라는 명칭에 대해서는 1879년 도야마가 "향양의숙을 고쳐 정사 조직으로 삼아야 할 것, 현해(玄海)의 성난 파도가 몰아치는 것을 따서 현양사로 명명했다"[『거인 도야마 미쓰루 옹(巨人頭山滿翁)』]라고 했다.

현양사의 제2세대 인물 중에는 스기야마 시게마루(杉山茂丸)가 두드러진 활동을 보였다. 스기야마는 도야마보다 아홉 살 연하로 같은 구로다번 번사 출신의 사족이었지만 소년시절 도야마 등과의 접점은 없었다. 메이지유신 후 가록(家祿)을 잃고 많은 사족이 생활의 어려움을 겪고 있었다. 스기야마는 서양 국가들을 추종하고 무사계급의 궁핍을 초래한 신정부에 대해 분노하고 있었다. 스기야마가 이토 히로부미 암살을 노리고 이토의 저택에 잠입한 것도 신정부 타도의 정열에서 나온 것이다.

1880년 상경한 스기야마는 먼저 도쿄의 지도를 사고 번벌 거두의 저택을 기억해 두었다. 표적이 잘못되지 않도록 돈을 주고 이토의 사진을 손에 넣었다. 몇 명의 연하 동지를 발견해 프랑스혁명의 과격정당의 이름을 빌려 '자코뱅당'이라고 이름 붙였다. 1883년 일단 귀향한 스기야마는 구마모토에 있는 자명회의 삿사 도모후사를 방문했다. 스기야마가 삿사에게 활동자금을 요구하자 삿사는 아무 말도 하지 않고 160엔을 건네주었다고 한다.

스기야마가 처음으로 도야마를 만난 것은 1885년이었다. 내각제도가 발족되어 이토가 초대 수상에 취임한 해이다. 21세였던 스기야마는 도쿄 긴자(銀座)의 싸구려 여관에서 신문팔이를 하면서 살고 있었다.

---

70 『玄洋社社史』, 3쪽.

스기야마가 정부 고관의 뒤를 쫓고 있던 무렵 현양사의 젊은이들이 잇달아 도쿄로 향했다. 구루시마 쓰네키(당시 21세), 마토노 한스케(的野半介, 24세), 히사다 젠(久田全, 31세), 히라오카 고타로 등이 조선의 임오군란에 의용군을 보내 개입하려고 한 계획이 실패로 끝난 것과 같은 시기이다. 상경한 구루시마 등은 구마모토, 미야자키, 후쿠이의 젊은이들과 함께 7, 8명이 동거하는 생활을 하기 시작했다.『현양사사사』에서는 "도쿄 시바벤텐(芝弁天)에 양산박을 만들었다"라고 한다. 당시 현양사는 재정이 궁핍한 상태였다. 따라서 풍부한 자금을 갖고 상경했을 리가 없다. 이 '양산박'은 자유민권파의 거점이 되어 이타가키도 얼굴을 비쳤다고 한다.

1884년 12월 하순 조선에서 갑신정변의 소식이 전해졌다. 스기야마는 아직 정변을 주도한 김옥균 등이 일본에 망명해 있다는 사실을 모른 채 그들을 지원하기 위해 조선에 건너가려고 1주일간 번 돈을 갖고 고베(神戶)로 향했다. 그런데 관헌의 경계가 엄했다. 동행한 동지는 고베에서 체포되었다.

도항을 단념한 스기야마는 도쿄로 돌아와 다시 칼날을 이토 히로부미 등 정부고관에게로 향했다. 그러나 동지 3명이 도쿄에서 경찰에 붙잡혀 전원 감옥에서 죽었다. 방도를 상실한 스기야마는 도쿄 야나카(谷中)에 있는 야마오카 뎃슈(山岡鐵舟)를 방문했다. 그는 구 막신(幕臣)으로 에도(江戶) 무혈입성을 이끈 공로자이자 메이지유신 후에는 사이고 다카모리의 요청으로 궁내성에서 천황을 보필했다. 야마오카는 자신을 찾아온 스기야마를 혼낸 뒤 소개장을 써 이토에게 보냈다. 이토는 자료를 제시하며 젊은 스기야마의 비판에 대해 일일이 설명하고 천박한 지식만으로 행동하는 것을 나무랐다고 한다.

1887년 12월 25일 정부는 갑자기 보안조례를 공포했다. "정치적인 비밀결사의 결성과 집회 금지", "치안을 방해할 우려가 있는 자를 황거에서 12킬로 밖으로 추방한다"라는 내용이다. 보안조례는 민권파의 움직임에 대해 이토 내각이 위기감을 표현한 것이었다. 당시 '3대 사건건백', 대동단결운동의 지도자 등 약 570명이 도쿄에서 퇴거명령을 받았다. 이 보안조례는 현양사 사원에게도 적용되어 도쿄에 들어가지 못하는 자도 있었다.

2) 현양사의 국권주의와 조선

(1) 민권주의에서 국권주의로 선회

1885년 30세였던 도야마는 열다섯 살 연하인 미네오(峰尾)와 결혼했다. 그해 구루시마 쓰네키 등 젊은 현양사 사원들은 조선개화파를 지원하는 '의용군' 계획과 어학학교 '선린관(善隣館)'의 설립계획에 몰두하고 있었다. 도야마도 후쿠오카와 도쿄를 왕래하면서 바쁜 나날을 보내고 있었다. 이 두 계획이 모두 좌절되어 구루시마 등 3명의 현양사 사원이 남양 개발의 조사를 위해 오가사와라(小笠原)에 건너간 1886년, 후쿠오카에는 야스바 야스카즈(安場保和)가 현지사로 취임했다.

야스바는 구마모토의 자명회를 이끄는 삿사 도모후사와 맹우관계였다. 자명회는 현양사가 제휴한 구마모토의 자유민권결사 상애사와 대립관계에 있었다. 그러나 도야마는 현양사 조직으로서의 움직임과 별도로 개인적으로 삿사와 의기투합해 야스바와도 친교를 맺었다. 독자적인 판단으로 우호 결사와 경쟁관계에 있는 인물과 사귄 도야마는 현양사의 지주로서 존경받으면서도 점차 고립감을 심화시키게 된다.

1887년 8월 11일, 한 번도 현양사의 사장이 되지 못했던 도야마가 생애 최초이자 마지막의 직함을 갖게 되었다. 이날 창간된 『후쿠료신보(福陵

新報)』라는 신문사의 사장에 취임한 것이다. 32세 때의 일이다.

창간 시 국회개설이 3년 뒤로 임박해 있었다. 당시 전국 각지에서 자유민권파, 국권파가 신문을 발간하여 『민당(民黨)신문』, 『이당(吏黨)신문』으로 나뉘어 경쟁의식을 갖고 다투고 있었다. 후쿠오카에는 이미 『후쿠오카일일신문』이 있어 민권신장의 논진을 펴고 있었다. 『후쿠료신보』의 창간에는 '민당박멸(民黨撲滅)'을 내건 현지사 야스바가 관여해 현의 인쇄물을 발주하는 등 경영을 도왔다.

창간 동기에 대해서는 『규슈일보』(후쿠오카신보를 개칭) 50주년 기념호(1936년 4월)에 도야마의 담화가 게재되어 있다.

천하를 위해 일하는 희생적인 인물을 양성하는 것이 목적이었다. 그러므로 다른 신문사와는 출발점부터 달랐다. 신문에 관해서 알고 있는 자는 동지 중에 1명도 없었으므로 상당히 무모한 시도였다.

스기야마 시게마루, 유키 도라고로(結城虎五郎) 등 현양사 사원이 열심히 자금을 모집했다. 주필에는 게이오의숙(慶應義塾)을 나와 후쿠자와 유키치(福澤諭吉)의 『지지신보(時事新報)』에서 활동한 가와무라 사쓰시(川村惇)를 데려왔다. 부사장에는 1871년 반정부사건을 일으킨 구루메(久留米) 근황당(近皇黨)에 관여했던 가노 준지(鹿野淳二)를 불러왔다. 당시 도야마는 경영을 회계 담당인 유키 등에게 맡기고 편집에도 일체 개입하지 않았다. 뒤에 "나는 내 신문을 본 적이 없다", "월급이 50엔이었으나 한 푼도 받은 적이 없다"라고 회상했다.

『후쿠료신보』는 『후쿠오카일일신문』에 대항하면서 창간 3개월 뒤에는 나가사키에 있던 다카시마(高島)탄광의 가혹한 노동실태를 특종기사로 스쿠프하는 등 활기가 넘쳤고 판매 부수도 점차 늘었다.

그러나 당시 현양사 내부에서는 균열이 생기고 있었다. 1887년 현양사 사장인 하코다 로쿠스케가 경찰에 제출한 현양사 사원명부에는 도야마의 이름이 기재되어 있지 않다. 이 시기 현양사는 하코다파와 도야마파로 나뉘어 일체감을 잃고 있었다. 현양사의 명부에 도야마의 이름이 보이지 않는 것은 민권파(하코다파)와 국권파(도야마파) 사이에 인맥이 나뉜 것을 반영하고 있을 가능성이 있다. 현양사는 향양사 시대부터 초기 자유민권운동의 중심이었다. 그러나 도야마 등은 조선에서 일어난 임오군란이나 갑신정변 등 아시아 정세가 급변하는 가운데 국가주의로 급격히 기울었다고 할 수 있다.

1888년 1월 19일 하코다는 후쿠오카의 자택에서 생애를 마감했다. 37세였다. 그러나 그의 죽음에는 의문이 있다. 도야마와 격론 끝에 자살했다는 설과 급성심장병으로 죽었다는 설이 있다. 도야마는 그의 죽음에 대해 기록을 남기지 않았으나 현양사 관련 연구서의 대부분은 자살로 추정하고 있다.

1889년 10월 구루시마 쓰네키가 외상인 오쿠마 시게노부를 습격한 사건은 그의 이름을 전국에 알렸을 뿐 아니라 그 뒤의 현양사의 운명을 결정하는 대사건이었다. 구루시마는 1859년 후쿠시마 번사의 차남으로 태어났다. 도야마보다는 네 살 연하이며 독신으로 자손이 없다. 82년 가을부터 다음 해 봄에 걸쳐 구루시마와 마토노 등 현양사의 젊은 사원들이 도쿄에 갔다. 활동 거점은 시바(芝)공원 근처 세이쇼지(靑松寺) 옆에 있었다. 동지들과 도호쿠(東北), 홋카이도 지방을 여행하고 돌아온 뒤 다른 현 동지들과 함께 공동생활을 했다. 1886년 4월부터 1887년 봄까지 오가사와라에 도항했다. 그곳에서는 김옥균을 만나기도 했다.

1889년 막말에 체결된 불평등조약의 개정반대운동이 다시 고양되었을 때 운동을 이끈 것은 34세의 도야마였다. 이노우에 가오루의 후임으로 외상에 취임한 오쿠마는 사가번 출신으로 메이지유신 이래 현안이었던 조약개정을 성공시켜 사쓰마-조슈 번벌 정권에 타격을 가하려 하였다. 오쿠마는 이노우에의 전철을 밟지 않기 위해 신중히 개정교섭을 진행했다. 1888년 11월 멕시코와 대등한 '통상항해조약'을 맺었을 때는 순조롭게 진행되듯이 보였다. 미국, 영국, 독일, 러시아 등 열강과는 비밀리에 개별교섭을 시작했다.

그 비밀교섭의 내용을 영국의 런던타임스가 1889년 4월에 폭로했다. 구가 가쓰난(陸羯南) 등이 국수주의를 내걸고 창간한 『니혼(日本)』은 이 보도를 접하자, 5월 말부터 6월 초에 걸쳐 오쿠마 개정안을 연재했다. 이노우에 개정안과 차이가 없다, 나라의 독립을 위태롭게 한다는 등의 여론이 비등했다.

도야마는 현양사를 대표해 상경했다. 후쿠오카에서는 신도, 히라오카, 가쓰키 유키쓰네(香月恕經) 등 현양사 간부가 삿사 도모후사가 이끄는 구마모토의 자명회와 연계해 조약개정에 반대하는 '지쿠젠협회'를 조직해 의견서를 정부에 제출했다. 의견서는 (1) 주권을 손상시킨다, (2) 치외법권의 처례를 기하기 어렵다, (3) 내정간섭의 빌미가 된다 등 6항이다.

도쿄에서 도야마는 반대파 단체 등과 연설회를 열고 각 단체의 대표자와 협력해 각료를 방문해 조약개정의 중지를 요청했다. 도야마는 내상 겸 장상 마쓰카타 마사요시(松方正義)와 추밀원 의장 이토 히로부미를 방문해 담판을 했다.

도야마 등의 활동이 효과를 보아 마침내 이토도 반대로 돌아서 내각은 반대 분위기에 싸였다. 그런데 수상 구로다 기요타카(黑田淸隆)는 8월

2일 각의에서 일단 오쿠마의 조양개정안 단행을 결정했는데 반대운동이 활발해지자 메이지 천황이 동조하고 나섰다. 재차 열린 각료회의에서 구로다 수상이 개정을 단행하겠다고 하자 이토 추밀원 의장이 사표를 제출했다. 그러나 개정 단행 방침이 결정되었다.

점점 타오르는 반대운동에 후쿠오카에 있던 구루시마는 동료 마토노에게 '목숨을 버릴 각오'라고 밝히고 상경했다. 구루시마는 도쿄에서 반대운동의 선봉에 서 있던 도야마를 자주 방문하며 신중하게 정세를 살피고 있었다. 그는 언론을 통한 운동으로는 오쿠마의 생각을 바꿀 수 없다고 생각해 최후의 수단으로 습격을 선택했다. 폭탄의 입수에 관해서는 가장 신뢰하는 도야마에게 상담했다. 당일 오후 3시 55분 외상 오쿠마를 태운 마차가 정문에 들어서 마차에서 내리는 순간 구루시마는 숨기고 있던 폭탄을 던졌다. 폭약 연기 속에 오쿠마는 쓰러지고 구루시마는 단도를 꺼내 자신의 목을 찔러 자살했다. 오쿠마는 오른쪽 발을 절단하는 중상을 입었다.

각 신문은 즉각 이 사실을 보도했고, 경시청은 즉각 현양사 관계자의 적발에 나섰다. 현양사 사원 약 30명이 구속되어 조사를 받았다. 도야마는 조약개정반대 유지대회에 참석하기 위해 오사카에 가 있어 그곳에서 구속되었다. 후쿠오카에서도 히라오카, 신도, 스기야마, 유키 등 약 20명이 붙잡혔다. 그러나 최종적으로 처벌된 자는 1명도 없었다. 구루시마가 현양사에 탈퇴신청서를 내는 등 주위에 폐를 끼치지 않도록 치밀하게 계획을 짰기 때문이다.

1889년 2월 대일본제국헌법이 발포되고, 이듬해 7월 제1회 총선거가 실시되어 11월에는 제1회 제국의회가 개회되었다. 유권자는 직접국세 15엔 이상을 납부하는 25세 이상의 남자로 당시 인구 약 4천만 명 가운데 유권자는 약 46만 명, 국민의 1.1%에 지나지 않았는데 소선거제로 3백 명의 중의원 의원이 탄생했다.

후쿠오카현은 8개 선거구로 나누어 2개 구만이 정수 2명, 현양사 계열로는 가쓰키 히로쓰네, 오노 류스케(小野隆助), 곤도 간이치(權藤貫一) 등 3명이 당선되었다. 그들은 정부당인 '국민자유당'의 일파로 활동했다. 가쓰키는 현양사의 젊은 사원의 교육을 담당한 '현양사 감독'으로, 오노와 곤도는 전 군장(郡長)으로 특히 오노는 과거 공애회의 회장을 역임한 적이 있는 인물이었다.

1891년 5월 야마가타(山縣) 내각의 뒤를 이어 성립한 마쓰카타 마사요시 내각은 정부가 제출한 예산안이 민당의 주장으로 크게 삭감당하자, 12월 25일 중의원을 해산하고 1892년 2월 15일에 선거를 실시할 것을 공포했다. 이 제2회 총선거를 앞두고 1892년 1월 반번벌 야당 세력을 의회에서 내쫓기 위해 민당 장사(壯士)의 단속강화를 지시해 시나가와 야지로(品川彌二郎) 내상 주도로 정부와 경찰이 일체되어 '선거간섭'에 나섰다.

주요 싸움터는 민당이 강한 기반을 가진 고치, 후쿠오카, 사가 등지였다. 현양사의 히라오카와 도야마는 현지사인 야스바 야스카즈를 통해 마쓰카타 수상으로부터 중의원 선거에서 친정부 단체의 후보자를 도와줄 것을 부탁받고 정부를 적극적으로 돕기로 결정했다. 현양사가 선거간섭에 적극적으로 참여한 것은 그 정책이 '민권'에서 '국권확장'으로 옮겨졌음을 구체적으로 보여주는 것이다.

현양사는 친정부 단체인 '중앙교섭부', '긴키구락부(近畿俱樂部)'를 위해서 유세함은 물론, 자유당과 입헌개진당을 탄압하기 위해서 폭력단을 조직하였다. 현양사 사원은 칼과 목도를 휘둘렀고, 민당 측은 갈고리와 죽창으로 응전했다. 일련의 선거간섭으로 후쿠오카에서 3명, 사가에서 7명 등 전국에서 25명의 사망자가 발생했다. 부상자는 388명이었다.

이러한 선거간섭으로 후쿠오카에서는 현양사가 지원한 후보가 9석 가운데 8석을 획득했고, 민당은 1석에 머물렀다. 그러나 전국적으로는 정부 측이 승리하지 못하고 선거간섭에 대한 비난의 소리가 정부 내부에서도 나오기 시작했다. 마침내 내각문책 결의안이 가결되어 마쓰카타는 인책사임하고, 야스바 지사도 사직했다. 도야마는 정부의 수미일관하지 않은 태도에 환멸을 느끼고, 이 이후 국내정치의 전면에 나서지 않았고 현양사는 시야를 해외로 돌리게 되었다.

민권결사로 출발한 현양사는 드디어 국권주의로 크게 선회해 나갔다. 1882년 7월 조선에서 임오군란이 발생하자 현양사는 여기에 민감하게 반응했다. 가장 먼저 움직인 것은 히라오카 고타로였다. 사이고 문하의 가고시마 사족 노무라 오시스케(野村忍助)도 호응했다. 세이난전쟁에서 사이고군에 가담했던 히라오카는 정한론을 외친 사이고의 뜻을 이어받고자 했다. 그들은 의용군의 개입을 획책했다. 히라오카는 정부의 교섭이 어찌되든 연약외교를 규탄하여 제2유신의 돌파구를 만들기 위해서는 이 기회밖에 없다고 생각해 군사행동을 번벌정부 타도로 전화시키려 계획했던 것이다.

노무라는 외무성 어용괘(御用掛)라는 직함을 얻어 일본 측 전권 이노우에 가오루에 수행 교섭을 감시하게 되었다. 도중에 시모노세키에서 히라오카, 도야마와 만났다. 얼마 후 조선으로 건너간 노무라로부터 히라오카에게 장문의 암호전문이 도착했다. 군대를 만들어 서둘러 조선으로 건너오라고 재촉하는 내용이었다.

히라오카는 후쿠오카와 가고시마 사족을 중심으로 편성한 '의용군'을 지휘하고 있었는데 서둘러 선발대를 출발시키기로 했다. 히라오카는 선발대가 부산에 상륙한 뒤 3천 명을 이끌고 단번에 서울로 쳐 올라간다는 계획이었다.

경찰이 철저히 감시하는 가운데 80명이 상인이나 관리로 변장해 폭탄을 지니고 하카타에서 오사카로 가는 배에 올라탔다. 배가 바다로 나가자 총, 검, 창 등을 손에 들고 선장을 위협해 배를 납치, 부산으로 향했다. 그러나 배가 부산에 도착했을 때는 청국군이 반란을 진압하여 원대한 계획은 수포로 돌아갔다. 히라오카의 행동은 무모한 것처럼 보이지만, 임오군란을 계기로 일본의 국내 여론은 민권신장에서 국권확장 쪽으로 크게 기울어갔다.

(2) 조선·중국에서 현양사의 활동

현양사가 국권주의 단체로 선회하면서 조선과의 관련이 깊어진다. 그 계기가 되었던 것이 조선 개화파와의 인적 접촉이다. 1884년 12월에 발생한 갑신정변이 실패함에 따라 김옥균, 박영효, 서광범 등이 비밀리에 일본에 망명했다. 도쿄에 도착한 김옥균은 미타(三田)에 있는 후쿠자와의 집에 거처를 정했다. 후쿠자와는 2년 전에 일본 시찰차 방문한 김옥균과 친교를 맺고 이후 개화파를 지원했다. 김옥균은 1881년 '조사시찰단'의 일원으로 방일한 이래 일본의 도움을 받아 조선의 근대화를 꾀하려 했다. 후쿠자와와 만나 교유하고 조선의 청년들을 게이오의숙에 유학시켰다. 1882년 임오군란 뒤 다시 방일했을 때는 후쿠자와와 면회해 조선의 개혁에 대한 지지를 얻었다.

김옥균 등의 망명이 세상에 전해진 것은 다음해 3월에 접어들어서였다. 신문은 연일 개혁을 위해 거사한 김옥균 등을 호의적으로 다루어 지원 움직임이 고조됐다. 그러나 조선정부의 신병인도 요구에 일본정부도 곤란한 처지에 놓였다.

구루시마와 마토노 등 재경 현양사 사원은 청의 영향을 배제한 '조선의 독립'을 도와야 할 것이라는 생각으로 기울었다. 구루시마 등은 '의용군' 계획을 세워 후쿠오카에 있는 도야마의 상경을 촉구했다. 재경 그룹의 연장자인 히사다 젠이 후쿠오카로 돌아가 도야마에게 계획을 밝혔다. 도야마는 반대하지 않고 "곧 상경해서 동지와 상담하자"라고 말했다. 후쿠오카의 현양사 사원들도 나서서 몇 명은 도야마에 앞서 도쿄로 떠났다.

1885년 4월 김옥균은 간사이(關西)로 이동해 고베를 중심으로 교토와 아리마(有馬) 온천 등을 전전했다. 일본명을 사용하고 머리나 복장도 양장으로 바꿨다. 도야마는 재경 동지들의 요청으로 상경하는 도중 니시무라(西村) 여관에서 김옥균과 처음으로 만났다. 1885년 5월부터 6월경의 일이다. 이때 도야마는 30세, 김옥균은 34세였다. 도야마는 갖고 있던 500엔을 모두 김옥균에게 건넸다. 김옥균과 면담한 후 도야마는 후쿠오카로 돌아갔다가 자금을 조달해 다시 도쿄로 향했다. 목이 빠지게 기다리고 있던 구루시마 등은 궐기할 것을 요구했다. 그러나 도야마는 의외로 연기하자고 말했다. 다른 현의 동지도 참여해 격론이 벌어졌지만, 도야마는 자세를 바꾸지 않았다.

이 무렵 구 자유당 좌파인 오이 겐타로(大井憲太郎)를 중심으로 하는 그룹도 조선 개화파 지원을 위한 움직임이 있어 명성황후 등 수구파를 타도하기 위해 오사카에서 준비를 하고 있었다. 도야마는 상경하는 도중 오이 등이 관헌의 감시 아래에 있다는 것을 알았다. 11월 도야마의 판단이 옳았다는 것이 증명되었다. 구 자유당 좌파의 불온한 움직임을 눈치 챈 경찰이 오이 등 139명을 일제히 체포했던 것이다.

일본정부의 입장에서는 망명하고 있던 김옥균은 귀찮은 존재였다. 그래서 오가사와라, 홋카이도 등으로 유배를 보냈다. 그러나 도야마, 히라오카, 구루시마 등 현양사 사원은 김옥균을 만나 그에게 협력했다.『현양사

사사』에는 도야마와 김옥균의 만남에 대해 다음과 같이 적고 있다.

고베에서 김옥균을 만나 크게 동양의 앞날의 닥친 풍운을 이야기하고, 일본과 한국이 동포국이므로 서로 제휴하고 서로 도와야 한다고 허심탄회하게 이야기했다. 백년 친구와 같았다.

조선과 청국의 정세를 주시하면서 현양사는 다양한 인재육성계획을 짠다. '의용군' 계획을 단념한 현양사에서는 부산에 일본, 조선, 중국의 3개국의 어학을 가르치는 학교를 만들자는 계획이 부상했다.

어학학교 계획은 급진화하는 자유민권파의 움직임을 경계하는 정부의 감시를 피하여 비밀리에 진행했다 구루시마, 마토노 등 현양사원 외에 구마모토, 니이가타(新潟)의 운동가도 참가, 게이오의숙 근처의 류겐지(龍源寺)에 모였다. 망명 중인 김옥균도 참석했다.

학교의 명칭은 '선린관(善隣館)'으로 정했다. 설립취지서는 나카에 조민(中江兆民)이 썼다고 한다. 조선과 중국과의 연계, 개혁 지원에 뜻을 가진 젊은이들이 모여 인재를 육성할 계획으로 자금조달의 분담도 구체화되었다. 도야마가 그 역할을 맡아 자금을 모을 계획이었다. 그러나 마침 오이 등의 일제 검거의 여파로 재야활동가에 대한 단속이 강화되고 현양사의 활동도 제약을 받게 되어 선린관 계획은 끝내 빛을 보지 못했다.

1884년 여름 중국 상하이의 조계에 현양사의 히라오카 고타로, 아사히신문 주필인 스에히로 시게야스(末廣重恭), 자유민권의 사상가 나카에 조민 등 7명의 모습이 보였다. 이들이 '동양학관'을 설립한 것은 같은 해 8월 7일이었다. 중국인, 영국인, 일본인 교사가 1명씩, 학생 수 10명의 작은 어학교였다. 설립 1주일 뒤인 8월 14일『아사히신문』은 설립취지서를 게재했다. 취지서는 구미 문명에 위협받는 가운데 일본이 독립을 유지하기 위해서는 아시아에 눈을 돌린 외교가 중요하다고 주장하고, 특히 중국과의 긴밀한 연계를 강조했다.

'아시아 속의 일본'을 의식한 현양사의 활동은 임오군란을 계기로 개시되어 히라오카 등의 '의용군' 파견 계획이 중지된 직후, 나카에, 스에히로 등이 현양사에 대륙에서의 활동계획을 제시하였다. 도야마 등은 모두 찬동했다. 논의 결과 현양사에서 90여 명, 구마모토의 민권결사에서 약 60명이 참가하여 '활동당'을 결성했다. '중국에 인재육성의 장'을 마련하자고 해서 가장 먼저 행동한 것이 '동양학관'의 설립이었다. 도쿄에 사무소를 두고 학생을 모집했다. 구막신(幕臣)인 가쓰 가이슈(勝海舟)도 자금을 원조했다. 학장에는 스에히로가 취임했다. 청국에서 동양이란 일본을 의미한다고 해서 스에히로는 학교명을 '흥아학관', 나아가 '아세아학관'으로 개칭했다. 그러나 면학 분위기가 나빠지고, 학교 경영도 급속히 악화되어 설립된 지 약 1년 만에 폐쇄하게 되었다.

히라오카는 1887년 다시 중국으로 건너갔다. 상하이에 설립한 학교 '동양학관'은 이미 폐쇄되었지만 젊은이를 육성하겠다는 꿈은 계속 갖고 있었다. 같은 생각을 가진 아라오 세이(荒尾精)의 한커우(漢口)의 낙선당(樂善堂)에 동생을 보내고, 상하이의 일청무역연구소에도 수십 명을 파견했다. 히라오카는 유학비 염출을 위해 상하이에 제화점을 열고 현양사 사원을 주임으로 앉히고 기숙사도 만들었다. 히라오카는 아라오가 일청무역연구소를 설립할 때에도 학생, 직원의 모집과 연구소 설립에 대해 주어지는 보조금 획득 지원도 했다.

탄광경영 등으로 활동자금을 조성했던 히라오카는 향토의 젊은이들에 대한 지원도 해서 히로타 고키(廣田弘毅), 나카노 세이고(中野正剛) 등의 면학 비용을 제공했다. 청일전쟁이 발발한 1894년, 히라오카는 43세의 나이로 중의원 의원이 되어 새로운 길을 걷기 시작한다.

1894년 조선에서 동학농민전쟁이 일어나자 현양사 지도자들은 조선에서 은밀히 활동해 온 이른바 '조선낭인'들과 접촉을 시도했다. '조선낭인'들은 부산의 오사키 마사요시(大崎正吉)의 법률사무소를 거점으로 각 지역을 돌아다니면서 민심을 조사하고 당시의 정세를 분석한 결과, 일본이 조선 문제에 본격적으로 개입할 좋은 기회라고 판단했다. 오사키는 그동안 수집한 자료와 한국의 현상을 일본에 전하고 본격적인 활동에 필요한 군자금을 조달하고 동지를 규합하기 위해 도쿄로 향했다.

한편 현양사는 나름대로 동학농민전쟁을 이용하여 조선에 개입할 방도를 모색하고 있었다. 5월 말 김옥균의 장례식이 도쿄에서 있은 직후 현양사 간부이자 대륙낭인인 마토노 한스케는 외상 무쓰 무네미쓰를 찾아가 조선을 장악하기 위해서는 청국과의 전쟁이 필요하다고 강조하고, 빠른 시간 안에 청국과 전쟁을 벌일 것을 권했다. 무쓰는 시기상조론을 펴면서도 자세한 것은 주전론자인 육군참모차장 가와카미 소로쿠(川上操六)와 상의하라고 했다. 마토노의 주장을 경청한 가와카미 대장은 "현재의 정국을 전환하고 시국을 해결하려면 누군가가 바다를 건너가 불을 지르는 것이 필요합니다. … 누군가 그 일을 맡아 해 준다면 그 다음 소화작업은 내가 하겠습니다"라고 제의했다. 가와카미의 말뜻을 파악한 현양사 간부들은 동학농민전쟁을 기회로 이용하여 '방화'의 역할을 하기 위한 행동단체를 조직하기로 하였다. 히라오카는 도쿄에 있는 우치다를 후쿠오카로 불러 참여시켰다. 즉 현양사는 『니로쿠신보(二六新報)』의 주필 스즈키 덴간(鈴木天眼)을 통해 한국의 실정에 밝은 오사키와 협력하여 히라오카의 재정적 지원으로 천우협(天佑俠)이라는 단체를 조직했다. 이 단체는

15명으로 이루어진 유격대 형태의 작은 단체였다.

　천우협은 6월 하순 부산에 도착한 이후 일본군의 보호를 받으면서 3개월 동안 전국 도처에서 게릴라식 활동과 폭력을 감행해 '방화의 역할'을 충실히 수행했다. 현양사와 흑룡회(黑龍會)가 남긴 자료들을 보면 현양사의 활동과 우치다의 역할을 사실과 달리 과장하고 있다. 우치다가 천우협의 활동을 계획하고 지휘한 총지휘자라거나 또는 혼자서 500명을 상대로 용감하게 싸웠다고 말하고 있으나 객관적인 상황을 고려할 때 이러한 주장은 신뢰성이 없고 근거가 매우 희박하다.

　러시아와 일본의 대립이 격화되는 가운데 1903년 도야마는 히라오카 고타로, 삿사 도모후사, 고무치 도모쓰네(神鞭知常) 등과 함께 '대러동지회(對露同志會)'를 결성하였다. 현양사는 1901년 우치다 료헤이(內田良平)가 대륙진출을 위해 조직한 흑룡회나 구마모토 국권당 등과 연합해 대러 강경외교를 주장하며 러일전쟁을 재촉하는 활동을 벌였다.

　1904년 2월 러일전쟁이 발발하자 현양사는 만주에서 정규군의 지원 활동을 할 수 있을지 모색했다. 현양사 사원이자 규슈일보 기자인 야스나가 도노스케(安永東之助)가 상경해 도야마에게 '의용군'의 조직을 주장했다. 도야마는 참모차장 후쿠시마 야스마사(福島安正)를 소개했다.

　참모본부의 보증을 받아 편성된 부대는 '만주의군(滿洲義軍)'이라고 이름 붙였다. 모두 16명으로 구성된 부대는 이해 5월 모지(門司)항을 출발했다. 현양사로부터는 야스나가 외에 시바타 린지로(柴田麟次郎), 가야노 나가토모(萱野長知), 후쿠시마 구마지로(福島熊次郎), 오노 고노스케(小野鴻之助), 후쿠스미 가쓰미(福住克己), 신도 신타로(眞藤愼太郎) 등 모두 7명이 참가했다. 육군에서는 지휘관 소좌 하나다 나카노스케(花田仲之助) 이하 8명 그리고 중국어 통역 1명이 참가했다. 현양사 사원의 종군 명목은 통역이었으나 중국어를 할 수 있는 사람은 아무도 없었다. 만주 현지에서 토호 세력들을 모아 군단을 조직했다. '만주의군'은 게릴라 활동이나 정찰 등의 임무를 띠고 한때 1,200명이 넘었다.

'의군'은 1904년 여름 수십 회의 전투를 경험했으나 하나다의 지휘가 탁월하여 대부분 승리했고, '의군'의 피해는 적었다고 한다. 1905년 2월 '의군'은 독자적으로 7, 8천 명의 러시아군을 공격하여 통화(通化), 신민보(新民堡)를 완전히 점령하였다. 5월에는 약 3백 명의 대원으로 지린(吉林) 방면의 적 세력에 잠입하여 정찰에 종사했으며 적의 병참부를 불태워 버리고, 전선을 절단해서 길림-블라디보스톡 간의 통신을 단절시켰다. 신출귀몰한 행동으로 러시아군에게 위협을 주었다. 후쿠시마 소장은 '만주의군'의 활동에 대해 "3백 명의 적은 병력을 가지고, 약 3만 명의 적을 움직였다"라며 극찬했다.

'만주의군'은 러일전쟁이 끝나자, 그해 10월에 해산했다. 전사자는 없었는데, 해산 뒤에도 대륙에 남은 야스나가는 청국 병사에게 저격당해 목숨을 잃었다.

도야마는 1898년 중국혁명을 꾀하는 쑨원과 처음으로 만났다. 도야마는 42세, 쑨원은 열한 살 아래인 31세로 쑨원은 최초의 봉기가 실패하여 일본에 망명 중이었다. 두 사람을 연결한 것은 구마모토 출신의 미야자키 도텐(宮崎滔天)이었다. 미야자키는 중국 혁명은 구미열강의 식민지가 되고 있는 아시아의 해방으로 이어진다는 쑨원의 사상에 경도해 열렬한 지원자가 되었다. 도야마를 중심으로 히라오카 고타로, 스에나가 미사오(末永節), 가야노 나가토모 등 현양사 인물들과 정치가 이누카이 쓰요시(犬養毅)도 쑨원을 지원했다. 도쿄에서 쑨원의 거처는 이누카이가 알선했다. 생활비는 도야마를 통해 히라오카가 제공했다.

중국혁명에 깊숙이 관여한 미야자키는 그의 저서 『33년의 꿈』에서 어려울 때 도야마가 금전을 제공해 주거나 격려해 주었다고 기록하고 있다. 도야마는 전면에 나서는 일은 적었으나 미야자키가 가장 의지했던 인물로 보인다. 미야자키를 제대로 이해하기 위해서는 도야마와 현양사를 잘 알 필요가 있다.

1911년 신해혁명을 성공시켜 중화민국임시정부의 임시대총통이 된 쑨원은 1913년 봄 일본을 방문해 각지에서 대환영을 받았다. 체재 기간은 2월 13일부터 3월 23일까지였는데, 방문지에는 후쿠오카시의 현양사와 히라오카의 묘소, 구마모토현 아라오시(荒尾市)의 미야자키 도텐의 생가가 포함됐다.

도야마는 후쿠오카에는 동행하지 않고 도쿄에서의 환영회에 참석했다. 그는 북양군벌인 위안스카이(袁世凱)에게 임시대총통의 자리를 양보한 쑨원을 걱정했다. 신해혁명 후 이누카이 등과 함께 중국으로 건너가 "위안스카이는 신용할 수 없다"고 말했다. 그러나 난징(南京)의 임시정부 힘이 아직 약해 쑨원은 베이징(北京)의 위안스카이와 타협하지 않을 수 없었다.

쑨원이 중국으로 돌아가자 상황은 급변했다. 위안스카이의 배반으로 1913년 7월 쑨원은 제2혁명을 시도했으나 위안스카이에 진압되어 다시 일본으로 향했다. 그러나 일본정부는 쑨원의 상륙을 인정하지 않는다는 방침이었다.

고베항에 도착한 쑨원의 배는 경찰과 신문기자에 둘러싸여 있었다. 현양사의 가야노 나가토모는 어둠을 이용해 쑨원을 작은 배에 태워 몰래 상륙시켰다. 도야마는 이누카이를 통해 수상 야마모토 곤베(山本權兵衛)와 교섭해 정부는 하는 수 없이 쑨원의 망명을 인정했다. 위안스카이가 자객을 보내 쑨원을 암살하려는 시도도 있어, 도야마는 쑨원에게 안전한 은신처를 마련해 주었다. 1916년 4월 27일 쑨원이 제3혁명을 하기 위해 귀국할 때까지 도야마는 관헌과 암살의 위기에서 쑨원을 지켜냈다. 제3혁명 후 중화민국 군정부 대원수에 선출된 쑨원은 도야마에게 편지를 보내 깊은 감사의 뜻을 전했다.

쑨원의 마지막 방일은 베이징에서 병사하기 4개월 전인 1924년 11월이었다. 중일 양국 사이의 반목이 깊어지는 가운데 쑨원은 고베에서 도야마와 회견했다. 이 회담에서 도야마는 일본이 러일전쟁을 거쳐 획득한 중국 동북부의 권익 환부 가능성에 대해 '국민 대다수가 받아들이지 않을 것'이라고 부정적인 견해를 나타냈다고 한다.

회담 며칠 뒤 쑨원은 고베에서 유명한 '대아시아주의' 연설을 했다. 쑨원은 "앞으로 일본이 서양 패도의 개가 될 것인지, 아니면 동양 왕도의 간성(干城)이 될 것인지 일본 국민은 신중히 고려해야 할 것"이라고 말했다. 4개월 뒤 쑨원은 베이징에서 병으로 쓰러졌다. 도야마는 가야노를 대표로 파견했다. 쑨원의 '영령봉안제(英靈奉安祭)'가 1929년 6월 1일 남경 중산릉(中山陵)에서 열렸을 때 도야마도 여기에 참석했다.

1915년 말 도쿄 신주쿠에 있는 빵가게 나카무라야(中村屋)에 인도인 라시 비하리 보스(Rash Behari Bose)가 모습을 나타냈다. 보스는 영국으로부터 인도 독립운동을 꾀하다 실패해 일본에 도주해 왔다. 당시 그는 29세였다.

이해 11월 27일 '일인교환회(日印交歡會)'가 우에노(上野)에서 열려 영국정부는 반란을 꾀했다는 이유로 보스와 다른 1명의 독립운동가를 국외 추방하도록 일본정부에 요구했다. 일본정부는 이 요구를 받아들여 12월 2일까지 퇴거를 명령했다. 보스는 다음날 망명 중이었던 쑨원의 소개로 도야마를 방문해 지원을 요청했다.

12월 1일 나카무라야의 단골손님인 도야마의 지인이 이러한 사정을 점주 소마 아이조(相馬愛藏)에게 말했더니 소마는 자기 가게에 숨기는 것이 어떻겠느냐고 제안해 보스를 몰래 그곳으로 도피시켰다. 보스는 일단 나카무라야의 아틀리에에 숨어 지냈으나 영국정부의 수색이 엄해 은신처를 전전하는 도피생활을 계속했다. 이를 걱정한 도야마는 소마 부부의 장녀와 보스의 결혼을 제의해 1918년 7월 도야마의 자택에서 결혼식이 열렸다.

보스는 1923년 7월 일본으로 귀화해 일본에 머물기로 결정했다. 그 뒤 일본을 거점으로 인도 독립운동을 펼쳤다. 강연을 하고 인도 독립에 관한 저서와 번역서를 출간하며 인도의 해방을 호소했다. 또한 아시아에서 최초로 노벨문학상을 수상한 인도의 시성(詩聖) 타고르의 저서도 번역해 그 연으로 도야마는 일본에 온 타고르와 친교를 맺게 됐다.

국권주의 단체 현양사는 '아시아 속의 일본'을 의식하면서 일본의 대외침략 선봉 역할을 하였다. 조선의 '개혁'을 주장하며 의용군을 조직하여 조선 내정에 관여하려 한 것은 오사카사건의 오이 겐타로 등과 유사했다. 조선 '개혁'을 발판으로 일본의 조선 진출을 확대하려고 했다. 청일전쟁 이후 조선에서의 역할이 없어지자 중국 대륙으로 활동반경을 넓혔다. 러일전쟁 시기에 '만주의군'을 조직해 전투에 참가했으며, 신해혁명을 전후해서는 쑨원 등에게 접근해 중국혁명에 관여했고, 인도 독립운동가와도 관련이 있다.

이러한 복잡하고 상호 모순된 듯한 현양사의 모습은 현양사가 뚜렷한 이념적 지향을 가진 정치결사라기보다는 도야마의 카리스마나 지연에 의존한 느슨한 조직이었던 데 기인하는 바가 크다. 현양사는 각인각색의 네트워크로 정치적인 틀이 하나로 묶인 것은 아니다. 도야마의 언동에도 조직자로서의 발상은 보이지 않는다. 예를 들어 히라오카가 국회의원이 되었던 것에 비해 도야마는 한 번도 공직에 나선 적이 없다. 이른바 수제자인 우치다 료헤이가 설립한 흑룡회가 현양사와 병립하게 된 뒤에도 도야마는 현양사에 남아 우익의 거두로서 은연중에 영향력을 유지했다. 평상시에는 과묵하면서 결단력이 뛰어난 발언을 하는 도야마에게는 강력한 카리스마가 있었으며, 활동가들과 군, 정계, 관계, 재계 사이에서 브로커 역할을 유효하게 해냈다. 그러나 도야마가 아시아주의 사상가로서 명확한 영향력을 가졌던 것은 메이지 말까지였다. 1944년 10월 5일 도야마는 시즈오카(靜岡)에서 90세로 사망했다.

현재의 현양사 이미지에 절대적인 영향을 끼친 사람은 캐나다인 역사학자 허버트 노먼(Egerton Herbert Norman)이다. 제2차 세계대전 후 일본에 부임한 노먼은 "후쿠오카야말로 일본의 국가주의와 제국주의 가운데서도 가장 이상한 일파의 정신적 발상지로서 중요하다"라며 도야마를 엄격하게 평가하고, 현양사에 대해 위험한 군국주의 단체로서 인식했다. 노먼의 눈에 현양사는 '구식 팽창주의 압력단체'(「일본에 있어서 특정정당·단체·결사의 해산」)로 비쳤던 것이다. 그는 1944년에 발표한 논문 「현양사—일본제국주의의 원류」의 머리말에서 "일본제국주의 반동의 중요한 사악한 역할을 해 왔다", "전후에도 그들은 다시 일본군국주의 부활의 선봉이 될 우려가 있다"라고 해 강한 경계심을 갖고 있었다. 도야마 등이 아시아 각지의 혁명가와 독립운동가를 지원한 것에 대해서도 부정적이다. 쑨원 등을 우대한 것은 일본의 이익으로 이어질 것을 기대한 것이다. 필리핀의 아기날도, 인도의 라시 비하리 보스 등에 관해서는 "무절제한 모험자, 싸구려 출세주의자, 정치적 사기꾼 등 자국에서도 무용한, 환영받지 못하는 무리뿐이었다"라고 썼다. 이 저작은 패전 후 일본에 번역, 소개되어 노먼이 그린 현양사, 도야마의 이미지가 정착되어 갔던 것은 부정할 수 없다. 역사학자 노먼은 현양사를 국가주의 원류로 보았던 것이다.

현양사의 이름은 연합국총사령부(GHQ)의 문서에 기록되어 있다. 1946년 1월 4일 자의「특정 정당, 협회, 결사, 기타 단체의 폐지에 관한 각서」이다. GHQ 최고사령관 맥아더는 이날 '군국주의지도자'의 공직 추방과 함께 '초국가주의단체'에 해산명령을 내렸다. 단체 리스트에는 27개 단체의 이름이 올랐는데, 8번째가 현양사였다.「Dark Ocean Society」로 영역되어 있다. 이 방침에 깊숙이 관여한 것이 캐나다인 역사가이자 외교관인 허버트 노먼이라고 한다.

과연 허버트 노먼이 말한 것처럼 현양사를 국가주의의 원류로 보는 것이 가능한가? 노먼에 의해 만들어진 현양사 이미지에 대해 최근 일본에서는, 자유민권결사로서 현양사를 높이 평가하거나 아시아 독립운동에 미친 영향을 강조하는 등의 재평가가 이루어지고 있다. 현양사의 행동을 통일적으로 이해하기 위해서는 근대 일본의 국가주의와 아시아주의의 관계를 심도 있게 분석하는 것이 병행되어야 할 것이다.

3) '조선낭인'의 등장과 활동

(1) 청일전쟁 시기의 '조선낭인'

19세기 말 일본 민간의 조선인식은 청일전쟁 이후 '천우협', 현양사, 흑룡회 등에서 활동한 '조선낭인'을 통해 확인할 수 있다.

'조선낭인'은 동학농민전쟁 시기에 활동한 '천우협'이나 '명성황후시해사건'에 관련해 1880년대 후반부터 본격적으로 출현하기 시작했다. 주요 '조선낭인'으로는 다케다 한시(武田範之), 요시쿠라 오세이(吉倉汪聖),

오사키 마사요시, 구즈오 요시히사(葛生能久), 혼마 규스케(本間九介), 쓰쿠다 노부오(佃信夫), 오카모토 류노스케(岡本柳之助), 아다치 겐조(安達謙藏), 구니토모 시게아키(國友重章) 등이 있다. 그들은 1889년부터 1895년에 걸쳐 조선으로 건너갔다. 그들은 국가권력과 관계없이 조선으로 건너간 청년들이 주류를 이루고 있다는 점에서 '지나낭인'과 대비된다.[71]

이에 비해 '지나낭인' 또는 '대륙낭인'은 주로 1870년대부터 배출되기 시작했는데, 그들은 번벌정부, 특히 육군 군벌 측과 인정한 관계를 가지고 정보수집과 지형탐사, 친일적 인적자원 양성 등의 낭인 활동을 행했다. 그것이 조선을 영향력 아래 놓는 것을 위시하여, 일본이 아시아의 맹주로서 패권을 장악하기 위해서는 중국과 한판 전쟁을 치러야 한다는 대청주전론의 입장에서, 전쟁이 일어날 것에 대비한 사전 준비작업이었음은 두말할 여지가 없다. 이들 1870년대에 배출된 '지나낭인'들은 주로 메이지 제2세대의 사람들이 주류를 이룬다.[72]

1880년대 후반부터는 서양을 모델로 한 일본의 근대화 정책의 성과가 드러나기 시작하고, 근대적 제도개혁을 통해 체제가 정비되고 사회적·정치적으로 안정을 이루어 가던 시기였다. 1885년 내각제가 창설되고, 이후 내각을 중심으로 하는 관료제가 정비되면서 실무를 담당하고 정책 입안을 하는 차관, 국장 이하 관료직에는 대부분 막말에서 메이지 초기에 구미 유학을 했거나 관료 양성소였던 도쿄제국대학 출신으로 전문지식이나 기술을 터득한 전문가들이 채용되고 있었다. 1890년에는 제국의회 의원선거

---

[71] 천우협의 구체적인 활동에 관해서는 요시쿠라 오세이 저술, 방광석 번역, 2023, 「천우협(天佑俠)」, 『동학농민혁명 신국역총서 15』, 동학농민혁명기념재단. 참고.

[72] 강창일, 2003, 『근대 일본의 조선 침략과 대아시아주의』, 역사비평사, 서론 참조. 이하 '조선낭인'에 관한 서술은 위의 책의 내용에 많이 의거하였다.

가 치러져 일단 국민국가적 정치체제를 갖추어 가고 있었다. 그러한 의미에서 메이지 20년대는 메이지 초기의 내적 갈등과 대립이 어느 정도 해소되었고, 자유민권운동 등 반정부운동도 체제 내로 수렴되어 국내 정치가 안정화 되어 가던 시기였다.

에도막부 말기의 변혁기에는 성년이 되었던 메이지 제1세대가 20대의 나이에 이미 국가를 운영하는 입장이 되었고 권력에서 배재된 정객들은 재야정치가 혹은 일본 국내의 낭인으로 활동하고 있었다. 안세이(安政) 연간에 태어나 메이지유신기에는 10대로서 아직 주역이 되지 않았던 메이지 제2세대는 그 후 변혁의 와중에 지연에 바탕을 둔 인맥을 통해 '입신출세'했다. 그러나 이것도 조슈와 사쓰마 번벌 세력에 집중되어 이들에게는 관료로서 권력에 접근할 수 있는 문이 크게 열려 있었으나, 비(非)번벌 지역 청·장년들에게는 그 길이 협소했다. 이리하여 권력에서 소외 내지 배제된 자들이 자유민권운동에 참가하여 반정부운동을 하거나 혹은 국권론을 주창하면서 중국으로 건너가 낭인 활동을 하게 되었다.

메이지 연간에 태어난 메이지 청년(이른바 메이지 제3세대)들의 경우는 상황이 조금 달랐다. 메이지 20년대는 인적 수급체계가 정비되어 인정 궤도에 올랐기 때문에 청년들로서는 정상 코스를 통해야만 군인 혹은 관료가 될 수 있었고, 정치가가 되기에는 아직 이른 세대였다. 정상 코스를 밟지 않은 자들에게는 인적 수급체계가 폐쇄적이고 경직되어 있음을 뜻하는 것이기도 했다. 이것이 당시 메이지 청년들을 조선을 비롯한 대륙으로 유출시키게 된 사회적·정치적 배경이라고 할 수 있다.

당시 청년들 사이에서 스즈키 덴간의 『입신문답(立身問答)』이 베스트셀러가 되었는데, 거기에서는 입신출세를 위해 도쿄로만 모여드는 것을 질타하면서, 조선이나 중국 등 대륙으로 나아가는 것이 국가나 자신의 출세를 위해 훨씬 좋은 길이라고 권장하고 있다.[73] 일본 국내에서 정치적 입신출세가 불가능한 경우 대륙으로 건너가 정치적 입지를 구축하는 것이 곧 애국의 길이요 입신출세의 요령이라는 것이다.

그들은 일본이 승승장구하여 대국으로 성장하는 모습을 보고 자란 세대이기에 이들에게서 위기의식이란 찾아보기 어렵다. 천우협의 스즈키는 1893년에 이미 서양문명의 몰락을 예견하고, 일본이 세계 최강이 되어야 한다고 역설했다. 실제로 당시 일본 국력을 감안할 때 아직 이에 미치지 못하고 있음에도 이 같은 주장을 하게 된 것은 '자의식 과잉'의 정신구조라고 할 만하다.

1880년대 후반에는 종래의 서구 추수적(西歐追隨的) 근대화 정책과 구화주의(歐化主義) 사회풍조에 대한 반작용으로 일본주의 혹은 국수주의운동이 활발히 전개되고 있었다. 1886년 이노우에 외상의 구화정책에 대한 반대 여론이 비등했던 것도 한 예다. 그뿐만 아니라 반정부적 움직임을 보여 온 자유민권운동이 1881년 국회개설의 조칙이 내려지자 자유당(총리 이타가키 다이스케, 1881년에 설립)과 입헌개진당(총리 오쿠마 시게노부, 1882년에 설립)이라는 정당으로 수렴되어 체제 내적 운동으로 전화해 갔는데, 그중 일부는 국권론적 입장으로 전환하여 번벌정부의 대외정책을 비판하였다.[74] 국수주의운동과 대륙팽창 열기가 더욱 활기를 띠고 전개되고 있었던 것이다.

1880년대의 이러한 정치 상황과 사회풍조가 당시 청년들에게 대륙에

---

73 鈴木天眼, 『立身問答』, 37~39쪽.
74 하나의 예로 후쿠오카 지방 사족들의 정치결사인 고요샤(向陽社)가 자유민권운동에 적극 참가하다가, 1881년 2월 현양사로 개칭하면서 만권론을 버리고 '아시아 문제' 해결을 내걸면서 국권운동을 펼치는 것을 들 수 있다.

대한 동경을 안겨주고 일본의 대륙국가화를 추동하는 시대적 배경이 되었고, 이것이 곧 '조선낭인'을 배출한 요인이라고 할 수 있다. 이때 조선으로 건너간 낭인들은 일본이 아시아의 맹주로서 패권을 장악해야 하는데, 그 제일보가 조선 침략이었고 이를 위해 청과 전쟁을 치러야 한다는 대청개전론을 펼치고 있었다. 그들의 주장과 소원대로 전쟁이 발발하자 통역이나 현지 안내원 등으로 전쟁에 참가했음은 물론이다. 종전이 되자 귀국하는 자들도 있었지만, 그대로 조선에 눌러앉아 활동하는 경우도 많았다.[75] 1895년 4월 17일의 시모노세키 강화조약을 통해 청일전쟁은 종결되었다. 조선의 완전무결한 독립과 랴오둥반도·타이완·펑후(澎湖)열도 할양을 주요 골자로 하는 강화조약으로 일본은 조선을 자국의 영향력 아래에 놓을 수 있었고, 타이완을 식민지로 삼아 제국주의 국가로 발돋움했다. 더 나아가 랴오둥반도를 할양받아 만주 진출의 교두보도 마련했다.

시모노세키 조약이 있은 지 한 달도 되지 않은 1895년 5월 초 이른바 삼국간섭이 이루어졌다. 일본의 만주 진출을 경계하여 러시아가 독일과 프랑스를 추동하여 일본으로 하여금 랴오둥반도를 반환하도록 했던 것이다. 일본으로서는 선택의 여지가 없이 굴복할 수밖에 없었다. 아직 러시아와 일전을 겨룰 만한 국력을 갖추지 못했기 때문이다. 이때 일본의 조야는 물론이고 조선에 거주하던 낭인들 사이에서도 '와신상담'과 '절치부심'이라는 구호 아래 러시아에 대한 적대감이 극도에 달했다.[76] 일본정부도 조선을 위시로 하여 대륙으로 침략하기 위해서는 러시아와 전쟁을 치

---

[75] 천우협 관계 낭인들은 창원의 금광습격사건으로 일본영사관에서 수배 중이었기 때문에 귀국하지 않을 수 없었다. 나중에 '명성황후 시해사건'에 관계한 천우협 낭인들은 청일전쟁 후에도 그대로 남아 활동한 자들이다.

[76] 『東亞先覺志士記傳』 상권, 569~585쪽.

르지 않으면 안 된다고 생각하고 대러 전쟁을 위해 대대적인 군비확장을 추진해 나갔다. 러시아의 힘의 우위가 확연히 드러난 상황에서 조선왕실은 이른바 '인아거일'정책을 취하여 러시아의 힘을 이용하여 일본을 배척하고자 했다. 이때 '조선낭인'들 사이에는 러시아에 대해서뿐만 아니라 그 연결고리의 정점에 있는 민황후에게 극도의 적대감을 보이면서 '민비 제거' 여론이 팽배했다.[77]

이노우에 가오루의 '개혁'이 실패한 뒤 일본정부는 군인 출신 미우라 고로를 조선공사에 임명했다. 그는 재야 낭인들과 깊은 교류를 맺고 있었으며 그들과 정치 성향도 같이하고 있었다. 미우라는 공사로 내정된 이후 임지 조선으로 출발할 때까지 아타미(熱海)의 별장에 머물면서 많은 '조선 문제' 전문가인 낭인들과 회합하면서 나름대로 치밀한 계획을 준비했다. 이들 중에는 현양사의 쓰키나리 히카루(月成光), 천우협의 다케다 한시, 그 외 구마모토 국권당 계열의 낭인이 있는가 하면, 다니 간조(谷干城)·시바 시로(柴四郎) 같은 정치가도 있었다.[78]

새로운 조선공사로 미우라가 부임할 때 다케다, 쓰키나리, 시바 등이 동행했다 그는 부임 후에도 공사관 관계자들보다 오카모토나 아다치 등

---

77 『東亞先覺志士記傳』상권, 522쪽.
78 미우라는 8월 17일 조선으로 오면서 3명의 낭인을 막료로 수행했다. 시바 시로, 천우협의 다케다, 현양사의 쓰키나리이다. 시바는 당시 유명한 정치소설가로서 중의원을 지냈으며 우익 낭인들과 친교가 깊었고 대륙진출을 열렬히 주창하던 대외강경노선의 정객이다. 다케다는 전형적인 '조선 낭인'으로, 1893년 전라남도 금오도에서 이주회와 교류를 맺고 있었고(武田範之, 「記李豊榮事」, 『洪滑遺蹟』 卷1). 1894년 농민전쟁이 발발했을 때는 민씨 정권 타도를 위해 천우협을 결성하여 농민군과의 접촉을 획책했던 자이다. 쓰키나리는 전형적인 대륙 침략단체인 현양사 핵심 멤버로서 오쿠마 시게노부 외상 폭탄 테러사건에 가담하여 구속된 적이 있는 테러리스트이다(『東亞先覺志士記傳』하권, 249쪽).

경성 주재 낭인들과 주로 접촉했다. 낭인들이 줄곧 주창해 온 바처럼, 조선에서 러시아를 막아내고 일본의 세력을 만회할 뿐만 아니라, 더 나아가 조선을 독자적으로 지배하기 위해서는 친러파의 정점인 '민비 제거'를 단행하기 위해서였다.

은밀한 범죄를 획책했던 '명성황후시해사건'은 만천하에 공개되어 버림으로써 일본은 국제적 비난을 사게 되었을 뿐만 아니라 조선에서 대대적인 반일 의병을 일으키는 계기가 되었다. 이에 낭인들도 반일 기운 때문에 더 이상 조선에서 활동할 수 없게 되어 귀국하거나, 만주나 시베리아 등지로 활동 근거지를 옮기게 되었다.

청일전쟁 이후 서구 열강에 의한 제국주의적 모순이 동아시아에 집중되어 중국 분할 상황으로 치닫고 있었다. 이에 대응하여 '지나낭인'을 중심으로 동아동문회가 결성되었다. 또 중국에서는 얼마 지나지 않아 '의화단사건'이 발발하여 열강이 8개국 연합군을 파병하는 사태로까지 발전했다. 이로써 중국 분할이 본격적으로 이루어지게 되었다. 특히 러시아의 만주 침략은 노골적으로 이루어지고 있었다.

이러한 시기에 '조선낭인'들은 '조선 문제'의 연장선에서 러시아를 주적으로 생각하면서 만주와 시베리아로 건너가 낭인 활동을 하는가 하면, 새롭게 이들과 비슷한 뜻을 가지고 만주나 시베리아에서 활동하는 낭인들도 속출했다. 우치다 등이 시베리아로 건너가 활동하였다. 새로운 시베리아 낭인의 대부분은 나카노 지로(中野二郎)[79]가 1898년 삿포로에 설립

---

79 나카노는 1864년생 후쿠시마현(福島縣) 아이즈와카마쓰(會津若松) 사족 집안 출신으로 호는 덴몬(天門)이다. 도쿄사범학교(東京師範學校)를 졸업하여 소학교 교사를 하다가 1884년 상하이(上海)의 동양학관에 가서 낭인 생활을 했다. 후에 한커우(漢口)의 낙선당(樂善堂)에서 활동했다. 삼국간섭 후 요동반도의 환부에 격양하여 대러 문제에

한 노청(露淸)어학교에서 배출되었다. 이토 마사모토(伊東正基)·쓰지 아키라(辻曉)·다카타 산로쿠(高田三六)·미스미 지로(三角二郞)·후루카와 사토미(古川里美) 등이 그들이다. 우치다 등 '조선낭인'과 나카노 문하의 '시베리아낭인'이 중심이 되어 만든 단체가 흑룡회이다.

이들 흑룡회에 속한 '대륙낭인'에게는 '중국 문제'가 어떻게 되는지는 별로 중요하지 않았다. 단, 조선과 만주의 문제에 관계되는 한, 그것이 곧 자신의 문제로 인식될 뿐이었다. 대리전쟁을 주창하던 낭인들은 노골적으로 만주에 진출하던 러시아가 열강의 견제와 간섭으로 진출에 주춤하자, 다시 조선으로 역류하여 활동하는 경우가 많아졌다. 동아동문회에서 활동하던 구마모토 낭인들은 경성과 평양 등지에서 '언론사업'이나 '교육사업' 등을 전개했다.[80] 흑룡회도 1902년 5월 조선의 진해만에 있는 섬을 매수하는가 하면, 9월에는 대구에 비룡상회(잡화상)를 설립하여 낭인의 거점으로 삼았다. 1903년 2월에는 부산에 해외본부를 설립하여 출판활동도 했다. 그리고 1904년 2월 러일전쟁이 발발하자 시베리아와 만주 지방에서 활동하던 낭인들을 불러들여 통역·정탐원·특수임무요원 등으로 종군하게 했다.

러일전쟁에서 일본이 승리하고 포츠머스조약을 통해 남만주의 철도

전념하게 되어 1897년에 이노우에 마사지(井上雅二)와 함께 러시아에 들어가 정탐활동을 했는데, 이때 우치다와 만났다. 1898년에는 삿포로에 노청(露淸)어학교를 설립했는데 이 학교 졸업생들이 시베리아로 건너가 일단의 낭인단을 형성하게 되고, 후에는 흑룡회 회원으로 활동하였다. 『東亞先覺志士記傳』 하권, 353쪽; 『對支回顧錄』 하권, 323쪽.

80 이에 대해서는 佐々博雄, 1977.1, 「熊本國權黨と朝鮮における新聞事業」, 國士館大學 文學部, 『人文學會紀要』 제9호; 稻葉繼雄, 1994.9, 「舊韓國·朝鮮教育と福岡縣人」, 『九州大學教育學部紀要』 教育學部門』 제39호; 동, 『舊韓末日語學校の研究』 참조.

경영권을 획득하는 등 만주 침략이 가시화되자, 1906년을 전후하여 수많은 낭인들이 집단적으로 만주로 건너갔다. 중국의 쑨원 등은 도쿄를 혁명 근거지로 하여 중국혁명동지회를 결성했는데 이때 낭인들은 여기에도 관여하여 지원했다. 혁명 지원 낭인군에는 야마다 요시마사(山田良政), 미야자키 도텐과 같은 "메이지 로맨티시즘이 낳은 낙오자" 혹은 "순정한 대륙 낭인의 전형적 인물"들이 있는가 하면,[81] 도야마나 우치다처럼 이를 기회로 만주 분할을 도모하고자 참가한 낭인들도 있었다. 가와시마 나니와(川島浪速)를 선구로 하는 '만주낭인'들은 중국혁명을 만주 분할의 절호의 기회로 삼아 육군 참모본부의 지원 아래 마적단을 만들어 활동하는 등 만주를 무대로 크게 암약했다.[82]

일본의 많은 '대륙낭인'들이 만주로 건너가거나 중국혁명운동에 참여하게 되는데 반해, 흑룡회 낭인들은 우치다의 주도 아래 일진회와 제휴하여 '한일합방' 운동을 전개해 나갔다. 이때 '명성황후시해사건'에 관여했던 구마모토 국권당 계열의 낭인들은 주로 조선에서 '언론사업'과 '교육사업'을 하면서 한일병합을 획책해 갔다.[83] 한일병합이 이루어진 후 조선에서 활동하던 낭인들은 일본으로 역류하여 본국에서 우익운동을 하거나 조선에 계속 남아 사업가 혹은 총독부 관리로 활동하는가 하면, 만주로 건너가 '만주낭인'으로 활약하는 자도 있었다.

---

81 渡邊龍策, 1967,『大陸浪人』, 番町書房, 10~12쪽.
82 '만주 낭인'의 활동에 대해서는『東亞先覺志士記傳』중권, 254~353쪽 참조.
83 稻葉繼雄,『舊韓末日語學校の硏究』참조.

(2) '조선낭인'의 정치적 성향

'조선낭인'의 전형이자 모태가 된 것이 천우협 낭인이기 때문에 천우협도를 중심으로 하여 '조선낭인'의 출신성분과 정치적 성향을 살펴보고자 한다. 우선 천우협 관계자들의 연령을 보면, 20세 이하가 4명, 21~25세가 3명, 26~30세가 12명, 31세 1명, 미상 2명이다. '명성황후시해사건' 관계 낭인도 대부분 메이지 제2, 3세대의 청·장년들이다.[84] 이것은 곧 그들이 메이지 연간에 태어난 메이지 제3세대가 주류를 이루고 있음을 보여준다.

'조선낭인'은 메이지 제1세대나 제2세대와는 다른 내외적 환경 속에서 성장한 세대로서 기성세대인 제1, 2세대가 구미침략의 위기, 메이지유신, 제도의 근대적 개혁, 세이난전쟁, 자유민권운동 등을 직접·간접으로 체험한 것에 반해, 오히려 '태평성대'라 구가될 정도로 안정된 사회적·정치적 환경 속에서 성장했다. 즉 위기의식이 공동화(空洞化)된 세대이다. 이들은 스스로 기성세대와 다르다는 자의식을 가지고 당시 사회에 팽배해있던 구화(歐化)주의 풍조, 번벌정부의 유사전제(有司專制), '무사안일'의 대외정책, 더 나아가 기성세대의 '공리공담', '문약겁유(文弱怯儒)'의 자세를 비판했다.[85]

'조선낭인'은 일본 국력에 대해서도 국가독립의 위기를 체험한 기성세대와 매우 다른 평가를 했다. 앞서 언급한 바와 같이, 이들은 일본 국력은 이미 서구 열강과 비견될 정도이며, 일본인은 유럽인 및 중국인을 능가하

---

84 조선낭인의 분류와 경력에 대해서는 강창일의 연구에 따른다.(강창일, 2003, 앞의 책 135쪽 이하)
85 「天祐俠の旗揚げに就て」, 『二六新報』, 1894년 7월 7일 자.

는 우수한 민족이라고 상찬했다. 또 일본 민족에 대한 찬미에 그치지 않고 일본 민족이 세계에 웅비할 것을 주장했다. 그 웅비란 곧 일본이 "아시아 전체를 지배하는" 것이었다.[86]

그들에게는 일본 국가의 위기감은 전혀 찾아볼 수 없었고, 완전히 해소되어 있다고 해도 지나치지 않았다. 실제로 이것은 당시 일본 국력에 대한 허구적 인식으로 '자의식 과잉'의 정신상태이다. 이 '자의식 과잉'이 대륙팽창의 정신적 배경이 되고 있었다.

'조선낭인'을 출신 배경을 살펴보면, 그들은 대부분 비번벌 지역 사족 집안 출신임이 확인된다. 이러한 사실은 정치 지향적 성향을 갖고 있으면서도 메이지 권력체계로부터 배제 혹은 소외된 '낙오자'라는 것을 의미한다. 이들은 메이지 연간에 태어난 메이지 제3세대가 대부분인데, 아직 젊어서 국회의원으로 입후보하기에 일렀고, 정식 코스를 밟지 않고서는 관료로의 진출도 용이하지 않았음은 물론이다. 국내에서 정치활동이라든지 입신출세가 여의치 않아 이들은 대륙팽창과 국권확장을 제일의 국가과제로 생각하면서 조선으로 건너가서 '지사' 또는 '국사'로 자처하면서 '애국적인 활동'을 전개했던 것이다.

천우협과 흑룡회 낭인들의 지역적 분포를 보면, 규슈 청년들이 많기는 하지만 전국적 차원에서 모여들어 지역적으로 다양한 분포를 보이고 있다. 이것은 메이지 제3세대에 이르면, 지역적 인연을 가지고 결사하여 정치활동을 하는 행동양식이 아니라 지연성을 뛰어넘어 전국적 차원에서 모임이 이루어지는 경우도 있다는 것을 보여준다. 단 메이지 정치권력의 2대 지주라 할 수 있는 조슈와 사쓰마 출신이 한 사람도 없다는 점이 주목

---

86 「亞細亞の覇權を握り天下三分の策を劃すべし(中)」,『二六新報』, 1894년 8월 1일 자.

된다. 그 지방 출신들의 경우 권력으로의 접근이 상대적으로 용이했다는 것을 반증하는 사례라고 할 수 있다.

을미사변 관계자인 경우 구마모토 출신 낭인들이 많은 비중을 차지하는데, 여기에는 특별한 이유가 있다. 원래 구마모토 낭인들은 구마모토 국권당과 끈을 맺고 형성되었다. 당시 중의원 의원인 삿사 도모후사가 이끌었던 구마모토 국권당은 현양사와 함께 메이지시대의 대표적인 대외강경노선의 국권파 정치단체이다. 국권당의 아다치 겐조는 이노우에 조선공사의 부탁으로 한성신보사를 만들었는데, 이때 구마모토의 청년낭인들이 여기서 일하게 되었고, 아다치가 을미사변에서 중요한 역할을 하게 되면서 이들이 집단으로 참여하게 된 것이다.

을미사변에 관여한 구마모토 낭인들은 사건 후 조선에서 추방되었다. 그 뒤 '조선 문제'에 직접 관계하지 않고 본국에서 정치활동을 하는 자가 있는가 하면 동아동문회에 들어가 조선부를 담당하는 자도 있었다. 시바시로, 아다치, 사세 구마테쓰(佐瀨熊鐵) 등은 중의원의원으로 활동하고, 구니토모는 동아동문회의 간사로 조선부 책임을 맡았다. 러일전쟁을 전후하여 이들은 다시 조선으로 들어와 활동했는데, 정치영역은 흑룡회에 빼앗겨 교육과 언론 활동에 주력하게 된다.

이어서 그들의 경력과 학력 등을 검토해 보고자 한다. 낭인이란 그 어의가 뜻하는 것처럼 "생활을 부정하는 요컨대 실업자"로서[87] 일정한 직업이나 수입이 없이 "국시를 위해 분주하는" 자들을 일컫는다.[88] 이들은 도쿄제국대학 예비교, 도쿄법학교, 게이오의숙, 육군사관학교 등을 졸업 혹

---

87 石川恒太郎, 1931, 『日本浪人史』, 春秋文庫.
88 小森德治, 1928, 『明石元二郞』 上卷, 臺灣日日新聞社, 353쪽.

은 중퇴한 자들로서 당시로서는 고학력으로 상당한 수준의 유식자였다 이들의 활동 분야는 법률 분야 2명, 승려 1명, 교사 1명, 언론관계자 6명, 군인 출신 4명 등이다. 여기서 특히 주목되는 것은 언론관계자 및 군인 출신이 큰 비중을 차지하는 점이다.[89]

'조선낭인'은 다양한 지역적 분포를 보이고 있는 한편 정치적·인적 배경도 다양하다. 현양사 계열이 있는가 하면, 구마모토 국권당 계열도 있고, 이른바 자유당 좌파로 일컬어지는 오이 겐타로 추종자도 있다. 그러나 이들 '대륙낭인'의 경우 국내 문제에 관해서는 입장차이가 있을지언정, 대륙팽창을 통한 대륙국가화라는 메이지 국가목표에서는 하나의 공감대를 형성하고 있었다. 결국 민권적 주장이 국권론의 종속개념으로 수렴하는 근대 일본 사상계의 흐름을 확인할 수 있다.

낭인의 경험과 활동은 정치적 출세를 위한 기반을 구축해 가는 길이기도 했다. 이들 중에는 낭인 활동에서 얻은 전문지식을 가지고 '조선 문제' 전문가로서 이름을 날리거나 '애국지사'적 활동으로 정치기반을 구축하여 중의원 의원이 되는 자도 있었다. 아다치, 사세, 시바 등이 그러하다.

일본 내에서 활동하는 국내 낭인은 반(反)번벌의 입장에서 사이고 다카모리의 세이난전쟁에 참가하거나 자유민권운동에 가담했던 메이지 제1, 2세대가 중심이다. 반면 메이지 10년대부터 배출된 '지나낭인'의 경우 메이지 제2세대가 주류를 이루고 있고, '조선낭인'은 메이지 제3세대가 중심을 이룬다.

그런데 초기 '조선낭인'의 경우 순수 민간인의 신분으로 건너가는 경우도 많았다. 이들이 아직 뚜렷한 정치적 끈을 형성하고 있지 못한 데 이

---

89 강창일, 2003, 『근대 일본의 조선 침략과 대아시아주의』, 역사비평사, 87쪽.

유가 있을 것이다. 일청무역연구소의 경우를 비롯해 '지나낭인'들이 처음부터 군부나 정부 당국이 인정한 관계를 바탕으로 중국에서 활동하는 경우가 많았던 것과 대비된다. 그러나 흑룡회 단계에 들어서면 상황은 달라진다. 우치다의 경우 정부로부터 자금을 지원받아 시베리아에서 활동했고, 흑룡회도 정부 특히 육군 측과 일정한 관계를 맺고 조선에서 대러 전쟁에 대비한 토지매입, 정탐활동, 지도 작성 등의 사업을 벌이고 있었음이 확인된다. 더 나아가 이들은 러일전쟁이 끝나자 일진회와 더불어 '한일합방'운동을 할 때 정부 당국과 긴밀한 관계를 맺고 활약했다

'조선낭인'의 직업을 살펴보면, 천우협의 경우 다케다, 오사키, 시바타는 법률사무소(지금의 사법서사) 직원이고, 요시쿠라, 혼마, 스즈키 등은 신문사 특파원, 이노우에는 조선 주재 신문사 기자, 오쿠보는 소학교 교원, 니시와키(西脇)는 조선어통역 등을 하고 있었다. 그러나 각처를 돌아다니면서 정보수집을 할 때 이들은 잡화행상[특히 매약(賣藥)행상]을 가장하는 경우가 많았다. 행상은 전국을 돌아다니며 정보를 수집하고 정탐활동을 하는 데 용이했기 때문에 그들의 목적에 안성맞춤이었다. 시베리아에서는 사진관을 경영하거나 유도관을 설립하여 그곳을 거점으로 활동하기도 했다. 그들은 현지 체험담을 일본의 신문·잡지에 투고하거나 단행본으로 출간하여 문명(文名)을 날리면서 '조선 문제' 전문가로 자리를 잡아나갔다. 예를 들면 혼마, 다케다, 스즈키, 요시쿠라, 우치다, 다케다 같은 경우가 대표적이다.

이들은 현지 체험을 통해 '조선 문제'를 자기 문제로 인식하게 되는 자기동일화 현상을 보여주고 있다. 곧 문화적·혈통적 유사성을 체험하면서 동문동조론과 운명공동체론을 체득하게 되고, 결국 조선과 일본이 분리되지 않는 객체로서의 조선상은 상정되지 않게 된다. 이 때문에 조선 민

족 구제론이 등장하게 되고, '조선 문제'가 목적화되었던 것이다.

일본의 중국 전문가에 의해 제기되는 '중국 문제'와 아시아주의는 '중국 보전'이라는 슬로건 아래 동문동종론을 내세워 중국을 서구 열강의 침략으로부터 막아내자는 것이다. 이에 비해 '조선낭인'이나 '만주낭인' 등 대륙낭인들도 '지나 보전'을 주장하지만, 이것은 오로지 러시아의 "만주 점령에 반대하여 지나 보전의 대의를 주장하는" 것에 지나지 않았다.[90] '중국 문제' 여하는 그들에게 주요한 관심사가 아니었다. 오로지 조선, 만주, 몽골 문제 해결에 관계되는 사항에 지나지 않았던 것이다. 현지 체험을 통해 체득된 인식의 소산이라고 할 수 있다.

중국과는 달리 만주에 대한 그들의 생각은 매우 달랐다. 여기에는 인종주의와 혈통주의를 중핵에 놓고 제 사상(事象)을 판단하는 역사관과 세계관이 작용하고 있었다. 만주 지역은 본래 일본과 깊은 인연을 맺고 있는 고토(故土)일 뿐 아니라, 이 지역의 민족 역시 일본과 근친적 관계에 있는 '동이북적족'이라는 신념에서 그들은 일본의 중핵으로 이 지역을 통합한 대아시아제국 건설을 주창하게 되는 것이다

인종주의와 혈통주의를 중시한 '조선낭인'의 사상은 한반도에서 시작하여 만주와 몽골, 그리고 시베리아에까지 그 범주가 확대되는 속성을 지닌다. 그래서 이들의 활동무대는 단지 조선에 그치지 않고 만주나 시베리아로까지 넓혀지는 것이다. 우치다가 시베리아에서, 요시쿠라가 만주로 건너가 낭인 활동을 하는 것이 그 예이다. 을미사변에 관여한 구마모토 낭인들의 경우 나중에 동아동문회의 조선부에서 활동했으나, 그들 역시 '조선낭인'의 정신구조와 인식을 공유하고 있었기 때문에 '중국 문제'를

---

90 「主張: 黑龍合語學校設立の要旨」, 『黑龍』 제1권 제7호, 1901.11.

중심축으로 설정하는 동아동문회에서는 비주류적 존재가 되었던 것이다.

4) '조선낭인'의 아시아·조선 인식

(1) 아시아에 대한 인식

동아시아를 가리키는 '동양(東洋)'이라는 용어는 일본이 서구와 접촉하면서 그 대립 개념으로 창안된 것이다. 국가영역이 아닌 지리·문화적 범주로서 동양으로의 회귀를 지향하는 언설이나 담론이기도 하다.[91] 일본에서 국가영역으로서 중국은 '지나(支那)'로 통칭되었다. 18세기 때부터 서양의 근대지리학이 일본에 도입되면서 중국인의 존칭적 자칭인 '중화'를 거부하고 탈가치적 지리 개념인 '지나'를 사용하는 경우가 특히 난학자들을 중심으로 있었다.[92] 그런데 19세기 후반에 들어와 일본이 동양으로 회귀하면서 중국을 일반적으로 '지나'라고 칭하였는데, 여기에는 한족의 본래 영토인 '지나'와 '동이족'의 범역인 만주를 구별하고 중화체제로서 동양을 부정하여 중국을 상대화하는 함의를 갖고 있다.[93]

---

91 동양의 지리적·문화적 범주는 논자에 따라 다양하다 오카쿠라 덴신은 중국과 일본은 물론 인도까지 포함하는가 하면, 고테라 겐키치(小寺謙吉)는 중앙아시아와 중동지역까지를 포괄한다. (강창일, 2002, 앞의 책 331쪽)

92 松田宏一郎, 「「亞細亞」の他稱性―アジア主義以前のアジア論」, 日本政治學會編, 『日本外交におけるアジア主義』, 岩波書店, 1998.

93 Stefan Tanaka, 1993, Japan's Orient: Rendering Pasts into History, University of Califonia press (스테판 다나카, 「근대 일본과 '동양'의 창안」, 정원식 등 엮음, 1995, 『동아시아, 문제와 시각』, 문학과지성사). 본래 동양이란 중국 상인들이 자바 주변 해역을 지칭했던 뜻이었던 듯하다. 혼다 도시아키(本田利明)는 『서역이야기(西域物語)』(1798)라는 책에서 일본과 영국의 무역을 비교하면서 유라시아대륙을 서양과 동양으로 나누었다. 19세기 중엽 사쿠마 쇼잔(佐久間象山)은 종종 문명론적 차원에서 동양과 서양을 구별하여 도덕 문명의 동양, 기예 문명의 서양이라고 했다. 19세기 후반 이래 서

천우협 관계자들은 아시아를 논할 때 주로 동아, 동방, 동양 혹은 아세아라는 용어를 사용하는데, 여기서 아시아의 범주는 동양 3국인 일본, 조선, 중국으로, 한자와 유교를 공유하는 동일문명권이라는 점에서 다른 논자들과 대동소이하다. 게다가 이들은 운명공동체적 성격까지 내세운다. 즉 3국이 서구의 침략에 노출되어 위기상황에 직면한 운명공동체라는 것이다.

당시 '조선낭인'의 기관지라고도 불리었던 『니로쿠신보』 기사에서는 "역사적으로도 문화적으로도 경제적으로도 서로 밀접한 관계"에 있는 동양 3국이 구미 열강, 특히 영국과 러시아의 침략 위기에 직면하고 있는 운명공동체이고, 더욱이 청국과 조선은 일본의 강약과 이해라는 국익에 직결하는 지역이라는 것이다. 따라서 동양 3국이 단결하여 구미열강의 침략에 대항하지 않으면 안 된다고 주장했다.[94] 다케다는 일본의 독립과 부강, 더 나아가 적극적 의미에서 세계평화를 도모하기 위해 동양 3국은 단결하지 않으면 안 된다고 했다.[95]

그들이 단결을 제창하는 동양 3국이란 약육강식의 힘의 정치가 지배하는 국제무대에서 침략의 대상으로 설정되는 범주였다. 침략 세력인 서양을 타자로 하여 설정되는 운명공동체인 것이다. 그중에서 일본과 조선의 관계에는 일본과 중국의 그것과는 조금 다른 차원에서 논하고 있다.

양과 본격적으로 접촉하면서 인종·문명·종교·지리적 특징을 포괄하는 반서양적 개념으로 사용되었다고 한다. '지나'라는 용어는 국학자들의 경우 문명과 야만, 안과 바깥 개념으로부터 일본을 떼어놓기 위해 사용했고, 20세기 초 중국혁명가들은 자신을 청 왕조의 만주와 구별 짓기 위해 이 말을 사용했다. 또 20세기 초 일본에서는 근대적 아시아국가 일본에 대비시켜 수렁에 빠져 허우적거리는 중국을 가리키는 차별적 용어로 이 말을 썼다고 한다.

94　鈴木天眼, 「開國進取之外政池廢」, 『二六新報』, 1894년 2월 13일 자.
95　「與全璋準書」.

동문동조론과 순치보거론이 그것이다. 동양 3국을 크게 하나의 단위로 설정하면서도, 혈통적, 문명적, 지정학적 차원에서 일본과 조선의 일체성을 강고히 묶어나가는 사고이다. 이러한 인식은 을미사변 관련자들에게도 대동소이하다.

이러한 인식은 삼국간섭 이후 러시아가 주적으로 설정되면서 아시아라는 범주의 외연이 확장되어 간다. 흑룡회는 시베리아와 만주 사이를 흐르는 흑룡강(아무르강)을 중심으로 "대륙 경영의 대업"을 달성할 포부를 가지고 그 명칭을 붙였다.[96] 그리고 창립 당시 「규약」 제2조에서는 "본회는 시베리아, 만주, 조선의 백반 사물 문제를 연구, 해석하고 경영하는 것을 목적으로 한다"라고 분명히 밝히고 있다.[97]

흑룡회가 발표한 「창립취의문」을 요약하면, ① 서양 열강(독·러·영·불)에 의한 동양의 유린은 이미 오래되어 영국과 프랑스는 중국의 남쪽에서, 독일과 러시아는 북쪽에서 시작하고 있다. 특히 러시아의 만주 지역 침략은 가공할 만한 것이다. ② 조선, 시베리아, 만주 지역은 일본과 긴밀한 관계를 갖는 곳이다. ③ 흑룡회 회원들은 다년간에 걸쳐 조선, 만주, 시베리아 지역에서 조사, 연구해 온 낭인이다. ④ 일본은 이 지역을 경영하지 않으면 안 되는데, 낭인들이 조사, 연구한 전문지식을 널리 알려 여기에 제공하려고 한다는 것이다.[98] 즉 이들은 "동아의 대국과 제국의 천직을 돌아보아 서세동점의 추세를 막고 동아 흥륭의 경륜을 실행하기 위해 목전의 급무로서 우선 러시아와 싸워 동방에서 격퇴하고, 그 후에 조선, 만

---

96 『東亞先覺志士記傳』 상권, 678쪽.
97 『黑龍會會報』 제1집, 1901년 3월, 123쪽.
98 위와 같음.

주, 몽고, 시베리아를 묶어 그것을 일환으로 하는 대륙경영의 기초를 건설하기" 위해 창립되었다는 것이다.[99]

이것은 바로 아시아를 중국의 한족과 일본 민족 중심의 '동이북적' 두 영역으로 2분하는 발상이다. 이러한 시각과 '동이북적 통합론'이 바로 대아시아주의의 기본 틀이라고 할 수 있다. 이러한 사고방식은 「창립취의문」에서도 찾아볼 수 있다. 「취의문」에서는 서구 열강 특히 러시아의 만주 침략에 대한 위기감 아래 일본의 대륙국가화와 동문동조 민족의 구제를 위해 조선·만주·시베리아에 손을 뻗지 않으면 안 된다고 주장했다.

이것이 1930년대 만주국 수립 이후에는 논조가 바뀌어 간다. 예를 들면 오로지 러시아의 대륙 침략과 조선과 만주 문제를 논했던 초기 흑룡회의 「취의문」을 고쳐 '동아진흥'의 과제를 제기하는 것이었다. 그리하여 대아시아주의의 범주가 중국을 포함한 동양에까지 미치고 있었다.[100] 여기서 외연이 확대되는 대아시아주의의 전체주의적 속성을 살필 수 있다. 정치적 상황의 변동에 따라 그들의 동양의 범주는 변해 갔던 것이다.

(2) 각국의 정세에 대한 인식

일본, 조선, 중국의 동아시아 3국의 국내정세에 대한 '조선낭인'의 인식은 어떠했을까? 먼저 일본에 관해 천우협과 흑룡회 관련자들은 일본을 '문명독립국'으로 규정하면서 일본이 단기간에 장족의 발전을 달성할 수 있었던 것은, 땅은 좁지만 '개국진취의 기상'과 '상무정신'이 투철했기 때

---

99 『東亞先覺志士記傳』 상권, 678쪽 ; 『國士內田良平傳』, 245쪽.
100 「黑龍會趣意書」, 『黑龍合事歷』, 1931, 1~4쪽.

문이라고 보았다.[101] 그런데 근래에 들어 번벌정부와 정상배가 대외적으로 동양의 위기상황임에도 불구하고 연약외교와 무사안일주의로 일관하고 있고, 대내적으로 무단전제정치를 행하여,[102] 내외의 정기를 어지럽히고 있다고 했다.

일본이 서양의 침략 위기 속에서 독립을 보전하면서 문명개화를 이루고 세계의 일본으로 발전할 수 있었던 것은 동양 문명의 정수인 일본 문명을 토대로 하여 서양의 근대 문명을 주체적으로 수용했기 때문인데,[103] 근래에 번벌정부가 맹목적으로 서구 추수적 정책으로 일관하여 사회 저변에까지 구화주의 풍조가 침투해 버렸다. 그래서 현재 일본은 그 본말을 전도하여 사회 전체에 애국주의가 아닌 이기주의, 상무주의가 아닌 물질주의가 팽배해 있는데, 이것은 정상배의 상인주의에 그 원인이 있다고 비판했다.[104] 이러한 비판의 논거는 "동양 문명과 서양 문명, 대륙 문명과 해양 문명의 융화체"로서 제3의 일본문명론, 즉 신문명론이었다. 그들은 일본이 표면적으로는 "태평성대처럼 보이지만 실제는 자주성을 상실하고 발전의 원동력인 상무정신과 애국심을 잃은 허위의 태평성대이고, 또 심각한 국제적 위기상황에 직면하고 있다"고 보았다 그리하여 이들은 일본

---

101 鈴木天眼, 1902.4,「開國進取之外政池廢」;「主張: 小成に安ずる海外經營」,『黑龍』제11호 등.

102 「政界の超勢」,『二六新報』, 1894년 3월 13일 자;「虛僞の太平」.

103 「敎育の新主義」,『二六新報』, 1894년 3월 6일 자;「サラミ(3)」,『二六新報』, 1894년 10월 28일 자 등 참조.

104 그렇지만 번벌정부에 반대하는 그들의 입장과 사회비판이 당시 기존의 반정부 정당 세력이나 국수주의자, 즉 일본주의자들과 반드시 같다고는 할 수 없다. 오히려 정당 세력에 대해서는 공리공담만 일삼는 자들이고 일본주의자는 세계정세에 통하지 않는 보수주의자라고 규정하고, '무위의 공론'을 일삼고 있다고 비판했다.「日本人の責務」,『二六新報』, 1894년 7월 4일 자.

의 대혁신을 주장했다.

조선에 대한 '조선낭인'의 인식을 보면, 그들은 조선을 "반(半)개화·반(半)독립의 열등국"으로 규정했다.[105] 반개화란 근대문명화가 이루어져 있지 않다는 것이고, 반독립이란 청의 속방이라는 의미이다. 본래 조선은 일본과 동문동조 관계에 있었고 과거에 찬란한 문화를 향유하고 그것을 일본에 전파해 주기도 하였지만 근래에 퇴보의 극에 이르러 조선 민족은 참담한 지경에서 신음하고 있다고 했다. 그리고 그 원인으로 지방제도가 근대적으로 개혁되지 않아 지방관의 가렴주구가 횡행하고 있는 점, 아직 양반과 상민이 존재하는 신분적 계급사회이고 전통적 허례허식의 유교적 도덕규범이 그대로 온존되고 있는 점, 전통적 화이관에 토대를 둔 사대주의 기풍이 만연하고 있는 점, 민씨 정권의 완루(頑陋)·보수적 성격으로 부국강병·식산흥업 정책이 전혀 강구되고 있지 않는 점 등을 예로 들었다.[106]

이러한 상황을 반개화의 상황이라고 전제한 후, 정부의 잘못으로 조선인은 비참한 생활을 영위하지 않으면 안 되고 무기력과 자포자기에 빠져 생활 의욕을 상실하고, 더 나아가 애국심조차 없어지게 되었다고 했다. 이처럼 된 데는 청나라가 배후에서 이를 조장하고 있었기 때문이라고도 했다.[107]

예를 들면 동학농민군에 대한 천우협의 격문에서는 "금일 지방관리의 학정이 국가의 수뢰정치에 의해 오는 것은, 공들[동학농민군]도 본래부터 잘 알고 있는바, 인민이 질고(疾苦)하게 된 원인은 공들도 역시 민가(閔家)

---

105 「開國進取と外政也廢(續)」,『二六新報』, 1894년 2월 14일 자;「自家撞着」, 같은 신문 6월 28일 자;「戰機活動の圖に題す」, 같은 신문 6월 29일 자.
106 「朝鮮雜記(續)」,『二六新報』, 1894년 4월 29일 자;「せめて草(2)」, 같은 신문 6월 29일 자.
107 「サラミ(6)」,『二六新報』, 1894년 11월 1일 자.

라 하니, 민(閔)의 죄가 지방 수령보다 무겁다는 것도 사리 당연한 논리이다. … 민족(閔族) 악정의 배후에는 그 수호자로서 청국 사신 위안스카이(袁世凱)가 있다"¹⁰⁸고 주장하고 있다.

그들이 보기에 '조선 문제'의 모든 책임은 민씨 정권에 있고, 그 정권이 타도되지 않는 한 조선의 진보개화는 당분간 기대할 수 없을 뿐만 아니라 바로 조선 존망의 위기, 더 나아가 동양의 위기가 닥칠 것이다. 그래서 동문동조와 순치보거 관계에 있는 일본이 "조선의 일대 혁명"을 통해 조선민족을 구제하고 조선의 독립을 지키는 것은 "일본의 책무이고 사명"이라는 것이다. 여기서 혁명이란 민씨 정권 타도이고, 이것을 통해 내정혁신을 도모하고 조선으로부터 청을 배제하는 것이다. 이러한 주장은 '명성황후시해사건' 때도 그 대상이 러시아로 바뀌었을 뿐, 똑같이 전개되었다.

나아가 그들이 보기에 조선은 반독립국이었다. 이것은 청국의 속국화 정책에 기인하는 것이기도 하지만, 더 근본적인 원인은 조선인의 사대주의 기질(자주정신과 국가의식의 결여)과 민씨 정권의 사대정책에 있기 때문에 하루빨리 청을 조선에서 몰아내고 민씨 정권을 타도해야 한다는 것이었다.¹⁰⁹ 청에 대해서는 독립국이지만 문명개화가 되지 않은 반개화의 상황이라고 했다. 더욱이 청국은 아직 세계의 대세를 알지 못하여 구태의연한 중화의식에 사로잡혀 일본을 소국 또는 섬나라라고 경멸하고, 또 조선에 대해서는 내정간섭을 멈추지 않고 식민지화하려 하고 있다고 보았다.¹¹⁰

또한 청국은 이미 민씨 정권을 통해 조선을 정치적으로 지배하고 있

---

108 「檄文」.
109 「與全琫準書」.
110 「朝鮮における支那の勢力」,『二六新報』, 1894년 3월 11일 자; 「與全琫準書」; 「檄文」.

지만 작금에 이르러 속국화하려는 의도가 있다. 스스로도 지키지 못하는 주제에 조선을 병탄하려는 것은 조선을 구제하는 것이 아니라 영토 확장을 위한 흑심에 지나지 않기 때문에 청을 "동양 평화의 구적(仇敵)"이라고 규정했다.[111] 이러한 논리로 대청주전론과 동양패권론을 정당화하는 것이다.

러시아가 중심이 되어 일으킨 삼국간섭으로 서구 열강의 동양 진출이 본격화되는 것은 충분히 예고되었다. 이때 러시아에 굴복한 일본은 '와신상담'과 '절치부심'이라는 슬로건에서 알 수 있듯이, 극도의 적대감이 들끓고 있었다. 이러한 분위기를 이용해 당국에서는 러시아를 주적으로 설정하여 대대적인 군비확장정책을 추진해 갔다

'조선낭인'들은 삼국간섭 이후 동양이 서구 제국주의 열강의 영토 분할의 각축장이 될 것이라고 경고하면서, "러시아는 만주 땅에, 독일은 산둥(山東)에, 영국은 광둥(廣東)에, 프랑스는 윈구이(雲貴)에 그 세력범위를 분치하여 근본을 세우려"[112] 하고 있다고 전제한 후, 청일전쟁에서 승리하여 동양의 맹주권을 획득한 일본이 동양의 보전과 평화를 위해 더 적극적으로 이에 대처해야 한다고 주장했다.

'조선낭인'은 러시아에서의 직접 체험과 정보를 토대로 하여 나름대로 러시아에 대한 인식을 갖게 되었다. 우선 러시아 민족에 대해, 서양의 인종과 다른 이른바 '반황반백(半黃半白)' 인종이라고 생각했다.

그들은 "슬라브는 본래 백인종이다. 그렇지만 라틴족이나 색슨족처럼 순수한 백인종은 아니다. 슬라브 혈통은 몽고의 내습, 동아와의 교통에 의

---

111 『東亞先覺志士記傳』 상권, 205쪽 ; 『天佑俠』, 196~198쪽 ; 「檄文」.
112 「黑龍會創立趣意」, 『黑龍會會報』 제1집, 1901년 3월.

해 점차 동양의 혈액이 섞였다. 단지 그 혈통뿐만 아니라 용모, 골격, 풍속, 기상 모두 동양인과 비슷하고, 그 정신세계를 대표하는 종교도 의례, 형식, 정치, 내용 등에서 불교의 그것과 비슷한 점이 있다. 슬라브는 바로 반백반황의 잡인종이라고 보아야 한다"[113]라고 주장했다.

그리고 문명적으로도 영국 민족과 러시아 민족을 구별했다. 즉 "영국인은 기계적 문명을 가지고 세상에 폼 잡고, 러시아인은 농목원인(農牧原人)적 생활을 하면서 단순한 동작을 즐긴다. 영국인은 아시아 민족을 미개한 열등 민족이라고 간주하고, 러시아인은 그것에 대해 자기 형제인 동류라는 것을 선언한다. … 슬라브는 사회적으로 우리와 형제 사이인 자가 아닌가"[114]라고 주장하며 러시아 민족에 대한 새로운 인식을 강조했다.

러시아 민족에 대한 근친성을 강조하면서 이러한 인식하에 양 민족이 의기투합할 것을 주장했다. 그리고 자신들이 배러주의자가 아니라 러시아의 침략정책에 반대하는 자라고 했다. 이들은 러시아를 "일종의 거인이고 괴물"이라고[115] 한 후, "침략을 위해 침략"을 일삼는 "부력전무(武力專務)"의 전제주의국가라고 했다.[116]

또한 그들은 러시아가 군사력은 강하지만 "사업경영에는 반(半) 망국의 형세"에 있다고 전제한 후, 러시아의 운명은 "혁명하지 않으면 쇠망이 있을 뿐 슬라브의 전도는 발달하지 않으면 소멸이 있을 뿐"이라고 전망

---

113 「主張: 擬上大露國皇帝陛下書」, 『黑龍』 제2권 제1호, 1902년 1월.
114 「主張: 日露和親は日英同盟の善後策なり」, 『黑龍』 제10호, 1902년 3월.
115 「西伯利亞の殖民」, 『黑龍』 제1권 제8호, 1901년 12월.
116 「主張: 露西亞の侵略」, 『黑龍』 제1권 제6호, 1901년 10월; 「主張: 擬上大露國皇帝陛下書」.

했다.[117] 그리고 러시아는 내정이 문란하고 계급 갈등이 첨예하게 나타나 국력을 하나로 모아 전쟁을 치를 만한 역량이 없기 때문에 일본이 러시아와 전쟁을 하면 반드시 승리할 것이라고 장담했다 이러한 인식을 바탕으로 그들은 대러주전론과 러시아망국론을 전개했다.

(3) 국제정세 인식과 러일전쟁론

그러면 '조선낭인'의 동아시아 국제정세에 대한 인식은 어떠했을까? 천우협은 당시 동양의 정세를 매우 위기 상황으로 판단하고 있었다. 위기 상황이라는 인식은 구미 열강 각축의 초점이 발칸반도에서 시작하여 인도를 거쳐 이제 동아시아에 집중해 오고 있다는 것이었다. 특히 영국과 러시아의 동양 진출에 강한 위기감을 보이면서, 이 위기는 3국 중 동양의 발칸반도인 조선을 무대로 하여 폭발한다고 예견했다.[118]

구미 열강의 아시아 진출로 인해 동양의 위기는 초래되었지만, 동양 내부에도 위기를 심화시키는 요인이 있다. 그것은 다름이 아니라 이미 서양으로부터 동양을 지킬 역량이 없는 청국이 조선을 속방 시하고 있을 뿐만 아니라 명실공히 속국화하려 한다. 이 때문에 청으로부터 조선을 독립시키는 것이 동양의 위기를 극복하는 길이고 동양의 평화를 구축하는 길이라고 주장했다. 이것이 천우협 단계에서는 '대청주전론'으로 나타났다.

그들은 청일전쟁에서의 승리로 일본이 동양의 맹주가 되어 패권을 장악했다고 생각하고 있었다.[119] 그런데 삼국간섭으로 일본이 만주에서 물

---

117 「論談: 露國の實力を算して和戰の利害に及ぶ」, 『黑龍會會報』 제2집, 1901년 4월.
118 「與全琫準書」; 「檄文」.
119 청일전쟁 이전에는 동양 맹주의 자리를 차지하기 위해 주전론을 주장했으나, 승전 이후는 이미 동양의 맹주가 되었다고 하는 맹주권론을 주장했다(「論談: 露國の實力を算

러나게 되고 대신 러시아가 만주 및 조선에 영향력을 강화해 나가면서 맹주의 자리가 위태롭게 되었다. 여기에는 민씨 정권의 친러정책과 러시아의 적극적인 대조선 정책이 작용하고 있었기 때문에 민씨 정권을 타도하고 러시아와 일전을 겨루어야 한다는 판단이 작용했다. '동양맹주권론'의 연장선에서 민씨 정권 타도론과 대러전쟁론이 제기되었다. '대청주전론'에서의 '맹주권장악론'이 '맹주권유지론'으로 발전하는 것이었다.

그들은 동양의 위기를 강조하고 있지만, 그것이 일본 국가독립에 대한 위기는 결코 아니었다. 그들에게는 이미 그러한 위기감이 공동화 내지 해소되어 있었음은 앞에서 언급했다. 여기서 말하는 위기란, 독립을 부식시켜 주어야 할 사명을 띠고 있는 형제 민족 조선의 위기이고, 일본의 대륙침략 특히 만주 침략에 대한 위기, 곧 동양맹주권에 대한 위기이다.

또한 그들은 동양의 문제를 해결하기 위해 러시아와 전쟁을 치러야 한다고 주장하면서 필전필승론을 내세웠다. 정탐 결과 러시아는 정치가 부패하고 민심이 이미 이반해 있기 때문에 일본이 전쟁에서 승리할 것이라는 전망이었다.[120] 이것이 당시 정부의 전망이나 방침, 동아동문회의 아시아론과 반드시 일치하는 것이라고는 할 수 없다. 당시 정계에서는 이토를 중심으로 러일협상론이 제기되기도 했다. 아직 일본은 러시아와 전쟁을 치를 정도의 군비축적이 이루어지지 않았기 때문에 대러 전쟁에 대해서는 대외강경 정치가도 발언을 삼가고 있었다. 동아동문회는 중국의 특정 지역을 염두에 두지 않고 막연히 '중국보전'을 외치고 있었다.

して和戰の利害に及ぶ」;「主張: 擬上大露國皇帝陛下書」;「主張: 日露和親は日英同盟の善後策なり」 등 참조).

120 內田良平, 1978, 『硬石五拾年譜 · 內田良平自傳』, 葦書房, 47쪽.

흑룡회의 속성은 번벌 전제권력을 비판하는 반정부적 낭인단체였다. 이 단체를 뒤에서 지원하는 사람들도 야당이거나 대외강경파 낭인들이었다. 또 이들은 당시 일본정부의 외교정책을 비판했기 때문에 그들의 주장은 외교 문제를 야기할 우려도 있었다. 그래서 흑룡회는 창립 때부터 요시찰 대상이었고 엄하게 감시를 받았다.

러시아에 대한 흑룡회의 입장은 주전론만 주장한 것은 아니었다. 한편에서 개전론을 펼치면서 다른 한편에서는 친선을 주장했다. 서로 모순되는 것처럼 보일지 모르지만, 그들에게는 결코 그렇지 않았다. 그들은 구미 열강 중에서 특히 러시아에 대해서는 '반황반백' 민족이라 하여 인종적 친근감을 갖고 있었다. 러일 관계의 악화는 "국가 정략 때문에 생긴 것이지 각 국민 상호간에는 결코 그렇지 않다"라는 것이다. 그들은 국가와 민족을 구별하고 전쟁 상대를 어디까지나 러시아의 전제권력으로 국한했다. 전쟁을 통해 전제권력을 타도하는 것은 일본의 대륙 침략을 위해, 더욱이 러시아 민족을 위해 필요한 일이고, 전쟁이 끝나면 러시아 민족과 친하게 지내자고 했다.[121]

그들은 일본과 러시아가 싸우면 일본이 승리하는 것은 틀림없다고 보았다. "러시아는 패전의 결과 혁명이 일어나 궤멸하고, 적어도 바이칼호 이동(以東)은 일본의 영유로 돌아올 것이다. … 또한 만약 장래 러시아에 혁명이 일어나서 전제 정부가 넘어지는 날에는 자진하여 러시아를 구제하는 길에 나아가 일러관계를 근본적으로 개선하는 것이 동양의 평화를

---

121 「論談: 露國の實力を算して和戰の利害に及ぶ」;「主張: 黑龍倉語學校設立の要旨」,『黑龍』제1권 제7호, 1901년 11월;「擬上大露國皇帝陛下書」;「主張: 日露和親は日英同盟の善後策なり」등 참조.

확립하는 길이다"[122]라고 주장했다.

    러시아에 대한 그들의 입장은 개전론에서 점차 러시아민족 구제론과 러시아혁명 지원론으로 전화하였다. 흑룡회는 일본이 중심이 되어 조선, 만주, 몽골을 통합하여 일본 또는 천황을 정점으로 대아시아제국을 건설해야 한다고 주장했다. 일본과 러시아 연맹론이라고 할 수 있고, 그러고 나서 한족의 중국과 제휴하여 서구 침략세력을 아시아로부터 쫓아내자는 것이었다. 러일전쟁 이전 '조선낭인'은 이러한 국제정세에 대한 인식을 갖고 있었던 것이다.

---

122 『東亞先覺志士記傳』 상권, 686쪽.

제4장
러일전쟁기
한반도 지배론과 보호국화

1. 이토 히로부미의 한국 침략론

　청일전쟁 시기에 일본이 시도한 조선 보호국화는 삼국간섭과 '명성황후시해사건' 등으로 좌절되었으나 러일전쟁을 통해 일본은 다시 조선 보호국화를 시도하였다. 러일전쟁은 1차적으로 한반도에 대한 지배권을 사이에 두고 러시아와 일본이 격돌한 것으로 러일전쟁에서 일본이 승리함으로써 일본의 조선 보호국화는 실현되게 된다. 일본의 조선 보호국화 정책은 러일전쟁 과정에서 정부의 방침으로 확정되었으며, 그것은 메이지정부 지도자들이 합의한 공식적인 정부 방침이었다. 그 가운데에서도 메이지정부의 정책을 이끈 최고지도자의 위치에 있었던 것은 이토 히로부미였다. 이 절에서는 이토 히로부미를 중심으로 러일전쟁 시기 일본정부의 한국 침략론을 검토해 보고자 한다.
　이토 히로부미에 대해서는 '을사조약'으로 한국의 외교권을 빼앗고 고종을 강제적으로 퇴위시키는 등 일본정부를 대표해 대외침략을 진두지휘한 '침략의 원흉', 또는 제국주의자, 침략주의자라는 이미지가 일반화되어 있는 한국과 달리, 일본에서는 근대국가 건설의 최대 공로자로 평가받고 있다. 메이지유신 이후 서양의 제도와 문물을 적극적으로 수용하고 근대 화폐제도의 확립, 내각제와 화족제(華族制)의 창설, 헌법제정, 청일전쟁 등을 주도하면서 서양 제국주의 국가와 대등한 근대국가의 건설을 추진해 나간 점을 감안하면 그러한 평가는 일면 타당하다.
　일본의 한국 지배 과정에 관해서도 이토에 대한 평가는 엇갈리고 있다. 한국에서는 이토가 적극적이든 점진적이든 최초부터 한국병합을 전제로 '보호통치'를 실시했다고 보고 '시종병합론자'로서 파악하는 것이 일반적이지만,[1] 일본에서는 한국 지배 또는 한국병합과 관련해 일본정부 내부의 정책노선 차이를 강조하는 견해가 전기물을 중심으로 두드러진다. 이토와 이노우에 가오루(井上馨) 등 '문치파(文治派)'는 병합에 소극적이었고, 야마가타 아리토모(山縣有朋), 가쓰라 다로(桂太郎), 데라우치 마사타케(寺內正毅) 등 '무단파(武斷派)'는 병합에 적극적이었는데 최종적으로는 후자의 승리로 끝났다는 것이다.[2] 한편으로는 일본의 대한정책을 둘러싸고 '문치파'와 '무단파'의 기본적인 차이는 없으며, 차이가 있다면 침략방법론의 차이에 지나지 않는다는 견해도 강하다.[3]

이와 같은 이토에 대한 한일 간 상반된 이미지와 상이한 평가는 이토의 발언과 행동의 일부분만을 강조한 결과이기도 하다. 이토의 정치자세와 사상의 전체상을 염두에 두고 그의 대한정책의 위상을 파악할 필요가 있다. 본절에서는 러일전쟁 이후 한국병합에 이르기까지의 일본의 대한정책 추이를 따라가며 구체적인 정책 결정 과정에서 이토와 다른 정부 수뇌 사이의 의견대립과 협조의 실태를 살펴보고자 한다.[4]

---

1 韓明根, 2001, 「統監府시기 日帝의 侵略論」, 『國史館論叢』 90; 박수연, 1998, 「統監 伊藤博文의 対韓政策과 이에 대한 愛國啓蒙派의 인식」, 『韓國民族運動史研究』 20; 姜昌錫, 2004, 『조선통감부연구 II』, 국학자료원 등.
2 대표적인 것으로는 德富蘇峰 編, 1967(復刻), 『公爵桂太郎傳』 坤卷, 原書房을 들 수 있다.
3 山辺健太郎, 1966, 『日韓併合小史』, 岩波書店; 姜東鎮, 1979, 『日本の朝鮮支配政策史研究』, 東京大學出版會; 森山茂德, 1987, 『近代日韓關係史研究』, 東京大學出版會.
4 이 절은 졸고, 「메이지정부의 한국 지배정책과 이토 히로부미」(이성환·이토 유키오 편저, 2009, 『한국과 이토 히로부미』, 선인)를 수정·보완한 것이다.

1) 일본의 근대국가 형성과 이토 히로부미

이토 히로부미는 농민 출신에서 수상에까지 오른 입지전적 인물로 알려져 있다. 이토 히로부미의 어릴 적 이름은 리스케(利助), 슌스케(俊輔)이며, 메이지유신 후 히로부미(博文)로 개명했다. 호는 슌포(春畝), 소로카쿠 슈진(滄浪閣主人)이라 칭했다. 1841년 9월 스오국(周防國) 구마게군(熊毛郡) 쓰카리촌(束荷村)[현재의 야마구치현(山口縣) 히카리시(光市) 야마토정(大和町)]에서 농민 하야시 주조(林十藏)의 아들로 태어났다. 1854년 아버지가 조슈번(長州藩)의 하급무사 이토 나오에몬(伊藤直右衛門)의 양자가 되었기 때문에 이토 성을 쓰고 무사 신분을 얻음으로써 정치적으로 성장할 수 있는 조건을 갖추게 되었다. 또한 메이지유신을 주도한 조슈번 출신이라는 점도 이토가 출세하는데 유리한 환경을 마련해 주었다. 번벌이라는 배경이 없었다면 그가 젊은 나이에 고위 관료가 될 수 없었을 것이기 때문이다.

이토는 에도 막부 말기 존왕양이론(尊皇攘夷論)에 경도되어 친막부적 국학자를 암살하거나 영국공사관에 방화하는 등 테러리스트로서 정치활동을 시작했다. 1856년 막부의 명으로 조슈번이 경비를 담당하고 있던 사가미국[相模國: 현재 가나가와현(神奈川縣)]에 파견되어 일찍부터 막말의 격동 속에 휘말리게 되었다. 1857년 그가 평생의 스승으로 삼은 구루하라 료조(來原良藏)의 지도를 받고, 그해 가을 하기(萩)로 돌아와 쇼카손주쿠(松下村塾)에서 요시다 쇼인(吉田松陰)의 가르침을 받았다. 그후 다카스기 신사쿠(高杉晋作), 기도 다카요시(木戶孝允), 구사카 겐즈이(久坂玄瑞) 등의 영향을 받으며 존왕양이운동에 뛰어들었다. 1862년 영국공사관 방화 사건에 참여하는 등 전형적인 존왕양이운동의 '지사'가 되었다.

이토는 1863년 번의 허가를 받아 이노우에 가오루(井上馨) 등과 함께 영국에 밀항 유학했고, 이것을 계기로 개국론자로 돌아섰다. 이듬해 4국 연합함대의 조슈 공격 소식을 듣고 이노우에와 함께 급거 귀국해 개국론을 주장하며 무력 충돌을 저지하려 했으나 실패했다. 그 뒤 막부-조슈 전쟁과 번의 내전 등 잇따른 위기 상황 속에서 기도 다카요시를 따르며 무력 도막(倒幕)운동에 매진했다. 이 사이 도막파 지도자들에게 재능을 인정받은 이토는 왕정복고 후 신정부에서 조슈 출신의 유력 소장관료로서 지위를 보장받게 되었다.

메이지 초기 이토가 정치적으로 급성장한 데는 주선가로서의 기질이 크게 작용했다. 1868년 메이지 신정부가 성립한 뒤 외국사무괘, 효고현(兵庫縣) 지사, 1869년 대장소보 겸 민부소보, 1870년 조세두(租稅頭)를 거쳐 공부대보(工部大輔)로 승진했다. 1871년부터 1873년까지 구미 12개국을 시찰한 이와쿠라(岩倉) 사절단에는 기도 다카요시, 오쿠보 도시미치(大久保利通)와 함께 부사(副使)로 참가했다. 귀국 후 사이고 다카모리(西鄕隆盛) 등의 이른바 '정한론'에 대항해 '내치우선론'을 주장하며 이와쿠라, 기도, 오쿠보를 도와 정변을 승리로 이끌었다(이른바 '메이지6년 정변'). 이 정변으로 정부가 분열되어 '정한파'가 하야한 뒤 참의 겸 공부경으로 임명되어 참의 겸 대장경 오쿠마 시게노부(大隈重信)과 함께 참의 겸 내무경 오쿠보 도시미치를 도와 식산흥업정책을 추진했다. 이후 연이은 사족 반란, 1874년의 타이완 침공, 1875년의 오사카 회의 등 불안정한 정치상황 속에서 이토는 정체취조(政體取調) 담당, 지방관회의 의장, 법제국 장관 등을 겸임하며 지배기구의 법제적 정비와 번벌 정권의 유지에 노력했다. 이토는 메이지 초기 신정부 지도자들에게 식견과 재능을 인정받아 중용됨으로써 매우 순조롭고 급속히 정부 내 유력관료로서 지위를 확보해 갔다고 할 수 있다.

　1877년 최대의 사족 반란인 세이난(西南)전쟁의 와중에 기도와 사이고가 죽고, 이어서 1878년 오쿠보가 불평사족에게 암살되자 그 뒤를 이어 참의 겸 내무경에 취임해 명실공히 번벌 정권의 중심인물이 되었다. 민간에서 자유민권운동이 고양되는 가운데 오쿠마 시게노부, 이노우에 가오루 등과 함께 메이지정부의 개명파로서 헌법제정과 입헌제도의 도입을 주도했다.

　이토는 정치가로서 추진력과 유연성을 겸비하고 있었다. 1881년 정변에서 오랫동안 뜻을 같이하며 개혁을 추진해 온 동료 오쿠마 시게노부를 과감하게 축출하고, 사쓰마(薩摩) - 조슈 번벌 정권을 규합하였고, 1887년 민권파의 지도자인 이타가키 다이스케(板垣退助)가 민권론의 입장에서 백작 작위를 거부하자 천황의 권력까지 동원하며 집요하게 자신의 의사를 관철시켜 이타가키를 굴복시켰다. 또한 한국 침략과 관련해 회유와 협박을 통해 강경한 방식으로 을사조약을 체결한 것은 잘 알려진 사실이다. 한편 자신과 생각이 다르더라도 필요할 경우 반대파와 타협하거나 능력 있는 인물을 발탁해 활용하는데도 능했다. 1880년을 전후해 활발히 전개된 자유민권운동의 국회개설 요구에 정면으로 대응해 국회개설조칙을 발포하게 했으며, 1890년대 실시된 입헌정치가 정당과 정부의 극단적인 대립으로 치닫자 정당내각제를 부정하는 '초연주의(超然主義)'를 포기하고 정당 세력에게 정권을 넘겨주었으며, 1900년에는 자신이 직접 입헌정우회라는 정당을 만들어 그를 바탕으로 내각을 조직하기도 하였다.

　이러한 정치 자세의 배경에는 자신의 능력과 식견에 대한 자신감이 깔려 있었다. 이토는 근대국가체제를 만드는데 필요한 서양문명의 지식을 습득하는 데 적극적이었다. 일찍이 1863년 22세 때 적정(敵情)을 시찰

한다는 명목으로 번에 해외 도항을 허가받아 이노우에 가오루 등 4명의 동료와 함께 영국으로 가 서양 학문을 습득했다. 메이지유신 이후에도 미국으로 파견되어 화폐제도, 은행제도를 조사해 귀국 후 일본의 금융제도를 정비했으며, 1882년에는 정부 최고지도자의 지위에 있으면서 입헌제도조사를 위해 직접 유럽으로 파견되어 장기간 체류하기도 했다. 이러한 경험을 통해 근대국가체제 수립을 위한 풍부한 서양 지식을 흡수했고, 그 지식을 자산으로 삼아 다른 관료들을 압도하며 지도자의 위치를 굳혀 나갔다. 여기에는 그의 어학력도 일조했다. 특히 영어 실력이 뛰어나 많은 해외서적을 섭렵했을 뿐 아니라 해외신문과 잡지를 구독하며 국제정세도 민첩하게 파악했다고 한다.

이토는 40년 가까이 일본정부의 핵심에 있으면서 많은 업적을 쌓아 '근대 일본의 설계자'라고 불리는데, 무엇보다도 가장 큰 업적은 헌법을 비롯한 근대국가체제를 확립한 것이다. 이토는 1882~1883년 유럽 입헌제도조사를 통해 천황을 중심으로 한 군주입헌체제를 구축한다는 구상을 확정하고, 귀국 후 국가기구를 개혁해 나갔다. 1883년부터 궁중개혁에 착수해 여관(女官)을 정리하고 천황의 정치군주화를 꾀하는 등 입헌정치를 대비해 전통적인 궁중제도를 서양식으로 개혁했다. 1884년에는 독일과 영국의 귀족제를 모범으로 화족제(華族制)를 개혁하고 작위제를 실시했다. 천황에게 충성하는 보수적인 정치세력을 조성해 안정적인 정치 운영을 하려는 것이었다. 1885년 태정관제(太政官制)를 개혁해 근대적 내각제도를 수립하였으며, 1888년 천황의 자문기관인 추밀원을 설치하였다. 또한 이토는 헌법제정 과정을 주도했다. 1886년부터 시작된 헌법기초 작업은 당시 수상이었던 이토와 측근 참모들이 비밀리에 회합하면서 진행되었고, 고용 외국인의 의견도 반영되었으나 어디까지나 주도권은 이토가 쥐고 있었다. 1888년부터 시작된 추밀원의 헌법심의에서 이토는 보수적인 의견을 반박하며 자신의 헌법구상을 관철하였다. 이러한 과정을 거쳐 1889년 헌법이 공포되었으며 이듬해 국회가 개설되어 일본에서 입헌정치가 실시되게 되었다.

한편 이토는 천황제를 국가체제의 중심에 편입시켰다. 유럽에서 기독교의 역할을 천황과 왕실에 기대했던 것이다. 이토는 헌법상 국가의 대권을 천황에게 집중시키고 정치적 위기 시에는 천황의 조칙을 이용하는 등 천황을 번벌 정권의 보호막으로 삼았다. 19세기 말 이후 교육칙어, 국가신도(國家神道)와 결합하여 천황제 이데올로기가 형성되는데 그 기틀을 마련한 것은 이토라고 할 수 있다.

이 밖에도 일본의 근대국가 형성 과정에 이토가 끼친 영향은 다대하다. 메이지유신 직후 오쿠마 시게노부, 이노우에 가오루와 함께 개명파 관료로 불리며, 철도의 건설, 지폐·은행제도의 창설, 식산흥업, 제국대학 설립 등 경제, 산업, 교육, 행정 등 다방면에 걸쳐 개혁을 주도했다. 헌법 발포 이후에는 입헌정우회를 창당하는 등 일본의 입헌정치 정착에 공헌했다고 평가되고 있다. 그러나 이러한 이토의 업적이 반드시 긍정적 평가로 이어지는 것은 아니다. 그가 행한 많은 근대적 개혁은 민중을 억누르고 지배층 위주로 진행되었으며, 정교하게 만들어진 '제국헌법체제'가 정치적 민주화를 가로막고 1930년대 이후 군부의 독주를 만들어 냈기 때문이다.

대외정책의 측면에서 이토는 팽창주의자 내지 '대국주의자'로 분류할 수 있다. 1873년의 '정한론' 정변에서 '내치파'에 속했지만, 대외팽창 자체를 반대한 것은 아니었으며 1874~75년의 타이완 침공과 강화도사건에서도 정부의 방침을 추종하였던 것으로 보인다. 한국과 관련해 1884년의 갑신정변과 1895년의 '명성황후시해사건'에 간접적으로 관여했으며,

조선의 지배권을 놓고 청국과 싸운 청일전쟁은 무쓰 무네미쓰(陸奧宗光) 외상과 함께 직접 도발한 것이었다. 20세기 초 이토는 대러시아 외교에서 '문치파'로 불리며 전쟁보다는 협상을 우선시하는 측면을 보였지만, 대륙으로 팽창하려는 일본의 제국주의적 노선을 기본적으로 지지하였으며, 통감으로서 한국의 식민지배의 실천에 적극적으로 나섰다. 러일전쟁 시기 을사조약 체결을 주도하고 이른바 '보호통치'를 주도하며, 식민지화의 길을 닦았다. 통감직 사임 후 1909년 10월 26일 극동 문제에 관해 러시아와 교섭하기 위해 만주를 방문한 이토는 하얼빈에서 한국의 독립운동가 안중근에 의해 사살되었다. 사후 종일위(從一位)에 추증되었으며 장례는 국장으로 치러졌다.

이토는 뛰어난 식견과 정치력으로 일본의 근대국가 형성에 결정적 역할을 했으나, 일본의 국익을 최우선의 가치관으로 삼고 주변 약소국에 피해를 강요한 국가주의자이자 제국주의자였다고 할 수 있다.

2) 한국 '보호국화'와 '시정개선' 정책

이토 히로부미는 일본정부의 지도자 위치에서 대한정책 결정의 핵심적인 위치에 서 있었다. 1884년의 갑신정변 시기 참의(參議) 겸 궁내경으로서 대청교섭을 주도해 톈진(天津)조약을 체결함으로써 조선에 대한 청의 간섭을 제한하고 조선 침략의 교두보를 마련하였다. 1894~1895년의 청일전쟁 시기에는 내각총리대신으로서 개전을 결정하고 전쟁 과정을 진두지휘했다. 전쟁에서 일방적인 승리를 거둔 뒤 조선을 실질적으로 보호하려 추진하다 삼국간섭과 '을미사변' 등을 통해 한국 침략을 일시적으로 보류할 수밖에 없었으나 이후 일본정부는 군비확장과 강경한 대외정책

노선을 유지했다.

1904년 2월 러일전쟁이 발발하자 일본정부는 즉각 대한제국과 한일의정서(2월 23일)를 체결하고 일본군의 주둔권과 한국에서의 자유행동을 한국정부에게 인정받았다. 또 5월 30일에는 '대한시설강령'을 각의에서 결정하고 한일의정서의 내용을 대폭 확장하는 정책을 취했다. 즉 군대의 주둔, 외교권의 장악, 재정의 감독, 교통기관과 통신기관의 장악 등 다양한 특권을 획득하고 한국의 보호국화를 실현하려고 했다.[5] 8월에는 제1차 한일협약을 체결해 재정, 외교고문의 용빙과 외교교섭을 할 때 한국정부가 사전에 일본정부에 협의할 필요가 있다고 규정했다. 이듬해인 1905년에는 '보호권 확립'(4월 8일)을 각의에서 결정하였고 '보호권확립실행'(1905년 10월)을 각의 결정하는 한편,[6] 점차적으로 한국의 보호국화에 대한 열강의 승인을 얻었다. 이러한 준비작업을 마치고 일본정부는 제2차 한일협약(을사조약)을 체결해 한국의 외교권을 빼앗고 통감부를 설치했다. 청일전쟁 시기 일본정부가 한때 기도했다가 좌절된 한국 보호국화가 이때 실현된 것이다.[7]

이토는 이러한 일본의 한국 침략 과정에 적극적으로 관여했다. 러일전쟁이 진행되고 있던 1904년 3월 7일 이토는 한국 황실 '위문' 특파대사에 임명되었다. 한일의정서를 체결한 후 한국정책을 실행에 옮기기 위해 한국 황제를 압박할 필요가 있었기 때문이다. 이토는 1898년 청국 여행에서 귀국할 때 한국에 들린 이후 고종(高宗)과 두 번째 대면이었다. 이토 일

5　外務省 編, 1965, 『日本外交年表竝主要文書』 上, 原書房, 224~228쪽.

6　外務省 編, 1965, 위의 책, 233~234쪽.

7　청일전쟁 시기 한국 보호국화 시도에 관해서는 高橋秀直, 1995, 『日淸戰爭への道』, 東京創元社, 第Ⅱ編 第三章 및 森山의 앞의 책 第一部 第一章을 참조.

행은 1904년 3월 13일 일본을 출발, 한국에 도착해 18일 고종을 알현하고 국서를 봉정했다. 한일의정서의 체결을 주저하거나 그 조인에 반대하는 고종 황제와 반일 관료에 압박을 가해 의정서를 앞으로의 한일 '보호' 관계의 기축으로 인정시키는 것이 이토에게 부여된 과제였다.[8] 5월 30일에는 원로회의에서 「대한방침」 및 「대한시설강령」이 결정되었다. 이들 결정에는 물론 이토도 원로 자격으로 참여했다.

1905년 9월에 조인된 러일강화조약에 의해 일본은 한국에 대한 보호권을 인정받았다. 그러나 그것은 한국의 주권을 침해하는 것이므로 일본이 한국을 피보호국으로 삼기 위해서는 합의에 기초한 보호조약이 필요했다. 고무라 주타로(小村壽太郎) 외무대신은 이 조약교섭을 맡을 적임자로 이토를 생각하고 하야시 곤스케(林權助) 주한공사와 함께 이토 자택을 방문해 특파대사가 돼 줄 것을 요청했다. 이토는 고무라와 하야시의 요청을 적극적으로 받아들여 한국 파견을 쾌히 승낙했다.[9]

이후 을사조약의 교섭과정을 살펴보면 널리 알려진 대로 한국 주둔 일본군의 무력시위 속에서 이토가 황제와 각료를 한 사람씩 다그치면서 협박해 조약을 체결시켰다. 이토는 서울에 도착한 뒤 곧바로 고종을 알현해 '보호조약'의 체결을 요구했다. 고종은 여러 이유를 붙여 이를 거부하려 했으나 이토의 강경한 자세에 점차 의지가 약해졌다. 이토는 외교권만 위탁하면 내정은 완전히 자치할 수 있다고 호언하면서 결정이 늦어지면 점점 큰 불행을 초래할 것이라고 협박해, 결국 조약안을 정부에서 먼저 논의한 뒤 재가를 요청하도록 하겠다는 고종의 칙어를 얻어냈다. 11월

---

8 春畝公追頌會 編, 1940, 『伊藤博文傳』 下卷, 統正社, 639~642쪽.
9 春畝公追頌會 編, 1940, 위의 책, 680쪽.

16일 이토는 정부 대신들을 소집해 협박하여 마침내 18일 주한일본 공사 하야시 곤스케와 한국 외무대신 박제순(朴齊純) 사이에서 협약이 조인되었다.[10] 이 협약의 체결 뒤 일본은 이 사실을 서둘러 외국에 통보하고 대한제국에 주재하고 있던 서양 각국의 외교사절은 12월 초순까지 거의 한국을 떠났다.

이토가 귀국한 뒤 일본정부는 서둘러 통감부를 설치하려 했다. 대내외적으로 일본의 한국 보호를 움직일 수 없는 기정사실로 확정할 필요가 있었기 때문이다. 일본정부에서는 통감부를 문치조직으로 삼으려는 의견과 무관(武官)조직으로 삼으려는 의견이 대립하여 논의했으나, 통감에 임명된 이토가 강력하게 주장한 점이 작용해 통감부를 외무성에서 분리하여 천황 직속으로 삼자는데 합의하여 문관인 통감이 한국 주둔군에 대한 명령권을 갖게 되었다.

12월 20일 「통감부 및 이사청관제」가 공포되었다. 1906년 1월 31일 일본 공사관 및 영사관이 폐지되고, 2월 1일부터 통감부와 이사청 업무가 공식적으로 시작되었다. 그러나 통감 업무가 개시된 후 1905년 12월 21일 이토가 통감에 임명되었으나 통감이 곧바로 부임하지 않아 하세가와 요시미치(長谷川好道) 한국 주둔군 사령관이 임시로 직무를 대리했다.

을사조약을 체결하여 한국의 보호국화에 공을 세운 뒤 일단 귀국했던 이토는 1906년 3월 2일 통감으로 한국에 다시 돌아왔다. 한국으로 출발하기에 앞서 2월 5일 입헌정우회의 통감 부임 송별회에서 이토는 '보호통치'에 임하는 자신의 생각을 다음과 같이 드러냈다.

---

10 자세한 내용은 春畝公追頌會 編, 1940, 앞의 책, 683~704쪽 ; 「伊藤特派大使內謁見始末」 및 「談話筆記」(金正明 編, 1964, 『日韓外交資料集成』 第六卷 上, 巖南堂書店, 19~34쪽)에 실려 있다.

일본 쪽에서 보면 한국에 대해서는 매우 괴로운 경험을 맛보게 되었다고 해도 한편 한국 쪽에서 보면 큰 압박으로 느낄 것이기 때문에 필시 기꺼이 [일본을-인용자] 받아들이지[悅服] 않을 것이다. 그리고 기꺼이 받아들이지 않기 때문에 그들은 독립을 상실한다는 점에 있어서는 어느 나라라도 마찬가지라고 느낄 것이다. 그러므로 이럴 때 그들을 유혹하는 자 있으면 그들은 즉각 일본의 속박에서 벗어나려고 할 것이므로 일본은 그들이 기꺼이 받아들이도록 노력해야 한다. 즉 일본의 보호는 그 독립에 위해(危害)를 가하는 것이 아니라는 점을 자각시키고, 일본은 일본의 독립을 보전하기 위해 어쩔 수 없이 그들을 보호하는 것이지 결코 해칠 의도가 없다는 것을 밝힐 필요가 있다. 따라서 나는 진심을 갖고 이에 임함과 동시에 한국민의 처지를 슬퍼해야 할 경우에 대해서는 언론뿐만 아니라 정치, 재정을 막론하고 실로 동정을 표하려 한다.[11]

한국민의 입장에서 보면 보호국화는 독립을 잃는 것이지만 일본으로서는 일본의 보호가 한국의 독립에 해를 끼치는 것이 아니라며 한국민을 '열복(悅服)'시키도록 노력해야 할 필요가 있다는 말이다. 물론 당시 많은 한국민은 이토의 말에 경계감을 드러냈다.

한국민의 생각을 대변해 『대한매일신보(大韓每日申報)』는 '보호조약'의 체결과 이토의 통감 취임에 대해 그 부당성을 주장했다. 즉 1906년 2월 6일 자 논설을 통해 한국에서 통감의 위치와 권한이 한일 간 조약에 기초해 있지 않다는 것을 논박하고 통감 자체를 부정했다. 통감의 권한과 책임은 국제정치의 관례에 따라 열강의 승인이 필요한데 그것이 빠져 있

---

11 博文館編輯局 編, 1910, 『伊藤公演説全集』, 博文館, 192~193쪽.

으며, 근본적으로 한일 사이의 자유의지에 의한 조약에 근거해 통감부가 설치되고 통감의 권한이 결정되어야 하는데 한국민의 저항을 두려워해 그렇게 하지 않은 것은 근본적으로 불법이라는 것이다. 또한 통감의 한국에 대한 정책의 근본적인 목적은 한국의 국정을 완전히 장악하기 위해서이다. 한국에서의 통감의 권한은 한국민과 한국의 영토를 지배하기 위해 행사된다는 점과 통감은 국정의 조언자가 아니라 지배자라는 점을 재차 강조하고, 이에 대한 한국민의 각성을 촉구하고 있다.[12] 나아가 이토는 대한정책에 있어 실질적인 '지도' 책임을 지고 있는데, 그의 궁극적인 목적은 한국을 무력으로 '합병', '흡수'하는 데 있다고 보았다.[13]

서울에 도착한 이토 통감은 곧바로 내정개혁에 착수했다. 먼저 한국의 '시정개선'을 위한 급무로서 차관 문제, 보통교육의 보급, 지방경찰력의 확장을 들고 여러 대신과 협의하여 구체적 안을 마련한 뒤 황제의 재가를 받아 실행하겠다고 통고했다. 이토가 통감으로서 최초로 황제를 알현할 때부터 본연의 업무인 외교에 대해서는 일절 언급하지 않고 '시정개선'만을 강조한 것은 내정을 장악하려는 의도가 엿보인다. 또한 통감부의 산하 기구를 보면 내정 장악의 의도가 더욱 분명하다. 최초의 총무부, 농상공부, 경무부의 3부 체제로부터 1907년 3월 외무부가 신설되고, 법제심사회가 설치되었다. 기존의 고문관, 참여관, 보좌관, 고문경찰 등은 모두 통감의 지휘통솔을 받게 되었다.

한편 한국정부에게 통감부의 의사를 직접 전하기 위해 '한국시정개선에 관한 협의회'를 이용했다. 이 협의회는 법적인 근거가 없었는데, 이토

---

12 『大韓每日申報』, 1906년 8월 19일 자 논설.
13 『大韓每日申報』, 1906년 3월 9일 자 논설.

가 부임한 직후인 3월 13일 제1회 협의회를 개최한 이래 통감이 직접 한국정부의 각 대신을 통감관사로 소집해 정책의 방향을 지시하고 그 집행을 강제하는 자리로 사용되었다.[14] 한국정부로부터는 참정대신 이하 모든 대신이 참석하였고 통감부로부터는 통감 이하 총무장관, 비서관, 서기관 등이 배석했다.

이 '시정개선협의회'의 의장은 언제나 통감 또는 부통감이었고, 회의의 내용도 협의가 아니라 항상 통감 측이 강요하는 것을 한국의 대신들이 할 수 없이 받아들이는 형태로 행해졌다. 일본이 한국의 내정에 대한 실권을 장악하고 나아가 경제적 지배권을 독점하려는 의도를 갖고 있었음을 알 수 있다.[15]

이토는 한국은 정치, 경제, 교육 등 모든 면에서 '비참한 상태'에 처해 있으며 그것들을 개혁할 수 없는 한국인을 '무능력자', '야만인'이라는 관점에서 바라보았다. 그리고 이러한 상태로부터 한국을 구해내기 위한다는 명목으로 침략을 정당화한 다음 각 '시정개선' 정책을 추진해 나갔다. 헌병경찰제도, 재정제도, 화폐금융제도, 토지제도, 교육제도 등의 개혁을 실시했는데, 이것들은 개혁의 근대적인 면을 내세워 반발을 억제하면서 일본의 한국 지배를 원활하게 하려는 성격을 지니고 있다.[16]

---

14 시정개선협의회는 1909년 12월 28일까지 총 97회 개최되었는데 이토가 참석한 것은 1909년 5월 15일의 제77회 협의회까지이다. 이 협의회의 기록은 앞의 『日韓外交資料集成』 第六卷 上, 中, 下에 「大臣會議筆記」로 실려 있다.

15 山辺健太郎, 1966, 앞의 책, 136쪽. '시정개선협의회'에서 한국 대신들에게 강요한 구체적 정책은 사전에 참여관 회의 등에서 결정되어 있었다(小川原宏幸, 2005.3, 「伊藤博文の韓國併合構想と第三次日韓協約体制の形成」, 『青丘學術論集』 25輯, 85쪽).

16 류재곤은 1906년 3월 13일부터 1909년 5월 15일까지 '시정개선에 관한 협의회'의 회의록인 「大臣會議筆記」를 분석, 검토함으로써 이토의 한국 침략정책을 규명하고

3) '실질적 병합'과 한국통치 구상

이토는 한국의 보호 및 병합에 대해 어떻게 생각하고 있었던 것일까? 이토는 통감 취임 이래 한국의 보호와 '부액(扶掖)'의 필요성을 역설해 왔다. 한국민에 대해 자주 "한국의 독립을 해치지 않는다", "병합할 필요는 없다"라고 명언했는데, 그것은 일본에 의한 '보호통치'의 정당성을 한국민에게 '열복(悅服)'시키기 위해 강조한 것이며, 장래의 '병합' 가능성을 부정한 것은 아니었다. 이토가 원로(元老)로서 대부분 대외정책 결정 과정에 관여해 왔다는 것을 생각하면 일본정부의 한국 지배 방침에는 이토의 의향이 상당히 반영되어 있음은 당연하다. 따라서 이토는 한국이 "오랫동안 독립을 유지할 수 없다"라고 인식하고 다른 정부 지도자와 마찬가지로 한국병합의 가능성 염두에 두고 있었다. 단, 그것은 1904년 5월의 「대한시설강령」에 "점차 해당국에 있어서 우리의 발판을 확립하고 … 착착 그 경영을 실행하려는 것이 현재의 급무라고 믿는다"라고 쓰여 있듯이 점진적으로 추진하는 것이었다.

그렇지만 이러한 입장에서 실시된 이토의 '보호통치'(이른바 '시정개선') 정책은 한국민의 강력한 저항에 직면했다. 위로부터는 외국의 관여를 기대하는 고종의 행동, 아래로부터는 직접 반일 무장투쟁을 실행하는 의병운동과 일본으로부터의 기업자본 대여에 대한 국채보상운동의 활발한 전

했다. 이토는 청일전쟁 이후 한국을 식민지로 삼기 위한 구체적인 마스터플랜을 갖고 있었다고 전제한 다음 '시정개선' 정책을 검토해 총독부통치의 원형은 이토에 의해 정형화되었다고 파악하고 있다(柳在坤, 1996, 「伊藤博文의 대한정책(1906~1909)」, 『일제의 대한침략정책사연구』, 현음사).

개가 그것이다.[17] 이에 의해 '보호통치'에 대한 국내외로부터의 압박과 비난이 고조되자 이토의 태도도 서서히 변화해 간다.

이토가 한국병합에 대해 구체적으로 언급한 것은 1907년 러일협약 교섭 때 당시의 외상 하야시 다다스(林董)에게 병합의 가능성을 표명한 것이다. 이토는 4월 13일 "모토노[18] 공사의 품의와 같이 공문을 교환해 '장래의 발전'이라는 말은 '어넥세이션(annexation)'까지도 포함한다는 뜻을 분명히 하는 것이 가장 득책이다", "한국의 형세가 지금 같은 추세로 간다면 해를 거듭할수록 '어넥세이션'은 더욱 곤란해질 것이다", "한국 문제를 근본적으로 해결하는 것이 현재의 급무"[19]라고 하는 등 '즉시 병합론'이라고도 해석할 수 있는 주장을 전개했다.[20]

물론 여기서 말하는 '어넥세이션(Annexation)'이라는 단어는 외교적 필요성에서 끄집어낸 것이다. 그렇지만 이를 통해 이토가 '한국 문제'의 최종적 해결수단으로서 '어넥세이션', 즉 '병합'을 생각하고 있었다는 것을 확인할 수 있다. 이러한 의견은 이토만의 생각은 아니었다. 이보다 앞선 3월 원로회의에서 한국에 있어서 일본의 입장의 "더 한층의 발전을 러시아에 승인시킨다"라는 조항을 포함하는 대(對)러시아 협약안이 결정되어 있었던 것이다.

---

17 1907년 1월부터 5월에 걸쳐 활발히 전개된 국채보상운동은 이토의 한국통치구상이 실패했음을 의미한다. 국채보상운동에 관해서는 조항래, 2007, 『국채보상운동사』, 아세아문화사 참조.

18 주러공사 모토노 이치로(本野一郎)를 가리킴.

19 外務省編, 1960, 『日本外交文書』第40巻 第1冊, 日本國際連合協會, 124쪽.

20 이에 대해 모리야마는 "러시아에 대한 강경파와 관용파, 그리고 병합에 대한 시기상조파[고무라(小村)]와 즉시단행파[이토(伊藤)]라는 이중의 대립이 존재했다"라고 파악한다(森山茂徳, 2002, 『日韓併合』, 吉川弘文館, 134쪽).

이와 동시에 1907년에 들어서 이토는 지금까지의 '보호통치'의 형태에 변화를 주려고 했다. 5월 22일 박제순 내각을 경질하고 고종의 퇴위를 주장해 온 이완용을 수반으로 하는 친일내각을 구성했다. 6월 14일에는 새로운 내각관제를 공포해 국정의 책임을 내각에 지우고 황제의 권한을 축소하려 했다. 5월 16일의 알현에서는 배일사상이 고조되는 배후에는 궁중의 의사가 있다고 고종을 압박하면서 "이렇게 그치지 않는다면 일본은 마침내 한국 보호의 책임을 던져 버리고 한 걸음 더 나아가는 조치에 나설지도 모른다"[21]라고 말해 병합의 가능성을 시사했다. 이렇듯 이토는 반일 저항운동을 억눌러 '보호통치'를 '한 걸음 진전시키는' 정책을 취할 필요성을 느끼고 있었는데, 일본정부가 대한정책을 급속히 전환하는 계기가 된 것은 때마침 발생한 헤이그 밀사사건이었다.

1907년 6월 네덜란드 헤이그에서 제2회 만국평화회의가 열렸는데, 고종은 이 회의에 전 평리원(平理院) 검사 이준(李儁) 등 3명의 밀사를 파견해 일본의 한국 보호국화의 부당성을 호소하려 했다. 그들은 한국에는 외교권이 없다는 이유로 회의 참석을 거부당했지만, 각국 대표에게 탄원하고 신문에 광고를 게재했다. 그리고 언론인으로 구성된 국제협회의 회의에서 연설하는 등 모든 수단을 통해 호소하려 했지만 결국 목적을 실현하지 못했다.

이 사건이 일어나자, 이토는 신속하게 움직였다. 7월 7일 이토는 이러한 행위는 일본에 대해 공공연히 적대감을 나타내는 것일 뿐만 아니라 한일협약[을사조약]을 위반하는 것이므로 일본은 한국에 대해 '선전(宣戰)'의

21　1907년 5월 16일, 「內謁見始末」, 『日韓外交資料集成』 第六卷 上, 472쪽.

권리를 갖고 있다'라는 것을 내각총리대신을 통해 황제에게 전했다.[22] 이토는 이 사건을 구실로 고종을 퇴위시킴과 아울러 일거에 한국의 내정권을 장악하려고 기도했다. 일본정부에서는 이토의 요청을 받아 1907년 7월 10일 원로·내각회의에서 대한처리방침을 결정했다. 그 내용은 이번에 조선의 내정 전반을 장악할 것, 그 실행은 이토에게 일임한다는 것이었다.[23] 특히 정부의 방침을 설명할 필요가 있다고 보고 하야시 다다스 외상을 한국에 파견했다.[24] 이토의 생각도 정부의 방침과 큰 차이가 없었다. 이토는 고종을 퇴위시킴과 아울러 통감의 권한을 대폭 강화한 정미조약(제3차 한일협약)을 체결하게 했다.

7월 24일 체결된 정미조약은 "한국정부는 시정개선에 관해 통감의 지도를 받는다", "한국 고등관리의 임명에는 통감의 동의가 필요하다"라는 등 실제로 통감이 한국 내정의 전권을 장악하는 내용이었다. 이 조약에 의해 국가의 정치의사결정은 통감을 중심으로 이루어지게 되고, 한국 황제의 지위는 단순한 재가기관으로 전락했다. 8월에는 군대 해산도 행해져 한국은 '실질적'으로 병합되었다고 할 수 있다.

22　이토 통감이 하야시 외상에게 보낸 전문(電文), 『日本外交文書』 第40卷 第1冊, 454쪽.
23　대한처리방침은 다음의 내용으로 되어 있다.
"제국 정부는 현재 기회를 놓치지 않고 한국 내정에 관한 전권을 장악할 것을 희망한다. 그 실행에 있어서는 실제의 정황을 참작할 필요가 있음에 따라 이를 통감에게 일임한다. 만일 앞의 희망사항을 완전히 달성할 수 없는 사정이 있을 때에는 적어도 내각대신 이하 중요 관헌의 임명은 통감의 동의를 얻어 이를 행하고, 또 통감의 추천을 받은 일본인을 내각대신 이하 중요 관헌에 임명해야 한다. 전기의 취지에 따라 우리의 지위를 확립하는 방법은 한국황제의 칙정(勅詣)에 의하지 않고 양국 정부 사이의 협약으로 정한다. 본건은 매우 중요한 문제이므로 외무대신이 한국으로 건너가 직접 통감에게 설명한다"(7월 12일 자 외상→통감 전문, 「韓帝の密使派遣に關連し廟議決定の對韓處理方針通報の件」, 『日本外交文書』 40-1, 455쪽).
24　原奎一郎 編, 1981, 『原敬日記』 第二卷, 福村出版 참조.

그렇지만 이때 일본은 병합을 강요하지는 않았다. 한국 국내 세력의 격렬한 저항운동을 초래할 우려가 있었고 러시아로부터 승인을 받지 못할 가능성 등 국제정세도 좋지 못했기 때문이다. 또한 이러한 상황을 고려해 원로를 비롯해 일본정부 내의 다수 의견도 즉시 병합에는 소극적이었다.[25]

이토의 입장에서 보면 무리하게 병합을 강요하지 않더라도 정미조약에 의해 한국 지배상 '더 한층의 발전'을 거두는 것이 가능했다. 고종을 퇴위시켰지만, 형식적으로는 '독립'의 형태를 남겨 외국으로부터의 간섭과 영향을 받지 않는 일본의 독점적인 보호통치가 가능한 '실질적 병합'을 달성했기 때문에 무리수를 둘 필요는 없었던 것이다.

이토는 이러한 '1907년 체제'를 당분간 유지하려고 했다. 그것은 '한국 보호'라는 명분을 지키는 것이기도 하다. 이토는 정미조약의 체결 이후 1909년 통감을 사임할 때까지 사법제도의 정비, 은행 설치, 교육진흥, 식산흥업 등 이른바 '자치육성정책'[26]을 전개했다. 일본정부도 이토의 정책

---

[25] 7월 10일의 원로·내각회의에서도 즉시 병합설을 취한 사람은 없었다. 회의에 제출된 「처리요강안(処理要綱案)」의 제1안은 "한국 황제로 하여금 대권에 속하는 내치정무의 실행을 통감에게 위임하게 할 것", 제2안은 "한국정부로 하여금 내정에 관한 중요사항을 모두 통감의 동의를 얻어 이를 시행하고 또 시정개선에 대해 통감의 지도를 받아야 한다는 것을 약속하게 할 것", 제3안은 "군부대신, 탁지대신은 일본인을 임명할 것"이었는데 심의과정에서 "한황(韓皇)으로 하여금 황태자에게 양위하게 할 것", "국왕 및 정부는 통감의 부서 없이 정무를 실행할 수 없다(통감은 부왕 혹은 섭정의 권한을 갖는다)"는 등의 「제이요강안(第二要綱案)」이 추가되어 논의가 이루어졌다. 그때 각 조항에 대한 찬반 상황을 보면, '한황이 일본 황제에게 양위'에 대해서는 야마가타와 데라우치는 '지금은 반대'라고 했고 다수의 의견은 '부(否)'였다 (『日本外交文書』 第40巻 第1冊, 455~456쪽).

[26] '자치육성정책'은 외형적으로 대한제국의 독립을 유지하면서 한국 사회를 전반적으로 통제하기 위한 것이었다. '자치육성정책'을 명명한 모리야마도 '자치육성정책'은

을 기본적으로 승인하고 지지했다.[27]

그렇다면 '실질적 병합'인 정미조약 이후 이토는 한국통치에 대해 어떠한 구상을 갖고 있었던 것일까?

1907년 7월 31일 이토는 서울의 일본인 클럽에서 강연을 통해 "일본은 한국을 합병할 필요가 없다. 합병은 매우 귀찮은 일이다. 한국은 자치해야 한다. 일본의 지도·감독이 없다면 건전한 자치는 할 수 없다"고 말해, 합병을 부정하고 일본의 지도·감독에 의한 '자치'의 필요성을 주장했다. 이보다 앞서 7월 29일 신문기자단에게 행한 강연에서 향후 정책을 설명하면서 독일연방 안의 뷔르템부르크와 바이에른을 한국에 비유하며 '연방'제 구상을 언급했다.[28] 이에 따르면, 이토의 한국 지배 구상은 '자치'를 통해 재정독립을 이룬 뒤 '연방'제의 형태로 한국을 통치하겠다는 것인데, 이것은 한국군대의 해산을 목전에 둔 시점에서 행해진 한국민을 무마하기 위한 정치적 발언이라는 측면도 있으며 당분간 실현될 가능성은 낮았다.

한편 이토의 한국 지배 구상으로서는 최근 간행된『스에마쓰 자작가

"이토의 보호정책의 골격을 형성하는 것으로 통제정책과 함께 추진했다. … 그러나 자치육성정책의 수행 주체는 대부분 일본인이어서 일본인에게 유리했던 반면, 조선 국민의 민족주의를 다시 고양시키는 결과를 초래했다"고 주장한다. 그리고 이에 대한 일본 국내의 비난 공격과 간도 문제와 관련해 열강이 간섭할 우려가 있어, 결국 이토에게 남겨진 대한정책은 병합밖에 없었다고 보았다(森山茂德,『近代日韓關係史硏究』, 215~217쪽).

27 『하라 다카시 일기(原敬日記)』(8월 30일 자)에 따르면 "이토(伊藤), 야마가타(山縣), 마쓰카타(松方), 이노우에(井上) 등 원로 및 가쓰라와 각료들이 출석한 가운데 각료회의가 열려 오전부터 오후까지 한국 문제에 대해 협의했다. 조선의 재정을 독립시켜 일본의 재정에서 보조하는 건 등에 대해 대체적으로 이토의 제안대로 결정되었다"라고 한다.

28 『伊藤博文傳』下, 763~770쪽.

소장문서(末松子爵家所藏文書)』(유마니쇼보, 2003)에 스에마쓰에게 보낸 것으로 보이는 이토의 한국통치에 관한 메모가 있다. 그 주요 내용은 다음과 같다.

1. 한국 팔도에서 각기 10명의 의원을 선출해 중의원을 조직한다.
2. 한국의 문무 양반 가운데 50명의 원로를 호선(互選)해 상원을 조직한다.
3. 한국정부의 대신은 한인으로 조직하고 책임내각을 만든다.
4. 정부는 부왕(副王)의 배하(配下)에 속한다.

여기에서 말하는 부왕이란 한국의 '국왕'을 보좌하는 통감을 가리키는 것으로 보인다. 이에 대해서는 이토가 '자치식민지'와 유사한 통치 형태를 취하는 합병을 구상했다고 유추하는 견해와 이토가 구상한 합병 뒤의 한국은 '식민지자치국'이라고 추측하는 견해가 제시되었다.[29] 그런데 위의 사료는 집필 시기도 불명확하고 타이프 글자로 기록된 메모의 사본이어서 이토의 구상이라고 단정할 수는 없다. 이토가 직접 작성한 것이라고

---

29 오가와라 히로유키(小川原宏幸)는 이토가 "예를 들면 1910년에 성립된 남아프리카연방과 같은 통치형태를 구상하고 있었다고 생각한다."고 말해, 한국병합과 같은 직접통치에 의한 식민지 통치형태와는 다른 자치식민지와 비슷한 것을 구상했다고 한다. 즉 이토의 합병 구상은 복합국가, 또는 자치식민지의 형태로 한국을 일본에 편입시키려는 것으로 그것을 전제로 한국의 식민지화 정책이 추진되었다고 주장하고 있다(小川原宏幸, 앞의 논문, 91~94쪽). 운노 후쿠쥬(海野福壽)는 "설령 조선 국왕이나 내각이 존재한다고 해도 주권적인 통치조직이 아니라 천황과 일본정부라는 최고·상급기관으로부터 명령을 받은 하급행정조직에 지나지 않기 때문에 합병 뒤의 한국은 독립국가라고 할 수 없다. 식민지자치국이다"라고 지적했다(海野福壽, 2004, 『伊藤博文と韓國併合』, 青木書店, 173~176쪽).

한다면 이토의 병합구상은 1910년에 실현된 직접 식민지와는 다른 형태였다는 것을 엿볼 수 있다.

그러나 이러한 구상을 갖고 있었다고 하더라도 현실적으로 그대로 실현될 가능성은 희박했다. 이토는 선임 원로의 입장에서 항상 다른 정부 수뇌와 의견을 조정, 타협하면서 자신의 의견을 정책에 반영해 나갔기 때문이다. 1907년 말 가쓰라 다로가 동양척식회사(東洋拓殖會社)의 설립을 추진하자 이토는 이에 대해 이론을 제기했다. 『하라 다카시(原敬) 일기』에 따르면 "가쓰라가 계획한 동양척식회사에 관한 법안은 이토 공(公)의 이론(異論)도 있어서, 한때 좌절될 뻔했는데 이토 공의 의견에 가쓰라 등이 동의해 수정했기 때문에 어제 의회에 제출되었다"30라고 한다. 이것은 동양척식회사의 운영뿐만 아니라 이토의 한국통치정책에 대한 이토와 가쓰라의 생각 차이를 보여주는 것이기도 하다. 이토는 1908년 9월 24일 동양척식회사 설립위원들에게 "한국 보호의 취지는 확실히 정해져 있어 누가 통감이 되더라도 변하는 일은 결코 없을 것이다. 이것은 총리대신도 잘 알고 있는 일이다. 동양 전체의 형세와 세계 각국의 관계를 따져 보고 정한 일이기 때문에 변동될 리가 없다"31라고 연설했다.

이토는 동양척식회사의 운영에 있어서 일본인뿐만 아니라 한국민을 배려할 필요가 있다고 주장했다. 이 시점에 가쓰라, 고무라, 데라우치 등은 병합을 적극적으로 고려하고 있었기 때문에 이른바 '자치육성정책'을 추진하는 이토와 알력을 일으키고 있었다.32 그러나 양자의 대립은 대한

---

30 『原敬日記』제2권, 12월 16일 자.
31 「東洋拓殖會社設立委員に対する伊藤統監演説筆記」, 일본 국립공문서관 소장문서.
32 小林道彦에 따르면 이토와 가쓰라는 대한정책을 둘러싸고 대립하고 있었다고 한다. "가쓰라와 이토는 대한정책을 둘러싸고 물밑에서 격렬히 줄다리기를 하고 있었다. 이

정책에 있어서 근본적인 대립은 아니었다. 병합에 대한 일본정부의 방침 전환은 아직 정해지지 않았고 그것이 행해진다고 하더라도 필시 이토를 포함한 원로·각료회의에서 논의를 통해 결정될 문제이다. 따라서 가쓰라는 동양척식회사의 운영에 관해 이토와의 대립을 회피하고 의견 차를 조정하려고 노력했던 것이다.[33]

4) '즉시 병합' 방침의 수용

그렇다면 이토가 한국병합의 방침을 결정한 것은 언제일까? 이에 대해서는 1909년 4월 10일 당시의 가쓰라 수상과 고무라 외상이 도쿄의 레이난자카(靈南坂)에 있는 관저로 이토를 방문해 한국병합에 대한 동의를 받았다는 것이 널리 알려져 있다. 당시 외무성 정무국장이었던 구라치 데쓰키치(倉知鐵吉)에 따르면 "가쓰라, 고무라 양 대신이 이토 공과 회견을 갖고 의견을 개진하며 마음속으로 이토 공으로부터 이론(異論)이 나올 것으로 예상했는데 공은 의외로 동의의 뜻을 명언하여 양 대신은 별다른 논의를 하지 않고 이토 공의 집을 나섰다"라고 한다.[34]

이것은 지금까지 급진적 병합에는 반대한 이토가 스스로 방침을 바꾸

토가 한국에 중앙은행을 설치하고 독자적인 통화발행권을 부여하려 한데 반해, 가쓰라는 새로 설립하려고 하는 동양척식회사에 금융업무도 부여해 일본인 농민의 토지 취득을 촉진시키려 하고 있었다. 즉 이토의 '자치육성책'과 가쓰라의 병합노선의 충돌이었던 것이다"(小林道彦, 2006, 『桂太郎』, ミネルヴァ書房, 223~225쪽).

33 1908년 5월 26일, 6월 30일, 9월 26일 자 伊藤에게 보낸 桂 書簡, 1975, 『伊藤博文關係文書』三, 塙書房, 375~376쪽.

34 고마쓰 미도리(小松綠)에게 보낸 구라치 데쓰키치(倉知鉄吉)의 각서, 『伊藤博文傳』下, 1013쪽.

어 1909년 4월 시점에 즉시 병합론에 동조했다는 것을 보여주고 있다. 이 토로서는 명목적일지라도 독립의 형식을 취하면서 사법제도의 정비, 은행 설치, 교육진흥 등의 정책을 실시하는 편이 일본의 한국 지배에 효과적이라고 생각하고 있었을 것이지만, 그 '보호통치'가 한국민을 '열복(悅服)'시키지 못하고 의병운동 등 한국민으로부터 격렬한 저항과 국내의 반대에 직면하여 그 방침을 포기하게 되었다는 것을 보여준다. 통감 취임이래의 이토의 '보호통치' 노선의 실패라고도 말할 수 있다.

그러나 앞에서 말했듯이 이미 '보호통치'를 시작할 때부터 이토는 '병합'의 가능성을 생각하고 있었다. 문제는 그것을 실행할 '적당한 시기'가 언제 도래하느냐였다. 정미조약이 체결된 1907년 7월경 이토와 직접 이야기를 나누었다는 오가와 헤이키치(小川平吉)는 다음과 같이 증언한다.

> 공은 어떠한 점으로부터도 합병해야 할 것이라고 말했다. 그리고 합병에 관해서는 아무런 문제점도 없지만, 한 가지 문제점이라고 할 수 있는 것은 지금 갑자기 합병해 버리면 부담이 일시에 증가한다. 행정 사법기관의 설비와 교육 방면뿐만 아니라 급격한 변동에 대한 방위비용 등이 반드시 필요해질 것이기 때문에 이것을[병합-인용자] 서두를 필요가 없다는 설이었다. 당시 공의 대체적인 의견은 점진주의-유명한 말려죽이기 방침[生殺し主義]이었던 것이다.[35]

이토는 장차 한국을 '합병'해야 할 것이지만 당장 '합병'한다면 일본의 부담이 급증할 것이므로 즉시 병합은 어렵다는 것이다. 이러한 입장은 의

---

35 「故伊藤公の合併論と余の合併論」, 『朝鮮』 27, 1910년 5월, 466쪽.

병운동이 본격화하는 1907년 후반부터는 '보호통치'의 한계를 느끼고 점차 병합론으로 기울어 간 것으로 보인다.[36] 그러나 한국의 민중이나 관리 혹은 신문기자에 대한 연설 등 다양한 자리에서 "병합은 하지 않는다", '한국의 독립'을 침해하지 않겠다고 주장해 온 이토로서는 자신의 입으로 '병합'을 언급할 수는 없었다. 이토는 1909년 4월 도요협회(東洋協會)가 주최한 한국인 일본관광단 환영회 석상에서 연설을 통해 "지금은 일한 양국이 상호 이해를 같이하여 함께 동일 목적으로 나아가고, 더욱 나아가 일가(一家)를 이루려고 할 때이다. … 바라건대 한인도 일본의 정세를 시찰해 양국 공통이해의 이치를 터득함으로써 일가처럼 서로 사이좋게 지내는데 노력하자"[37]라며 즉시 병합론의 수용을 내비쳤다. 이토가 지금까지 이러한 '일한일가설(日韓一家說)'을 주장한 적은 없었다. 한국민의 '열복'을 전제로 한 점진주의의 포기를 보여주는 것이라고 할 수 있다.

가쓰라 수상은 이토의 동의를 확인하면서 병합을 기정사실화하고 그것을 순조롭게 추진하기 위해서는 이토 통감을 빨리 경질해야 한다고 생각했다. 1909년 4월 17일 추밀원 의장 야마가타 아리토모에게 보낸 서한에는 가쓰라의 구상이 잘 드러나 있다.

일전에 말씀드린 한국의 앞날에 대해서도 그렇게 정한 이상 예(例)의

---

36 이토는 통감 사임 후 측근인 이시즈카 에이조(石塚英藏)에게 "한국을 독립국가로 만들어 보호하고 동시에 내정개혁을 하려고 지금까지 노력해 온 것은 잘못이었다. 러일전쟁 직후에 곧바로 합병을 했다면 오히려 한일 두 민족을 위해서도 다행이었을 것이다"라고 말해 자신이 추진한 '보호통치' 정책의 실패를 자인하고 있다.(石塚英藏, 「一世の偉人伊藤公を憶ふ」(朝鮮新聞社, 1995, 『朝鮮併合史硏究資料1 朝鮮統治の回顧と批判』, 龍溪書舍, 復刻)
37 外務省 編, 1966, 『小村外交史』, 原書房; 『伊藤博文傳』下卷, 838~840쪽.

진퇴 문제는 필연적으로 절박해질 것으로 생각됩니다. 아울러 이른바 시기를 앞당기기 위해서는 도리어 유력자가 필요 없고, 그들 한국 황제 및 정부 인물이 잘못을 일으키게 하는 것이야말로 앞으로의 정책상 무엇보다 묘책이 될 것으로 생각합니다. 단연코 그 뜻을 받아들여 소네(曾禰) 씨를 후임으로 추천하는 것이 바람직할 것을 생각합니다. [중략] 진퇴 문제를 결정하지 않고서는 나중의 문제는 일체 진행하기 어렵습니다.[38]

1909년 6월 14일 이토는 통감직을 사임하고 추밀원 의장이 되었다. 이에 대해서는 3년 반에 걸친 '보호통치'가 한국 국민을 승복시키려는 소기의 목적을 달성하지 못하고 도리어 한국민의 저항을 초래했을 뿐만 아니라 일본으로부터도 비판이 일어 더 이상 '한국독립'의 언설을 유지할 수 없게 되었으며, 이에 따라 이토는 '보호통치'의 의욕을 잃고 다른 사람에게 병합의 책임을 전가하려고 생각했다는 견해가 설득력을 얻고 있다. 후임 통감에는 부통감이었던 소네 아라스케(曾禰荒助)가 취임했다.

그 직후인 7월 6일 「한국병합에 관한 건」이 내각회의에서 결정되었다. "적당한 시기에 한국의 병합을 단행할 것", "한국을 병합해 이를 제국 판도(版圖)의 일부로 삼는 것은 반도에 우리 실력을 확립하기 위한 가장 확실한 방법이다"[39]라는 등의 내용이 결정되었다. 이러한 병합 방침은 당연히 이

---

38 尚友倶楽部同編纂委員會 編, 2005, 『山縣有朋關係文書』 1, 山川出版社, 355쪽.
39 또한 "제국 내외의 형세에 비추어 적당한 시기에 과단하게 병합을 실행하여 반도를 명실공히 우리의 통치 아래에 두고 또 한국과 여러 외국과의 조약 관계를 소멸시키는 것은 제국 백 년의 장계(長計)이다"라고 되어 있다(『日本外交年表竝主要文書』 上, 315쪽).

토의 검토를 거친 것이며, 이 방침이 확정되자 가쓰라 타로는 야마가타에게 만족의 뜻을 표명했다.⁴⁰

이토는 통감 사임 후에도 원로로서 한국 지배 문제에 관해 적극적으로 의견을 개진했다. 특히 사법권 위탁 문제에 관여하고,⁴¹ 7월 12일 사법·감옥사무의 위탁에 관한 각서의 조인에 노력했다. 가쓰라는 이것을 '대한국 정략의 진전'이라고 환영했다.⁴² 스스로의 판단으로 대한정책의 노선을 바꾼 이토는 통감 사임 후에도 원로로서 대한정책에 계속 관여해 나갔던 것이다.

이상의 검토에서 알 수 있듯이 이토는 일본정부의 한국 침략정책의 결정 과정에 주도적으로 참여하여 자신의 의견을 관철하고 반영시켜 나갔다. 통감 취임 후 일본정부의 한국 지배 방침이 결정되자 그것을 바탕으로 '보호통치'를 실시했으나 '시정개선' 정책이 국내외로부터 반대에 부딪혀 좌절되자 '보호통치' 정책을 전환해 내정권까지 장악하는 '실질적 병합'에 착수했다. 이러한 정책의 변화는 원로로서 항상 다른 정부 수뇌와 긴밀한 협조와 조정을 통해 이루어졌다. 일본정부의 기본방침에서 벗어나는 일은 없었다. 나아가 이토는 한국민의 격렬한 저항에 직면해 '보호

---

40 1909년 7월 13일 자 야마가타에게 보낸 가쓰라 서간, 『山縣有朋關係文書』 1.

41 "사법권위탁에 관해 여행 중 숙고한 결과를 별지에 기초해 보내드리니 숙고하신 뒤 경성에 도착한 뒤 정부 논의의 결과를 훈시해 주시기 바랍니다."(1909년 7월 3일 자 가쓰라·고무라에게 보낸 이토의 서간, 『桂太郎關係文書』, 일본 국회도서관 헌정자료실 소장).

42 "지난번 말씀드린 한국의 사법권 위탁 및 군부 해산 등의 건 오늘 새벽 소네 통감으로부터 전보가 와서 두 건 모두 협약이 마련되었습니다. 지난번 장래의 방침을 확정한 이래 며칠 지나지 않아 이 두 건을 확정할 수 있었던 것은 나라의 천년대계를 위해 매우 경하할 일입니다. 앞으로 이렇게 착착 진행된다면 도착점에 도달할 수 있을 것으로 생각합니다."(1909년 7월 13일 자 야마가타에게 보낸 가쓰라 서간, 『山縣有朋關係文書』 1, 357쪽)

통치'가 막다른 길에 다다르자 '즉시 병합론'을 수용하게 되었다. 이토는 메이지 초기부터 시대 상황의 변화에 매우 민감하게 반응하면서 각 정치세력의 의견을 받아들여 원만하게 정책을 추진하려 하였다. 자신의 견해를 무조건 고집하는 것이 아니라 국내외의 상황에 비추어 현실성이 없어지면 노선을 수정하곤 했다. 이러한 현실주의적 정치가의 성향은 한국 침략정책의 결정 과정에서도 관철되었던 것이다.

이토는 한국의 식민지배를 전면에서 지휘하기 위해 스스로 통감이 되어 한국으로 건너왔다. 따라서 '보호통치'를 시작하는 단계부터 한국병합의 가능성을 생각하고 있었던 것은 당연하다. 그러나 최초에는 한국의 내부 상황이나 국제정세 등을 고려해 '보호통치'가 한국 지배에 유효하다고 판단했던 것이다. 한국에서 식민지배의 기반이 정비되고 동시에 서양 열강의 승인을 얻는 등 '적당한 시기'에 도달하면 병합에 착수하는 것도 가능하다는 생각이었다. 다만, 대한강경론을 주장하는 다른 정치세력과 달리 이토는 한국병합에 관해 점진론을 취하고 정책 전환에 있어서 신중했다고 할 수 있다.

2. 보호국론과 보호국 논쟁

일본정부는 청일전쟁 시기 한국을 보호국화하려는 시도를 하다가 실패하였고, 러일전쟁의 개전에 앞서 한국을 보호국화하려는 구상을 갖고 있었으며, 전쟁이 발발한 후 이를 실현하고자 노력하였다. 당시 일본정부가 한국을 왜 보호국으로 만들려고 하였으며, '보호국(protected state)'이라는 말에 어떤 이미지를 갖고 있었고, 그 개념을 구체적으로 어떻게 형성하여 갔는가 하는 것은 일본의 대외정책뿐만 아니라 일본인의 한국 인식을 보여주는 주요한 측면이라고 생각한다.

일본정부는 러일전쟁을 전후한 한국 침략 과정에서 보호관계를 구체화시켜 나갔는데 '보호국'은 속방(屬邦, dependency)이나 병합(倂合, annexation)과 어떻게 구분되고 기존의 근대 국제관계와 국제조약에서 어떤 것이 중요한 모델이 되었는지를 확인할 필요가 있다.

일본의 한국 보호국화의 과정에 관해서는 일본정부 및 외교기관의 동향을 중심으로 한 정치사적 연구가 진행되었고[43] 사상사적 연구도 심화되었다.[44] 이들 연구는 일본정부의 정책의 구체화, 그리고 민간의 동향과 외무성을 중심으로 한 일본정부의 보호국 구상의 구체화가 어떠한 관련이 있었는가 하는 상호과정의 분석에 초점을 맞추고 있는데 정치가나 정부 관료뿐만 아니라 학계, 언론 등 다양한 측면의 논의가 함께 검토될 필요가 있다.

---

43 森山茂德, 1987, 『近代日韓關係史硏究』, 東京大學出版會.

44 田中愼一, 1976, 「保護國問題」, 『社會科學硏究(東京大學社會科學硏究所紀要)』 28권 2호; 田中愼一, 1977~1978, 「朝鮮における土地調査事業の世界史的位置(1)(2)」, 『社會科學硏究』 29권 3호, 30권 2호.

보호국 개념은 유럽에서 국제법에 등장한 지 얼마 되지 않아 바로 일본에도 소개되었다. 당시 이 개념이 무엇을 의미하고 어떠한 국가 관계가 상정되어 있었는가에 대해 학자, 언론인, 정치가, 군인들 사이에서 다양한 해석이 나오게 되었다. 이러한 다양성이 나오게 된 배경에는 몇 가지 요인이 작용하고 있었다. 처음부터 구미에서 '보호국' 보호관계로 불리는 국가의 존재 형태가 다양했던 사정이 있었다. 참조해야 할 모델 자체가 복수로 존재하고, 이에 따라 보호국의 이해나 평가도 달라졌던 것이다. 구체적으로는 영국의 이집트 지배, 프랑스의 튀니지 지배 등을 참조했다.

또 '보호국이라는 존재 형태 그 자체가 양의성(兩義性)을 지니고 있었다. 그것은 한편으로 국제법에서 법인격을 상실하게 되는 병합이나 '속국화'는 아니지만 다른 한편으로 주권국가가 가지는 권리 행사 능력에 제한을 받는다는 점에서 완전한 독립국도 아니었다. 이렇게 모호한 존재 형태가 한편으로는 병합을 위한 초석이라는 해석을 가능하게 함과 동시에, 다른 한편으로는 다시 독립으로의 전망을 내포한 고유의 의미를 갖는 것으로서 보호국을 이해하는 시각까지도 나오게 했다.

또한 일본의 대한정책은 러일전쟁 후의 대륙경영에 대한 전략 문제와 불가분의 관계에 있고 그러한 장래 구상의 차이가 보호국 조선에 대한 인식의 차이와도 연동하게 되는 사정도 있었다. 그리고 일본에게 조선 문제는 메이지 초기부터 가장 큰 대외 과제의 하나였고, 정부와 민간 모두 조선의 근대화와 독립을 돕는다거나 조선으로 진출하는 것을 주장하며 자신들의 정치적 입지를 위해 조선 문제를 이용했다. 청일·러일 양 전쟁의 선전포고문 등에서 일본이 한국의 영토 보전과 독립 보장을 내걸고 있는 것도 그 의미의 발현이라 할 수 있다. 그때 한국 보호국화라는 일본정부의 정책은 일본이 세계를 향해 표방해 온 공약과 어떻게 설명할 수 있는

가가 중요한 논점으로 제기되었다.

이와 같은 여러 요인이 작용하여 한국 보호국론은 복잡하고 다양한 형태를 보이게 되는데, 여기에서는 주요한 학자들의 보호국론 내용과 보호국 논쟁을 검토함으로써 러일전쟁 전후 시기 일본의 한국관과 한국정책을 살펴보기로 한다.

1) 국제법 학자의 보호국론

1905년 11월 17일의 을사조약을 통해 한국은 일본의 피보호국이 되었다. 일본의 한국 보호국화 정책에는 당시 일본의 국제법 학자들이 깊이 관여한 것으로 보인다. 여기에서는 다치 사쿠타로(立作太郎)와 아리가 나가오(有賀長雄)를 중심으로 국제법학자들의 보호국론을 검토하고자 한다.[45]

먼저 일본 외무성의 국제법 고문으로 활약한 도쿄제국대학 교수 다치 사쿠타로는 보호국을 다음과 같이 규정한다.

> 보호국(State under the protectorate of another State)은 보호를 하는 국가와의 사이의 보호조약에 입각하여 그것이 보호를 받음과 동시에 그에 따라 내정외교 특히 외교 관계에서 제한을 받는 국가이다. 현시점에서 이른바 보호국은 외교 관계에 대해 보호를 주는 국가에 의해 제한을 받는 것을 그 특징의 하나로 인정하고 있으므로, 단순히 다른 나

---

45 이하 보호국론과 보호국 논쟁에 관해서는 운노 후쿠쥬 지음, 정재정 옮김, 2008, 『한국병합사연구』, 논형 제2장 보론을 주로 참고.

라의 보호를 받는 국가는 특히 단순 보호(simple protection) 국가 등의 명칭을 사용하여, 그것을 보통 보호국과 구별하고 있다. 보호국 중, 혹은 병합 전의 한국과 같이, 그 외부에 대한 대표가 보호를 하는 국가에 의해 완전히 이루어져서, 국제법상의 권리 능력을 향유하더라도, 국제법상의 행위 능력을 향유할 수 없는 경우가 있다. 혹은 1881년 이후의 튀니지처럼 보호국이 그 이름으로 외교관계를 유지해도, 보호를 하는 국가가 파견하는 통감이 보호국의 외무대신을 겸하여, 실제로 보호국의 외교 관계상의 실권을 쥐는 경우가 있고, 혹은 1884년 이후 영국에 병합되기 이전의 남아프리카공화국(트렌스발)과 같이, 보호국이 스스로 외교 관계를 유지하고, 조약 체결에 관해서 보호를 하는 국가의 부인권을 인정하는 등 어느 일정한 사항에 대해 보호를 하는 국가에 의해 제한을 받는 것에 그치는 경우도 있다. 보호국과 보호를 하는 국가는 전연 별개 국가이고, 양자의 관계는 국제법상의 관계이다. 보호국은 보호조약에 의해 제한받는 범위에서만 행위의 자유에 대해 제한을 받는 것이어서, 보호조약 중에 특히 제한을 두는 것 외에는 제한을 받지 않는 것이라 추정되는 것이다. (중략) 실제로 수많은 보호국들은 훗날 보호를 하는 국가에 병합되기에 이르는 과도적 단계에 있는 것이다. 마다카스카르, 베트남, 캄보디아와 같은 경우는 일단 프랑스의 보호국이 되었다가 결국 병합되고 말았던 것이다.[46]

이상과 같은 다치의 보호국론을 요약하면, '보통의' 보호국이란 첫째, 보호를 하는 국가로부터 외교관계의 제한을 받는 국가로서, 단순한 보호

---

46 立作太郎, 1930, 『平時國際法論』, 日本評論社, 137~138쪽.

를 받는 관계에 있는 '단순보호'국과는 구별된다. 둘째, 보호국은 국제법상의 권리능력을 가지고 있지만, (a) 국제법상의 행위 능력을 완전히 갖고 있지 못한 한국과 튀니지의 경우에 대해 다치는 이것을 '을종 진정보호국(乙種眞正保護國)'이라 불렀다. (b) 스스로 외교관계를 유지하지만 일정 사항에 대해 보호를 하는 국가에 의해 제한을 받는 국가[예를 들면, 보호국의 국제적 행위에 대해 보호를 하는 국가의 부인권·찬조권 등을 받아들인 남아프리카공화국의 트란스발 등의 경우 – 이것을 '갑종 진정보호국'(甲種眞正保護國)이라 불렀다]가 있다. 셋째, 보호관계는 국제법상의 국가 간의 관계이고, 조약에 의해 보호국의 제한범위가 규정된다. 넷째, 많은 보호국은 보호를 하는 국가에 의해 병합되는 '과도적 단계'에 있는 국가다.

이어서 다치는 보호국이 "독립국인가 아닌가의 구별 기준은 국제법상의 권리 능력 및 행위 능력을 완전히 갖고 있느냐 없느냐 하는 점에서 구해야 하기"[47] 때문에, 보호국은 '반주권국(半主權國)'이라 하더라도, 국제법상의 주체가 되는 자격을 상실한 '비독립국'[48]이라고 규정했다.

다치의 이러한 주장은 현재도 국제법 교과서에 기술되어 있는 보호국의 일반적 규정이다.[49] 다치는 외교사 연구를 위해 독일, 프랑스, 영국을 유학했는데, '한일의정서' 체결 직후인 1904년 3월, 3년 9개월의 유럽 유학에서 귀국하여 곧바로 몰두한 보호국 연구에서 이 견해를 제시한 것이다.[50]

---

47 立作太郞, 1930, 앞의 책, 135쪽.
48 立作太郞, 1930, 위의 책, 135쪽.
49 高野雄一, 1985, 『全訂國際法槪論』上, 弘文堂, 120쪽.
50 立作太郞, 1905.8, 「保護國論」, 『外交時報』 8권 8호; 立作太郞, 1906.3, 「保護に關する保護條約の硏究」, 『國際法雜誌』 4권 7호; 立作太郞, 1906.7, 「保護關係の成立と保護國の條約上の權利義務」, 『法學志林』 8권 7호.

당시 "보호국이란 국제법에서 겨우 12~13년 전(1890년대)부터 논단에 등장하고, 유럽 학자 사이에서도 종종 이견이 있어, 매우 난감한 연구 제목으로 되어 있다"[51]라고 일컬어지고 있었다. 다치는 유럽 국제법 학자의 여러 설을 정리하고, 보호조약의 실례를 인증하면서, 당면한 한국 보호국화의 외교 과제에 답하는 마음으로 보호 관계의 국제법적 규정을 도출한 것이다.

일본정부도 '한일의정서' 이후의 한국 보호정책 추진의 지침으로서 보호관계의 국제법적 검토를 초미의 과제로 삼고 있었다. 1904년 3월 외무성에 설치된 임시취조위원회는 이를 위한 기관이다. 외무차관 진다 스테미(珍田捨巳)가 위원장을 맡은 이 위원회에는 외무성 정무국장 야마자 엔지로(山座圓次郎), 외무성 참사관 구라치 데쓰키치(倉知鐵吉) 외에도 외무성 참사관인 도쿄제국대학 법과대학 교수 데라오 도루(寺尾亨), 도쿄제국대학 법과대학 교수 다카하시 사쿠에(高橋作衛), 도쿄제국대학 법과대학 조교수 다치 사쿠타로, 학습원 교수 나카무라 신고(中村進午)가 참여하였다. 이들 네 사람의 국제법 학자 가운데 다치 이외의 세 사람은 이듬해 1905년 중에 각각의 사정으로 위원을 사임했으나, 다치만은 1906년 2월 위원회 해산까지 위원회 일에 전념했다.[52]

임시취조위원회의 작업 경과는 분명하지 않지만, 그 무렵 외무성은 위원회 내외의 국제법 학자에게 정책 제언을 포함한 조사 보고를 요구한 듯하다. 현재, 외무성 외교사료관에 소장되어 있는 『외무성기록』(1·4·3·12)에 "보호국에 관한 조사 일건"(2권)이 남아 있어 위원회에서 어떠한 작

---

51 有賀長雄, 1906.10, 「保護國論を著したる理由」, 『國際法雜誌』 5권 2호, 5쪽
52 田中愼一, 「朝鮮における土地調査事業の世界史的位置(1)」, 『社會科學研究』 29권 3호, 61~63쪽.

업이 이루어졌는지 파악할 수 있다.[53] 이것들을 상세하게 분석한 다나카 신이치(田中愼一)의 연구에 따르면 이 가운데 아키야마 참사관 보고는 1904년 5월 31일의 각의 결정인 '제국의 대한방침' 및 '대한시설강령 결정의 건'의 '정책 플랜의 참고자료'로 제공되었고,[54] 다치 사쿠타로의 보고와 마쓰바라(松原) 영사관보의 보고는 1905년 4월 8일 각의에서 결정한 '한국 보호권 확립의 건' 및 같은 해 10월 27일에 각의 결정된 한국 보호권 확립 실행에 관한 각의 결정의 건'에 즈음하여 "외무성안 작성을 위한 참고 자료로 되었다"라고 한다.[55]

그리고 이러한 과정에서 한국 보호국화의 모범적 선례로 프랑스의 보호국가들, 특히 튀니지의 사례에서 찾아 '프랑스·튀니지론'이 정착되어

---

53 이 문서의 후반에 '참고'로 다음의 보고 7건이 수록되어 있다. ① 외무성 법률 고문 데니슨, 「보호국에 관한 데니슨 고문의 조사서」 영문타이프 4쪽, 1904년 3월 이후 작성. ② 육군성 참사관(전 외무성 참사관) 아키야마 마사노스케(秋山雅之介), 「아키야마 육군성 참사관이 조사한 피보호국 지위에 관한 보고서」, 육군성 괘지 8매, 1904년 3~8월 작성. ③ 다치 사쿠타로, 「다치 박사가 조사한 보호국에 관한 취조서」, 괘지 15매, 1905년 4~7월 작성. ④ 다치 사쿠타로, 「다치 박사 조사의 보호국에 주재하는 제3국 영사에 인가장에 관한 취조서」, 괘지 7매, 1906년 2월 중 작성. ⑤ 마쓰하라 가즈오(松原一雄) 영사관보, 「보호국에 대한 소견」, 괘지 48매, ('베를린 법과대학 국제법 교수 하이보른 박사 저, 『보호국론』에서 발췌 번역) 괘지 39매, 1904년 11월~05년 2월 작성. ⑥ 「영국 식민지 및 프랑스의 보호국에 관한 제조약과 제법령」(Treateis, Laws and Ordinances relating to British Colonies and French Protectorates) 영불문 50쪽. ⑦ 「영국과 콩고 자유국과의 사이에 체결된 조약문」(Agreement between Great Britain and His Majesty King Leopold II Sovereign of the Independent State of the Congo, relating to the Spheres of Influence of Great Britain and the Independent State of the Congo in East and Central Africa), 영문 타이프 7쪽.(운노 후쿠쥬, 『한국병합사연구』, 199~200쪽.) 이 가운데, ②,③,⑤는 田中愼一, 「朝鮮における土地調査事業の世界史的位置(2)」, 『社會科學研究』 30권 2호에 소개되어 있다.

54 田中愼一, 위의 논문 (2), 38~41쪽.

55 田中愼一, 위의 논문 (2), 56~64쪽.

간 것으로 보인다. 튀니지의 보호국화는 대략 다음과 같다. 19세기의 튀니지(후사인 왕조)는 외압 아래에서 군대의 근대화, 헌법의 도입, 학교 제도의 정비 등 위로부터의 개혁을 추진하고 있었으나, 근대화 정책에 따라 늘어난 지출이 외채 누적을 초래하여, 파탄한 국가 재정을 영국·이탈리아·프랑스의 공동관리에 맡기지 않으면 안 되었다(1869). 튀니지의 대외 종속은 1878년의 동방 문제를 둘러싼 베를린회의를 통해 프랑스로 기울어졌다. 이 회의에서 프랑스는 독일·영국으로부터 튀니지에 대한 행동의 자유를 인정받았다. 1881년 3월 프랑스는 튀니지로 출병하여 5월 바르도조약(Treaty of Bardo)을 강제하여 외교·재정권을 장악하고, 나아가 1883년 6월 마르사협정(Convention ofal-Marsa)을 맺어 튀니지를 보호국으로 삼은 것이다. 이렇게 해서 튀니지의 외교는 프랑스가 대표하게 되고, 프랑스 정부가 파견한 통감(resident general)이 외교·내정 양면에서 실질적인 권력자로서 튀니지를 경영하기에 이르렀다고 한다.[56]

이러한 프랑스의 튀니지 지배 방법 속에서 일본정부는 한국 보호국화의 지침을 구했던 것이다. 그러나 바르도조약과 을사조약은 튀니지와 한국의 외교권 행사를 전면적으로 침탈한다는 점에서 동일하지만, 튀니지 주재 프랑스 총독이 튀니지 외무대신을 겸임하고, 튀니지의 조약은 튀니지 군주의 이름으로, 프랑스 정부와 체결한다는 것에 비해, 을사조약에 의해 설치된 한국 주재의 통감이 관할하는 외교 사항은 '외국영사의 직권 내에 있는 지방적 문제에 한정'되었다.[57] 즉 제3국과의 조약 체결 등 한국 외교권 행사는 일본 외무성이 전담한다는 점 등의 실태 면에서는 차이가 있다.

56　宮治一雄, 1978, 『アフリカ現代史』 V, 山川出版社, 49~53쪽.
57　田村幸策, 1951, 『國際法』 上, 有斐閣, 126쪽

이상의 외무성 측의 보호국론에 대해 와세다대학 교수 아리가 나가오는 1906년 9월 독자적인 보호국론을 주장하는 『보호국론』을 출판했다.[58] 아리가는 청일전쟁에서 제2군 사령부 법률 고문으로 종군하였고, 러일전쟁에서는 만주군 법률고문으로 출장한 전시 국제법 학자로 알려졌다. 또한 추밀원 의장비서관(1889~1891), 총리대신비서관(1892~1893, 1898)으로서 이토 히로부미에 봉사한 경력을 가지고 있다. 1898년에는 국제법학의 논설지 『외교시보(外交時報)』를 발간하고 편집의 중책을 담당한 학자이다.[59]

아리가는 『보호국론』 서문에서 "한국은 당연히 일본의 보호국이어야 한다"라고 썼는데, 그가 보호국 문제에 관심을 가진 것은 1895~1896년 프랑스에 출장갔을 때였다고 한다. 거기서 주요한 관련 서적을 사서 귀국하여, '책을 집필해야겠다'라고 구상한 지 10년 만에 "이른바 보호국이 무엇인가에 관해, 공정하고 온건한 뜻을 양성함으로써, 장래의 대한정책을 위해 견고하고 확실한 기초를 다질"[60] 목적으로 써낸 것이 『보호국론』이다.

58　有賀長雄, 1906, 『保護國論』, 早稻田大學出版部.
59　아리가 나가오(1860~1921)의 약력은 다음과 같다. 1882년 도쿄대학 철학과 졸업, 1886년 6월 원로원 서기관, 1886년 11월~1888년 6월 독일 유학, 1889년 5월 추밀원 서기관, 동년 6월~1891년 6월 추밀원 의장비서관(1888년 4월 ~1889년 10월 이토 히로부미 의장), 1892년 8월 내각 총리대신 비서관(1892년 8월~1896년 8월 이토 히로부미 수상), 1893년 4월 농상무성 문서과장, 동년 5월 농상무성 특허국장, 1894년 10월 제2군사령부 법률 고문, 1895년 9월~1896년 프랑스 출장, 1896년 6월 육군대학교 교수. 1898년 3월~7월 총리대신 비서관(1898년 1월~6월 이토 히로부미 수상), 1900년 2월 법학박사, 1904년 4월 1884년부터 강사로 출강하던 도쿄전문학교가 전문학교령에 의해 '와세다'대학'이 되어, 교수, 1904년 만주군 법률 고문.(戰前期官僚制硏究會編·秦郁彦著, 1981, 『戰前期日本官僚制の制度·組織·人事』, 東京大學出版會, 22쪽)
60　有賀長雄, 1906, 앞의 책, 서문 3쪽.

그렇다면 아리가가 한국에 상정했던 보호국은 어떤 것일까? 그는 보호국의 범위를 전근대에서의 종주국과 속국과의 종속관계나 근대에서의 식민제국의 보호령 지배를 포함하여 포괄적으로 파악한다. 그리고 보호국을 네 종류로 나눠 한국을 제2종이라 하였다. 그의 구별 지표를 요약하면, 제1종은 약소국이기 때문에 타국의 보호를 받으나 세력균형이라는 조건 때문에 독립은 유지하고 있는 형태이고(모나코 등), 제3종은 원주민의 반항이나 외교 분쟁을 피하기 위해 옛 군주를 그대로 두나 실제로는 속국에 지나지 않는 형태이다[인도 토후국(印度土侯國) 등]. 제4종은 장래의 개발을 염두에 두고 열강이 지도상에 설정한 보호령으로 처음부터 국가의 형태를 갖추고 있지 않은 것이다. 구체적으로는 다음과 같다.

제1종 보호국(호위적 보호국·단순보호국): 자주권을 가지고 있는 약소국이 독립 유지를 위해 강대국의 보호를 받는 관계. 단, 보호를 받는 약소국은 자국의 내정외교에는 간섭을 받지 않는다.

제2종 보호국(후견적 보호국·정치상보호국·진정 보호국·국제보호국): '국제상의 책임을 완수할 힘이 없는' 국가에 대해 '이해관계가 가장 많은 강국은 이를 이끌어 세계 여러 나라의 반려(伴侶)에 들게 하고, 그리하여 그 교제상에서 책임을 다하도록 하기 위해 잠시 이에 대신하여 주권의 일부를 행사하는' 관계.

제3종 보호국(행정상 보호국): 다른 국가의 주권을 장악하는 강대국이 형식적으로 그 국가의 군주권을 이용해서 행정을 집행하는 경우.

제4종 보호국(식민적 보호국): '해외 미개척지의 양토(壤土)를 그 식민지로 삼고자 하는' 강대국이 일정 지역을 구획하여 '보호지'로 삼아 여

러 나라의 승인을 얻는 경우. 이른바 보호령(保護領).[61]

여기에서 제2종의 규정은 미묘하다(튀니지 등). 그것은 세계 교통의 요로(要路)인 해당국이 구미 열강과 국교 상의 책임을 다할 능력이 결여되었기 때문에 이해관계가 가장 깊은 국가가 그 주권의 일부를 대행하여 책임을 지는 것을 목적으로 하는 것을 말한다. 독립인가 종속인가라는 문제로 보면, 딱 제1종과 제3종 사이의 과도적 형태로 구성되어 있는 셈이다. 그리고 그는 『보호국론』에서 한국병합정책에 대항하기 위해 한국을 제2종에 속한다고 하고, 그것이 성립하는 세계사적인 이유를 들어 해당국에 대한 보호국의 의무로서 병합하지 않는 열강끼리의 교제에 참가할 것을 주장했다. 그는 또 제2종 보호국에 대해 다음과 같이 말한다.

"제2종 보호국이 제1종과 다른 점은 피보호국이 스스로 주권의 전부를 운용하지 않고 보호국이 피보호국을 대신하여 외교권, 군정권 및 그 외의 주권을 운용함에 있다. 이 관계는 근래 세계가 통상이 활발해짐에 따라 시작된 것이다. 즉 세계 통상의 요로에 위치한 어떤 국가가 그 국토를 폐쇄하거나 또는 비록 교통은 허용해도 대외관계에서 문명 국교의 책임을 다하지 못하든가, 문명 강대국의 힘으로 정복함은 손바닥을 뒤집기보다 쉬우나 그 국민의 천부존립(天賦存立)을 존중하여 굳이 가볍게 인위적으로 이를 훼손하지 않고, 점차 이를 계발하고 이끌고 도와줌으로써 각국 공존의 이치를 알게 하고 세계 교통의 요로를 열게 하기 위해 펴는 하나의 수단이다. 이 수단은 처음 프랑스가 태평양의 타히티 섬에 시행한 바 있다 그 후 이를 캄보디아, 튀니지, 베트남 및 마다가스카르에서 시행

---

61 有賀長雄, 앞의 책, 1~4쪽.

하고 점차 이 경험을 거쳐 정식화되었다. 일본의 보호제도를 한국에 적용하고자 할 때 그 전형을 이들 보호국에서 참고하려 함은 마땅히 학문으로 연구할 가치가 있으며 영국이 여러 해 이집트에 시행하고 있는 바도 참고해야 할 것이다."[62]

2) 보호국론을 둘러싼 논쟁

아리가는 보호국론의 제일인자를 자임하며 세계의 보호국 사례와 학설을 풍부하게 제시하고 논술했으나, 외무성 임시취조위원회에 참석하는 국제법 학자와 일정한 거리를 두었다. 거꾸로 다치 등 외무성의 정책 제언자들은 아리가의 『보호국론』 논설을 인정할 수 없었다. 다치는 아리가의 『보호국론』이 간행되자 곧바로 비판하는 글을 집필했는데,[63] 아리가도 이에 대응했다.[64]

아리가와 다치의 보호국 논쟁에 대해 살펴보면, 논쟁의 쟁점은 ① 보호국의 종류에 따른 유형 분류, ② 보호국은 독립국인가의 여부 두 가지로 집중된다.

아리가는 보호관계가 생기는 정치적 요인에 따라 보호국을 종합적으로 파악하여 구별했는데, 이에 대해 다치는 엄밀한 의미의 국제법학 입장

---

62 有賀長雄, 『保護國論』 제2장, 57~58쪽.

63 立作太郎, 1906.10, 「有賀博士の保護國論」, 『外交時報』 107號; 立作太郎, 1906.11, 「國家ノ獨立ト保護關係」, 『國家學會雜誌』 20권 11호; 立作太郎, 1906.12, 「保護國の類別論」, 『國際法雜誌』 5권 4호; 立作太郎, 1907.2, 「保護國論に關して有賀博士に答ふ」, 『國際法雜誌』 5권 6호.

64 有賀長雄, 1907.1, 「保護國の類別論」, 『外交時報』 110호.

에서 나열적 구분에 지나지 않다고 아리가설을 비판하고, 보호국을 한 국가의 외교권에 대한 행위 능력에 제한이 가해진 경우로 파악하면서, 아리가가 말하는 제3종·제4종 보호국의 개념을 부정하였다. 또한 제1종 보호국에 대해서도 관용으로서 보호의 존재를 인정하여 '단순 보호국'이라 하면서 협의의 보호국과 구별했다. 다치는 외무성에 제출한 보고서에 이 생각을 제시했는데, 아리가와의 논쟁 과정에서 재정리하고 보호국을 다음의 두 가지 형태로 구분했다.

> '갑종 진정보호국': '국제법상의 행위 능력에 대해 능보호국(能保護國, 보호를 주는 국가)으로부터 제한을 받아도, 피보호국이 직접 대외관계를 유지하고, 피보호국의 외교기관이 직접 제3국의 외교기관과 교섭할 수 있는 경우'. 구체적 사례는 1874~1884년의 베트남, 1884~1902년의 트란스발.
> '을종 진정보호국': '능보호국이 대외관계에 대해 피보호국을 대표하고 피보호국의 외교기관이 직접 제3국의 외교기관과 교섭할 수 없는 경우'. 구체적 사례는 1905년 이후의 한국, 1885~1896년 마다카스카르, 1884년 이후의 베트남, 1881~1884년의 트란스발.[65]

다치가 보호국을 한정적으로 파악한 것은 국제법학상으로 보았을 때 정당하므로 아리가가 반론할 여지는 적지만, 다치가 아리가를 공격한 것은 아리가설의 전개가 일본의 대한정책에 장애가 될지도 모른다고 보았기 때문이다. 앞서 인용한 것과 같이 아리가가 말하는 '제2종 보호국'은

---

65   立作太郎, 1906.12, 「保護國の類別論」, 『國際法雜誌』 5권 4호, 30~31쪽.

보호를 하는 국가가 보호국을 "이끌어 세계의 반려에 들게 하기" 위해, "잠시 이에 대신하여 주권의 일부를 행사한다"라고 했다. 그 테두리에서는 일본의 한국 보호국화를 정당화하는 논리지만, 아리가는 보호국으로서의 한국의 장래를 유동적으로 보고, 다음과 같이 말한다.

> 베트남, 튀니지는 점점 프랑스의 깊은 간섭을 받는데 반해, 일찍이 영국의 보호국인 트란스발 및 이탈리아의 보호국인 아비시니아[지금의 에티오피아]는 명실공히 완전한 독립국이 되었다. 그렇다면 곧 일본은 먼저 새롭게 한일 양국 사이에 성립을 눈앞에 둔 보호관계를 정밀하게 분석하고, 장래에 어떤 방향으로 변화하도록 해야 할 것인지, 또는 변화시켜야 하는 것인지를 추구할 필요가 있다. … 한국은 4종의 보호국 중 어디에 속하는가, 또 장래에 어느 한 종으로 변화하려는 경향이 있는가, 이것이 곧 우리들이 잠시 학술상의 한 문제로 따지고 싶은 바이다. 또 한국은 과연 어떤 종의 보호국에 속하는가를 말하는 것이 명료하게 될 때는, 구주의 열강이 기왕에 동종의 보호국에 대해 취한 여러 조치를 참고하여 그 실험에 비추어 우리가 조치를 취할 수 있고, 장래 한국의 입법·사법·행정을 지도하는 데 다소의 도움이 될 것이다. 먼저 학술상으로 연구를 다하고, 그 성취를 따져 정사(政事)상의 계획을 세울 때는 자연히 오류를 없앨 것이므로 성공의 기대가 크다. 이에 반해 만약 자연의 추세를 무시하고, 정치상의 목적만을 안중에 두어 계획할 때는 설령 일시의 효과를 거두더라도, 훗날 번거로움을 남길 우려가 있다.[66]

---

[66] 有賀長雄, 1906.2, 「保設國の研究」, 『外交時報』 9권 2호, 55~62쪽.

아리가의 유별론 방법은 다치에 따르면, "보호관계가 기인하는 정치적 사실을 표준으로 하여 보호국의 4종을 구별하고 각 종류에 대해 특별한 본연의 성질을 인정함으로써 특유의 법리를 인정하려는"[67] 것이기 때문에 보호국 유형이 다양해짐과 동시에, 각각의 보호국 장래에 대한 방향성도 다양화할 수밖에 없다. 아리가는 '보호국 변화'의 한 유형으로서 트란스발의 영국으로부터의 독립(1881년, 제1차 보어전쟁), 아비시니아의 이탈리아로부터의 독립(1896년, 아도와전투)을 들어 보호관계 해소도 있을 수 있다는 것을 시사하고, '정치상의 목적만을 안중에 두고 계획하는' 일본의 한국보호 정책을 암암리에 비판했다.

이에 대해 보호국을 병합으로의 '과도적 단계'라고 보는 다치는 아리가가 말하는 '제2종 보호국'은 마다가스카르·베트남·캄보디아 등 병합에 이르는 과도적 제도로 존재하는 경우는 그 예가 부족하지 않다면서, 한국을 여러 나라와의 관계에서 지금보다도 더욱 멀어지게 하는 것이 보호관계의 법리상 인정되는 바라고 기술하고 있다.[68] 병합을 염두에 둔 보호정책의 전개를, 대한정책의 축으로 생각하는 다치는 아리가설을 부정할 수밖에 없었던 것이다.

두 번째 쟁점인 보호국은 독립국인가라는 문제에 대해서도 다치는 아리가가 "한국은 보호국이면서 독립국이다"라는 명제에 대해 보호국은 비독립국이라는 국제법의 규정에 입각하여 철저하게 비판했다.

아리가가 이 문제를 제기한 것은 청일전쟁 이래, 일본이 한국의 독립 보장을 여러 차례 선언하고, 한국 보호국화의 기점인 '한일의정서'에서도,

---

67　立作太郎, 앞의 논문, 「保護國の類別論」, 25~28쪽.
68　立作太郎, 위의 논문, 28쪽.

제3조에 "대일본제국 정부는 대한제국의 독립 및 영토보전을 확실히 보증할 것"이라 명기하였는데[69] 그럼에도 한국을 보호국으로 삼는 일이 논리적으로 가능한가 하는 심각한 문제가 있었기 때문이다. 이것은 국제적 비판을 초래할 수도 있었고, 한국의 반일 투쟁에 충분한 동기를 부여할 수 있는 이유였다.

아리가는 '보호국론을 저술한 이유'에서 "일본이 여러 국가에 대해서든 조선국 그 자체에 대해서든 누누이 한국의 독립 및 영토 보전을 담보할 것이라 다짐하는 일은 거짓말인가. 국가는 거짓말을 해도 좋다는 것인가. 단지 한국이 독립국이기는 하나 보통의 독립국이 아니라는 것은 당연한 사실이다. … 그렇다면 명분은 독립국이면서 실제 관계는 다르게 되어 있는 바를 어떻게 설명해야 좋은가. 그 점이 바로 보호국의 법리 관계를 연구할 필요가 있는 까닭이다"라고 밝히고 있는데,[70] 그가 내린 결론이 "한국은 보호국이면서 독립국이다"였다. 그 이유는 다음과 같다.

> 한국과 같은 피보호국과 단순 독립국 사이에 명확한 구별이 없는 것은 아니다. 단순 독립국은 무릇 자주 국가에 속하는 각종 권리를 모두 갖추고, 또 스스로 이를 행사하는 데 반해, 피보호국은 이를 모두 갖고 있어도, 이것을 모두 자유 행사하지 못하고, 그 일부분의 행사는 능보호국의 의사에 의해 제한을 받는다. 이것이 명백한 구별이다. 그러므로 피보호국은 불완전한 독립국임을 부정하기 힘들다. 그러나 그 불완전함 때문에 능보호국의 주권으로 이를 조성하고, 피보호국에 단독

---

69 『日本外交文書』 37권 1책, 345~346쪽
70 有賀長雄, 앞의 「保護國論を著したる理由」, 2쪽.

행사할 수 없는 바의 권리를 능보호국의 감리 지도하에서 행사하게 한다면, 또 이처럼 조성한 다음 제3국이 이것을 보았을 때는 피보호국 도 역시 완전한 독립국과 전혀 다른 점이 없다. … 제2종 보호관계 하에서 피보호국은 제3의 국가들에 대해 이것을 말할 때는 분명히 독립국이나 오직 그 능보호국에 대해서만 독립국이 아니다.[71]

억지 논리라고도 보이는 아리가가 주장하는 바는 한국이 자력으로 독립국의 능력을 갖고 있지 못하기 때문에 일본이 보호해 줌으로써 한국의 독립이 유지된다는 식의 보호국화를 정당화해 온 일본정부의 논리와 부합하는 것이었다.

한편 다치는 아리가설을 '기이한 이론'이라 하여 물리치고, 제2차 '한일협약'은 한국을 "국제법 술어의 의의에서 독립국이 아님을 분명히 했다"[72]라고 주장했다 "국가의 독립이란 한 나라가 그 국제법상의 행위 능력, 특히 외교권에 대해 다른 나라로부터 법규상의 제한을 받지 않는 소극적인 상태를 가리키기"[73] 때문이다. 보호국으로서의 한국은 그 의미에서 비독립국이다.

다치의 비판은 아리가의 주장을 굴복시키기에 충분한 법적 규정이었다. 그러나 다치에게도 하나의 과제인 일본정부의 한국 독립 보장선언과 보호국의 비독립국 규정임을 어떻게 정합시킬 것인가라는 문제가 남아 있었다. 이 점에 대해 다치는 "'한일의정서'에서 말하는 '독립'이란 국

---

71 有賀長雄, 앞의 책, 221~222쪽.
72 立作太郎, 1906.11, 「國家ノ獨立ト保護關係」, 『國家學會雜誌』 20권 11호, 40쪽.
73 立作太郎, 위의 논문, 35쪽.

제법상 술어의 의의로 해석해서는 안 된다"라면서, "외교상의 속용어(俗用語)의 의의로 해석할 수 있는지 없는지에 대한 의문의 여지가 있다"[74]라고 밝혀 국제법상의 '독립' 개념에서 일본정부가 사용한 '속용어'로서의 '독립' 보장을 배제하고 공약의 이행 책임을 방기했다.

　다치는 일본이 공언해 온 외교상의 "독립의 의미는 단순히 한국의 국제법상의 법인격을 상실시키지 않고, 따라서 병합 등의 방법에 의해, 국제관계상 한국을 소멸시키지 않을 것을 보증하는 것에 지나지 않으며, 국제법상 술어로서의 독립의 의미와 크게 차이가 있다. 그러므로 이와 같은 뜻에서 독립의 보증은 한국을 국제법상의 술어의 의의에서 비독립국이 되는 것을 막는 데 있는 것이 아니다"[75]라고 말한다. '독립 보장'이라는 앞의 말과 보호국화한 현실과의 모순을 감추기 위해 앞뒤를 끼워 맞춘 것임은 분명하다.

　그리고 다치는 "제2차 '한일협약' 제4조 일본국과 한국 사이에 현존하는 조약 및 약속은 본 협약의 조관에 저촉되지 않는 한 모두 그 효력을 계속하는 것으로 한다"라고 하여 보호조약인 을사조약에 저촉하는 "한일의정서 제3조의 독립 보증 조관은 이미 그 효력이 계속되지 않음을 언명한 것으로 보아야 한다"라고 해석하고, 영일 제1차 동맹협약(1902년 1월 30일 조인) 전문의 "대한제국의 독립과 영토보전을 유지할 것"도 "1905년 8월 12일의 영일 신협약은 특히 이 말을 생략하고, 제3조에서 영국은 일본의 한국에서 지도 감리 및 보호 조치를 취할 권리를 승인"한 것이기 때문에 "일본은 한국과의 관계에서든 제3국과의 관계에서든 한국을 비독립국이

74　立作太郎, 앞의 논문, 42~43쪽.
75　立作太郎, 위의 논문, 43쪽.

라 하여도 어떠한 모순도 발생하지 않는다"라고 주장했다.[76] 한국의 '독립' 보장 선언은 조약상 철회되었다는 말이다.

다치의 해석이 일본정부의 공식 해석의 여부는 불분명하지만, 정부가 '독립보장'에 대한 철회를 표명한 흔적은 없다. 아무튼 그 후에도 일본정부는 '독립보장'을 선언한 사실을 무시할 수는 없었다. 한국병합이 이른바 강제적 병합이 아니라 어떤 식으로든 임의적 병합 형식을 취해야 했는데, 일본정부가 부심한 것도 그 때문이다.

이상과 같은 아리가-다치 논쟁에서 다치의 국제법학상의 우위를 점했지만, 다치가 외무성 브레인이었던 데 비해, 아리가는 이토 통감의 한국 보호정치에 일정한 영향을 준 것도 사실일 것이다. 이토와 아리가와의 접촉은 구체적으로는 불분명하지만, 아리가의 『보호국론』은 "이토 통감을 위해 헌책(獻策)한 자료를 발표한 것"[77] 이라고 알려진 점도 있다. 앞서 언급한 바와 같이, 이토의 추밀원 의장 비서관·수상 비서관을 맡은 경력을 가진 아리가가 이토에게 보호국 구상의 제언했다고 볼 수 있을 것이기 때문이다. 어쨌든 다치와 아리가의 보호국론, 그리고 그들은 논쟁은 직간접적인 통로를 통해 외무성과 이토 통감의 한국정책에 영향을 미쳤을 것이라는 점은 짐작할 수 있다.

이토 히로부미는 한국을 보호통치하면서 일본의 보호국 지배에 대한 한국 측의 합의, 즉 한국 국민의 의사를 지배할 수 있는 '정당성' 확보의 필요성을 의식하고 있었다. 그는 통감 부임에 즈음하여 1906년 2월 5일 정우회원이 개최한 송별회 석상에서 이른바 '열복(悅服)'론을 연설했다.

---

76 立作太郎, 「國家ノ獨立ト保護關係」, 41쪽.
77 山田三郎, 「故有賀博士を追懷す」, 『外交時報』 541호, 2쪽.

즉, 일본의 한국 보호통치에서 한국인이 벗어나려고 한다면 일본은 그들을 열복시키기 위해 노력해야 한다. "일본의 보호는 그들의 독립에 위해를 끼치는 것이 아님을 자각시키고 일본은 일본의 독립을 보전하기 위해 어쩔 수 없이 그들을 보호하는 것이고 결코 해로운 뜻이 있는 것이 아님을 알려줄 필요가 있다. 또한 한국민의 처한 슬픈 처지에 대해서는 언론뿐만 아니라 정치 및 재정을 막론하고 실로 동정을 표한다"는 것이다.[78]

일본의 한국 보호가 한국인이 '열복'한 것은 아니라는 것, 즉 지배의 '정당성'을 갖지 못한다는 것을 누구보다도 잘 알고 있는 이토는 한국이 일본의 굴레에서 벗어나려고 한다는 점을 두려워하여 한국에 대한 '동정'의 필요성을 호소한 것이다. 이러한 입장에서 '보호통치'론을 바탕으로 한 이토의 한국 지배정책은 이후 가쓰라 수상, 고무라(小村) 외상, 데라우치 육군상, 원로 야마가타 아리토모 등의 '급진론'과 대항하면서 1909년 일본정부의 '병합 노선'이 정해질 때까지 전개되었다.

---

78 瀧井一博編, 2011, 『伊藤博文演説集』, 講談社, 368~371쪽.

제5장
한국병합기 '병합론'과 강제병합의 실현

1. 일본정부의 '한국병합' 구상

일본의 한국 지배 방침이 언제 '보호국화'에서 '병합'으로 전환되었는지에 관해서는 한일 양국 학계에서 여러 가지 견해가 제출되었다. 한국에서는 일본은 메이지유신 이후 한반도에 진출하면서 한국을 식민지화하려고 계획했고 러일전쟁 이후 '보호국화'도 '병합'을 위한 준비 과정으로 보는 견해가 강하다. 일본에서는 한국 지배를 둘러싸고 이토 히로부미(伊藤博文), 이노우에 가오루(井上馨)와 같은 정부 내 '문치파'와 야마가타 아리토모(山縣有朋), 가쓰라 다로(桂太郎), 데라우치 마사타케(寺內正毅) 등 '무단파'가 대립해 '무단파'의 승리로 '병합'이 실현되었다는 일본정부 각 세력의 대외노선 차이로 설명하는 경향이 많았다. 그러나 일본이 동아시아에 대한 팽창적 정책을 추진하려고 하였다 하더라도 청일전쟁 이후 동아시아 국제정세를 고려해 보았을 때, 일본정부가 서양 열강의 이해관계를 무시하면서까지 강경한 대외정책을 추진하기는 힘들었을 것이고, 일본정부의 대한정책은 서양 열강과의 이해관계를 고려하면서 현실적인 정책이 치밀하게 추진되었다고 보아야 할 것이다.

1909년 3월 이토 히로부미가 통감 사임을 표명한 것은 일본의 대한정책의 전환을 보여주는 것이기도 하다. 이토는 그 무렵 가쓰라 수상과 고무라 주타로(小村壽太郎) 외상에게 한국병합 방침에 이견이 없다는 의견을 피력했다. 그것은 자신이 그동안 추진해 온 한국에 대한 '보호국' 정책의 유지를 포기하고 가쓰라 내각의 '병합' 정책에 동의한 것으로 인정할 수 있다.

가쓰라 내각은 후임 통감의 선정을 논의하면서 대한정책을 통감에게 일임하였던 기존의 방침을 정부 주도로 변경하였다. 이 과정에서 외무대신 고무라는 '한국병합'에 대해 이토의 동의를 얻은 뒤 외무성 정무국장 구라치 데쓰키치(倉知鐵吉)에게 '한국병합'을 목표로 한 대한정책의 방침을 수립할 것을 지시하였다.[1] 이에 따라 한국병합을 위한 정지 작업이 본격적으로 추진된다.

구라치는「대한정책의 기본방침」과 그 실행방안으로서의「대한시설대강(對韓施設大綱)」을 입안하였는데, 7월 6일 각료회의에서 통과됨에 따라 일본정부의 공식적인 한국정책으로 채택되었다.[2] 이 문서에서 구라치는 당시 일반적으로 사용하지 않던 '병합'이라는 단어를 사용하여 "한국이 완전히 폐멸하여 일본 영토의 일부가 되는 것"이라고 '한국병합'의 개념을 정의하였다.[3] 이 방침은 일본정부가 최초로 '한국병합'을 공식화한 문서였다. 그리고 이 방침이 각의에서 통과되었다는 것은 일본정부 전체가 '한국병합'의 성격에 대해 "한국이 폐멸하여 일본의 영토로 편입"하는 것으로 이해하고 동의했다는 의미이기도 하다. 또한 앞으로 일본정부의 각 부서에서 '한국병합' 정책은 이 방침을 기준으로 통일적으로 실행될 것임을 의미하며, '한국병합'이 실행단계에 접어들었음을 시사한다.

이후 1910년에 접어들어 일본정부는 '한국병합'을 전제로 '제2차 러일협약'의 교섭과 영국·미국 등 열강과의 교섭을 무난하게 마무리하였다. 이에 일본정부는 '불평등조약 개정문제'에 대한 부담 없이 '한국병

1 　倉知鐵吉,「韓國併合ノ經緯」 2~3쪽.

2 　日本外務省 編,『日本外交文書』 42-1卷, #144「對韓政策確定ノ件」, 179~180쪽; 倉知鐵吉,「韓國併合ノ經緯」, 10쪽.

3 　한성민, 2010,「구라치 데쓰키치(倉知鐵吉)의 '韓國併合' 계획 입안과 활동」,『한국근현대사연구』 54, 한국근현대사학회, 84~85쪽.

합'의 실행을 결정하고, 그것을 실행할 적임자로 데라우치 마사타케(寺內 正毅)를 육군대신 겸임의 제3대 통감으로 임명하였다. 그 직후 데라우치 와 일본정부는 '한국병합'의 실행을 구체적으로 준비할 내각의 비밀조직 으로 관련 부처의 관료들로 구성된 병합준비위원회를 조직하였다. 이때 구라치는 통감부 외무부장 고마쓰 미도리(小松綠)와 함께 위원회의 주임 으로 발탁되어 '한국병합'의 실행방법인 「병합실행방법세목(倂合實行方法 細目)」의 입안에 참여하였다.

일본이 한국을 '병합'한다는 방침은 1909년에 확정되었으나 구체적으 로 어떠한 내용으로 한국을 '병합'할지는 아직 정해지지 않았던 것으로 보인다. 따라서 1909년부터 1910년 사이에 '한국병합'의 구체적인 내용 이 논의되었는데 일본정부 내에서는 고무라 외상이 이끄는 외무성과 데 라우치가 주도하는 육군성에서 체계적인 한국 지배 구상과 '병합안'이 마 련되었다. 중심인물은 외무성의 구라치 데츠키치와 육군성의 아키야마 마사노스케(秋山雅之介)였다.[4] 이하에서는 구라치와 아키야마의 한국 지 배 구상과 '병합안'을 비교 검토하고자 한다.

1) '한국병합' 구상의 입안

1910년에 들어서자, 일본 정치세력들의 '합방론'은 구체적인 방법과 성격을 제시하는 수준에 이르렀다. 당시 일본의 대표적인 국제법학자 아 리가 나가오(有賀長雄)는 합방의 형식을 ① 종속관계, ② 식민지(직할식민

---

4   일본정부 내의 한국병합 구상에 관해서는 한성민, 2021, 『일본의 '한국병합' 과정 연 구』, 경인문화사, 제5장을 참고.

지와 자치식민지로 구분), ③ 내지화(內地化)의 3종류로 구분하여 각각의 장점과 문제점을 설명하면서 '한일합방'의 현실적인 안으로 직할식민지를 제시하였다.[5]

이러한 상황에서 일본정부는 민간에서 계속적으로 제기되는 다양한 '한일합방론'을 통제하고 일본정부 주도의 구체적인 실행계획을 준비할 필요성을 느끼게 되었다. 국제정세 면에서도 '한국병합'과 일본의 불평등조약 개정에 대한 일본의 우려는 1910년으로 접어들면서 해소되기 시작했다. 1909년 초 미국은 러시아에 동청철도의 매수 의사를 밝히며 미·러 협력을 시도했고, 이에 대해 러시아의 입장은 러일관계를 중시했던 외무대신 이즈볼스키와 미러관계를 중시했던 재정대신 코콥초프로 양분되었다. 이와 같은 상황에서 이토가 만주철도 및 '한국병합'에 대한 협상을 위해 코코프초프와 만나러 만주 시찰에 나섰던 것인데, 그의 사망으로 실패했다. 그리고 미국의 미·러 협력 시도 역시 러시아 내부의 노선대립으로 성공하지 못하였다.

이에 미국의 국무장관 녹스(Philander C. Knox)는 11월 「만주 제철도 중립화안」을 발표하였다.[6] 이것은 러시아와 일본이 차지한 만주철도를

---

5 有賀長雄, 1910, 「合邦の形式如何」, 『政友』 120, (海野福壽 編, 2003, 『外交史料韓國併合』 下, 不二出版 수록).

6 "미국정부에 있어서는 더욱 광범하여 관계가 큰 계획을 고려하고 있습니다. 생각하건대 만주에서 청국의 정치상 일체의 권리를 완전히 향유하게 하고 또 문호개방과 기회균등주의를 실제로 적용함으로써 이 지방의 발달을 기하기 위해서는 적당한 협정을 통해 만주에서 일체의 철도를 청국이 소유하게 하고 이를 하나의 경제적이고 학술적이고 또 공평한 경리(經理) 아래에 병합하여 이에 필요한 자금은 적당한 방법을 통해 합당한 비율에 따라 가입을 희망하는 여러 나라로부터 조달하는 것이 가장 유효한 방법이라고 생각합니다. (하략)"(『日本外交文書』 42-1卷, #749 「米國政府ヨリ錦愛鐵道豫備協定成立通告竝提議ノ件」, 722~723쪽).

영국·미국·일본·러시아·프랑스·독일의 6개국이 국제연합체를 구성하여 공동으로 매수하고, 그 소유권을 중국에게 돌려준 뒤 이를 국제적으로 공동관리하자는 것이었다.[7] 이 안은 그 이전에 미국이 한 제의와는 달리 만주를 분할하고 있던 러시아와 일본의 이익에 대한 직접적인 도전이었다.

이러한 상황에서 러시아가 일본에게 미국에 대한 공동대응을 제의함에 따라 '제2차 러일협약'의 교섭이 시작되었다.[8] 1910년 4월 10일 러시아의 수상 스톨리핀(Pyotr A. Stolypin)은 "일본의 한국병합에 러시아는 이의를 주장할 이유도 권리도 없다. 다만 그 시기는 사전에 통보해 주기 바란다"라고 밝힘으로써 일본의 '한국병합' 방침을 공식 승인했다.[9] 이로써 일본의 가장 큰 근심은 사라진 셈이었다.

일본의 불평등조약 개정에 대해서는 영국과의 교섭이 가장 중요했다. 제국주의 최강대국인 영국과의 교섭 결과는 대체로 다른 열강들과의 교섭에 반영되기 때문이었다.[10] 조약개정 교섭은 새로운 수출입 세율 문제로 논란이 있기는 했지만, 영국은 일본과 새로운 조약의 체결에 대체로 동의하였다. 교섭 과정에서 5월 19일 주일 영국 대사 맥도널드(Claude McDonald)는 외무대신 고무라에게 "영국정부도 물론 병합에 대해 이의는 없다. 다만 갑자기 병합을 실행하는 것은 동맹의 관계상 좋지 않다고 생

---

7 최문형, 2004, 『국제관계로 본 러일전쟁과 일본의 한국병합』, 지식산업사, 406쪽.

8 일본외무성 편, 『日本外交文書』42-1卷, 750 「滿洲鐵道中立化ニ關スル米國ノ覺書ニ付日本政府ト協議シタキ旨露國外務大臣內談ノ件」, 724쪽.

9 『日本外交文書』43-1卷, 9 「新日露協商ニ關シ露國總理, 外務, 大藏各大臣トノ會談報告ノ件」, 110~112쪽.

10 『日本外交文書』43-1卷, 1 「新通商航海條約及特別相互關稅條約草案ニ關シ請議ノ件」, 1~2쪽.

각한다"라는 의견을 제시하여 러시아와 비슷하게 '한국병합'을 승인해 주었다.[11]

이렇게 열강으로부터 긍정적인 반응을 얻음에 따라 일본정부는 드디어 '한국병합'을 구체적으로 준비해 나갈 시점이 되었다고 파악하였다. 그럼에도 일본정부는 그 실행 시기와 모양새에 대해 예민하게 고려하고 있었다. 당시 내각총리대신 가쓰라는 이에 대해 다음과 같은 생각을 가지고 있었다.

> 합방의 실행 시기는 무엇보다 주의를 요함은 물론이다. 이에 모든 준비를 하고, 한국에게 자발적으로 합병을 청원하도록 하는 것을 최상으로 한다. 그렇다고 하더라도 시기를 잃을 염려가 있으면 현재 국내외 특히 한국인에게 의혹을 일으키지 않을 때 결행하는 것이 필요하다고 생각한다. 덧붙이면 현재 교섭 중에 있는 러시아와 사건 결말 후 가장 가까운 시기를 잡아 선택하는 것이 적당하다고 생각한다.[12]

합방, 즉 병합의 실행 시기는 한국인들의 의혹과 러시아와의 교섭 상황을 고려해 선택해야 한다는 것이다. 요컨대 가쓰라 및 일본정부는 러시아가 '한국병합'에 대해 공식적으로 승인을 표명했지만, 나라 정세에 따라 입장에 변화가 있을지도 모르기 때문에 '병합' 실행 시기를 '제2차 러일협약'이 최종적으로 타결된 후로 상정한 것이다. 또 한국의 외교권을 박탈한

---

11 『日本外交文書』43-1卷, 551「韓國倂合ノ際同國ト第三國間ノ旣存ノ條約ノ效力ニ付英外相ヨリ申出ノ件」, 663~664쪽.
12 德富蘇峰, 『公爵桂太郞傳』坤卷, 465쪽.

'을사조약'의 유효성에 대해 조약 체결 당시부터 무효론이 제기되고 있었기 때문에 가능한 한 일본은 한국을 완전히 폐멸시키는 '병합'만은 국제적인 비판이 없도록 외형적으로는 제국주의적 침략 방식이 아닌 한국의 희망에 따른다는 모양새를 취하려 했다.[13] 하지만 그것이 가능하지 않다면 지금의 시기를 잃지 않고 일방적으로 '병합'한다는 의사를 밝힌 것이다.

일본이 한국의 '지원'에 의한 '병합'이라는 모양새를 취하려 한 것은 열강의 문제제기를 피하려는 것이 주요한 목적이었다. 그러기 위해서는 우선 한국의 치안 상황이 안정적이어야 했다. 국가의 주권이 일본으로 양도됨에도 한국 사회가 평온하다면 한국의 지원에 의한 '병합'이라는 일본의 명분이 현실적으로 뒷받침되기 때문이다. 하지만 일진회의 합방운동은 이러한 일본의 의도와 달리 한국의 반일운동을 촉발할 위험성이 다분했다. 실제로 1909년 12월 일진회의 「합방청원서」 제출로 인하여, 이완용 내각의 타도를 목표로 시도되었던 서북학회·대한협회·일진회의 3파 연합운동은 결렬되었고, 각지에서 반일연설회가 개최되는 등 반일운동을 자극하였다. 이 때문에 소네(曾禰)는 일진회에 대해 '집회 및 연설 금지 명령'을 내렸던 것인데, 다시 일진회의 합방운동이 전개되면, 1910년 들어와 소강상태에 접어든 반일운동을 다시 자극할 우려가 있었다. 그렇게 되면 일본이 홍보하듯이 한국의 '지원'에 의한 '병합'은 논리적으로 맞지 않

---

13 이와 같은 방침에 의해 일진회의 이용가치가 부활, 소생되었다고 보는 견해도 있다(강창일, 2003, 「근대 일본의 조선 침략과 대아시아주의-우익낭인의 행동과 사상을 중심으로」, 『역사비평사』, 260쪽). 하지만 "한국 측으로부터 병합을 '지원'하게 하는 방식이란 일진회의 합방운동에 기대한 것이 아니라, 이완용 내각과 한국 황제에게 '지원(志願)'의 형식을 강제하는 것에 다름 아니다."(운노 후쿠쥬 지음, 정재정 옮김, 2008, 『한국병합사연구』, 논형, 436~437쪽)라고 한 운노의 파악이 타당하다.

는 상황이 되는 것이다. 따라서 일본이 의도한 한국의 '지원'이란 이와 같은 반일운동을 자극하는 상황을 피하면서도 합법성을 띠기 위해 주권자인 한국 황제, 그렇지 않으면 최소한 주권자로부터 통치의 권한을 위임받은 한국정부의 '지원'을 의미하는 것이었다.[14]

이와 같이 '한국병합'의 시기에 대한 일본정부의 방침이 결정되자 정부 내에서 이를 책임지고 준비할 기구가 필요해졌다. 그리고 일본정부는 실제 '한국병합'을 실행할 책임자로 평소 한국에 대해 강경책을 주장하던 현직 육군대신 데라우치를 통감으로 임명하고 육군대신을 그대로 겸직시켰는데, 그 역시 이를 준비할 기구의 필요성을 느꼈다.

데라우치는 '병합' 실행 과정에서 만약 일본정부 내에서 여러 가지 이견이 제기되어 일관된 정책수행을 방해하게 되면 지난한 이 대사건을 원활하게 해결하는 것이 불가능하다고 생각했다. 단지 대강이 아니라 구체적인 실행 사항을 미리 명확하게 정하여 이후 논란의 여지를 차단하기 위해 정식으로 각의에서 의결해야 한다고 판단했다.[15] 또 그는 일본정부와의 원활한 공조도 중요하지만, 이토나 소네와는 달리 구체적인 한국 사정에 어두웠던 만큼 '병합' 실행에 대한 정밀한 마스터플랜이 필요했다.

이 시기 일본정부 내에는 공식적으로 결정되지 않은 여러 가지 '한국병합안'이 존재했다. 각각 작성자의 이름으로 구분하면 외무성에서 준비된 「구라치안」, 내각총리대신이 작성한 「가쓰라안」, 육군성에서 준비한 「아키야마안」이 그것이다. 이 중 가장 먼저 작성된 것은 「구라치안」인데, 관련 기록에서 각각 다른 명칭이 사용되고 있다. 1909년 7월 「대한정책

---

14 한성민, 2021, 앞의 책, 198~199쪽.
15 小松綠, 『朝鮮併合之裏面』, 87~88쪽.

의 기본방침」이 각의에서 통과된 직후 구라치 데쓰키치[16]는 고무라의 지시에 따라「대한세목요강기초안(對韓細目要綱基礎案)」을 작성했다고 회고하고 있다. 고무라는 실제 '병합' 실행의 시기를 예측할 수는 없지만, 그때를 대비하여 구체적인 실행방법을 결정해 두어야 한다고 생각하여 그 기초안의 작성을 구라치에게 지시하였다. 그 결과 구라치가 작성하고 고무라가 약간 수정하여 같은 해 7월 마련된 것이 바로「대한세목요강기초안」이다.[17]

다만 그의 회고록에서는 그 정확한 내용은 살펴볼 수 없다. 그런데 이와 관련하여 '한국병합' 실행에 대해 그 방안을 제시한 문건으로『고무라외교사』에는「고무라의견서」라는 문서가 수록되어 있고,[18] 일본 국립공문서관 소장의『한국병합에 관한 서류』에는「메이지42년 한국병합에 관한 외무대신안」이라는 문서가 수록되어 있다.[19] 전자에는 일부 내용이 생략되어 있지만, 이 두 문서는 동일한 문서이다.

즉「외무대신안」이 가을에 각의에 제출되었다면 이 문서는 그 이전에 이미 작성되었을 것이다. 따라서 작성 시기가 고무라의 지시로 구라치가「대한세목요강기초안」을 작성했다고 하는 시기와 대체로 일치한다. 그리고 1913년 3월 구라치가 '한국병합' 과정을 정리하여 답변한「각서」에 대

16　구라치는 제2회 만국평화회의에서 한국의 평화회의 참가를 저지하고 '불일협약'를 조속한 타결 등 외교과제를 효과적으로 수행하여 능력을 인정받아 1908년 6월 외무성 정무국장으로 발탁되었다.

17　倉知鐵吉,「韓國併合ノ經緯」, 13~14쪽; 倉知鐵吉,「覺書」(1913년 3월 10일), 小松綠,『朝鮮併合之裏面』, 16쪽.

18　日本外務省 編,『小村外交史』下, 383~385쪽.

19　「明治四二年韓國併合に關する外務大臣案」,『韓國併合ニ關スル書類』(日本國立公文書館 소장문서, 2A.1.〈別〉139).

한 부기에서 고마쓰는 구라치의 기초안에 대해 「제2호 세목서」라고 명명하고 있다.[20] 따라서 앞의 기초안을 고무라가 약간 수정하여 마련했다고 하는 구라치의 회고와 담당자에게 해당 사안의 일체를 위임하는 고무라의 인사 경향을 고려하면,[21] 이 문서들은 각각 「대한세목요강기초안」, 「고무라의견서」, 「메이지 42년 한국병합에 관한 외무대신안」, 「제2호 세목서」라고 문서명만 다를 뿐이지 모두 동일한 문서이고, 그 작성자는 구라치라고 파악된다.[22]

구라치는 이 기초안의 서문에서 앞의 「대한정책의 기본방침」에서 밝힌 '한국병합의 적당한 시기'에 대한 중요성을 다시 한번 강조한다. 하지만 이 '적당한 시기'는 내외의 사정에 따라 달라지는 것으로 전혀 예상할 수 없기 때문에 그 시기가 왔을 때 차질 없이 '병합'을 단행하기 위해서는 '병합'의 방침이 각의에서 결정된 지금부터 그 구체적인 준비를 해야 한다고 하였다. 그리고 그는 '병합' 준비 내용을 크게 ① 병합선포의 건, ② 한국 황실 처분의 건, ③ 한반도 통치의 건, ④ 대외관계의 건의 4부분으로 나누어 제안하였다.

두 번째로 준비된 것은 「가쓰라안」이다. 이것은 도쿠토미 소호(德富蘇峰)가 편찬에 관계한 가쓰라 관련 저작에서만 보이고, 작성 시기나 구체적인 문서의 명칭도 알 수 없다. 「가쓰라안」은 전문, 제1 병합의 방법, 제2

---

20 小松綠, 『朝鮮併合之裏面』, 17쪽.
21 金子範二, 1911. 「外務次官と局長」, 『太陽』 17-9, 216쪽.
22 한성민, 2010, 앞의 글, 96쪽. 이 중 「고무라 의견서」와 「메이지 42년 한국병합에 관한 외무대신 안(明治四二年韓國併合に關する外務大臣案)」은 외무성으로부터 각의에 제출된 것이기 때문에 당시 외무대신의 대표성을 따라 '고무라 의견서' 또는 '외무대신 안'으로 불리워진 것 같다고 한다.

병합의 선포, 제3 외국에 대한 선언의 4부분으로 구성되어 있는데, '한국 병합' 실행방법에 대해 '조약'에 의한 실행을 규정한 것이 특징적이다. 그 외 전문은「대한정책의 기본방침」을 요약한 것이고, 세부 내용은「구라치안」과 거의 동일하다.「구라치안」(「대한세목요강기초안」)과「가쓰라안」의 내용이 거의 동일하다는 점과「구라치안」이 작성된 후 고무라가 이것을 가쓰라에게 보고했다는 점을 고려하면,[23] 「가쓰라안」은 고무라의 보고 이후「구라치안」을 요약하여 정리한 것이고, 다만 여기에 '조약 체결'에 의한 병합 실행방법을 전문에 추가한 것으로 보인다.

세 번째로 작성된 것이「아키야마안」이다. 제3대 통감이자, '한국병합'의 실행자로 내정된 데라우치는 우선 '병합' 실행방법의 마련을 육군에 지시한 것 같다.『한국병합에 관한 서류』에는 육군성 괘지에 작성된「한국의 시정에 관한 건 · 한국병합에 관한 건」이라는 문서가 있다. 이 문서는 작성 시기가 1910년 5월로 명기된 '서문'과 '한국병합'의 시기에 대해 보호통치의 실효를 거두어 한국인들의 귀복(歸服)을 받은 후 실행한다는 점진적 병합론의「한국시정에 관한 건」(제1안) 및 현시점에서 즉시 실행한다는 즉시 병합론의「한국합병에 관한 건」(제2안)의 3부분으로 구성되어 있다.[24] 이 문서의 작성자에 대해 고마쓰는 육군성 참사관 겸 법제국 참사관 아키야마 마사노스케라고 특정하였는데,[25] 당시의 상황과 이후 아키야마의 활동을 보면 타당하다고 생각된다.[26] '병합' 방법에 대한 아키야

---

23 倉知鐵吉,「韓國併合ノ經緯」, 13~14쪽; 日本外務省 編,『小村外交史』下, 382~383쪽.
24 「韓國ノ施政ニ關スル件 · 韓國併合ニ關スル件」,『韓國併合ニ關スル書類』(日本國立公文書館 소장문서, 2A.1.〈別〉139).
25 小松綠,『明治外交秘話』, 271쪽.
26 아키야마 마사노스케는 히로시마(廣島) 출신으로 1890년 도쿄제국대학 법학부를 졸

마의 '서문'은 다음과 같다.

> 본안 및 한국합병의 형식에 관한 건은 본년 ① 당초의 복안(腹案)으로 우선 제1 방안으로 통감부와 한국정부 및 궁내부에 대한 긴축쇄신을 결행한 후 합병을 결행하는 것이 좋겠지만, 이 안을 고수하든, 즉시 제2안의 합병을 결행하든 한국 관민 중에 반항이 있을 것임은 동일하기 때문에 합병에 관한 건 중에 명언한 바와 같이 관계 여러 외국의 의향도 고려하여 현재 한국정부를 폐쇄하여 동국을 제국에 합병하고, 그 결과로 ② 미국이 하와이를 합병한 것과 마찬가지로 종래 한국과 제 외국 간에 존재하는 조약을 당연히 소멸시키고, 영사재판권을 비롯한 그 조약상의 특권과 특전을 철폐시킬 수 있는 외교상의 관계가 있다면 지금 즉시 제2안을 채택하더라도 결코 불가한 것은 아니다.[27]

이와 같이 아키야마는 점진적 병합론과 즉시 병합론을 모두 거론했는데, 어떠한 것이 적절한 방법인가에 대해서는 결론을 내리지 않았다. 그런데 처음에 아키야마가 작성한 병합안은 이 2개의 병합안을 동시에 작성

업하고 외무성에 출사하여 영국 및 러시아 주재 일본 공사관에서 서기관 등을 역임했다. 1901년 병환으로 퇴직한 후에는 국제법을 연구하며 와후쓰(和佛) 법률학교[현재의 호세이(法政)대학]와 메이지(明治) 법률학교(현재의 메이지대학)에서 강사로 근무했고, 1905년 법학박사 학위를 취득했다. 데라우치로부터 국제법에 대한 전문성을 인정받아 1904년 육군성 참사관으로 발탁되어 그의 측근 인물로 활동하면서 법제국 참사관을 겸임하였다. '한국병합' 후에는 데라우치의 측근으로서 조선총독부의 참사관, 사법부장관, 중추원 서기관장 사무취급 등을 역임한 인물이다. 1922년 칭다오(靑島) 수비군 민정장관을 끝으로 퇴관한 후에는 호세이대학 학장을 역임하는 등 교육계에 종사하였다(한성민, 2021, 앞의 책, 제5장을 참고.).

27 「韓國ノ施政ニ關スル件・韓國併合ニ關スル件」

한 것이 아니라, 점진적 병합론에 기초한 「한국시정에 관한 건」 하나였던 것 같다. 데라우치는 이것을 바탕으로 점진적인 병합론을 채택하려는 생각에서 통감부 외무부장으로 한국 사정을 잘 파악하고 있는 고마쓰에게 의견을 구하였다. 이에 대해 고마쓰는 점진론이 일견 타당해 보이지만, 이것은 한국의 사정을 모르는 지상(紙上)의 공론(空論)에 불과하다고 신랄한 비판을 하였다. 그러면서 "이토가 위풍과 덕망으로 시정개선에 나섰지만, 그의 정책은 한국에서 환영받지 못했으며 관민의 구별 없이 시간이 갈수록 한국에서 배일의 기세는 비등해졌다"라고 하였다. 때문에 "병합은 하루 빨리 단행하지 않을 수 없다. 시간을 끄는 것은 화근을 더욱 키우는 것이다"라고 답변하였다.[28]

이와 같은 비판에 직면하여 아키야마는 제2안으로 즉시 병합론에 입각한 「한국합병에 관한 건」을 작성한 것으로 보인다.[29] 고마쓰의 비판에서 아키야마가 제2안으로 제시한 즉시 병합론의 내용은 보이지 않기 때문이다. 하지만 당시 일본의 입장에서 까다로운 문제인 외교관계의 정리를 즉시 병합론의 전제조건으로 제시한 점과 앞서의 서문 그리고 즉시 병합론을 제시한 제2안의 내용 곳곳에서 제1안에 대한 주장을 하고 있는 점을 보면, 그는 여전히 점진적 병합론을 우선적인 방법으로 고려하고 있었음을 짐작할 수 있다.

---

28 小松綠, 『朝鮮倂合之裏面』, 81~83쪽; 『明治外交秘話』, 271쪽.
29 오가와라 히로유키 지음, 최덕수/박한민 옮김, 2012, 『이토 히로부미의 한국병합 구상과 조선사회』, 열린책들, 388쪽.

2) '한국병합안'의 비교

이상에서 살펴본 것처럼 1910년 5월 시점에 일본정부 내에는 「구라치안」, 「가쓰라안」, 「아키야마안」이라는 세 가지 '병합안'이 마련되어 있었다. 하지만 「가쓰라안」은 조약에 의한 '병합' 실행 부분 외에는 「구라치안」을 요약·정리한 것이었다. 따라서 각각의 '병합안'의 구체적인 내용에 대해서는 「구라치안」과 「아키야마안」을 중심으로 병합 실행 및 선포, 한국 황실 처분, 한반도 통치, 대외관계의 4부분으로 나누어 그 공통점과 차이점을 비교해 보자.[30]

구라치와 아키야마는 모두 국제법에 정통한 인물들이었다. 그리고 일본정부가 상정한 '한국병합'은 결코 한국과 일본 간의 동등한 합병이 아니라, 일본이 힘의 논리로 일방적으로 한국을 장악하는 성격이었다. 따라서 이들이 마련한 '병합안'은 큰 틀에서는 별 차이가 없다. 하지만 구체적이고 세부적인 면에서는 상당한 차이가 있을 뿐만 아니라, 각각 그들이 소속된 외무성과 육군성의 입장이 강하게 투영되어 있다. 그 공통점을 정리하면 다음과 같다.

양자는 모두 병합 실행 및 선포에 대해 조칙으로 '한국병합'을 선포하고, 이후 한반도의 통치는 일본 천황의 대권에 의하며 일본 헌법은 시행하지 않는다고 하였다. 그런데 앞에 인용한 「아키야마안」의 서두에서 적고 있듯이 미국의 하와이 합병이 언급된 점 그리고 당시 일본정부가 '한국병합'에 참고하기 위해 국가합병의 사례들을 조사한 「국가결합 및 국가

---

30 「구라치안」, 「가쓰라안」, 「아키야마안」의 내용 비교는 한성민, 2021, 앞의 책, 제5장에 구체적으로 언급되어 있다.

병합 유례(國家結合及國家併合類例)」에 하와이가 포함된 것을[31] 근거로 야키야마는 미국의 하와이 합병을 모델로 하여 '조약 체결을 통한 병합'을 제시했다는 주장이 있다.[32] 하지만 이 같은 주장은 수긍하기 어렵고, 근거도 빈약하다고 생각한다. 우선 앞의 인용문에서는 '한국병합'의 모델로 제시한 것이 아니라, 수식어구에 불과하다. 이 부분의 앞뒤를 연결한 전체적인 문맥의 의미는 "일본이 한국을 합병하면 국가로서의 한국은 소멸하는 것인데, 그에 따른 조치로 현재(1910년)의 일본이 한국과 열강과의 조약 폐기 및 영사재판권, 조약상의 특전을 철폐시킬 수 있는가", 즉 일본이 하와이 합병 때의 미국처럼 외교적 힘이 있는가를 묻고 있는 것이다. 그 정도의 힘이 일본에 있다면 즉각적인 '한국병합'을 실행해도 된다는 의미로 이해해야 할 것이다.

한국병합에 관한 서류 중 하나의 문서인 「국가결합 및 국가병합 유례」에 포함된 미국의 하와이 합병 사례는 '조약 체결'로 실행되었다는 점 외에는 '한국병합'과는 상당히 다른 성격이었다. 합병 조약 체결은 미국과 기존의 하와이 왕국 간에 체결된 조약이 아니었다. 하와이 거주 미국인들이 무력을 동원하여 하와이 왕국을 붕괴시키고, 하와이 공화국을 수립하여 미국과 체결한 조약이었다. 그나마도 미국 의회 상원에서 조약 비준의 요건인 재적의원의 2/3 이상의 찬성을 획득하지 못해 해당 의제에 대해 과반수 이상의 찬성이면 통과가 가능한 '합동결의안(Joint Resolution)'을 통해 변칙적으로 비준한 조약이었다. 미국 자체가 국가들의 연합으로 이루어진 합

---

31 「國家結合及國家併合類例」, 『韓國併合ニ關スル書類』(日本國立公文書館 소장문서, 2A.1.〈別〉139), 20~24쪽.

32 윤대원, 2015, 「일제의 한국병합 방법과 식민 통치 방침」, 『한국문화』 70, 317쪽.

중국일 뿐만 아니라, 하와이는 새롭게 미국에 편입된 다른 주들과 마찬가지로 식민지가 아닌 준주(準州)로 편입되어 합병조약의 체결 당시부터 상당한 자치권을 획득하고 있었기 때문에 결코 '한국병합'의 모델로 볼 수 있는 것이 아니었다.[33] 특히 하와이에 대한 이해관계에서 미국의 하와이 합병에 가장 강력하게 반발했던 국가가 일본이었다.

그리고 「국가결합 및 국가병합 유례」에는 하와이 외에 이오니아 섬과 콩고도 조약 체결에 의한 사례로 소개되어 있다.[34] 즉 하와이 사례는 당시 일본이 참고한 다양한 국가병합 사례 중 하나일 뿐이다. 이에 대해 특별한 의미를 부여한 흔적은 찾아볼 수 없다. 오히려 아키야마는 프랑스의 튀니지에 대한 보호관계를 참고사례로 계속 언급하고 있고,[35] 국권을 박탈한 '한국병합'은 프랑스가 타히티를 식민지로 편입한 방법과 비슷한 점이 더 많다.[36]

무엇보다 아키야마는 즉시 병합론을 제시한 「한국합병에 관한 건」에서 "한국합병을 실행하는 하나의 수단으로 종래의 통감정치에서 일보 나아가 이번에 다시 일한협약을 체결하여 한국정부에게 국가의 통치권 전부를 제국정부에 위탁시키고, (중략) 일국의 통치권 전부를 타국이 장악하는 것으로 함은 그 무기한일 때는 물론이고, 가령 그것에 기한이 있다고 해도 동일하게 그 나라의 멸망이다. 주권자인 황제가 존재하고 국가가 존

---

33 「國家結合及國家倂合類例」, 20~24쪽 및 조웅, 1997, 「1898년 미국의 하와이 병합과 논쟁」, 『미국사연구』 5, 한국미국사학회; 안종철, 2013, 「하와이 원주민 문제의 역사적 쟁점과 미 연방대법원의 관련 판결분석」, 『法史學硏究』 48, 한국법사학회 참고.

34 「國家結合及國家倂合類例」, 7·17~20쪽.

35 「韓國ノ施政ニ關スル件·韓國倂合ニ關スル件」

36 「國家結合及國家倂合類例」, 26~34쪽.

속하고 있으면서 통치권의 전부를 타국에 위임하는 것은 예로부터 실례가 없음은 물론 국제관계상 결코 발생할 수 없는 사실이라고 하지 않을 수 없다"라고[37] 하여 조약 체결에 의한 '한국병합' 실행을 부정하였다.

그리고 이 문서의 뒷부분에서는 "한국을 제국정부에 합병함에는 프랑스가 마다가스카르를 합병하고, 미국이 하와이를 합병한 것과 같이 오직 제국의 칙령으로 그 합병을 공식화하여 그것을 열강에 통첩하는 것으로 결행할 수 있을 것이다"라고[38] 하여 명확하게 조칙에 의한 '한국병합'의 실행과 선포를 주장하였다.

한국 황실의 처분에 대해서는 공통적으로 한국 황제 및 황실을 폐위하여 일본으로 이주시키고, 일본의 황족 및 화족(華族)제도에 준하여 대우한다고 하였다. 이러한 조치는 한국의 황제나 황족이 '한국병합' 이후 총독부의 통치에 개입하는 것을 사전에 봉쇄함과 동시에 이들이 반일운동의 상징적 구심으로 기능하지 못하도록 볼모로 잡아 한국인들과 격리함으로써 한국에서의 반일운동을 사전에 예방하려는 의도로 보인다.

'병합' 이후 한반도 통치는 구라치와 아키야마 모두 통치기관으로 총독부를 설치하고, 한반도에 수비군을 주둔시킨다고 하였다. 그 책임자인 총독은 친임관 중에서 임명하고, 일본 내각총리대신의 감독을 받아 정무 수행하고, 필요시 수비군의 사령관에게 병력 사용을 명령할 수 있는 권한을 부여하도록 했다. 그리고 소수의 한국인으로 구성된 총독의 자문기관을 설치하도록 하였다.

이처럼 총독부를 설치하고 총독에게 이전의 통감과 마찬가지로 일반

---

37 '韓國併合ニ關スル件',「韓國ノ施政ニ關スル件·韓國併合ニ關スル件」
38 위와 같음.

행정의 권한과 병력 사용의 권한을 모두 부여한 것은 군사력에 기반한 통치를 상정한 것이고, '한국병합' 이후 한국인들의 반발을 예상하고 있었다는 것을 의미한다. 또 한국인으로 구성된 자문기관의 설치는 '병합' 이후 한국의 구지배층인 양반들의 불만을 무마시킴과 동시에 이들을 통치의 협력자로 포섭하려는 의도였다.

대외관계에 대해서는 '한국병합'이 실행되면, 국가로서의 한국이 소멸되는 것이기 때문에 공통적으로 기존의 한국과 외국과의 조약이 소멸되며, 외국인에 관한 사법사무는 재한 일본재판소에서 취급하도록 하였다.

이처럼 '한국병합' 이후의 전체적인 구조에 대해서는 「구라치안」과 「아키야마안」의 내용은 비슷하다. 그러나 이러한 구조가 구체적으로 실행되는 부분에 대해서는 서로가 상당한 차이를 보이고 있는데, 그 차이점은 다음과 같다.[39]

구라치는 '한국병합'을 선포할 때 '병합' 이후 상황과 양립할 수 없는 것을 제외하고는 외국인의 권리를 충분히 보장한다는 내용이 포함되어야 한다고 하였다. 외무성의 관료로 대외관계에 민감했던 그는 '한국병합'에 따른 변화로 인해 기존에 한국에서 누리던 기득권이 침해받을 것이라고 생각하는 외국인의 불안감을 진정시킬 필요가 있었다. 그렇게 하지 않으면 외국인의 불안감은 반발로 나타날 것이고, 이것이 그들의 모국으로 연결되어 해당 국가의 '한국병합'에 대한 반대 또는 개입이 나타날 것을 우려했기 때문이다.[40]

---

[39] 한성민, 2021, 앞의 책, 209~216쪽 참조.

[40] 「明治四二年韓國併合に關する外務大臣案」・「韓國ノ施政ニ關スル件・韓國併合ニ關スル件」,『韓國併合ニ關スル書類』.

일본으로 이주시킨 한국 황제 및 황실의 관리에 대해 구라치는 그 호칭부터 변경해야 한다고 하였다. 그는 현재의 순종 황제는 '대공(大公)'으로, 황태자 및 의친왕(義親王)은 '공(公)'으로, 황제의 가족은 '대공가(大公家)', 황태자 및 의친왕의 가족은 '공가(公家)'로 호칭할 것을 제안하였다. 이것은 직접적으로 드러나는 호칭의 변경을 통해 '한국병합'으로 더 이상 한국에는 황제도 황실도 없으며 국가로서의 한국이 소멸했음을, 더불어 이들이 일본 천황 또는 일본 황실과 대등하지 않은 하위계급이 되었음을 한국인에게 명확하게 인식시키려고 한 것이다.

그리고 한국 황실에 대한 일체의 사무를 일본정부의 궁내성에서 처리하도록 하고, 기존에 한국 황실 소유의 사유재산을 인정하는 동시에 일본 정부의 국고에서 매년 연금을 지급해야 한다고 하였다. 이것은 일본 황실의 사무를 담당하는 궁내성을 통해 한국 황실의 활동과 생활을 확실하게 통제하는 한편, 생활의 안정을 보장하여 한국 황제를 비롯한 한국 황실의 사람들이 지위의 변경에 따른 불만이나 경제적 곤란에서 다른 생각을 갖지 않도록 하려는 의도였다.

이렇게 「구라치안」은 '한국병합'에 따라 예상되는 외국인의 불만을 사전에 방지하고, 한국 황실이 일본으로 이주하게 되면 당연히 나타날 문제인 이들에 대한 구체적인 관리방안을 제안하고 있다. 그러나 「아키야마안」에서는 이러한 부분에 관련된 구체적인 방안은 언급되지 않았다.

「구라치안」과 「아키야마안」의 가장 명확한 차이점이 나타나는 부분은 한반도의 통치 방안이다. 구라치는 한반도의 통치를 중앙관청, 지방청, 재판소의 3부분으로 나누어 그 방안을 제안하였다.

구체적으로 중앙관청의 부분에서 그는 총독의 자격을 문관 또는 무관의 어느 한쪽으로 특정하지 않았다. 다만 그 직무 중 외교에 관계된 부분은 일본의 외무대신과 협의하여 처리할 것을 명시하였다. 총독부를 총무부, 재무부, 공무부, 식산부의 4부 체제로 조직할 것과, 경찰사무를 위해 총독에 직예하는 경무총감을 설치할 것을 제안하였다. 그리고 이런 공통점에서 서술한 자문기관에 대해서도 구성은 한국인으로 하지만 의장과 부의장은 일본인으로 임명할 것을 주장하였다.

지방청의 부분에서는 지방 행정단위를 도·부·군으로, 그 행정의 책임자는 관찰사, 부윤, 군수로 구분하였다. 그리고 기존의 13도 체제를 8도 체제로 개정하고, 광역 지방 행정 단위인 도의 행정기관으로서 관찰사청의 조직체계는 총무부, 수세부(收稅部), 식산부의 3부로 구성할 것과 관찰사는 반드시 일본인으로, 부윤 및 군수는 일본인 또는 한국인 중에서 임명할 것을 제안하였다.

재판소에 대해서는 '한국병합' 후 치외법권이 철폐될 것을 예상하여 외국인의 재판을 인수해도 지장이 없도록 미리 조직해야 한다고 하였다. 재판소의 조직과 관련해서 한국의 대심원을 최고재판소로 개정하고, 이 재판소로부터 도쿄의 대심원으로의 상고는 불허해야 한다고 하였다. 그리고 실질적인 재판에서는 그 재판의 성격과 당사자에 따라 적용 법률을 다르게 할 것을 요구하였다. 한국인 상호 간의 민사재판에서는 한국인에 대한 특별법령 및 관행을 적용, 형사재판 및 한국인과 일본인 또는 외국인 간의 민사재판에는 일본법령을 적용해야 하며, 민사재판의 경우는 한국인 재판관이 담당할 수 있지만, 그 외는 항상 일본인 재판관이 담당해야 한다고 주장하였다.

이와 같은「구라치안」의 방안은 중앙행정 및 말단 지방행정까지 모두 일본이 실질적이고 전일적인 통치권을 장악해야 한다는 의도를 보여주며, 총독의 직무 중 외교에 관한 사항은 일본 외무대신과 협의하여 처리해야 한다는 조항은 '한국병합'에 대한 열강의 반응이 우려되는 상황에서 외무성을 중심으로 통일적이고 일관된 대응이 필요하다는 점을 강조한 것으로 판단된다. 그리고 재판에 관련된 사항에서 케이스 별로 적용 법률을 명확하게 규정한 것은 '안중근의 이토 사살사건'에 대한 경험에서 '병합' 후 한반도에 일본 헌법을 시행하지 않음에 따라 발생할 수 있는 혼란을 사전에 방지하려는 목적으로 보인다.

이에 비해 「아키야마안」의 한반도 통치안은 중앙통치기구의 구성과 운영에만 한정되어 있고, 지방통치에 대해서는 언급이 없다. 구체적으로 총독은 천황에 직예하며, 육해군의 통솔 및 군대 배치를 할 수 있고 직권으로 군대를 운용할 수 있어야 하므로 무관이 임명되어야 한다고 하였다. 총독부의 조직은 총독관방, 육군부, 해군부, 민정부(내무국, 재무국, 통신국, 식산국), 경무총감으로 구성하며, 경무총감은 헌병사령관이 겸임할 것을 요구하였다. 이 같은 조직체계에서는 4개국으로 구성된 민정부에서만 일반 행정을 담당하는 것이 된다.

총독부의 관리에 대해서는 국장 이하는 일본인과 한국인의 구별 없이 임용하도록 하였다. 바꿔 말하면 국장 이상의 고위관리, 즉 총독부 각 부의 책임자 이상은 모두 일본인으로만 임명해야 한다는 주장이다. 총독부의 예산은 총독 책임하의 특별회계로 처리하도록 하나, 한반도 통치 초기에 투입되는 일시적인 비용은 일본 중앙정부에서 보조해 달라고 요구하였다. 그리고 한반도 통치과정에서 일본의 법률, 칙령, 기타 법규 모두를 한반도에서 실시할 수는 없다고 하여 한반도를 일본과는 완전히 구분되는 법역(法域)으로 설정하였다. 그러면서도 한국인의 일본에 동화(同化)된 정도에 따라 한국인으로 한국의 대표기관 구성이나, 제국의회 의원 선출이 가능하다고 한 것은 특이한 점이다.

한반도 통치에 대한 「아키야마안」의 방안은 육해군을 통솔할 수 있는 무관 총독의 임명을 전제로 한반도를 일본과 구별된 역외의 통치범위로 하고, 예산의 집행도 특별회계로 해야 한다고 하였다. 이것은 총독에게 무소불위의 권한을 부여하면서 총독부를 일본정부로부터 분리하고, 그 독자성을 요구한 것이다. 또 총독부의 조직에 육군부와 해군부의 편성, 헌병사령관의 경무총감 겸임 등의 사항을 고려하면, 한반도에 대한 군사통치의 성격을 명백히 밝힌 것이라고 할 수 있다.

대외관계에 대한 부분에서 「구라치안」은 '한국병합'에 따라 원칙적으로 한국과 외국과의 조약은 소멸하고, 일본과 외국과의 조약은 한반도에 적용할 수 있는 한 그 효력이 미치도록 해야 한다고 하였다. 그에 따라 외국인의 기득권은 '병합'과 양립할 수 없는 것 외에는 그것을 충분히 보호하고, 외국인에게 한반도의 내지를 개방하여 토지소유권을 부여할 것을 요구하였다. 다만 내지잡거(內地雜居)와 토지소유권 문제에서 청국인에게는 상당한 제한을 두도록 하였다. 대외 경제와 관련해서는 한국과 일본 간의 연안무역은 당분간 현상을 유지하고, 수출세는 '병합'과 동시에 철폐하지만, 수입세는 당분간 유지해야 한다고 제안하였다.

이처럼 「구라치안」은 대외관계에서 열강의 반응에 대해 상당한 주의를 기울이고 있다. '한국병합'으로 인해 원칙적으로 한국과 외국의 조약관계는 소멸하지만, 이미 열강은 한국에서 치외법권을 비롯한 기득권이 있기 때문에 이것의 침해에 대한 열강의 반발을 사전에 방지하려는 입장에서 열강의 기득권을 최대한 보장한다는 입장을 보이고 있다. 반면 청국인에게는 상당한 제한을 두었다. 구라치는 이에 대해 청국이 일본인에게 내지잡거와 토지소유권을 허가하지 않기 때문에 그것에 대한 대응이라고 하였는데, 이와 더불어 한국의 개항 이래 한국의 경제권 장악 측면에서 일본의 최대 라이벌이었던 청국에 대한 견제의 의미도 함께 고려된 것 같다.

또한 대외 경제에서 한국과 일본 간의 연안무역 조항은 '병합' 이후 일본 상인들의 무분별한 무역 확대와 그에 대한 열강의 반응을 경계한 조치로 보인다. 수출세의 폐지는 한국을 경제적으로 값싼 원료 공급지로의 재편, 수입세의 유지는 재한 일본인의 한국 경제권 장악과 함께 신설 총독부의 안정적인 세원 확보의 방안으로 고려된 것으로 보인다.

이와 달리 「아키야마안」은 '한국병합'과 관련된 대외관계를 치외법권에만 한정해서 보고 있기 때문에 현실성이 떨어진다. 아키야마는 점진적 병합론의 제1안에서는 일본이 외국과 교섭하여 한국병합 전에 치외법권을 철폐해야 한다고 하였고, 즉시 병합론의 제2안에서는 일본의 '한국병합' 선언과 동시에 한국에서 외국의 치외법권은 자동으로 소멸되어야 한다고 하였다.

지금까지 살펴본 바와 같이 1910년 5월의 시점에서 일본정부 내에는 3가지 '병합안'이 있었고, 작성자의 소속과 입장에 따라 그 내용과 성격을 달리하였다. 「가쓰라안」은 대외적으로 보여지는 '한국병합'의 직접적인 실행방식을 고민하여 조약 체결에 의한 '병합' 실행에 중점을 두었다. 「구라치안」은 '한국병합'에 대한 열강의 반응을 우선으로 고려하면서, '병합' 실행으로 일본이 한국에 대한 실질적인 통치권을 행사함에 따라 나타날 문제들을 예상하여 가장 구체적이고 세부적인 방안들을 제시하였다.

「아키야마안」은 시기에 차이를 두고 점진적 병합론(제1안)과 즉시 병합론(제2안)에 기반한 방안을 모두 제시했다. 아키야마가 작성한 2개의 안은 '병합' 실행의 성격은 다르지만, 치외법권의 철폐 방식 외에 구체적인 방안에서는 별 차이가 없다. 「아키야마안」은 제1안과 제2안 모두 한국을 일본의 헌법 범위 밖에 두어 천황의 대권으로 통치히며, 열강의 치외법권 및 한국과 열강 간의 조약은 구체적인 고민 없이 '병합'과 동시에 그 효력을 소멸시켜야 한다고 하였다. 그 외 대부분 내용은 한국통치 방안에 집중되어 있다. 그는 총독에게 막강한 권한 부여와 총독부의 독립성에 초점을 두고, 군사력을 바탕으로 한국과 일본을 분리하여 통치해야 함을 제안하였다. 하지만 이와 같은 「아키야마안」은 "한국이 완전히 폐멸되어 일본의 일부가 된다"라는 일본정부의 구상과 배치될 뿐만 아니라, '병합' 실행에서 가장 중요한 고려사항인 열강과의 관련 부분을 너무나 단순하게 취급하고 있어서 실질적인 '병합' 실행방안이 될 수 없었다.[41]

「아키야마안」은 '한국병합'의 실행을 담당하게 된 데라우치가 개인적으로 참고하기 위해 작성을 지시한 것으로 일본정부의 공식적인 문서가 아니었다. 특히 아키야마의 점진적 병합론은 '한국병합'의 직접적인 실행이 이미 결정된 1910년 5월의 시점에서는 그다지 현실적이지도 못한 계획이었다. 이 때문에 아키야마의 점진적 병합론은 고마쓰로부터 "지상의 공론에 불과하다"라는 신랄한 비판을 받아야 했다.[42] 그 직후 아키야마가 '즉시 병합론'에 입각한 문서를 작성한 것과 「아키야마안」의 구체적 내용을 보면 '한국병합'에 대한 아키야마의 구상은 그다지 체계적인 것은 아니었다고 생각된다.

따라서 당시 미국의 만주 진출 시도, 제2차 러일협약의 상황, 일본의 불평등조약 개정 문제 등을 고려하면 일본정부 입장에서는 「구라치안」이

---

41 오가와라는 「아키야마 안」 중 점진적 병합론에 대해 "가장 체계적이고 구체적인 점진적 병합론"이라고 대단히 높게 평가하고 있다(오가와라 히로유키 지음, 최덕수·박한민 옮김, 2012, 앞의 책, 328쪽).

42 小松綠, 『朝鮮併合之裏面』, 83쪽.

가장 현실적인 안이었다고 생각된다. 특히 「가쓰라안」의 내용이 「구라치안」과 거의 동일하다는 점은 이미 일본정부의 수반인 내각총리대신 가쓰라가 병합 실행의 방식 외에는 구라치의 「한국병합안」에 동의하고 있었다는 것을 의미한다. 그리고 이후 데라우치가 조직한 병합준비위원회에 구라치와 고마쓰는 주요 인물로 참여한 반면, 아키야마는 포함되지 않았다. 이는 데라우치도 「구라치안」을 가장 현실적인 '병합안'으로 인정했음을 의미한다. 하지만 「가쓰라안」의 병합 실행 방식과 「아키야마안」도 특정한 부분에서는 나름의 효용성을 가지고 있었다. 「가쓰라안」에 따라 한국 황제의 청원에 의해 한일 간에 '병합조약'이 체결된다면, 열강의 반응을 우려하는 일본정부의 입장에서는 대외적으로 가장 보기 좋은 모양새가 될 것이었다. 또 총독의 권한 강화와 총독부의 독립성을 강조한 「아키야마안」은 '병합'의 실행자로 제3대 통감이자, 초대 총독에 내정된 데라우치와 일본 군부의 입장에서 상당히 매력적인 내용이었다. 이와 같은 「가쓰라안」과 「아키야마안」의 내용은 이후 '병합준비위원회'에서 마련한 「병합실행방법세목」에 충분히 반영되었다.

   1910년 5월 30일 통감에 임명된 후 데라우치는 가장 현실적이고 세부적인 '병합안'을 입안한 구라치를 중심으로 '한국병합'의 준비를 확정지으려 했다. 데라우치가 실제 한국에 부임한 시기는 '제2차 러일협약'이 조인된 후인 7월 말이었다. 이 사이에 그는 내각의 동의 아래 비밀조직 '병합준비위원회'를 조직하였다.[43]

   '병합준비위원회'의 인적 구성의 가장 큰 특징은 당면한 '한국병합'에 일본정부와 통감부에서 외교·법률·재정·식민지 경영의 실무책임자들

---

43   小松綠, 『朝鮮併合之裏面』, 89~90쪽.

이 모두 모였다는 점이다. 이에 따라 '병합준비위원회'는 일본정부의 '한국병합'에 대한 구체적인 실행방법을 준비함과 동시에 각 부처 사이에 상충되는 의견충돌을 해소하는 자연적인 소통의 공간이기도 했다. '병합준비위원회'는 내각 각 부처의 원활한 의견 조율을 위해 내각을 직접 관장하는 총리대신 소속의 내각서기관장인 시바타 가몬(柴田家門)이 의장이 되어 회의를 주관했다. 위원회의 회의에 상정될 원안의 작성은 주임으로 임명된 구라치와 고마쓰가 담당했다. 고마쓰의 회고에 의하면 원안은 크게 열강에 관련된 사항과 한국에 관련된 사항으로 나누어 준비했다고 한다. 구라치가 전반적인 열강과의 외교문제에 대해, 고마쓰는 한국 관련 사항에 대해 원안을 작성하였다. 다른 위원들은 이들이 작성한 원안을 토대로 각 부처의 입장에서 문제점이나 대안을 제시하는 구조였다.[44]

'병합준비위원회'의 활동기간은 길지 않았다. 고마쓰는 활동기간을 6월 하순부터 시작하여 7월 7일에 모든 회의가 끝났다고 회고했다.[45] 그리고 이들에 의해 수립된 병합 실행계획은 일본정부의 내각으로부터 7월 8일 승인받았다.[46] 따라서 이들의 공식적인 활동기간은 6월 20일을 전후한 시점에서 7월 8일까지 보름 남짓의 상당히 짧은 기간이었다. 이 기간 동안 이들은 도쿄 나가타정(永田町)의 총리대신 관저에서 '한국병합'의 실행에 수반하여 예상되는 다양한 문제점들을 조정함과 동시에 '한국병합' 실행을 위한 구체적인 계획을 수립하였다. '병합' 직전까지 진행된 병합준비위원회의 최종작업을 통해 「병합실행방법세목」이 입안되었다.[47]

---

[44] 小松綠, 『朝鮮併合之裏面』, 89쪽.
[45] 小松綠, 『朝鮮併合之裏面』, 93~94쪽.
[46] 『韓國併合ニ關スル書類』; 朝鮮總督府 編, 『朝鮮ノ保護及併合』, 325~330쪽.
[47] 이에 대한 분석은 한성민, 2021, 앞의 책, 219~236쪽 참조.

이상에서 살펴본 '병합안'의 비교 검토를 통해 일본정부가 한국을 어떤 방식으로 '병합'하려고 했는지 한국 식민지 지배 구상의 단면을 확인할 수가 있었다. 이와 동시에 일본정부는 '병합'에 대한 러시아, 미국, 영국 등 서양 열강의 승인을 확보하여 마침내 1910년 8월 한국병합을 실현하였다.

2. '안중근 의거'와 일본의 한국 강제병합

일본은 1905년 러일전쟁에서 승리함에 따라 강압적으로 한국을 보호국으로 삼고 통감부를 설치해 '보호통치'를 실시하다가 1910년 한국을 합병하였다. 이러한 과정에 관해 현재 일본에서는 역사 교과서와 대중용 역사서를 중심으로 안중근의 이토 히로부미 사살사건(이하 '안중근 의거'로 표기)이 한국 강제병합의 직접적인 계기인 것처럼 기술하고 있다. 이러한 인식은 마치 '보호통치'에 대한 한국인의 반발 때문에 일본이 어쩔 수 없이 한국을 병합했다는 오해를 불러일으켜 일본의 침략성을 축소하는 결과를 초래하고 있다고 할 수 있다. 또 최근 일본 학계에서는 이토 히로부미는 병합에 소극적이었고 이토 사후에 병합이 급격하게 추진되었다는 주장이 힘을 얻고 있다.[48] 따라서 이 절에서는 '보호통치'에서 '병합'으로 일본의 한국 지배정책이 나아가는 과정에서 '안중근 의거'가 과연 어떤 관련이 있는지를 검토하고자 한다.[49]

'안중근 의거'를 계기로 한국병합이 이루어졌다는 주장이나 서술은 두 가지 차원에서 해석할 수 있다. 첫째는 '안중근 의거'가 발생하기 전까지 이토 히로부미를 비롯한 일본정부에게는 한국을 병합할 의도가 없었는데 '안중근 의거'를 계기로 한국 지배정책이 병합으로 전환되었다는 논리이

---

48 대표적인 연구로는 伊藤之雄, 2009,「伊藤博文の韓國統治と韓國併合-ハーグ密使事件以降」,『法學論叢』164-1~6 ; 伊藤之雄, 2011,『伊藤博文をめぐる日韓關係』, ミネルヴァ書房.

49 이 절의 서술은 다음 글을 참조. 방광석, 2010,「'이토 히로부미 사살사건'에 대한 각국 언론의 반응과 일본정부의 인식」,『동북아역사논총』30.

고, 또 하나는 '안중근 의거' 이전에도 한국을 병합하려는 세력이 존재했고 병합 방침이 내부적으로 결정되어 있었으나 '안중근 의거'가 한국병합을 급속하게 추진시키는 계기로 작용했다는 논리이다. 과연 '안중근 의거'가 한국병합의 결정적인 계기였을까, 아니면 '안중근 의거'가 없었더라도 일본의 한국병합은 예정되어 있었던 것일까?

'안중근 의거'가 발생했을 당시에 일본정부가 취하고 있던 한국 지배정책은 어떠했으며 '안중근 의거' 이후 어떠한 변화가 일어났는지를 해명하기 위해서는 '을사조약' 이후 대한정책의 추이를 면밀히 추적할 필요가 있다. 통감부 설치 이후 '보호통치'의 내용, 헤이그 사건 이후 고종의 양위와 정미7조약의 성격, 병합 방침이 결정되는 과정을 일본정부 대외정책 결정의 주요인물, 즉 통감 이토 히로부미뿐만 아니라 일본 정국의 주도권을 쥐고 있던 가쓰라 다로 수상과 고무라 주타로 외상, 대외강경론을 지속적으로 주장한 야마가타 아리토모와 데라우치 마사타케 등 각 정치세력의 상관관계 속에서 구체적으로 검토하여야 할 것이다.

또한 일본의 한국 지배정책에는 국제적 계기가 크게 작용했다. 러일전쟁 이후 한국의 '보호국화'도 구미 열강의 승인 아래 이루어졌기 때문에 한국 강제병합 과정도 구미 열강이 취한 외교정책의 영향을 크게 받지 않을 수 없었다. 그렇다면 러시아, 미국, 영국, 프랑스, 독일 등 동아시아 지역에 이해관계를 갖고 있는 제국주의 열강은 일본의 한국 강제병합을 어떻게 바라보고 있었는지 어떤 과정을 거쳐 한국병합을 승인하게 되었는지도 아울러 검토하고자 한다.

1) '병합' 방침의 확정 과정

일본은 1905년 러일전쟁의 승리를 계기로 대한제국의 보호국화를 추진해 1905년 11월 '을사조약'을 체결하고 12월 이토 히로부미를 초대 통감으로 임명하였다. 이로써 한국에서 일본의 '보호통치'가 시작되었으나 내정까지도 관여한 통감부의 시책에 대해 한국 인민과 고종은 크게 반발했다. 그러던 중 1907년 6월 네덜란드에서 헤이그밀사사건이 일어나자, 이토 통감은 그것을 계기로 한국 지배체제를 더욱 강화하려고 하였다. 이토는 1907년 7월 3일 하야시 다다스(林董) 외상에게 고종의 책임을 추궁하고 한국 내정권 획득의 좋은 기회로 삼아야 한다는 의견을 전달하였으며,[50] 고종에게 책임을 물어 "그 행위는 일본에 대해 공공연하게 적의를 표한 것으로 협약 위반임을 면치 못하므로 일본은 한국에 대해 선전(宣傳)할 권리가 있다는 것을 총리대신을 통해 알리게 했다"라고 한다.[51] 또한 일본정부에 대해 "이번에 일본정부가 취해야 할 수단방법(예를 들면 여기서 한 발 더 나아가는 조약을 체결하여 내정상 어떤 권리를 양여하게 하는 것 등)은 정부에서 논의하여 훈시해 줄 것"[52]을 요청하였다.

즉 이토는 이 사건을 구실로 고종을 퇴위시킴과 아울러 일거에 한국의 내정권을 장악하려고 기도했다. 일본정부에서는 이토의 요청을 받아 1907년 7월 10일 원로·내각회의에서 한국에 대한 처리방침을 결정했다. 그 내용은 이번에 조선의 내정 전반을 장악할 것, 그 실행은 이토에게 일

---

50 外務省 編, 1959, 『日本外交文書』 40-1, 日本國際聯合協會, 430~431쪽.
51 『日本外交文書』 40-1, 454쪽.
52 『日本外交文書』 40-1, 454쪽.

임한다는 것이었다.[53] 특히 정부의 방침을 설명할 필요가 있다고 보고 하야시 다다스 외상을 한국에 파견했다.[54] 이토의 생각도 정부의 방침과 큰 차이가 없었다. 이토는 고종을 퇴위시킴과 아울러 통감의 권한을 대폭 강화한 정미조약(제3차 한일협약)을 체결하게 했다.

7월 24일 체결된 정미조약은 ① 시정개선에 대한 통감의 지도, ② 입법과 행정에 대한 통감의 승인, ③ 행정과 사법의 분리, ④ 고등관리 임명에 대한 통감의 동의, ⑤ 일본인을 한국 관리로 임명, ⑥ 한국정부의 외국인 용빙에 대한 통감의 동의 등 실제로 한국 내정의 전권을 통감이 장악하는 내용이었다. 이 조약으로 국가의 정치의사결정은 통감을 중심으로 이루어지게 되고, 한국 황제의 지위는 단순한 재가기관으로 전락했다. 8월에는 군대 해산도 실시되었으며, 이후 일본은 경찰, 사법 등 내정권을 순차적으로 빼앗으며 대한제국에 대한 지배를 강화해 나갔다.

그러나 1907년 단계에서 바로 한국병합이 실시된 것은 아니었다. 고종에서 순종으로 양위가 이루어졌으나 군주제와 한국정부는 계속 유지되었다. 실질적으로는 통감이 모든 실권을 장악했으면서도 형식상 병합을 단행하지 않은 이유는 무엇이며, 병합 방침은 어떠한 과정을 거쳐 결정된 것인가?

---

53 대한처리방침의 내용은 앞의 각주 19번 참조.
54 이때의 상황은 『하라 다카시 일기』에 잘 묘사되어 있다. 이 회의에는 야마가타(山縣), 마쓰카타(松方), 오야마(大山), 이노우에(井上) 이외에 가쓰라 수상 등이 참석했는데, "이번에 내정의 실권을 우리가 장악하는 것, 만일 불가능하다면 일본인의 내각원(內閣員)을 두고 내각원은 반드시 통감의 동의를 요한다는 정도로 대체적인 방침을 정하고 이를 적당히 실행하는 것은 이토 후작에게 일임해야 할 것이다. 이 취지를 설명하기 위해서는 하야시 외상이 도한(渡韓)해야 할 것"이라고 결정했다고 한다.(原奎一郎 編, 1981, 『原敬日記』第二巻, 福村出版)

고종의 퇴위와 정미조약의 제결은 이토의 주도로 이루어졌으나 이토를 비판하던 세력도 대체로 긍정적으로 평가했으며,[55] 이토도 한국병합론에 대해 표면상 반론을 폈다. 이토는 정미조약 조인 다음 날인 7월 24일 담화에서 정미조약이 점차 효력을 거둘 것이라고 강조하면서 "금일 한국을 병합 운운하는 논의가 있는데 이것은 무엇보다 일본정부에 큰 부담을 지운다는 것은 말할 필요도 없다. 정부에서도 여러 가지를 충분히 고려해 결정한 것으로 이와 같은 것은 지금 다시 논의할 여지가 없다"[56]라며 병합론을 부정했다. 또한 7월 29일 서울[京城]의 일본인 구락부 신문기자단을 초청한 자리에서 연설을 통해 "일본은 한국을 병합할 필요가 없다. 합병은 매우 번거로운 일이다. 한국은 자치를 필요로 한다. 그렇지만 일본의 지도 감독이 없다면 건전한 자치를 수행하기 힘들다. 그것이 이번 신협약을 보게 된 까닭이다. … 일본은 한국에 대해 아량을 보여줄 필요가 있다. 한국도 병력을 양성할 필요가 있다. 재정도 행정도 한국 자신이 할 필요가 있다. 일본은 어디까지나 한국을 도와주지 않으면 안 된다. 나는 금일까지 이 주의를 유지해 왔다. 앞으로도 유지하고 싶다"[57]라고 말했다.

이토가 병합할 필요가 없다고 강조한 것은 병합 자체에 반대한 것이라기보다는 강제적인 한국병합이 한국민의 저항은 물론 러시아를 비롯한 열강의 반발을 살 것을 우려했기 때문으로 보인다. 즉 1907년 단계에는 아직 병합의 조건이 성숙되지 않았다고 판단했던 것이다.

---

55 오가와 헤이키치(小川平吉)는 "신협약은 … 조금 더 나아가면 합병이라고 할 만한 것으로 일단 유감없이 충분히 이루어진 것이라 해도 틀림이 없다"라고 평가했다(「日韓新協約について」, 『太陽』 13-12, 1907.9).
56 朝鮮總督府, 1917, 『朝鮮ノ保護及倂合』, 119~120쪽.
57 春畝公追頌會編, 1943, 『伊藤博文傳』 下卷, 統正社, 768~769쪽.

그렇다면 일본정부가 공식적으로 병합의 방침을 결정한 것은 언제였나? 그것은 정미조약으로부터 2년이 지난 1909년 7월 6일이었다. 각료회의에서 '한국병합에 관한 건'이 통과되었고 같은 날 천황의 재가를 받았다. 그중에서 앞부분의 「대한방침」은 다음과 같다.

제국의 한국에 대한 정책이 우리 실력을 반도에 확립하고 이것의 파악을 엄밀하는데 있음은 말할 필요도 없다. 러일전쟁 개시 이래 특히 재작년 한일협약의 체결과 함께 동국(同國)에서 우리 시설은 그 체면을 세웠다고 하더라도 동국에서 우리 세력은 아직 충분히 충실하기에 이르지 못했다. 동국 관민의 우리에 대한 관계 역시 아직 만족스럽지 않으므로 제국은 앞으로 더욱 한국을 도와 실적을 드러내고 제국의 안정과 동양의 평화를 확보하기에 힘쓸 필요가 있다. 그리하여 이 목적을 달성하기 위해서는 이번에 제국 정부가 다음의 대방침을 확정하고 그에 기초하여 제반의 계획을 실행할 필요가 있다.
1. 적당한 시기에 한국의 병합을 단행할 것.
　　한국을 병합하고 이를 제국 판도의 일부로 삼는 것은 반도에 있어서 우리 실력을 확립하기 위한 가장 확실한 방법이다. 제국이 내외의 형세에 비추어 적당한 시기에 병합을 단행하고 반도를 명실공히 우리의 통치 아래에 두며, 또 각 외국과의 조약관계를 소멸시키는 것은 제국 백년의 장계(長計)이다.
2. 병합의 시기가 도래할 때까지는 병합의 방침에 기초해 충분히 보호의 실권을 거두고 실력의 부식을 꾀할 것.
　　전항과 같은 병합의 대방침을 이미 확정했으나 적당한 시기가 도래하지 않은 동안에는 병합의 방침에 기초해 제반의 경영을 진척시킴

으로써 반도에 있어서 우리 실력의 확립을 기할 필요가 있다.[58]

이와 함께 병합 시기가 도래할 때까지의 정책목표인 「대한시설대강」도 결정되었다. ① 질서 유지를 위한 군대의 주둔, 헌병과 경찰의 증파, ② 외국 교섭 사무의 장악, ③ 한국 철도를 일본 철도원의 관할 아래에 두고 남만주철도와의 연락을 밀접화, ④ 일본인의 한국 이주와 한일 경제의 긴밀화, ⑤ 재한 일본인 관리의 권한확장 등의 내용이 포함[59]된 시설강령도 결정되었다. 「대한방침」과 「대한시설대강」은 일본정부의 한국 병합에 관한 기본노선을 제시한 것이다. 이후의 병합과정은 이 노선을 따라 실현되었다고 할 수 있다.

이러한 병합 방침이 왜 이 시기에 이루어졌을까? 이에 대해서는 이토가 통감을 사임하고 추밀원 의장에 임명된 것이 한 달 전인 6월 14일이므로, 병합에 반대하던 이토가 한국 지배의 일선에서 떠나고 야마가타나 데라우치 등 병합강행파가 득세했기 때문이라는 해석도 가능하다. 이토는 통감으로 한국에 부임한 이래 줄곧 한국의 '보호'와 '부액(扶腋)'을 강조하고 기회 있을 때마다 일본은 한국을 병합할 필요가 없다고 주장해 왔기 때문에 이토가 통감직에서 퇴임한 이후에야 병합 방침을 확정할 수 있었다는 것이다. 그렇다면 이토는 이 시기에도 한국병합론에 반대하는 입장을 견지하고 있었을까? 사실은 그와 다르다.

제2차 가쓰라 내각의 외상이었던 고무라는 1909년에 들어 한국 문제에 관한 앞으로의 대방침을 확립해 둘 필요가 있다고 보고 개인적으로 구

58　外務省 編, 1965, 『日本外交文書竝主要年表』 上, 原書房, 315쪽.
59　『日本外交文書竝主要年表』 上, 315~316쪽.

라치 데쓰키치 정무국장에게 의견서를 기초하게 해 자신이 가필 수정한 다음, 「대한방침」 및 「시정대강」 2편을 작성해 1909년 3월 30일 이것을 가쓰라 수상에게 제출했다고 한다.[60] 그 내용은 앞서 제시한 병합 방침의 초안에 해당하는 것이다.[61]

고무라의 대한방침안에 대해 가쓰라 수상은 즉시 동의했다. 그리고 그들은 당시 통감직에 있던 이토와 미리 숙의하는 것이 무엇보다 필요하다고 보고 4월 10일 도쿄의 통감관사를 방문해 이토에게 의견을 구했다. 고무라와 가쓰라는 이토가 병합에 반대하는 주장을 제기해 논쟁이 벌어질 것으로 예상했지만 이토는 의외로 그 자리에서 순순히 동의한다는 의사를 밝혔다.[62]

구라치 데쓰키치에 따르면 "가쓰라, 고무라 두 대신이 이토 공과 회견을 갖고 의견을 개진하며 마음속으로 이토 공으로부터 이론이 나올 것으로 예상했는데 공은 의외로 동의의 뜻을 명언하여 양 대신은 별다른 논의를 하지 않고 이토 공의 집을 나섰다"라고 한다.[63] 물론 이날의 논의는 매우 대략적인 의견교환에 지나지 않았지만, 이토가 병합 방침을 용인한 것은 중요하다. 이것은 통감을 사임하기 이전부터 이토가 병합에 동의하고 있었다는 것을 증명하는 것이기 때문이다.

당시 이토는 병합반대론자로 여겨지고 있었다. 1906년 통감에 임명된

---

60 外務省 編, 1966, 『小村外交史』, 原書房, 834쪽.(1953년도판, 하권, 376쪽)

61 小松綠, 1920, 『朝鮮併合之裏面』, 中外新論社, 86~87쪽에는 대한방침에 해당하는 부분이 『第一號方針書及施設大綱書』라는 명칭으로 인용되어 있다. 『小村外交史』, 835쪽에 2편의 요지로 제시된 것은 7월 6일 각료회의에서 결정한 대한방침 및 시설대강과 동일한 것으로 잘못 인용된 것으로 보인다.

62 『小村外交史』, 836쪽.

63 고마쓰 미도리에게 보낸 구라치 데쓰키치의 각서, 『伊藤博文傳』下卷, 1013쪽.

이래 한국을 '지도', '보호', '감리'하는 범위 내에서 통감정치를 실행한다는 방침을 취해 왔기 때문이다. 또한 1909년 봄, 이토는 가나가와현(神奈川縣) 오이소(大磯)의 별장에서 야마가타와 회담을 갖고 한국의 장래에 대해 논의할 때 야마가타의 일한일제론(日韓一帝論)에 반대했다는 소식이 밖으로 새어 나오면서 당시 야마가타의 병합론에 비해 이토는 비병합론자라는 말이 퍼졌다. 그러나 이토는 단지 병합을 실행하는 데 있어 여러 가지 어려움이 발생할 가능성이 있다고 지적했을 뿐이었다.[64]

이 시기 이토는 이미 병합론으로 기울어져 있었다고 할 수 있다. 구체적인 예로서 1909년 4월 이토는 도요협회 연설에서 일한일가설(日韓一家說)을 주장했다. 한국이 세계의 정세를 통찰하지 못하고 있다고 지적하면서, 공통의 이해관계에 있는 양국은 일가(一家)와 같이 서로 화친하여 동맹해야 한다고 역설하였다.[65] 1909년 7월 6일 통감직을 사퇴하면서 한국 대신들에게 행한 고별연설에서도 "양 국민은 구구한 논쟁을 그치고 일치육력(一致戮力)하여 일한일가의 실(實)을 거두어야 한다"라고 주장하였다.[66] 이러한 일한일가설은 이토가 한국의 '독립'을 유지한다는 이전의 주장에서 벗어나 한국의 지배권을 일본 천황에게 이양해야 한다는 것으로 파악할 수 있다. 따라서 병합의 가능성을 암시한 것이다.

앞서 검토했듯이 이토는 1907년 단계에서 이미 병합론으로 기울어졌다. 러시아와의 외교교섭 과정에서 한반도에서 일본 '장래의 발전'을 러시아에게 인정하게 할 때는 그 안에 "병합(annexation)까지도 포함한다는

---

64 『小村外交史』, 837쪽.
65 『伊藤博文傳』下卷, 838~840쪽;『小村外交史』, 837~838쪽.
66 小松綠,『朝鮮倂合之裏面』, 58; 釋尾春芿, 1924『朝鮮倂合史』, 朝鮮及滿洲社, 653쪽.

뜻을 분명히 하는 것이 득책"이라고 의견을 제시했고, "한국의 형세가 지금과 같은 추이로 이어진다면 해를 넘김에 따라 '병합'은 더욱 곤란하게 될 것이다. … 한국 문제를 근본적으로 해결하는 것이 현재의 급무"[67]라며 강경론을 주장했다.[68]

이러한 주장은 외교적인 교섭 과정에서 나온 것이기는 하지만 이토가 애초부터 병합반대론자는 아니었으며 시기와 상황에 따라 병합을 주장하기도 했다는 것을 알 수 있다. 다만 이토의 병합론과 대외강경파의 병합론은 병합에 이르는 과정과 병합 후의 식민지배의 내용 면에서 격차가 있었다고 할 수 있다. 이토는 병합에 앞서 한국의 제도와 법제, 시설을 정비해야 한다는 단계론적 병합론을 가지고 있었고, 병합 후에도 군주나 자치적인 제도를 활용한다는 점에서 강경파가 생각하고 있던 직접식민지 구상[69]과는 차이를 보였다.

그렇다면 이토는 한국의 식민통치에 대해 구체적으로 어떤 구상을 갖고 있었을까?

앞서 언급한 1907년 7월 29일 신문기자단에 행한 연설을 통해 이토는 "일본은 한국을 합병할 필요는 없다"라며 한국병합을 부정한 데 이어 향후의 대한정책을 설명하면서 독일연방에서의 뷔르템부르크와 바이에른을 한국에 비유하며 '연방'제 구상을 언급하였다.[70] 이에 따르면 '자치육

---

67 『日本外交文書』 40-1, 124쪽.
68 모리야마는 이를 근거로 이토가 이미 1907년 초에 급진병합론으로 돌아섰다고 본다. (森山茂德, 2002, 『日韓併合』, 吉川弘文館, 134쪽)
69 연방제, 자치식민지, 위임통치령과 달리 기존의 통치기구를 완전히 제거하고 총독을 파견해 직접 통치하는 방식을 가리킴.
70 『伊藤博文傳』 下卷, 統正社, 769쪽.

성'을 통한 재정독립을 이룩한 후 '연방'제 형식으로 한국을 통치하겠다는 것이지만 한국군대 해산을 앞둔 시점에서 이루어진 정치적인 발언으로 곧바로 실현될 가능성을 낮았다고 할 수 있다.

최근 일본 학계에서는 『스에마쓰 자작가 소장문서(末松子爵家所藏文書)』에 실려 있는 한국통치에 관해 메모[71]를 근거로 이토가 '자치식민지' 내지 '식민지자치국'을 구상했다는 논의가 활발히 전개되고 있다.[72] 그러나 충분한 사료 비판이 이루어지지 못한 주장이며 이토가 연방제 혹은 '자치식민지'를 생각했다고 해도 그것은 모두 합병 이후의 체제를 구상한 것이었기 때문에 1907년 단계에서는 아직 현실성을 갖지 못했다.

헤이그 사건 이후 일본정부는 원로와 내각대신들이 모여 숙의한 결과 한국의 국내 정세나 국제 정세가 아직 병합을 단행하기에는 조건이 성숙하지 않았다고 판단하고, 실질적으로 한국의 내정을 장악하는 것을 목적으로 처리요강안을 마련해 통감에게 결정을 위임했다.

그 내용은 한국 황제에게 대권에 속하는 내치, 정무의 실행을 통감에게 위임할 것(1안), 한국정부에게 내정에 관한 주요 사항은 모두 통감의 동의를 얻어서 이를 시행하고 또한 시정개선에 대하여 통감의 지도를 받을 것임을 약속하게 할 것(2안), 군부대신, 탁지대신은 일본인으로 임명할 것(3안)이다. 또한 제2 요강안으로 "한국 황제에게 황태자에게 양위할 것,

---

71 주요 내용은 ① 한국 8도에서 각 10명씩 의원을 선출해 중의원을 조직할 것, ② 한국 문무 양반 가운데에서 50명의 원로를 호선으로 선출해 상원을 조직할 것, ③ 한국정부 대신은 한인으로 조직하고 책임내각을 만들 것, ④ 정부는 부왕(副王)의 배하(配下)에 속한다는 것이나 작성자와 작성일이 불분명하다(堀田修·西川誠 編, 2003, 『末松子爵家所藏文書』, ゆまに書房, 389쪽).

72 小川原宏幸, 2005.3, 「伊藤博文の韓國併合構想と第三次日韓協約体制の形成」, 『青丘學術論集』 25; 海野福壽, 2004, 『伊藤博文と韓國併合』, 岩波書店, 173~176쪽.

다만 본건의 실행은 한국정부에게 실행하게 하는 것이 득책이다. 국왕 및 정부는 통감의 부서 없이 정무를 실행할 수 없다(통감은 부왕 내지 섭정의 지위를 가질 것)"라는 안을 제시하고 하야시 외무대신을 서울에 파견해 이토 통감에게 설명하도록 했다.[73] 결과적으로 이토의 최종적인 판단을 통해 고종을 퇴위시키고 정미7조약이 체결하여 내정권을 장악했으나 황제를 폐위하거나 한국을 합병하는 데까지는 나아가지 않았던 것이다.

이렇듯 일본정부의 한국 지배정책은 이른 시기부터 병합의 가능성을 염두에 두고 그때그때의 상황에 맞는 정책을 취해 나갔다고 할 수 있으며, 정부의 방침으로 병합노선이 결정된 것은 1909년 7월이었다. 이토에 한정해서 본다면 1907년 전반기부터 상황에 따라 장래에 병합(내지는 합병)을 할 수 있다는 생각을 했으나 당분간은 '보호통치'를 계속 실시해야 할 것으로 보았다. 그러나 정미7조약 이후 의병운동 등 '보호통치'에 대한 한국 내의 반발이 거세지면서 자신의 한국 지배노선이 더 이상 관철되기 어렵다고 판단되자 병합 방침에 동의하지 않을 수 없었으며 그 전환점은 1909년 4월이었다고 할 수 있다.

이상의 내용을 감안할 때 '안중근 의거'로 인해 일본정부의 한국 지배노선이 '보호'에서 '병합'으로 전환되었다는 것은 사실과 부합하지 않는다. '안중근 의거'와 상관없이 통감부가 이미 '시정개선' 정책과 행정·경찰권 장악, 군대 해산, 사법권 위탁 등 병합의 기반 조성을 상당 부분 진척시켰다. 그리고 이토가 고집해 온 보호국 노선, 즉 한국의 군주와 내각을 존치하고 이용하면서 한국민의 동의를 구해 원만하게 통치하려는 노

---

73 헐버트 박사 기념사업회 편역, 2007, 『헤이그 만국평화회의 관련 일본정부 기밀문서 자료집』, 선인, 118~126쪽.

선이 좌절됨으로써 이토의 동의 아래 1909년 중반에 이미 일본정부의 병합 방침이 정해져 있었던 것은 이미 살펴본 바와 같다.

2) '안중근 의거'에 대한 일본의 반응

그렇다면 '안중근 의거'가 일본정부의 한국 지배 노선을 전환하지는 않았다 하더라도 이미 정해진 일본정부의 병합 방침에 불을 지펴 그것을 계기로 병합이 급속하게 추진된 것이 아닐까? 이를 파악하기 위해서는 '안중근 의거'에 대한 일본과 한국에서의 반응, 일본정부 내에서 병합을 둘러싼 의견 수렴과정을 검토할 필요가 있다.

1909년 4월 17일 당시 가쓰라 수상이 원로 야마가타에게 보낸 편지에는 다음과 같이 적혀 있다.

> 지난번 말씀드린 한국의 앞날에 관한 일도 아시듯이 정해졌으므로 필연적으로 진퇴 문제가 절박해질 것으로 생각됩니다. 그리고 시기를 앞당기기 위해서는 도리어 유력자가 필요 없고 한국 황제 및 정부가 잘못을 저지르게 하는 것이 앞으로의 정책상 가장 적절하다고 생각하므로 그러한 입장에서 소네 씨를 후임으로 추천하는 편이 적당하다고 생각합니다. … 사실 진퇴 문제가 결정되지 않으면 그다음 문제들은 일체 진행되기 어려우므로 이번에 이 일부터 단호하게 회답하려고 합니다.[74]

---

74 尙友俱樂部 編, 2005, 『山縣有朋關係文書』1, 355쪽.

즉 한국병합 방침이 형식적이라 할지라도 확정된 이상 병합반대론을 표명해 온 이토 통감을 교체할 필요가 있다. 그러나 병합을 조기에 행하기 위해서는 통감에 유력자를 둘 필요는 없다. 왜냐하면 유력자를 두게 되면 이쪽에서 무엇이든 지시하는 것이 가능하지 않기 때문에 부통감인 소네 아라스케(曾禰荒助)가 적당하다. 이토의 진퇴가 결정되지 않으면 그다음의 문제가 일체 진행되기 어려우므로 이번에 반드시 이를 해결하려고 한다는 것이다.

이토가 이미 병합 방침에 동의했다 하더라도 표면상 한국을 병합할 필요가 없다고 기회 있을 때마다 반복적으로 강조해 왔기 때문에 이토가 통감직에 머문 상태로 병합을 추진하기는 어려웠을 것이다. 이토 스스로 자신이 물러날 시점이 되었다고 판단해 사임의 뜻을 밝혔다. 6월 14일 통감직을 소네에게 물려주고 추밀원 의장으로 자리를 옮겼다.

이후 이토는 적극적으로 정부의 병합 사전준비에 협조한다. 이토는 1909년 7월 초 통감 사임 인사차 서울을 방문했을 때 소네 통감을 도와 사법권 및 감옥사무 위탁을 주도적으로 추진해 12일 이를 성사시켰다. 이것은 병합의 전제였던 서양 열강과의 치외법권 문제를 해결한 것이다.[75] 이토가 10월에 만주에서 러시아의 재무장관 코콥초프와 회담하려 한 것도 병합에 대한 러시아의 동의를 구하기 위한 것이었다는 설이 유력하다.

이렇듯 한국병합을 둘러싸고 일본정부 내의 의견수렴이 이루어진 상태에서 10월 26일 안중근의 이토 사살사건이 발생했기 때문에 이 사건이 일본의 한국 지배정책에 큰 영향을 미치는 않은 것으로 보인다. 사이온지

---

75 가쓰라 수상은 7월 13일 야마가타에게 보낸 편지에서, 병합 방침이 정해진 지 며칠 지나지 않아 사법권 및 감옥사무가 위탁되었다는 소식을 듣고 매우 기뻐하고 있다.(『山縣有朋關係文書』 1, 357쪽.)

(西園寺) 내각의 외상이었던 하야시 다다스는 이토의 사망 후 잡지의 논설을 통해 "이토 공이 하얼빈에서 암살당했다고 해서 대한 방침이 변경될 아무런 이유가 없다. 한국 황제가 관여했다는 증거가 나오지 않는 한 문제 삼을 필요가 없다"라고 주장했다. 이토 통감 시절 한국의 궁내고문(宮內顧問)을 지낸 가토 마스오(加藤增雄)도 이 사건이 일어났다고 해서 한국을 합병할 필요성은 없다고 말했다.[76] 당시 일본 언론의 주요 논조도 이토의 죽음은 크게 애석하지만, 한국을 즉각 병합할 필요는 없다는 것이었다. 일본에서 반한감정이 고조되기는 했으나 즉시 병합론이 대세를 차지하지는 않았다.[77] 반면 한국에서는 흑룡회와 연계한 일진회를 중심으로 '합방청원운동'이 거세게 일어났다.

이토가 사살된 후 흑룡회는 우치다 료헤이(內田良平)가 일진회 명의의 '합방청원서'을 작성하여 스기야마 시게마루(杉山茂丸)를 통해 야마가타, 가쓰라, 데라우치에게 제출하였다. 12월 1일 우치다로부터 '합방 상주 및 청원서'를 받은 일진회 회장 이용구는 문구를 수정한 후 4일에 '일진회성명서'를 『국민신문』 부록으로 발표함과 동시에 「합방상주문」, 「총리 이완용께 올리는 합방 청원서」, 「통감께 올리는 합방청원서」를 제출하였다.[78]

이에 대해 이완용은 합방 문제를 둘러싸고 일진회와 일시적으로 제휴했던 대한협회 등을 사주하여 대국민 연설회를 조직하고, 통감과 한국 내각 앞으로 '비합방 상서'를 제출하는 한편[79] 일진회의 상주문과 이완용 수

---

76 『太陽』 제15권 16호, 1909.12.1, 75~77쪽.
77 즉시 병합론을 주장한 것은 『오사카마이니치신문(大阪每日新聞)』뿐이었다(平田賢一, 「'韓國倂合'と日本の世論」, 『史林』 57-3).
78 葛生能久, 1930, 『日韓合邦秘史』 下, 黑龍會出版部, 221~233쪽.
79 조선총독부 편, 1917, 『朝鮮ノ保護及倂合』, 317쪽.

상 앞의 청원서를 각하했다. 이에 일진회는 12월 10일 상주문을 다시 제출했으나, 한국정부는 통감이 참석한 대신(大臣)회의에서 상주하지 않고 각하하기로 결정했다. 또한 일진회의 합방 성명에 대해서는 일반인의 반대가 고양되어 일진회는 '거의 고립상태'에 빠졌다. 지방에서도 소요 발생까지는 이르지 않았지만 냉혹한 평가와 반대 의견이 다수를 차지했다.[80]

일진회의 '합방청원운동'은 시기상 '안중근 의거'를 계기로 전개된 것처럼 보이지만 이전부터 준비된 것이었다. 우치다 료헤이는 11월 29일 야마가타 아리토모에게 편지를 보내 당시 한국에서의 사태의 전개를 보고했다.

> 이번 한국 사태는 결코 이토 공 조난을 계기로 발생한 것이 아니고 오히려 조난으로 진발(震發)의 시기를 늦춰 오늘에 이른 것입니다. 공이 만주에 가기 이전에 3파의 연합이 성립하였고, 이 사이에 이용구, 송병준 등은 말할 수 없는 고충 속에 암류(暗流)가 침체해 자주 진발의 조짐을 보이고 있었으나 가쓰라 후작 각하의 지시로 스기야마 시게마루로부터 내시(內示)가 있었습니다. 송(병준)과 저는 은밀히 억압해 이달 말을 기해 두었는데, 지금 이미 사태가 촉박해져 그들은 송(병준)과 제가 도한하지 않는다면 자유행동을 하겠다고까지 말해 마침내 제가 도한하지 않을 수 없게 되었습니다.[81]

또한 '합방청원운동'에 대해 일본에서는 일진회의 세력확장론으로 보

---

80 운노 후쿠쥬 지음, 정재정 옮김, 2008, 앞의 책, 434~435쪽.
81 〈寺內正毅關係文書〉, 일본 국회도서관 헌정자료실 소장.

는 경향이 강했다. 당시의 신문기사는 다음과 같이 전하고 있다.

> 상경중인 통감부 모 참여관이 말하기를, 일진회의 합방론은 언뜻 보면 이토의 암살에 기인한 것으로 보이지만 사실은 지난해 7~8월경부터 일진회 중심인물 사이에서 은밀히 주창한 것으로 우연히 이토의 조난이 기회를 주어 이번에 이를 발표한 것이다. 현재의 이완용 내각은 일진회를 좋아하지 않아 이를 와해시켜 자파 회원으로 신내각을 조직하려는 희망을 갖고 있다. 일부러 합방론을 제기해 이 기회에 다수의 일진회원을 관리로 들여보내 크게 세력을 확장하려 하는 것이다.[82]

즉 일진회와 흑룡회 등은 '안중근 의거' 이후 합방청원운동은 거세게 전개했지만 일본정부로서는 병합의 분위기 조성을 위해 그들을 이용하려 했을 뿐 그들의 요구를 수용하지는 않았다. 일진회의 합방청원운동은 명목상 한국과 일본이 국가연합의 형태로 합방하자는 것이었으므로 한국의 주권을 완전히 박탈하고 직접식민지화하려는 일본정부의 방침과는 거리가 있는 것이었다. 일본정부로서는 오히려 시간이 지나면서 합방 찬반론이 고조되어 병합 반대운동으로 전환되지 않을까 우려하는 목소리가 커졌다.

이렇듯 '안중근 의거'는 일본 국내외에 큰 충격을 주었으나 일본의 한국 지배 방침을 변경시키는 계기로는 작용하지 않았고 일진회와 흑룡회 등의 합방청원운동도 일본정부의 병합 추진에 직접적인 영향을 주지는 못했다.

---

[82] 『東京朝日新聞』, 1909년 12월 7일 자.

한국병합 과정에 큰 영향을 미친 것은 구미 열강과의 관계였다. 일본이 한국을 병합하기 위해서는 구미 열강의 승인이 필수적이었으나 '안중근 의거' 직후에는 아직 한국병합에 관해 모든 열강의 동의를 받지 못한 상태였다. 오히려 만주의 이권을 둘러싸고 열강이 신경전을 벌이고 있는 가운데 이토의 피살을 계기로 강경파가 득세해 일본이 한국을 병합하지 않을까 우려하고 있었다.[83] 따라서 일본이 한국을 병합하기 위한 국제적인 환경은 아직 마련되지 않았다고 할 수 있다.

3) 한국병합의 국제적 계기

러일전쟁 승리 이후 일본은 열강으로부터 한국에 대한 우월적 지배권을 인정받았으나 병합을 승인받은 것은 아니었다. 특히 일본의 한국 지배에 지대한 영향을 끼친 것은 러일관계였다. 제1차 러일협약이 마무리 되어갈 때 일본은 정미조약을 통해 한국의 내정권을 장악했으며 한국병합은 제2차 러일협약이 체결된 직후 단행되었다. 이처럼 일본은 한국의 보호국화 이후에도 구미 열강의 입장을 확인하며 한국병합을 추진했다. 청일전쟁 이후 겪은 삼국간섭의 경험을 다시 맛보지 않으려는 이유도 그 배후에 존재했다고 할 수 있다.

러일협약은 포츠머스조약이 만주와 청국, 한국에 대한 구체적인 조치를 확정하지 못한 데에 따른 필연적 결과였다.[84] 조약 체결 과정에서 일본

83　森山茂德, 2002, 앞의 책, 200쪽.

84　A. M. Pooley 엮음, 신복룡, 나홍주 역주, 1989, 『林董秘密回顧錄』, 건국대학교출판부, 174쪽.

은 러시아의 요구대로 "대한정책을 변경할 경우 한국정부의 동의를 받아야 한다"라고 선언하여 한국병합 문제가 관계 열강인 러시아의 동의를 받아야 함을 인정했다.[85] 제1차 러일협약 체결 교섭 과정에서 이즈볼스키(Alexander Isvolsky) 러시아 외상은 일본 측의 궁극적인 목표가 한국병합에 있다는 점을 명확히 인식하였다. 앞서 언급한 대로 1907년 4월 모토노 주러 일본 대사는 본국 정부의 의향대로 '장래의 발전'이란 일본의 한국병합을 의미한다는 사실을 분명하게 못 박았다. 이에 대해 러시아 측은 "몽고 문제에 관한 상당한 보장 없이는 일본의 한국병합을 승인하지 않을 것"임을 분명히 밝혔다.[86] 이즈볼스키의 목표는 일본에게 한국에서의 재량권을 인정하는 대신 한국에서 러시아의 최혜국 대우를 보장받고 몽고에서 신강 일대에 이르는 러시아의 정치적 권익에 대해 일본이 간섭하지 않을 것임을 보장받는데 있었다.

제1차 러일협약에서 양국은 외몽고와 한국을 사실상 맞교환했다. 비밀협약을 통해 일본은 북만주와 외몽고를 러시아의 세력권으로 인정하고 러시아는 한국과 남만주에서의 일본의 '특수이익'을 인정하고 한일관계에서 더 이상의 진전을 방해하거나 간섭하지 않을 것을 약속하였다.[87] 제1차 러일협약을 통해 러시아가 한국에 개입할 명분이 사라졌고 한국에서의 일본의 권익이 포츠머스조약에서 규정한 우월적 지배권 이상으로 발전할 가능성, 즉 한국병합으로의 길을 열었다고 할 수 있다. 일본으로서는 북만주와 외몽고에 대한 러시아의 우월권을 인정해 주는 대신, 장래에 있

---

85 석화정, 2004, 「러일협약과 일본의 한국병합」, 『역사학보』 184, 284쪽.
86 『日本外交文書』 40-1, 128~129쪽.
87 『日本外交文書』 40-1, 174~175쪽.

을 한국병합에 대한 러시아의 승인을 미리 받았던 것이다.

일본이 한국병합에 착수한 것은 앞서 살펴보았듯이 1909년에 접어들어서였다. 그러나 당시는 만주를 둘러싸고 열강의 이해관계가 첨예하게 대립하던 시기였으므로 일본이 일방적으로 한국병합을 선언할 수 없는 상황이었다.

1909년 3월 태프트(William Howard Taft)가 대통령에 취임하면서 미국의 대일정책은 루즈벨트의 타협외교와 달리 반일외교로 전환하였다. 태프트 정부는 이전부터의 문호개방 정책을 이어받았으나 미국 자본의 만주 투자를 장려하는 것으로 통상상의 기회균등에 한정되어 있던 헤이(John Milton Hay)의 문호개방 선언과는 차이가 있었다.[88] 그러한 외교적 입장은 만주철도 매수정책으로 구체화되어 나타났다.

미국의 만주철도 매수정책은 금애철도[진저우(錦州)-아이훈]의 건설 계약을 추진하는 한편, 만주에서 러시아와 협력을 꾀해 이전부터 해리만이 시도했던 동청철도의 매수라는 두 방향으로 추진되었다. 러시아에서는 미국에 접근하려는 움직임이 나타나 코콥초프(Kokovsev, V.N.) 재무상은 동청철도를 매각하려고 하였다. 일본으로서는 미국과 러시아의 결합은 회피해야 할 사태였다. 그러나 이즈볼스키 외상의 반대로 미국의 대러 제휴는 실패로 끝나고 말았다.[89] 그러자 1909년 말 미국 국무장관 녹스(Philander Knox)는 만주철도 중립화를 제의했다. 이는 제1차 러일협약 이

---

88 최문형, 2004, 『국제관계로 본 러일전쟁과 일본의 한국병합』 지식산업사, 394~396쪽.
89 러시아에서는 일본과의 제휴를 주장하던 이즈볼스키 외상과 미국과의 금융제휴를 바라던 코콥초프 재무상이 대립하였으나 이즈볼스키의 러일제휴론이 승리했다. 이토 히로부미의 하얼빈행도 미국과 제휴하려 한 코콥초프를 설득하기 위한 목적에서였던 것으로 보인다. (석화정, 2004, 앞의 논문, 290쪽 참조)

후 러시아와 일본의 본격적인 만주 분할을 차단하려는 미국의 포석으로 러일 양국을 자극했고, 그것이 제2차 러일협약을 촉진한 직접적인 요인이 되었다. 러일 양국은 미국의 제안을 거절했고, 반대로 미국의 만주 진출에 맞서기 위해 서로 접근했다. 미국의 중립안이 만주에서 러시아와 일본의 특수지위를 위협하는 것으로 받아들였던 것이다.[90] 또한 한러 국경에서의 일본의 군사적 팽창도 러시아에 위협을 주어 러시아가 한국병합 승인을 주저하는 명분이 되었고, 그를 해소하기 위해서도 러일협약이 필요했다.

1910년 7월 4일 조인된 제2차 러일협약은 양국 사이의 만주 문제에 대한 최종적인 합의였다.[91] 그리고 만주 문제의 해결은 일본에 한국병합으로의 확실한 길을 열어주었다. 러일협약 과정에서 러시아가 일본의 한국병합을 정식 승인하게 되었다. 한국병합 문제가 제기된 것은 협약의 체결 분위기가 무르익은 1910년 4월이었다. 이즈볼스키 외상은 오스트리아의 보스니아-헤르체고비나 합병으로 정치적인 곤경에 빠져 있어 일본이 한국마저 병합한다면 자신의 지위는 물론 러시아의 친일정책이 위협받을 것이라고 주장하며 한국병합의 승인을 꺼렸으나,[92] 모토노 대사는 한국 문제는 제1차 러일협약으로 이미 해결된 사안이라며 협상안의 '더 이상의 진전'이란 곧 한국병합을 의미한다는 점을 재차 확인하였다. 결국

---

90 최문형, 2004, 앞의 책, 409쪽.
91 제2차 러일협약이 성립되는 데는 영국과 프랑스의 측면 지원이 큰 역할을 했다. 유럽에서 대독 포위망 구축에 러·일이 동참하고 러·일의 대미 공동전선에 영·불이 동참하는 국제정치상의 밀접한 연대관계가 형성되었다. 러일협약은 조인에 앞서 동맹국인 영국과 프랑스에 (최문형, 2004, 위의 책, 412~413쪽 참조)
92 석화정, 2004, 앞의 논문, 292쪽.

러시아의 스톨리핀 수상은 4월 10일 일본이 한국을 병합하는 것에 대해 러시아가 이의를 주장할 이유도 권리도 없다고 단언함으로써 최초로 한국병합을 공식 승인하였다.[93] 이처럼 제2차 러일협약은 한국병합에 대한 러시아의 사전 승인을 전제로 한 것으로 만주 문제뿐만 아니라 한국 문제까지 합의한 협약이었다. 이 협약은 조인에 앞서 6월 28일과 29일 동맹국인 영국과 프랑스에 각기 통보되었다.[94]

미국에 있어 '한국의 독립' 문제는 1907년 이래 이미 종결된 문제였다. 일본으로서는 만주 문제를 둘러싼 미일 사이의 갈등이 한국병합에 장애가 되지 않을까 우려했으나, 미국의 대한정책은 1907년 이후 변화하지 않았다. 1909년 미일의 대립과는 별개로 미국이 문호개방원칙을 한국에 적용하지는 않았다. 오히려 1910년에 들어 미 국무부는 곧 있을 일본의 한국병합에 대비하였다. 6월 23일 미 국무부의 결론은 광산 이권과 교육(선교사) 사업은 일본의 한국병합에 영향을 받지만, 관세에 변화가 생길 경우에는 미국의 통상에 유리하도록 치외법권 포기를 협상 재료에 사용한다는 정도의 소극적인 것이었다.[95]

일본의 한국병합에 대한 영국의 태도는 미국과 상당한 차이가 있었다. 일본이 미국과 대립하는 과정에서 러일의 공동전선이 강화되어 상대적으로 영일동맹은 위축될 수밖에 없었다. 그레이 외상은 러일의 친밀한 관계가 영국에도 득이 될 것이라며 러일협약을 긍정적으로 평가했다. 영국은 실리를 확보하고자 했다. 영국정부가 제2차 러일협약을 환영한다는 뜻을

---

93 『日本外交文書』 43-1, 112쪽.
94 『日本外交文書』 43-1, 148~149쪽.
95 長田彰文, 1992, 『セオドア. ルスベルトと韓國』, 未來社, 192쪽 (나가타 아키후미, 이남규 옮김, 2007 『미국, 한국을 버리다 -시어도어 루스벨트와 한국』, 기파랑, 203쪽).

정식으로 전달한 것은 1910년 7월 1일이었다.[96] 러일협약이 체결된 뒤에도 한국병합에 영국은 신중한 태도를 취했다. 결국 8월 5일에 이르러서야 영국은 한국에서의 기존 관세를 10년 동안 유지해야 할 것을 조건으로 일본의 한국병합을 수용했다. 영국은 미국과의 우호가 손상되는 것을 우려했지만, 상업적인 이유에서 경제적 현상 유지에 대한 보장을 받고 나서야 한국병합을 승인했다.[97]

한편, 간도 문제에 관한 처리 과정도 한국병합과 밀접한 관련이 있었다. 간도 영유권을 둘러싸고 중국이 일본의 만주 침략을 우려하고 있었으며 열강의 간섭을 초래할 가능성도 있었다. 일본으로서는 열강의 간섭을 회피하기 위해 간도 문제를 서둘러 해결하고 한국을 열강의 간섭이 불가능한 식민지로 확고히 해 둘 필요가 있었다. 따라서 간도 문제가 한국병합 시기를 앞당기게 하는 역할을 했다고도 볼 수 있다.

일본이 간도 문제에 개입하게 되는 것은 1905년 한국의 보호국화 이후이다. 일진회 등이 관심을 갖고 있는 간도 문제에 적극적인 자세를 보임으로써 한국 지배를 원활하게 하려는 의도가 있었다. 또한 간도를 만주 진출의 교두보로 삼으려는 생각에서 제1차 러일협약이 체결된 직후인 1907년 8월 19일 용정촌에 '통감부 간도 임시파출소'를 정식 개설했다. 파출소가 설립되자 중국이 완강하게 저항하면서 간도 영유권을 둘러싸고 중일 간 외교 교섭이 진행되었으나, 중국 측의 강경한 영유권 주장과 만주에 대한 일본의 군사적 침략을 우려하는 구미 열강을 의식해 결국 일본의 간도 정책은 소극적으로 후퇴하게 되었다.

---

96 『日本外交文書』 43-1, 149~149쪽.
97 석화정, 2004, 앞의 논문, 296쪽.

간도 정책의 후퇴 배경에는 간도 문제로 중국과 대립함으로써 국제적 개입을 불러일으키는 것은 한국 지배마저도 뒤흔들 수도 있었기 때문이다. 만주 개방을 둘러싸고 열강이 다투고 있는 상황에서 일본이 만주의 일부인 간도를 점령하여 중국과 분쟁을 일으킬 경우 만주로부터 일본 세력의 배제를 기도하고 있던 열강과 중국이 접근할 가능성이 있었다. 또한 정미조약 체결 이후 한국 국내에서는 고종의 양위, 군대 해산 등으로 반일 운동이 전국적으로 확대되고 있었기 때문에 한국의 안정적 지배를 위해서도 간도 문제로 국제적 간섭을 초래하는 것은 회피할 필요가 있었다.[98]

일본은 간도 영유권을 포기하는 대신에 간도 문제를 일본의 만주권익과 연계하는 정책으로 방침을 전환했다. 1908년 4월 7일 하야시 다다스 외상이 하야시 곤스케 주청 공사에게 보낸 '간도 문제 해결안'이라는 훈령[99]을 보면 일본이 간도 영유권을 포기하는 대신에 조선인의 거주와 영사재판권, 길장선(吉長線) 철도의 연장 등 다른 권익을 확보하려 했음을 알 수 있다. 간도 영유권 문제는 사실상 여기서 일단락되었으며, 간도에 관한 중일 간 교섭은 만주 권익과 연계되면서 새로운 단계를 맞게 되었다.

1908년 후반부터 간도 영유권 교섭은 러일전쟁 이후 전개된 대중국 정책과 연계되어 다루어진다. 9월 25일 만주에서 철도와 탄광 이권을 간

---

98 이성환, 2004, 『간도는 누구의 땅인가』, 살림, 63~65쪽.
99 그 내용은 ① 일본인과 조선인의 간도 잡거를 허락할 것, ② 국자가에 제국 영사관을 설치하고, 그 외 주요 지점에 영사관 분과 또는 출장소를 설치할 것, ③ 조선인의 재판은 제국 영사관이 행할 것 등의 3개 조건을 승낙하도록 하고 동시에 가능하면 길장선 철도를 회령까지 연장하라는 것이다.(이성환, 앞의 책, 66쪽.)

도 문제와 함께 처리한다는 기본방침[100]이 각료회의에서 결정되었다. 1909년에 걸쳐 계속된 양국의 교섭은 간도 거주 조선인에게 치외법권을 인정하는 문제를 둘러싸고 재차 교착상태에 빠졌으나 미국 및 독일 등 열강의 개입을 우려한 일본이 결국 간도 조선인에 대한 재판권을 포기하기로 방침을 결정함으로써 사태가 전환되게 된다.

1909년 4월 원로 야마가타는 '제2 대청정책'에서 "이러한 형세가 조성되면 한반도에 미치는 영향은 중대하다. … 지금 조선을 보호국으로 해 놓았을 뿐으로 아직 완전한 부용이 된 것은 아니므로 또다시 이를 포기하지 않을 수 없다"[101]는 위기의식을 표출했다. 간도 문제로 열강의 국제적 간섭 가능성이 높아졌으므로, 이 문제를 원만하게 해결해 한국 지배에 지장을 주지 않게 해야 한다는 것이다.

1909년 8월 13일 일본정부는 간도 문제에 관한 중국의 요구를 전면적으로 수용하는 각료회의 결정[102]을 하였고, 9월 4일 중국과 간도에 관한 협약과 만주 5안건에 관한 협약[103]을 일괄 체결함으로써 중국과의 현안은 모두 해결되고 간도 영유권도 중국으로 넘어갔다.

이러한 간도 문제의 처리 과정은 일본의 한국병합을 촉진하는 작용을 하였다. 러일전쟁 이후 일본은 국제적으로 조선에 대한 우월적 지배권은 인정받았지만, 병합에 관한 완전한 보장을 받았던 것은 아니었다. 따라서 정미조약 이후 한국에서 의병을 비롯한 반일운동이 거세지고 있는 상태

---

100 「滿洲に關する對淸諸問題解決方針決定の件」, 『日本外交文書竝主要年表』 上, 309~312쪽.
101 　大山梓 編, 1966, 『山縣有朋意見書』, 原書房, 314쪽.
102 『日本外交文書竝主要年表』 上, 318~320쪽.
103 『日本外交文書竝主要年表』 上, 324~326쪽.

에서 언제라도 간도 문제와 같이 국제적 간섭을 초래할지 모르는 보호국 상태로 한국을 방치하는 것은 불안했다. 이러한 불안을 해소하고 한국에 대한 완전한 지배를 확보하기 위해서는 병합 이외에는 다른 방법이 없었다. 앞서 살펴본 1909년 7월 한국병합에 관한 각료회의 결정이 이루어진 데는 이와 같이 간도 문제가 영향이 미쳤다고 할 수 있다.[104]

1910년에 접어들어 미국의 만주철도중립화안에 대한 대응을 둘러싸고 러시아와 일본이 접근하여 제2차 러일협약이 체결됨에 따라 한국병합을 실현할 수 있는 환경이 조성되었다. 러시아의 동의를 얻음으로써 한국 강제병합은 급속히 추진되었다. 1910년 2월 고무라 외상은 재외공관에 한국병합 방침 및 시설강령을 통보했다. 3월에는 제2차 러일협약 체결방침이 각료회의에서 결정되었다. 4월에는 모토노 주러 대사가 러시아로부터 한국병합에 대한 승인을 얻었다. 이어서 프랑스와 영국으로부터도 승인을 받았다. 이제 일본은 열강의 간섭 없이 한국병합을 추진할 수 있게 되었다. 드디어 8월 22일 병합조약 체결로 한국은 일본의 직접식민지가 되었다.

지금까지의 검토를 통해 논증했듯이 안중근의 이토 사살사건이 한국 강제병합의 직접적인 계기로 작용하지 않았던 것은 분명하다. 물론 한국인에게 한국 강제병합을 당연한 것으로 받아들이고 체념하게 하는 심리적인 조건을 부여했다는 것을 부인할 수는 없지만, '안중근 의거'를 통해 일본의 한국 지배정책이 '보호'에서 '병합'으로 전환된 것은 아니며, 한국 강제병합을 촉진하는 데 큰 영향을 주지도 못했다. 오히려 병합을 실행하기 위한 제도적, 법률적 기반의 마련 여부와 만주·간도 문제를 둘러싼 구

---

104 이성환, 2004, 앞의 책, 73~76쪽.

미 열강과의 국제관계가 한국병합의 직접직인 조건과 계기였다고 할 수 있다. 일본정부는 3년 이상에 걸친 '보호통치'를 통해 병합을 위한 기반을 마련하고, 국제적인 승인을 확보해 마침내 한국 강제병합이라는 목표를 달성했던 것이다.

맺음말

이 책에서는 메이지유신기부터 한국병합에 이르는 시기 일본정부와 민간에서 전개된 한국에 대한 인식과 침략론, 조선 정책을 통시적으로 검토하였다. 이 시기 일본의 한국에 대한 인식은 시기적으로 그리고 인식 주체에 따라 다양한 형태로 전개되었는데, 한국과 접촉이 확대되고 일본의 한국 침략이 진전됨에 따라 멸시론과 팽창론적 인식이 심화되는 양상을 드러내고 있다.

근대 일본의 한국 인식의 원형은 에도막부 말기 사토 노부히로와 요시다 쇼인의 팽창적 조선 인식에서 구할 수 있다. 그들은 일본 중심적인 대외 인식과 당시 국제정세에 대한 이해를 반영해 조선에 대한 팽창론을 전개하였다. 사토는 조선을 '부용(附庸)의 속지(屬地)'로 간주하여 일본과 대등한 독립국가가 아니라고 단정하고, 조선에 대한 구체적인 침공계획을 세우기도 했다. 그는 조선, 나아가 중국에 대한 침략이 '세계만국의 창생(蒼生)을 구제'하는 것이라고 주장했다.

사토를 이어 대외팽창론을 전개한 요시다 쇼인은 열렬한 천황주의자로 서양 열강의 위력을 통감하여 서양 문물 수용을 주장하는 한편, 류큐, 조선, 만주, 타이완, 필리핀 등 주변 지역에 대한 팽창론을 주장했다. 특히 그는 쇼카손주쿠를 통해 메이지유신에서 활약한 많은 제자를 배출함으로써 그의 대외팽창론은 메이지 신정부의 침략적인 '대국주의'화 노선에 많은 영향을 끼쳤다고 할 수 있다.

에도막부를 타도하고 성립된 메이지정부는 서양 국가들과의 정면 대결을 피하고 막부가 체결한 불평등조약을 인정하는 '대외화친'의 외교방침을 천명하며 '만국공법'의 외교논리를 받아들이는 한편, '국위선양'을 선언하며 강렬한 국권 확장의 지향을 드러냈다. 군사는 물론 정치와 풍속 등 모든 측면에서 서양이 동양을 압도하고 있다고 보고 서양 국가에 대해서는 그들이 요구하는 '만국공법'의 논리를 받아들였다. 일본은 법제 정비, 문명개화, 부국강병을 필요로 하는 지난한 불평등조약 개정 교섭에 매진할 수밖에 없었고, 반면 서양에 뒤처진 주변 아시아 지역은 국권 확장의 대상으로 삼았다. 메이지유신 직후 일본정부 지도자들은 막말 시기의 팽창적 대외 인식을 바탕으로 '만국공법'의 논리를 활용하며 '정한론'과 타이완 침공, 운요호사건 등 잇달아 주변 지역에 대한 침략적 도발을 벌여 나가면서 군비확장을 바탕으로 한 제국주의적 노선으로 나아갔다.

그중에서도 조선에 대해서는 외교교섭의 마찰을 통해 '정한론'을 증폭시켰고 침략적 대외정책으로 발전하였다. 1868년 '왕정복고' 직후에는 사토 노부히로나 요시다 쇼인 등의 조선멸시관, 대외팽창론을 이어받아 사족의 불만을 대외침략으로 해소하려는 차원에서 기도 다카요시 등이 '정한론'을 주장하였고, 조선과 외교교섭이 난항을 겪으며 군대를 출동시켜 조선을 굴복시키려는 외교관들에 의한 조선침략론이 전개되었다. 그 배경에는 조선을 약국으로 간주하는, 이전부터의 멸시론이 깔려 있었다고 볼 수 있다.

조선과의 수교 문제를 무력에 의해 해결하려는 일본정부의 방침은 '정한론 정변'으로 나타났다. 사이고 다카모리를 '사절'로 파견해 조선을 굴복시키자는 '정한파'와 이와쿠라사절단에 참가해 해외에 파견되었다 돌아온 '비정한파'가 '내치'를 강조하며 대치했다. 그렇지만 양자의 외교 노선 차이는 미미했고, 정권의 주도권 다툼의 성격이 컸다. 양자 모두 조선에 대한 침략정책을 지지하고 있었다는 점에는 차이가 없었다. 그것은 '정한론 정변' 직후인 1875년 '내치파' 정권이 운요호사건을 일으킨 것을 보더라도 분명하다고 할 수 있다. 즉 운요호사건과 그 귀결로 이루어진 '강화도조약'의 체결은 일본정부의 국권확장 정책, 즉 '정한론' 정책의 실천이라고 보아야 할 것이다.

'강화도조약' 이후 임오군란과 갑신정변을 거치며 조선과 일본의 관계는 점차 심화되어 갔다. 1870년대 이후 국내정치와 대외정책에 깊숙이 관여해 온 메이지 정부의 중심인물인 이토 히로부미를 통해 정권의 주권을 장악한 번벌관료의 조선 인식을 확인할 수 있다. 이토는 '정한론 정변' 시기 '내치파'에 가담해 적극적으로 배후 공작을 담당했다. 그는 '정한파'로부터 정권의 주도권을 빼앗으려는 목적으로 '정변'에 가담했으나 '정한론' 자체에 반대했다기보다는 보류하자는 입장이었다. 이토는 메이지 초기 이래 새로운 동아시아 질서를 모색하는 가운데 조선이 국제법상 '독립국'으로 인정을 받아야 일본이 조선에 관여할 수 있다는 정책을 추구했다. 일본정부는 임오군란 이후 조선 영세중립화를 최상책으로 생각하고 갑신정변의 처리에서는 조선 영세중립화의 가능성을 탐색하기도 했다. 1885년 톈진조약에 의해 청일 간에 조선 보전(保全)에 대한 합의가 성립한 것은 조선에 대한 이토의 구상이 실현된 것이며, 일본의 대조선 정책의 하나의 도달점이었다.

갑신정변 이후 청일전쟁 이전에 조선을 포함해 동아시아 질서 구상을 명확하게 제시한 것은 야마가타 아리토모이다. 그는 일본이 독립하기 위해서는 '주권선의 수어(守禦)'와 '이익선의 방호(防護)'가 필요하다고 전제하고, '이익선'인 조선의 확보를 강조하였다. 이것은 일본정부의 외교방침이 되었다. 여기에는 이토도 동의했다. 톈진조약을 통해 표면적으로 조선에 대해 청국과 대등한 권한을 얻은 일본은 1880년대 후반 군비확장에 매진하면서 조선을 일본의 '이익선'으로 삼아 항구중립화를 꾀하는 정책을 펼쳐 나갔던 것이다.

당시 메이지정부와 대항하고 있던 자유민권파는 국내적 요인에서 촉발된 다소 다른 조선 인식과 침략론을 전개했다. 자유민권과의 조선 인식은 1885년에 발생한 '오사카사건'을 통해 살펴볼 수 있다. 오사카사건은 조선에 '의용병'을 통해 조선의 내정을 개혁한다는 대외적 사건을 일으켜 일본정부를 궁지에 빠뜨림으로써 일본의 혁명 또는 개혁이라는 자유민권운동의 목표를 달성하고자 한 것이다. 자국의 혁명이나 개혁을 위해서 암살이라는 수단으로 타국의 내정에 개입하려는 것은 침략으로 전화될 수밖에 없는 위험성을 포함하고 있다. 더구나 대외사건을 일으켜 정부를 궁지에 빠뜨리는 것이 오히려 일본인의 배외의식을 강화하는 쪽으로 나아갈 수 있다는 자각이 사건 참가들에게는 보이지 않는다. '민권론'에서 쉽게 '국권론'으로 전화해 가는 자유민권운동의 한계를 확인할 수 있다.

1880~1890년대 민간에서의 조선 인식은 당시 출간된 여러 출판물과 신문을 통해 확인할 수 있다. 이 책에서는 다루이 도키치(樽井藤吉)의 『대동합방론(大東合邦論)』과 후쿠자와 유키치(福澤諭吉)의 「탈아론(脫亞論)」, 『지지신보(時事新報)』와 『요로즈초호(萬朝報)』에 실린 민간 측의 조선 인식, 아시아 인식을 살펴보고자 하였다. 먼저 다루이는 『대동합방론』에서 서양의 침략에 대항해 '문명화'를 내걸고 아시아, 특히 조선과 '연대'해야 한다고 했으나 자국을 먼저 강하게 하고 나서 해외에 식민지를 만드는 것이 외압의 침략으로부터 자국을 지키는 것이라고 주장하고 있다. 그러한 입장에서 결국 후대 아시아주의의 씨앗이 되었다고 볼 수 있다. 이러한 입장은 후쿠자와 유키치도 다르지 않다. 후쿠자와는 당초 먼저 조선과 동맹을 맺고 다음에는 청나라와 손을 잡아 백인들의 아시아 침략에 대항해야만 한다고 생각했다. 그러나 그가 바라는 아시아 국가의 개혁이 진전되지 않으면서 일본의 독립을 유지하기 위해서는 아시아로부터의 결별이 필요하다는 '탈아론'으로 자신의 사상을 전환했다.

한편 청일전쟁을 전후한 시기 일본 신문을 보면 비교적 다양한 조선 인식이 드러난다고 할 수 있다. 후쿠자와의 영향 아래에 있던 『지지신보』는 서양과 대등한 국가를 만들기 위해 일본이 아시아로부터 벗어나 서양화를 목표로 함으로써 '문명화'라는 명분 아래 지식인들과 위정자들 사이에 퍼져 있던 아시아를 멸시하는 관념이 일반 대중에게까지 퍼지도록 하는 환경을 조성하는 데 큰 역할을 하였다. 『요로즈초호』도 청일전쟁 시기에는 마찬가지로 전쟁을 지지하고 병사들의 '명예로운 죽음'을 칭찬했으나 전쟁 후에는 우치무라 간조, 고토쿠 슈스이, 사카이 도시히코 등이 전쟁 반대의 주장을 펼치며 당시 만연한 전쟁 찬미에 저항하기로 했다. 그러나 당시의 신문들이 '연대'와 '멸시'를 교차하며 전개한 조선 인식의 저변에는 '문명화'의 논리가 짙게 깔려 있었다. 결국 러일전쟁 이후 조선의 식민지화에 대해서는 그것을 정당화하는 쪽으로 논조가 기울어져 갔다.

청일전쟁 시기 일본정부의 조선 정책은 당시 수상이었던 이토 히로부미를 통해 파악할 수 있다. 이토는 청일전쟁 이전에는 청일 협조 속에서 조선의 '독립'을 추진했고 청일전쟁 후 조선 '중립국화'를 제시하기도 했지만, 그것은 어디까지나 힘으로 움직이는 국제정치에 대한 현실적 판단에서 나온 것이지 궁극적으로 조선의 자립을 인정해서는 아니었다. 청일전쟁에서 승리하게 되면서 일본은 이노우에 가오루를 조선에 파견해 조선 '보호국화' 정책을 펼쳤는데, 이토는 이노우에의 '보호국화'에 동의하면서도 이노우에의 개혁이 도리어 영국과 러시아 등 열강의 개입을 불러올지도 모르며 일본의 경제적인 부담이 너무 커질 것을 우려했다. 이토는 조선의 자립을 인정하지 않았으며 국제정치의 역학 속에서 서양 열강이 일본의 의도를 용인할 경우 '보호국화' 등 조선에 대한 단독지배 정책을 추진하려고 하였다.

한편 한국을 '독립국'으로 유지하는 방안으로 1880년대부터 조선의 중립화 구상이 다양하게 전개되었으며, 1900년대에 들어 조선에서는 중립화 정책이 끈질기게 추진되었다. 러시아 등 조선 외부에서도 중립화안을 제시하기도 하였는데, 이것은 일본이 추진하는 보호국화 정책과 대항하면서 전개되었다. '강화도조약' 이후 한반도에 진출하려 한 일본은 임오군란, 갑신정변을 거치면서 청국의 조선 '속방화' 정책에 가로막히자 한반도 '중립화'론 또는 조선영세중립화론을 제기하면서 청국의 조선에 대한 영향력을 제거하려고 하였다. 같은 시기 한국에서도 중립화론이 제기되었지만 청국이 조선에 대한 지배권을 강화하고, 서양 열강의 관심이 부족한 상황에서 한반도 중립화는 실현되기 어려웠다. 청일전쟁 이후 일본은 조선 '보호국화'를 추진함으로써 조선 '중립화' 논의는 일시적으로 사라졌다가 '삼국간섭'과 '아관파천' 등으로 조선에 대한 러시아의 영향력이 강화되고 일본의 세력이 후퇴함에 따라 다시 일어나게 된다. 이렇듯 중립화 논의는 한반도를 둘러싼 국제정세에 민감하게 영향을 받으며 전개되었는데, 일본은 국제정세가 불리할 때는 일시적으로 중립화 정책을 펼치기도 하였지만 러일전쟁에서 승리하면서 유리한 국제정세 속에서는 한국을 식민지화하는 정책을 관철시켰다고 할 수 있다.

19세기 말 이후 일본의 조선 침략은 정부의 정책으로 추진되었으나 그 배후에서는 언론과 민간단체의 지지와 관여가 작용하였다. 특히 국권주의, 아시아주의를 내세우는 많은 우익 단체들은 적극적으로 자신들의 주장을 정책에 반영시키고자 하였다. 일본정부 지도자들의 조선 정책과 연동하는 민간 우익의 한국 침략론은 현양사 및 '조선낭인'을 통해 확인할 수 있다. 특히 이 책에서는 초창기부터 현양사를 장악하고 이끌었던 도야마 미쓰루(頭山滿)에게 초점을 맞춰 현양사의 성립과정과 민권단체에서 국권단체로서의 선회, 동학농민운동 과정에서 천우협과 만주의군을 통해 중국에서의 활동을 검토하였고 거기에 참여한 '조선낭인'들의 아시아 및 조선 인식, 국제정세 인식을 살펴보았다.

국권주의 단체 현양사는 '아시아 속의 일본'을 의식하면서 일본의 대외침략 선봉 역할을 하였다. 조선의 '개혁'을 주장하며 의용군을 조직하여 조선 내정에 관여하려 한 것은 오사카사건의 오이 겐타로 등과 유사했다. 조선 '개혁'을 발판으로 일본의 조선 진출을 확대하려고 하였다. 조선에 대한 '조선낭인'의 인식을 보면, 그들은 조선을 "반(半)개화·반(半)독립의 열등국"으로 규정했다. 그들이 보기에 조선은 반독립국이었다. 이것은 청국의 속국화 정책에서 기인하는 것이기도 하지만, 근본적인 원인은 조선인의 자주 정신의 결여와 민씨 정권의 사대정책에 있기 때문에 하루빨리 청을 조선에서 몰아내고 민씨 정권을 타도해야 한다는 것이었다. 나아가 번벌 전제권력을 비판하는 반정부적 낭인단체인 흑룡회는 조선을 넘어 중국으로 활동범위를 넓혔다. 흑룡회는 러시아에 대해 한편에서는 개전론을 펼치고, 다른 한편에서는 친선을 주장했다. 그들은 러시아 협면 지원론을 내세웠고, 일본이 중심이 되어 조선, 만주, 몽골을 통합하여 일본 또는 천황을 정점으로 대아시아제국을 건설해야 한다고 주장했다.

러일전쟁에서 일본이 승리함으로써 일본의 조선 보호국화는 실현되게 된다. 일본의 조선 보호국화 정책은 러일전쟁 과정에서 정부의 방침으로 확정되었으며, 그것은 메이지 정부 지도자들이 합의한 공식적인 정부 방침이었다. 이 시기 일본정부의 한국 침략론은 이토 히로부미를 통해 확인할 수 있다. 이토는 러일전쟁 시기 일본정부의 한국 침략 정책의 결정 과정에 주도적으로 참여하여 자신의 의견을 관철하고 반영시켜 나갔다. 통감 취임 후 일본정부의 한국 지배 방침이 결정되자 그것을 바탕으로

'보호통치'를 실시했으나 '시정개선' 정책이 국내외로부터 반대에 부딪혀 좌절되자 '보호통치' 정책을 전환해 내정권까지 장악하는 '실질적 병합'에 착수했다. 이러한 정책의 변화는 원로로서 항상 다른 정부 수뇌와 긴밀한 협조와 조정을 통해 이루어졌다. 이토는 일본정부의 기본방침에서 벗어나는 일은 없었다. 나아가 이토는 한국민의 격렬한 저항에 직면해 '보호통치'가 막다른 길에 다다르자 '즉시 병합론'을 수용하게 되었다. 이토는 메이지 초기부터 시대 상황의 변화에 매우 민감하게 반응하면서 각 정치 세력의 의견을 받아들여 원만하게 정책을 추진하려 하였다. 자신의 견해를 무조건 고집하는 것이 아니라 국내외의 상황에 비추어 현실성이 없어지면 노선을 수정하곤 했다. 이러한 현실주의적 정치가의 성향은 한국 침략 정책의 결정 과정에서도 관철되었다.

러일전쟁 이후 일본의 한국 보호국화와 함께 보호국 논의도 활발히 전개되었다. 따라서 당시 다치 사쿠타로(立作太郎)와 아리가 나가오(有賀長雄) 등 국제법 학자를 중심으로 전개된 보호국론과 보호국 논쟁을 통해 러일전쟁 시기 일본의 한국 인식을 살필 수 있다. 먼저 다치는 한국과 같은 보호국은 '반주권국(半主權國)'이라 하더라도, 국제법상의 주체가 되는 자격을 상실한 '비독립국'이라고 규정했다. 이에 비해 아리가는 한국이 자력으로 독립국의 능력을 갖고 있지 못하기 때문에 일본이 보호해 줌으로써 한국의 독립이 유지된다고 주장하였다. 을사늑약을 통해 한국은 일본의 피보호국이 되었고, 그 의미에서 한국은 비독립국이라고 보는 다치의 설이 법적으로 정합적이었으나, 일본정부는 계속 한국의 독립을 보장한다고 말해 왔다는 점에서 아리가의 설이 일본정부의 논리에 부합하는 것이었다. 어쨌든 다치와 아리가의 보호국론, 그리고 그들의 논쟁은 직간접적인 통로를 통해 외무성과 이토 통감의 한국정책에 영향을 미친 것으로 보인다.

한국병합기의 한국 인식은 일본정부의 병합 구상에서 드러난다고 할 수 있다. 1900년 이토 히로부미가 통감에서 사임한 것은 그동안 그가 추진해 온 한국에 대한 '보호국' 정책의 유지를 포기하고 가쓰라 내각의 '병합' 정책에 동의한 것으로 인정할 수 있다. 따라서 그 이후 일본정부의 한국병합을 위한 정지작업이 본격적으로 추진되게 된다. 1909년부터 1910년 사이에 '한국병합'의 구체적인 내용이 논의되었는데 일본정부 내에서는 고무라 외상이 이끄는 외무성과 데라우치 육군상이 주도하는 육군성에서 체계적인 한국 지배 구상과 '병합안'이 마련되었다. 중심인물은 외무성의 구라치 데츠키치 정무국장과 육군성의 아키야마 마사노스케로 양자의 한국 지배 구상과 '병합안'이 서로 경합을 벌였다고 할 수 있다. 이를 검토하면 구라치와 아키야마는 모두 한국 황실의 처분에 대해서는 공통으로 한국 황제 및 황실을 폐위하여 일본으로 이주시키고, 일본의 황족 및 화족(華族)제도에 준하여 대우한다고 하였다. 한국 황족을 한국인들과 격리함으로써 한국에서의 반일운동을 예방하려는 의도로 보인다. 그리고 총독부를 설치하고, 한반도에 수비군을 주둔시키고 소수의 한국인으로 구성된 총독의 자문기관을 설치한다는 점에서도 서로 일치하고 있다. 「가쓰라안」과 「아키야마안」의 내용은 이후 '병합준비위원회'에서 마련한 「병합실행방법세목」에 충분히 반영되었다. 그리고 '병합' 직전까지 진행된 병합준비위원회의 활동을 통해 '병합안'을 구체화하였는데, 그를 통해 일본이 한국을 어떻게 인식하고 어떤 방식으로 '병합'하려고 하였는지 한국 지배 구상의 단면을 확인할 수가 있다.

마지막으로 '보호통치'에서 '병합'으로 일본의 한국 지배정책이 나아가는 과정에서 '안중근 의거'가 미친 영향에 주목해 보면, 앞서 살펴보았듯이 1909년 10월 '안중근 의거'가 일어나기 전에 일본정부에서는 '한국병합' 방침이 결정되어 '병합' 준비가 추진되고 있었다. 따라서 '안중근 의거'는 일본 국내외에 큰 충격을 주었으나 일본의 한국 지배 방침을 변경시키는 계기로는 작용하지 않았고 일진회와 흑룡회 등의 합방청원운동도 일본정부의 병합 추진에 직접적인 영향을 주지는 못했다. 한국인에게 한국 강제병합을 당연한 것으로 받아들이고 체념하게 하는 심리적인 조건을 부여했다는 것을 부인할 수는 없지만, '안중근 의거'를 통해 일본의 한국 지배정책이 '보호'에서 '병합'으로 전환된 것은 아니며, 한국 강제병합을 촉진하는 데도 큰 영향을 주지 못했다. 오히려 병합을 실행하기 위한 제도적, 법률적 기반의 마련 여부와 만주·간도 문제를 둘러싼 구미 열강과의 국제관계가 한국병합의 직접적인 조건과 계기였다고 할 수 있다.

이상과 같은 이 책의 내용을 통해 나타난 근대 일본의 한국 인식과 한국 침략론의 특징과 성격을 요약하면 다음과 같다.

먼저, 일본의 조선에 대한 침략적 인식과 정책은 메이지유신 이후 일관되게 전개되었다는 것이다. 에도시대까지의 자기중심적이고 편향적인 조선관은 메이지유신 이후 일본이 서양 중심적인 국제질서를 수용하고 주변 지역으로 팽창하면서 조선에 대한 차별적, 멸시적 인식으로 심화되었다. 조선에 대한 차별적이고 멸시적 인식은 임오군란과 갑신정변을 통해 구체적인 정책으로 표현되었다. 일시적으로 '조선개혁'론, '아시아연대론'을 외치며 조선과의 '연대'를 통해 일본을 개혁하려는 논의도 있었지만, 개화파 주도의 갑신정변이 실패한 뒤에는 조선을 '야만'국으로 보고 '침략' 대상으로 삼는 '탈아론'과 '침략론'이 심화되었다.

1880년대 후반부터 일본은 청국과 군비경쟁을 강화하면서 한반도를 일본의 '이익선'으로 보고 배타적으로 조선을 지배하려는 인식과 정책이 추진되었다. 청일전쟁의 결과 조선에 대한 중국의 '종주권'을 소멸시킨 일본은 조선에 대한 보호국화를 추진하였으나 '삼국간섭', '을미사변'을 통해 그 시도는 좌절되었다. 러시아의 영향력을 배제하고 한반도를 장악하려고 '와신상담'하던 일본은 러일전쟁을 통해 마침내 대한제국의 보호국화를 실현하였고, 이후 한국의 '내정개혁'을 추진하여 식민지화의 토대를 마련하고 강제병합을 통해 한국을 '직접식민지화'하기에 이르렀다. 이렇듯 일본은 한국에 대한 차별적, 멸시적 인식을 심화시키면서 서양적 국제질서를 수용하고 주변 아시아 지역에 대한 팽창 정책을 일관되게 추진하여 마침내 한국을 식민지화하였던 것이다.

일본의 한국 침략 과정에서 주목해야 할 것은 일본정부와 민간의 한국에 대한 인식과 정책이 상호 연동하여 보완적으로 진행되었다는 것이다. 갑신정변에 대한 이노우에 가오루 외무경 등 정부 측과 후쿠자와 유키치 등 민간 측의 대응이 그러하였고, 청일전쟁과 러일전쟁 과정에서도 언론과 지식인, '조선낭인'을 중심으로 한 민간 측은 정부의 정책을 추종하고 협조하면서 한국에 대한 침략의 일익을 담당하였다. '국권론'보다는 '민권론'을 우선해야 한다든가 '반전론'을 통해 대외전쟁을 비판하는 목소리도 있었으나 크게 확산되지는 못했다.

일본의 한국 침략에는 '문명개화'론, 사회진화론 등 서양 중심적인 세계관이 크게 작용하였고, 급격히 변동하는 동아시아 국제정세가 밀접히 반영되었다. 정치, 경제, 사회 개혁을 통해 일본의 국제적 지위의 변화와 전통적 국제질서가 붕괴하고 동아시아 국가들이 서양 열강의 식민지·반식민지로 전락해 간 상황이 일본의 한국 인식에도 큰 영향을 미쳤고, 한국 침략을 가속화시킨 요인이 되었다. 또한 의화단사건, 영일동맹, 러일전쟁 등을 통한 서양 열강의 이해관계 충돌과 역학관계, 조선에 대한 서양 국가들의 외교정책도 일본의 한국 인식과 침략론에 큰 영향을 미쳤다고 보아야 할 것이다.

부록
주요 관련 사료

1. 막말 대외침략론 관련 자료

자료 1) 요시다 쇼인(吉田松陰)의 '외정론(外征論)'[1856년 9월]

무릇 지구[坤輿]의 형세에는 합칠 수 있는 것이 있고, 합칠 수 없는 것이 있다. 우리의 오월(奧越)과 같은 곳은 지맥(地脈)이 접속하므로 합쳐야 하는 것이다. 삼한과 임나와 발해 등 여러 번은 지맥이 접속하지 않는다고 하더라도 형세가 대치하고, 우리가 가려 하지 않는다면 곧 저들이 반드시 올 것이다. 우리가 공격하지 않는다면 곧 저들이 반드시 습격할 것이므로 장차 헤아리기 어려운 우려가 생기게 된다. 이것은 합치지 않을 수 없는 것이다. 그렇다고는 해도 합칠 수 있는 것이라도 합치려고 하지 않는다면 곧 합쳐지지 않고, 합쳐지지 않는 것이라도 이것을 합치려 든다면 반드시 합쳐진다. 후대의 사람은 헛되이 바로 지금을 보면서 과거의 득실을 생각하지 않는다. 합칠 수 있는 것이 이미 합쳐진 것으로 보고 말하기를 합치지 않더라도 역시 합쳐지게 된다고 한다. 합칠 수 없는 것이 아직 합쳐지지 않은 것을 보고 말하기를 합치려고 해도 합쳐지지 않을 것이라고 한다. 아니다. 내가 말하건대 삼한과 임나는 합칠 수 없는 것인데 그래도 이것을 합치려 들면 반드시 합쳐지게 된다. 국조(國朝)가 오월을 평정한 것은 내가 흠집을 내고 비판할 수 있는 바가 아니다. 오직 삼한을 통치하는 것에 대해서는 지금까지 득실이 없었던 적이 없다. 진구(神功)는 열조의 위력을 발휘하시어 일거에 신라를 복속시키셨다. 신라가 이미 복속되었으므로 곧 병사를 거두어 다시는 궁박하게 하지 않았고, 인질을 받아들이고 공액(貢額)을 정했으며, 고려·백제로 하여금 바람을 기원하여 항복하도록 하셨던 것은 득이다. 이미 훈구의 다케우치(武內宿禰, 진구황후를 도와 신라 출병에 공적이 있다고 하는 전설상의 인물)를 파견하여 사해(四海)를 안무하고 멀리는 삼한을 제압했던 것도 득이다. 그런데 이간하는 자가 여기에 끼어들어 그 임무가 오래 지나지 않아 이를 잃어버렸다. 이후에 부(府)를 임나에 두어서 삼한을 마음대로 다룬 것이 가장 득이었다. 웅대한 계략을 펼친 지 8년, 고려를 깨트렸던 것으로 알 수 있다. 또 그 후에 다자이후(太宰府)를 설치하여 그 임무를 중시하고 그 권한을 빌려주어 9국(國) 2도(嶋)의 힘으로 여러 번을 굴복시킨 것은 그 득이 다케우치의 건과 같았다. 그리고 누대에 걸쳐 개정하지 않은 것은 곧 가장 그 이득을 보기에 충분했다. 단지 후세에 쇠폐(衰弊)가 날로 극에 달하게 되어 관리를 선발하는 데 정성을 쏟을 수 없었고, 여러 번이 다소 교만하게 굴어 곧 이를 잃게 되었다. 무릇 여러 번의 상황으로 고려·신라는 자주 억세고 다부져서 이웃 나라를 원수로 배척했다. 백제, 임나는 곧 성격이 유순하고 겁이 많아 대항하지 못했고, 늘 우리에게 기대어 어려움을 해결했다. 그래서 우리는 바다를 건너 군사를 보내어 죄를 벌하고 위기에서 구출하기 위해 군사가 많아야 했고 장수도 중시해야만 했다. 생각해 보건대 당시의 논의는 혹시 전쟁이 커질 것을 두려워하는 자가 있지 않았을까? 그러므로 여러 장수들도 역시 조정의 뜻을 기다리고 마음대로 행하는 문제점을 우려하여 서둘러 국면을 마무리하였으나 대저 1년이 지나지 않아 돌아왔다. 쓸데없이 일시적인 승리에 만족하고, 또한 멀리 내다보려는 계획은 없었다. 그러므로 저들이 우리 병사 보기를 폭우(暴雨)와 같이 여겼고, 잠시 그 위기를 피하려 할 뿐이었다. 스이코(推古) 천황이 황자(皇子)를 파견한 것은 여기서 본 것이 있었기 때문일까? 쿠메[來目 - 쿠메노미고(來日皇子)]께서 아직 돌아오시지 못한 채 돌아가셨고, 다기마[當麻 - 다기마노미코(當麻皇

子)]께서 정벌하러 가시지 않은 것은 정말로 안타까운 일이다. 그러나 이 때 여황(女皇)께서 임어하시어 권간(權奸)의 도를 행하셨으나 태자[쇼토쿠 태자(聖德太子)]의 마음을 헤아리시지는 못했다. 곧 둘째 황자를 보내셨던 것도 역시 어찌 싫어하는 지역을 떠나는 것이 아님을 알 수 있겠는가? 아 아! 천지가 제자리를 잃고, 음양이 서열을 잃었다면 움직임이 나쁜 방향으로 흘러가지 않을 수 없다. 정말로 그것을 다할 수 있겠는가? 대저 덕으로 이를 품어 주고, 위엄으로 이것을 두려워하도록 하는 것은 오랑캐를 제어하는 통상의 방법이다. 임나부로 하여금 야마토다케(倭武), 다케우치와 같은 장수를 두어 그 임무를 무겁게 하고, 그 권한을 빌려 주며, 병력으로 지키기에 족하고, 군량으로 먹기에 속하며, 오로지 그 인민을 애양(愛養)하며, 임나. 백제를 회유하여 감히 경모(輕侮)에 빠지지 않도록 한다면 곧 신라·고려도 역시 장차 우리의 덕을 바라게 될 것이다. 만약 도리어 완미하게 명에 저항한다면 임나, 백제를 이끌고 가서 그 죄를 물을 것이니 누가 우리의 위엄을 두려워하지 않겠는가? 다만 그렇게 하는 것이 가능하지 않기 때문에 우리가 죄를 벌하는 것이고, 저들은 이미 위엄을 잃었다. 그리고 긴급함을 구한다고 하더라도 저들 역시 덕을 이룰 수 없다. 일라(日羅)가 민첩하게 도달하는 것에 답하더라도 역시 당시의 실책을 보는 바가 있다. 불행하게도 해를 입어 그 계책을 펼치지 못했으니 깊이 안타까워하지 않을 수 있겠는가? 백세(百世) 이후 도요토미 다이코(豐臣太閤)가 한(韓)을 정벌하신 것은 불세출의 재간을 가지고 미증유의 거동을 했던 것이라고도 할 수 있다. 그렇다고는 해도 다만 능히 이것을 두려워하게 하고 덕으로 이를 품지 않아 합칠 수 없는 것이 되었으므로, 이 어찌 슬프지 않은가?

「丙辰幽室文稿」,『吉田松陰全集』第2卷, 大和書房, 1974, 451~454쪽.

2. '정한론' 관련 자료

자료 1) 기도 다카요시(木戶孝允)의 '정한론(征韓論)'(1868년 12월)

14일 조정에 국외중립의 한 가지 조항에 대하여 영국과 프랑스가 동의한다는 뜻을 서면으로 제출했다. 동(同) 사관에게 명했다. 내일 아침 이와쿠라(岩倉) 공께서 나오시거든 이전의 사건에 대한 하문(下問)이 있을 것이다. 따라서 여러 건을 말씀드려야 한다. 가장 큰 건이 두 가지이다. 하나는 신속히 천하의 방향을 하나로 정하여 사절을 조선으로 파견하고 저들의 무례함을 따지며, 저들이 만약 불복할 때는 죄를 묻고 공격하여 조선에서 널리 신주(神州: 일본 - 역자)의 위엄을 신장하기를 바란다. 그렇게 하면 천하의 누습(陋習)이 단숨에 일변하여 멀리 해외로 목적을 정하고, 따라서 백예기계(百藝器械) 등을 진실로 진전시키며, 각 내부를 규찰하여 사람의 단점을 비난하고, 사람들의 비행을 꾸짖으며, 각자가 돌아보지 않았던 악폐를 일소하게 된다. 반드시 국내에 큰 이익이 있을 것이라고 말할 수 있다.

『木戶孝允日記』1, 日本史籍協會, 1932, 159~161쪽.

자료 2) 이타가키 다이스케(板垣退助) 앞으로 보낸 사이고 다카모리 (西鄕隆盛)의 편지(1873년 7월 29일)

일전에 먼 곳까지 와주셔서 고맙습니다. 소에지마(副島) 씨도 귀국했다고 들었는데(소에지마는 7월 27일 청국에서 귀국하였음) 조선에 관한 것은 결의가 끝났는지요. 만약 아직 각료회의를 열지 않았다면 며칠쯤 제가 가야 할지 알려 주시면 병든 몸이지만 찾아가겠으니 그리 알고 계십시오. 그리고 결정하는 과정에서 병사들을 먼저 파견하는 문제에 관해서는 어떻게 생각하시는지요. 제 생각으로는 병사들을 파견하게 되면 그쪽에서는 반드시 철수하라고 할 것이고, 그때 그것을 거부하면 싸움이 시작될 것이라고 봅니다. 그렇게 되면 처음 취지와는 전혀 다르게 전쟁을 초래하게 될 것이라고 저는 생각합니다. 그래서 사절을 먼저 보내는 것이 좋겠습니다. 그러면 반드시 그쪽에서 먼저 폭거가 일어나게 될 것이고, 그러면 토벌의 명분도 분명하게 설 것입니다.

가라후토(樺太 - 사할린) 등의 경우에 미리 러시아가 병사를 파견해서 보호했더니 가끔 폭거가 있었으므로, 조선의 경우도 먼저 보호 병력을 파견하게 되면 사고가 일어나지 않으리라는 보장이 없습니다. 그것보다는 공개적으로 사절을 파견하면 그를 죽일 것이니 부디 저를 파견해 주시기 바랍니다. 소에지마 씨만큼 훌륭한 사절은 되지 못하겠지만 목숨을 바칠 각오는 되어 있습니다. 부디 부탁드립니다. 간단한 서면으로 허락을 받고 싶습니다.

7월 29일

추신) 각의 때 부르시려면 전날까지 알려 주십시오. 약을 복용하고 있어 결코 준비 없이 외출을 하지 못하니 그것도 알고 계셨으면 합니다.

사이고 드림

『大西鄉全集』제2권, 大西鄉全集刊行會, 1926

자료 3) 이타가키 다이스케 앞으로 보낸 사이고 다카모리의 편지
(1873년 8월 17일)

어제는 먼 곳까지 와주셔서 대단히 감사합니다. 그런데 어젯밤 상경하여 여러 가지 이야기를 나누었습니다만,[1] 몸도 많이 회복되어 일전에 말씀드렸을 때보다 훨씬 좋아진 것 같습니다. 그런데 사절이 돌아올 때까지 기다리겠다고 하셨다는데, 그 점이 좀 궁금했습니다.

그런데 저는 전쟁을 바로 시작하자는 뜻이 결코 아닙니다. 전쟁에는 두 단계가 있습니다. 이왕 내친걸음이라 공법상으로 밀고 나가면 토벌의 명분은 있지만, 이것은 변명에 불과한 것이고, 천하의 사람들이 전혀 모르고 있으니, 현재로서는 전쟁을 할 뜻은 없고 다만 이웃으로서의 교류를 소홀히 한다는 점을 추궁하고, 또한 지금까지의 불성실한 태도를 그만두고 앞으로 외교를 친밀하게 하겠다는 마음가짐으로 사절을 파견하십시오. 그렇게 하면 그쪽에서는 반드시 경시할 뿐만 아니라 사절을 죽일 것이 분명합니다. 그렇게 되면 그때는 "천하의 모두가 토벌해야 한다고 할 것이므로 그 상황까지 가야 한다"는 등 내란을 바라는 사람들의 관심을 밖으로 돌리고 나라를 세운다는 계획은 물론, 옛 정부가 기회를 잃게 됨으로써 결국 무사를 꾀하려다가 천하를 잃게 될 것이라는 확증을 가지고 말씀드렸더니 잘 이해해 주셨습니다.

"그렇다면 사절 파견은 지난번 하나부사(花房)를 파견[2]한 것과 같은

---

1 산조 사네토미(三條實美)의 집을 방문한 것을 가리킨다.
2 1872년 9월 외무부의 하나부사 요시모토(花房義質)가 쓰시마령 관할 하에 있는 왜관(倭館)을 외무성이 집수하기 위해 부산으로 출장을 갔다.

일이니 오늘이라도 결정하시는 것이 어떻습니까"라고 밀어붙이자, 지극히 당연하다고 느끼신 것 같았습니다. 그래서 "오늘 참의들과 의논하신 다음 대답을 들었으면 하니, 부디 오늘 각의에 참가하셔서 저를 사절로 파견하는 것을 결정해 주십시오. 그러면 전쟁 상태로 들어가도록 만들겠습니다. 그 후는 선생님께 부탁드리겠으니 그때까지는 저에게 맡겨 주십시오. 만약 사절을 파견하는 것이 좋지 않다고 생각하시면 그 이유를 듣고 싶고, 좋다고 생각하시면 대사(大使)의 귀국을 기다리지 말고 조속히 외무대신에게 지시하셔서 그곳으로 보낼 문안의 초고를 검토하라고 명령하십시오. 대사가 귀국하기 전에 그러한 절차를 마련해 놓아야 귀국을 기다리는 의미가 있습니다. 잘 판단해 주십시오"라고 말씀드렸습니다. 이후의 일은 선생님들이 결정하시면 되는 일이니 성사되리라 생각하고 즐거운 마음으로 기다리고 있습니다만, 부디 잘해 주시기를 부탁드립니다. 마음대로 행동해 죄송하지만 서면으로 부탁 말씀 올립니다.

8월 17일
사이고 드림
『大西鄕全集』 제2권

자료 4) 「견한사절 결정시말(遣韓使節決定始末)」

　　조선에는 메이지유신 이후 몇 차례나 사절을 보내어 온갖 수고를 하였지만, 모두 수포로 돌아갔을 뿐만 아니라 여러 무례한 언동들도 있었습니다. 요즘에는 민간의 상거래도 막아버리고 왜관 거류자들도 매우 곤란한 처지에 놓여 있으므로 할 수 없이 보호병력 1개 대대를 파견한다는 각의의 결정이 있었으나, 본인은 보호병력의 파견은 결코 좋지 않다고 봅니다. 그것으로 인해 전쟁이 시작되면 처음의 의도와는 상황이 달라지므로 지금은 공개적으로 사절을 파견하여 사태를 해결해야 하며, 만약 그쪽에서 먼저 외교를 파괴하고 전쟁으로 응답하면 그 저의가 분명히 드러날 것이므로 그때까지는 외교 노력을 다해야 합니다. 그렇지 않으면 인사(人事)에서도 불만이 남을 것입니다. 폭거가 일어나지나 않을까 하여 의심을 하고, 비상 설비를 갖추어서 군대를 파견하는 것은 예의를 잃게 되는 것이니, 다만 친교를 목적으로 한다는 취지를 관철시켜서 일을 진행해야 합니다. 그 후에 폭거가 일어난다면 그쪽의 과오를 천하에 알리고 그 죄를 물어야 하는 것이 이치입니다. 아직 충분한 노력도 해 보지 않고 상대의 비리만을 따지면, 그 죄를 진정으로 알고 있는 사람이 없으므로 양측 모두 의혹만 갖게 될 것입니다. 그렇게 되면 토벌하는 자도 진정한 분노를 갖지 못하고, 토벌당하는 자도 굴복하지 않을 것이니 시비를 분명히 정하는 것이 가장 중요한 일이라고 생각하고 건의한 것입니다. 그 의견이 채용되고 천황의 허락을 받아 저를 사절로 파견하도록 하는 것이 내정된 바입니다. 그 경과를 보고하는 바입니다.

이상 10월 17일[3]

사이고 다카모리

『『大西鄕全集』 제2권

---

[3] 사이고는 10월 15일 각의에는 출석하지 않고 이 문서만 제출했다. 날짜가 17일로 되어 있는 것은 17일에 이 문서를 몇 통 정서해서 관계자들에게 보낸 것으로 해석되고 있다.

3. '오사카(大阪)사건' 관련 자료

자료 1) 오사카 임시중죄재판소에서 있었던 오사카사건 계획의 취지에 관한 오이 겐타로 (大井憲太郎)의 진술

(1) 1887년 7월 21일 진술

우리가 조선사건을 도모한 의도는 동양정략(東洋政略)을 위한 것이 아니다. 또한 단순히 독립당에 정권이 넘어가도록 하기 위함도 아니다. 더군다나 침략이나 복수 등을 하기 위함이 아님은 이미 검찰관의 공소장 설명에서 진술한 바 있으므로 다시 말할 필요가 없다. 동양정략 따위의 말은 조선을 먹이로 이용한다는 것까지는 아니지만, 일본과 중국, 즉 아시아를 개량하기 위해 조선을 이용한다는 뜻이 약간 함축된 말이다. 동양과 유럽을 상치시키는 정략이긴 하지만 현재의 조선 상황에 대해 그 국민에게 안전과 행복을 주려는 의도이다.

이 사건이 드러난 것은 1885년 3월 이후이지만 그것을 들은 것은 1884년 10월경 오사카에서 자유당 해당회의가 열렸을 때였다. 여기에는 우리와 고바야시 구스오(小林障雄), 이소야마 세이베(磯山淸兵衛) 등이 왔고, 야마기와 시치시(山際七司), 호시 도루(星亨) 등은 니가타(新潟)에서 호시가 연설하던 중 관리를 모욕했다는 이유로 오지 못했다. 전보를 보내 불참할 것을 통보해 왔다. 당시 김옥균은 일본에 와서 이노우에 가오루(井上馨) 외무대신을 만나 조선 독립에 관한 건을 의뢰했으나 정부로부터 거절당하고, 그 후 어느 민간인 신사를 만나 그 일을 부탁한 바, 그 신사는 다른 신사에게 그를 소개하여 면회시킨 후, 김옥균은 즉시 조선으로 돌아갔다. 그 후 그는 다시 일본을 방문할 예정이었다. 우리들이 오사카에 모였을 때를 전후하여 김옥균이 다시 올 때가 되었다고 생각하고 있었다.

물론 그가 우리 정부로부터 거절당하고 다시 어느 신사에게서 거절당했다는 이야기는 들었지만, 그와 함께 일을 이루고 그를 도우려고 그를 기다린 것은 아니다. 다만 그의 사정을 알았을 뿐이다. 이소야마가 1884년 12월경부터 운운하지만, 그는 김옥균에 관한 이야기를 듣고 당시부터 그러한 음모가 있었을 것이라고 상상한 것을 말했을 뿐이다. 조선 독립에 관한 일은 자유당원은 모두 알고 있었다. 어느 날 당무관계로 가타오카 겐키치(片岡健吉), 모리와키 나오키(森脇直樹), 나이토 로이치(內藤魯一) 및 고바야시 등이 모였는데, 그때 이들은 모두 알고 있었다.

그러나 그 후 김옥균은 결국 일본에 오지 않았고, 1884년 그곳에서 일을 일으켰다. 우리는 물론 다케조에 신이치로(竹添進一郎) 공사의 연설을 듣고, 그들이 혁명의 뜻을 정한 것이라면 대단히 불쌍하다고 생각한다. 그때 우리의 국기를 더럽힌 일 따위는 화낼 일이 아니라 오히려 불쌍하게 생각해야 한다고 본다. 그 일은 조선 국왕이나 국민의 마음에서 나온 것이 아니라 완고한 사대당이나 중국 놈들이 시킨 것이다. 그러므로 복구주의라고 생각해서는 안 된다. 물론 조선 국내에서의 이 소동이 우리의 감정을 동하게 한 것은 사실이지만 그것 때문에 계획을 세운 것은 아니다. 우리는 그 전부터 조선의 독립을 생각해 왔던 것이다. 복구주의(復仇主義) 따위의 불결한 단어는 재판 선고에서 기술되지 않기를 바라는 바이다.

또한 이것은 검찰관이 한 말이지만 우리의 행동은 당위적인 전쟁에 해당되는 일이 결코 아니다. 당위적인 전쟁이란 무뢰함을 따진다든지 남을 침략하기 위해 전쟁하는 것을 말한다. 예를 들어 일본이 조선에 대해 무뢰함을 따지고 보상금을 받는 등 이전과 같은 포악한 전쟁 따위를 말하는 것이다. 우리의 이 행동은 죄를 묻는다든지 침략한다는 의미를 내포하지 않고, 동병상련과 환난상휼이라는 호의주의에서 나온 것이지 결코 서로 싸우고 다투는 전쟁은 아니다.

「國事犯事件公判傍聽筆記」, 『大阪日報』附錄, 『大阪事件關係史料集』 上卷, 日本經濟評論社, 1985.

(2) 1887년 7월 22일 진술

청일 간에는 금방 일이 터질 것이 분명했다. 이 시기 우리 국내의 현황을 상상해 보면, 1884년 12월 경성사변에 대해 너와 나, 정부와 민간의 구별 없이 모두 반드시 중국에 문죄(問罪) 군대를 파견할 것이라고 생각했으니, 참으로 감개무량한 일이라고 생각했다. 이토(伊藤) 대사의 출발에 즈음해서 신문들에서는 개전론을 주장하고, 마부까지 이번에는 중국과 싸워야 한다며 만약 싸움한다면 우리도 참가하겠다고 할 정도였다. 그러한 상황이었으니 우리가 일을 일으켜서 문죄 군대를 떠나도록 하면 내지(일본)의 인심이 격분할 것이 틀림없었다. 우리 국민들은 그때도 의용병이라면 기꺼이 응하고, 거기에서 제외당하면 매우 불만스러운 태도를 보이며 스스로 찾아왔을 정도였고, 당시에는 그 계획을 듣고자 나의 집으로 찾아온 자도 많았다.

그런데 내지에서 이렇게 인심이 격분하는 것은 참으로 우리가 희망하던 바였으며, 오늘날 우리나라의 인심을 보면 그 사상은 모두 썩어버렸다. 이러한 인민과 장래의 일을 함께 한다는 것은 도저히 바랄 수 없는 일이었고, 우리 뜻있는 사람들은 더욱더 분발해서 일을 처리하여 썩은 인심을 회복하고 국가에 공헌하려고 희망한 것이다. 즉 사회개량의 기회를 만난 것이라고 할 수 있다.

어제도 대략 말한 것처럼 내지는 간섭정략 때문에 사람들의 자치정신이 거의 소멸했고, 애국 따위의 의식은 일본인에게 거의 없다. 물론 그 가운데 정당, 사회에서 바쁘게 움직이는 사람도 있으나, 일반적으로는 국사가 뭔지 꿈에도 알지 못하는 정도이다. (중략)

어제도 말한 것처럼 일본인의 뇌는 완전히 굳어 있으므로 이것으로는 더 이상 사회진화를 바랄 수 없다. 귀천과 상하의 구별이 심한 낡은 사회의 전통을 존중하고 새로운 것을 싫어하는 일을 타파해야 한다. 그렇게 하기 위해서는 사회 전체에 활동력을 심어주어야 한다. 사회에 활동력을 심어주기 위해서 외환(外患) 등은 가장 좋은 수단이고, 그때야말로 비로소 인민에게 참된 애국심이 생겨난다. 외환이 일어났을 때야말로 국가의 귀중함을 알게 되고, 아무리 비굴한 인민이라도 애국심을 갖게 될 것이다.

「國事犯事件公判傍聽筆記」, 『大阪日報』附錄

자료 2) 오사카 임시중죄재판소에서 있었던 오야 마사오(大矢正夫)의 진술(1887.6.25)

나는 어떻게 하든, 거짓으로 명령을 하든 아니면 완력을 사용하든, 현재의 정부를 전복시켜야 한다는 것이 첫째 목적이었다. 처음에는 병 때문에 쉬고 있었는데, 1884년에 마침 조선 개화당이 정부개혁을 시도한 사건이 일어났다. 그때 우리 동포 중 30여 명은 중국 병사에 의해 학살당했고, 우리의 국기가 더럽혀졌다는 이야기를 듣고는 잠들어 있는 것 같았던 우리 국민들도 약간은 분발하게 되었다. 나도 이번에는 꼭 문죄(問罪) 군대를 보내야 한다고 생각하여 아마노 마사타쓰(天野政立: 가나가와현의 민권운동가이며 오사카사건에도 참가) 등과 함께 의용병의 일원으로 참가했지만, 결국 일은 평화롭게 끝났고 인민은 다시 잠들어 버렸다.

여기서 나는 이렇게 되면 스스로 시기를 만들 수밖에 없다고 생각했다. 그래서 고급 관료들이 회합할 때 그들을 암살하기 위해 가게야마 히데코(景山英子) 등의 소개를 받아 장사들이 모이는 유일관(有一館)에 가입했으나, 이소야마가 관료 회합 등은 기대하지도 말라고 해서 6월에 그 일을 포기했다. 이소야마(磯山)를 통해 오이, 고바야시(小林) 등과 조선계획에 관한 이야기를 들었고, 이것이야말로 내지 혁명의 시기를 만들 기회라고 해서 나도 인심을 분발시켜 혁명 목적을 달성하기로 동의했다. 그러나 원래 나의 뜻은 현정부의 행동에 대한 불만 때문에 생겨난 것이므로 먼저 내지를 개량한 후에 외국과의 교섭을 할 것을 지론으로 하고 있었는데, 방청 필기를 보니까 주모자의 의견은 나의 지론과 반대되는 점이 있는 것 같다. 만일 이러한 목적이었다는 것을 알았다면 동의하지 않고 다른 계획을 세우려고 했을 것이다.

『國事犯被告事件公判傍聽筆記』제26, 『朝日新聞』附錄

4. 청일전쟁 시기 자료

자료 1) 무쓰 무네미쓰(陸奧宗光)의 조선 내정개혁론

나는 원래 조선의 내정개혁에 대해 정치적 필요 이외에 어떤 의미도 두지 않는다. 또한 의협심으로 십자군을 일으킬 생각도 전혀 없다. 따라서 조선의 내정개혁은, 첫째로 우리나라의 이익을 주목적으로 하는 정도에서 그쳐야 하며, 이를 위해 굳이 우리의 이익을 희생할 필요가 없다. 한편, 이번 사건에 대해 논하면 조선의 내정개혁이란 원래 청일 양국 간의 판결로도 풀리지 않는 난국을 조정하기 위해 제안된 하나의 정책이었는데, 시국이 바뀌어 마침내 우리의 독자적인 힘으로 이를 담당할 수밖에 없게 되었다. 때문에 나는 처음부터 조선의 내정개혁에 대해서는 달리 중요성을 두지 않았다.

또 조선과 같은 경우에 과연 만족할 만한 개혁을 할 수 있을지에 대해서도 의문이다. 그렇지만 조선의 내정개혁이 지금 외교상 일종의 사활이 걸린 문제로 되어 있고, 우리 정부가 여하튼간에 이를 실행에 옮길 수밖에 없다고 한다면 우리 내부의 여론이 어떤 사정과 원인에 기초하고 있는가는 물을 필요가 없다. 아무튼 내외에 대해 일치협동을 볼 수 있는 매우 좋은 기회라 생각했다 나는 이 좋은 제목을 잠시 이용해서 이미 한 번 깨진 청일 양국의 관계를 다시 조화시킬 것인가, 또는 끝내 이를 조화시킬 수 없다면 오히려 이를 계기로 파열의 기회를 촉진시킬 것인가, 어두컴컴한 하늘을 변화시켜 일대 강우를 내릴 것인가, 아니면 쾌청함을 얻을 것인가의 나침반으로 삼고자 했다.

中塚明 校註, 1983, 『新訂 蹇蹇錄―日淸戰爭外交秘錄』, 岩波文庫.

자료 2) 후쿠자와 유키치(福澤諭吉)의 청일전쟁관

세상을 돌이켜보면 참기 힘든 일도 많지만, 한 국가 전체의 대세가 계속하여 진보의 방향으로 점점 나아가 수년 후 그 모습이 드러나게 된 것은 청일전쟁 등 관민일치의 승리로, 이처럼 유쾌한 일도 없을 것이다. 살아 있었다면 이런 일을 보았을 터인데, 먼저 세상을 떠난 동지들이 불행하다. 아, 생각이 날 때마다 나는 눈물을 흘렸다. 사실을 말하면 청일전쟁은 아무것도 아니다. 다만 이것은 일본 외교의 서막일 뿐 특별한 것은 아니다. 그러나 그때의 심정으로는 열중하지 않을 수 없었다. 대개 그런 뜻에서 그 원인이 어디에 있는가를 말하면, 신일본의 문명 부강은 이미 선인이 남긴 공덕에서 유래하며, 우리 모두는 어느 정도 형편이 좋은 시대에 태어나 선조의 덕을 입은 것에 지나지 않는 것이다. 여하튼 살아가면서 스스로 바라던 소원이 하늘의 은혜와 선조의 덕으로 가능해졌다면, 나로서는 제2의 소원 성취라 말할 수밖에 없다.

富田正文 校註, 1978, 『福翁自傳』, 岩波文庫

자료3) 후쿠자와 유키치의 '문명과 야만의 전쟁'론

전쟁은 일본과 청국 양국 사이에서 일어난 것이지만 그 근원은 문명개화를 추진하려고 하는 자와 그 진보를 막으려 하는 자의 싸움이며 결코 양국간의 싸움이 아니다. … … 본래 일본인은 중국인에 대해 사적 원한이나 적의도 없으나 도무지 그들은 완미하고 도리를 이해하지 못하고 문명개화를 기뻐하지 않을 뿐만 아니라 반항의 의사를 표시했기 때문에 어쩔 수 없이 전쟁이 일어난 것이다. … … 만일 중국인이 이번 실패를 응징하고 문명의 대단함을 깨닫고 그 잘못을 고친다면 … … 오히려 문명의 지도자인 일본인에 대해 그 은혜에 감사하게 될 것이다.

「日淸の戰爭は文野の戰爭なり」,『時事新報』, 1894.7.29

5. 동학농민전쟁 관련 자료

자료 1) 요시쿠라 오세이(吉倉汪聖)가 작성하여 전봉준에게 제시한 천우협(天佑俠)의 격문

제1. 해산만리(海山萬里) 고생을 개의치 않고 특별히 찾아와 친히 제공(諸公)을 방문하는 까닭은 단지 제공이 의(義)에 따라 대도(大道)를 행하고 왕가(王家)가 쇠퇴하는 것을 일으키고 백성의 유리(流離)를 구하려고 하는 그 뜻에 감격하여 동지 14명이 하는 일을 버리고 집을 버리고 죽음으로써 부모의 나라를 달려온 것이다. 일본과 한(韓)은 원래 동조동문(同祖同文)의 나라라고 말한다. 인의(隣誼)의 정이 있어 그 존망에 대해 묵과할 수 없다. 그렇지만 이미 직접적인 이해관계가 없는 타국인으로서 또 의(義)를 보고 흥분하는 것이 이와 같다. 제공(諸公)에게는 선조의 분묘가 있는 땅이다. 그 나라를 위해 잘 지성진충(至誠盡忠) 분골쇄신(粉骨碎身)하더라도 그것으로 충분하다고 할 수 없다.

제2. 제민(濟民)의 거사는 원래 불가하지 않다. 그렇지만 그 제민의 목적을 달성하는데 있어서 무엇보다 삼가야 할 것은 경거(輕擧) 폭동이다. 아니, 이와 같은 것은 쓸데없이 대사를 그르쳐 큰 기회를 잃는 것에 지나지 않는다. 선성(先聖)이 말하기를 일에 임하여 두려워하고 책모를 즐겨하여 이룬다고 하였다. 이것은 실로 제공(諸公)의 새겨야 할 것이다. 따라서 조용히 생각하건대 지금의 세상에서 나라에 임하는 자의 급무는 사방의 형세에 대해 자가(自家)의 지위를 생각하고 심세심적(審勢審敵)으로 능히 천하의 기세(機勢)에 응하고 생민(生民)을 편안하게 함과 동시에 사직의 공고함을 꾀하여야 한다. 만약 이 말을 돌아보지 않는다면 나라가 파괴되고 가문이 없어진다. 반드시 순년(旬年)을 기다려야 할 것이다.

제3. 오늘날 천하의 형세는 우승열패(優勝劣敗)의 각축장이다. 매우 두려워해야 할 것이고 조선의 안위(安危)와 존망(存亡)이 어찌 이때가 아니겠는가. 그리고 현재 형제가 안으로 다투고 호랑이와 이리가 밖에서 살피는 일이 많다. 지사(志士)가 몸을 바쳐 순국하여 만세 태평의 기틀을 세우는 것 오늘날을 제쳐두고 어느 날을 기다릴 것인가.

제4. 조선의 시폐(時弊)는 상하 일반이 눈앞의 안일을 탐하고 당장의 편안함을 탐하여 일찍이 한결같은 마음으로 국가의 존망을 두루 생각하는 자가 없다. 특히 위에 있는 자는 재상 이하 지방 수령의 무리에 이르기까지 모두 앞다투어 사적인 것을 영위하고 온종일 시주음락(詩酒淫樂)을 즐긴다. 지금 이를 고쳐 강건한 국풍을 양성하고자 한다면 실로 혁명이 첫 번째 수단일 것이다.

제5. 한 줌의 땅도 이씨(李氏)의 천하이다. 한 사람의 백성도 선왕(先王) 백성의 자손이다. 그런데 지금 이 땅을 갈라서 러시아에 주고 이 백성을 해마다 서로 이끌고 오랑캐 땅으로 유망(流亡)시키는 것은 과연 누구의 죄인가. 민씨 일족의 실정의 결과가 실로 이와 같다. 그 죄악은 단지 폭렴(暴斂)에 그치지 않고 따로 선왕을 모욕하고 사직을 아프게 하는 것이다. 지사가 어찌 이를 묵시할 수 있을 것인가.

제6. 무릇 일에는 본말이 있다. 오늘날 지방 관리의 학정이 민가(閔家)의 수뢰(收賂) 정치에서 오는 것은 공(公)들이 원래부터 잘 아는 바이다. 그러므로 인민 질고(疾苦)의 원인이 되는 것은 공들도 역시 민가라고 말하고 민가의 죄가 지방 수령보다 무겁다고 하는 것도 사리가 당연한 논리이다. 공들의 밝은 지혜, 안목과 식견이 이미 이와 같다. 그렇다면 민씨의

죄에 의해 나오는 것 역시 밝히기 쉬울 뿐이다. 그리고 마침내 그 죄를 꾸짖지 않을 수 있을 것인가. 저 민족(閔族)의 악정의 배후에는 수호자로서 청국 사신 위안스카이(袁世凱)가 있다. 원(袁)은 실로 민(閔) 악을 돕고 그 죄를 키우는 본존(本尊)이다. 더구나 공들은 함부로 그 적수에게 원대인(袁大人)이라는 존칭을 주고 그 적국에게 조국(祖國), 상국(上國)이라는 아름다운 이름을 바친다. 우리 무리는 속으로 공들이 현명한데 이와 같은 어리석은 행동을 함을 이상하게 여기는 바이다.

제7. 요컨대 백성을 학대하는 자는 수령이고 수령의 원악(元惡)은 민족(閔族), 그리고 민족의 악정의 근원은 위안스카이와 그 본국에 있다. 이것은 천하 모든 사람의 공론에 속한다. 그렇다면 조선 백성으로 하여금 오늘날 도탄(塗炭)에서 고생하게 만든 자는 저 청국이 아니고 누구인가. 공(公)들이 칼날을 청과 위안스카이에 가하는 것을 잊고 이것을 오로지 민(閔)과 수령에게 사용하려는 것을 이상하게 생각한다. 아니, 공들의 의거가 겨우 이와 같은 데에 머문다면 이것은 아침에 1명의 민씨를 죽이고 저녁에 1명의 민씨를 맞이하려고 하는 것이다. 백성의 고통, 천하의 화근을 언제쯤에야 능히 소탕할 수 있을 것인가.

제8. 하물며 공들은 단지 한토(漢土)의 명(明) 왕조 시대에서 받은 은혜를 기억하고 그리고 현재 청국이 조선을 해치려 하는 큰마음을 포장한 까닭을 알지 못하는 것이다. 이전에 위안스카이가 큰소리치는 것을 듣지 못했는가. 3년 뒤 우리는 반드시 조선을 우리 판도로 삼고 그 왕을 폐하여 삼을 것이라고 하였다. 참 대역무도(大逆無道), 불구대천(不俱戴天)의 말이므로 신하는 마땅히 분개하여 절개를 지켜 죽어야 할 것이다. 그리고 섭(葉)과 섭(聶) 두 장수는 그 야심을 실행하는 선봉이 되어 이미 바다를 서둘러 건너와 아산(牙山)의 진영에 있다. 위안스카이가 억지로 무도(無道)

한 정부를 도와 공들의 안민근왕(安民勤王)의 군대는 초멸(剿滅)하려고 노력하는 것은 당연한 일이로다.

제9. 가족이 있음을 알고 국가가 있음을 모르는 민가(閔家)는 섭(葉)과 섭(聶) 두 장수가 건너와 아산에서 주둔하고 있는 것을 기화로 삼아 이것을 먹여 그 폭정의 원병(援兵)으로 삼고 국왕 전하의 예려(叡慮)를 괴롭히는 것을 개의치 않는다. 이들 3명은 실로 조선의 호랑이와 이리이다. 공들은 민가를 토벌함에 있어 먼저 아산의 청군을 소탕해야 한다.

제10. 민족(閔族)이 조정에 있고 청인(淸人)이 밖에서 이를 원조한다. 이렇게 해서는 충의(忠義)의 신하가 도저히 세상에 나오는 것을 기약할 수 없다. 오늘날 재야에 유현(遺賢)이 많고 풍년인데도 더구나 사민(四民)의 밥상이 푸성귀뿐인 것은 그 원인이 오로지 여기에 있다.

제11. 오로지 일본 국민은 그렇지 않다. 공(公)들이 오랫동안 안민흥국(安民興國)의 뜻을 지속하려는 동안에는 가능한 진력을 다해 돕기를 아까워하지 않는다. 의협(義俠)은 실로 우리 제국 3천 년의 역사를 이루었다.

제12. 그러므로 공들이 우리 무리가 말하는 바를 듣는다면 우리 무리는 기쁘게 앞으로 공들의 선구가 되어 시석(矢石)을 무릅쓰고 칼날을 물리침으로써 북진하여 서울로 들어가는 길을 열고 전력을 다해 목숨이 다할 때까지 열심히 한다면 저 아산 청군이 설령 수만의 무리라 칭하더라도 일격을 가해 간담을 빼앗고 거뜬히 이길 수 있다. 무슨 두려워할 것이 있는가.

清藤幸七郎 編, 1903.10, 『天佑俠』, 新進社

자료 2) 갑오조선내란시말[4]

현재의 대세, 세계의 관심은 오로지 동아시아 한 곳에 집중하고 있다. 적어도 세상에서 지사라 칭하고 정치가라 불리는 자들이 동양정략과 동양상로(東洋商略)에 매달려 그 연구에 힘을 쏟고 있는 것은 어쩌면 까닭이 없는 것은 아니다. 대저 조선이라는 나라는 왜소한 하나의 작은 반도로 나라가 약하고 백성은 야만스럽다. 그렇지만 그 일거수와 일거동이 동아시아의 대세에 지대한 영향을 미치는 것을 동서 각국이 깊이 생각하고 주목을 게을리하지 않는 것 역시 당연하다. 그렇지만 이 나라의 기강이 문란하고 정무(政務)가 정체되어 있는 것은 입국(立國)의 기초를 더욱 무너지게 하고 국가재정의 결핍과 민심의 부패는 깊숙이 고름이 박혀 있는 것과 같다. 독립이라는 이름은 있으나 그 내실이 없고 단지 오늘날 겨우 한 가닥 명맥을 잇고 있는 것은 어째서인가. 실로 조선은 동양에서의 발칸반도에 해당한다. 사방에서 발톱을 갈고 고기를 노리는 것이 오래되었지만 역시 어떻게 할 수 없다. 러시아는 결코 조선을 병합할 수 없다. 영국은 굳이 조선을 침범할 수 없다. 중국 또한 조선을 자신에게 예속시킬 수 없다. 우리 일본 역시 용이하게 이를 움직이기 어렵다. 이것은 동양의 평화를 유지하는 데 있어서 바로 그렇게 하지 않을 수 없는 바가 존재하는 것이다. 되돌아서 이 나라 내부의 상태를 관찰해 보면 각종 불평당의 숨어 있는 세력은 이제 겨우 걸음을 시작해 정부의 기강이 세워지지 않은 틈을 타 혁명을 열망하려고 해서 내지 여러 곳에서 봉기하였다. 안으로는 간신

---

[4] 이 사료의 성격에 관해서는 동학농민혁명기념재단 동학농민혁명연구소 편, 2023, 「해제」,『동학농민혁명신국역총서』15권, 동학농민혁명기념재단. 참고.

을 물리치고 충량(忠良)으로 나아가고 밖으로는 척왜(斥倭), 척양(斥洋)주의를 실행하려 한다는 것을 명분으로 삼고 그 행위는 매우 착실하여 망거(妄擧)를 피하여 오로지 지방 사민(士民)의 환심을 사려고 노력하고 있다. 그렇기 때문에 종래 중앙 정무(政務)의 정체와 지방정치의 적폐 등에 의해 조정을 싫어하고 있던 사민(士民)이 앞다투어 이에 부응하여 그 기세가 매우 창궐하여 감사를 살해하고 군수를 내쫓고 관군을 패배시켜 바로 크게 들고일어나 서울을 공격하려는 기세이다. 이러한 때에 통상 각국은 모두 자기나라의 거류민을 보호한다는 이름으로 속속 출병하였다. 청국이 먼저 군대를 보내고 러시아가 그 다음을 이었다. 일본 역시 약간의 병력을 보낼 수밖에 없게 되었다. 이제 조선은 위기일발의 상황에 놓이게 되고 위험하게도 거의 누란(累卵)과 같은 상태를 보이고 있다. 다행히 관군의 힘이 반도(叛徒)를 진압할 수 있을지에 한국의 명운이 달려 있다. 그렇지만 나는 현재의 관군에 기대를 걸 수가 없다. 과연 관군의 힘이 반도에 대항할 수 없어서인지 주변 사람에 도움을 청할 수밖에 없게 될 것이다. 이것은 실로 한국의 안위(安危)와 흥폐(興廢)에 연결되는 하나의 큰 관건이다. 그리고 이번에 폭민의 거동을 개관해 보면 종래 그 내지에서 끊임없이 소요를 일으켜 서절구도(鼠竊狗盜)가 일어나면 점차 수그러드는 오합지졸의 소동과는 약간 다른 바가 있는 것으로 보인다. 잘 명령을 지휘하고 그 진퇴하는 법이 조금 질서정연한 것을 보는 것은 사람들로 하여금 다소 의문을 일으키게 하는 점이 있다. 아마도 몇 년 동안의 폭거에 의해 어느 정도 명사의 사기를 단련시킴에 따라 그러한 것인가, 아니면 그 사이에 다른 흑막(黑幕)적인 인물이 있어서 다소 이것을 지휘 알선하게 된 것인가. 어쨌든 이번의 소란이 한국 혁명의 시기를 일보 전진하게 할지도 모른다. 나는 이번 반도(反徒)의 주동력인 동학당을 통해 잘 대체할 실력이 있다고 생각하지만 지금까지의 거동을 통해 볼 때는 그 뜻하는 바가 결코 적지 않은 것 같다. 풍성학루(風聲鶴淚)를 통해 조정 신하의 간담을 뺏기에 족하다. 동요참어(童謠讖語)를 가지고 가여운 민가[憫家]의 마음을 아프게 하는 조선 조정이 과연 잘 이에 대처하는 방책을 갖고 있는지 아닌지를 묻는다. 지난해 7월부터 9월에 이르는 3개월 동안 내지 75개 소에서 폭민(暴民)의 봉기가 있었다고 한다. 어쩌면 이씨조선 5백년의 천하에 대신하는 것은 정(鄭)씨일 것이라고 하는 예언은 지금 바로 진행이되고 있는 것 같다. 폭민의 통령(統領)인 최(崔)모의 상위에 경상도 안동부에 사는 정가(鄭哥)를 추대하여 군대 일체의 권력을 장악하게 하여 정가는 진천주(眞天主)를 자처하고 당중(黨衆)을 지휘하여 상당한 세력을 갖고 있다고 한다. 이들은 부회(附會)의 근거없는 말[臆說]을 하여 그다지 믿을 수 없지만 오늘날 이러한 말이 나오게 된 것은 또한 다소의 이유가 없지는 않다. 이러한 지경에 이르게 된 것은 애초에 한국의 말로(末路)가 그렇게 한 것인가. 이번 폭민이 봉기한 당시부터 지금에 이르기까지의 현상에 관해 다음에 차례로 상술하려고 하는 바이다.

○ 폭민 봉기의 원인

원래 이번에 조선 전라도 일대에 폭민이 봉기하여 많은 소란을 야기하기에 이르게 된 시초를 생각하면 온전히 인민이 적분(積忿)한 나머지 나온 것이다. 특히 최근에 시작된 것은 아니라고 할 수 있지만 먼저 주로 이들 폭민이 말하는 바를 들어보면 원래 전라도 고부군(古阜郡)이라는 곳은 지난 가을 수확 당시 뜻밖의 풍작이었음에도 불구하고 군수인 조병갑(趙秉甲)[5]

---

5 원문에는 趙隸甲이라고 되어 있다.

은 갑자기 그 부하에게 명해 방곡령을 발포하여 미곡의 매매를 금지했다. 인민 일동은 기이하다고 생각했으나 그 뒤 조병갑은 자신의 측근에게 명해 미곡 수천 석을 매수하게 함으로써 시세의 변동을 이용에 횡재를 한 일이 있다. 뿐만 아니라 조미(租米)를 징수할 때에는 인민의 괴로움을 생각하지 않고 가렴주구하여 탐욕이 그치지 않는 탐욕한(貪慾漢)이었기 때문에 인민은 그 비의비도(非義非道)함에 울지 않는 자가 없었다. 이에 더해 이 시기에 이르러 공미(貢米) 운송사업을 위해 이운사(利運社)를 만든 이후부터는 정규의 공미를 독촉할 뿐만 아니라 선박수선비 및 정박비 외에 조선 범선과 운임의 차금(差金)까지 함께 이를 징수하는 등 여러 가지 사정으로 인해 인민의 불평은 더욱 쌓였다. 마침내 삼삼오오로 각각 무리를 이루어 지방관청에 몰려가게 되었을 때에 그렇지 않아도 무슨 일이 떠져 좋은 일 생기지 않을까 하고 손꼽아 기다리고 있었다. 조선 조정의 당시 정치에 불평당의 깃발을 올린 저 동학파 무리는 고부(古阜)에서 폭민의 봉기를 보고 이 기회를 놓칠 수 없다고 보았다. 자기 당원 중 1명이 포박되었을 때 고문을 받고 무고하게 괴롭힘을 당했다는 것을 구실로 삼아 갑자기 각지의 당원에게 연락하고 당 안의 장정을 모이게 하여 위의 폭동에 가세하기에 이르렀고 이로부터 마침내 이번과 같은 큰 세력을 형성하게 되었다. 그렇다면 처음에는 난민이 주인이었고 동학파는 객(客)의 지위에 있는 것 같은 모양이었지만 그 뒤 기세가 더욱 왕성해짐에 따라 형세가 일변하여 동학파가 주동하는 위치에 서게 되었고 지금에 이르러서는 완전히 동학파의 반란이라고 부르는 것이 지당하게 되었다. (중략)

○ 조선의 위기

가볍게 이를 간과할 때는 사사로운 도적의 봉기일 뿐이고 폭도의 봉기일 뿐으로 허풍스럽게 말할 가치가 없다. 그렇지만 무겁게 이를 바라볼 때는 실로 동아(東亞)의 교섭사건이다. 계림팔도(鷄林八道)만의 일이 아니다. 대저 조선이라는 나라는 남방이 가장 개발되어 있고 인구가 조밀하므로 물산이 풍부한 점에 이르기까지 원래 북방이 미치는 바가 아니다. 그리고 이번 요란(擾亂)의 주동자인 동학당이라는 것은 실로 남방이 풍부하고 풍요로운 땅이다. 특히 인지(人智)의 진보의 점에 있어서도 역시 지방 중에서 가장 훌륭한 전라, 충청 양도로부터 일어난 것이라고 한다면 조선정부로서는 이를 봉기하는 폭도로 보아 결코 가볍게 간과할 수 없는 것이다. 그리고 그들 동학당의 최후의 결심으로 삼는 자는 과연 어디에 있는 것인지 알 수 없다. 그렇지만 오늘날까지 그들의 행동거지로부터 볼 때는 굳이 북상해서 왕도(王都)인 경성으로 육박하는 것을 깨끗하다고 보지 않는 것 같다. 또 왕사(王師)를 볼 때는 이를 피하여 항거하지 않는 듯한 거동을 하는 것은 아직 때가 아니므로 잠시 유예하는 것인지 어쩌면 다른 원인이 있어서 그러한지 이들에 대해서는 지금 일일이 연구할 필요는 없다. 어쨌든 그들이 척왜(斥倭), 척양(斥洋)의 깃발을 내세우고 안으로는 정치의 적폐를 개량할 것을 기한다고 소리 높여 말하는 것은 어느 정도 국가적인 정신을 빌려 명목을 크게 한 흔적이 있다. 그렇지만 그 내실에 이르러서는 크게 그렇지 않은 점이 있다고 믿는 바이다. 실로 그들은 가렴주구하고 포학하기 그지없는 이권(吏權)의 압제에 반항하여 왕성하게 봉기한 것으로 이른바 국민적 대동맹군을 만들어낸 것이 아닐까. 대개 전제국의 관습으로 위로부터 아래에 대해서는 엄밀한 제재력을 장악하고 이를 압복(壓伏)하게 할 수 있지만 아래 백성이 장상(長上)에 대해 어떠한 제재를 통해 권력을 제한하지 않는다면 어쩔 수 없이 이 사이에서 민심의 불평을 폭발하여 봉기가 되고 나아가 혁명군화 되기에 이르는 것은 전제국에서의 전형적인 예이다.

　이제 눈을 돌려 조선국 내부의 상황을 관찰해 보면 또한 말을 참을 수 없는 점이 있다. 고식(姑息)하고 안일함을 탐하는 것은 이 나라 온 조정의 정책이고 관기 문란은 이 나라 부패의 근원이다. 정권은 모두 한, 두 권문이 우롱하고 있고 관리들과 궁첩(宮妾)의 무리는 마음대로 위세를 부리고 아래로는 폭관오리(暴官汚吏)의 지방관이 있어 탐학함에 질릴 줄 모른다. 아! 상하가 서로 이익을 추구하고 국가가 위태롭다는 말은 제쳐두니 한국을 위해 한심함을 참을 수 없는 바가 있다. 동학당이 분연히 궐기하여 정실 타파를 진두에 내세우고 그들이 꿈에 취해 잠들어 있는 조정을 향해 일대 타격을 가해 임금 곁의 간사한 무리를 일소함으로써 요운괴무(妖雲怪霧)를 없애버릴 것을 열망함에 이르러서는 참으로 그들의 충정과 고심의 결과 왕성하게 일어난 천장(千丈)의 기염(氣焰)은 큰 파도를 불러일으킬 때라고 믿는다. 아! 팔도 1천만의 인민 가운데 어찌 다혈성을 지닌 한 사람의 영웅 남자가 없을 것인가.

　동학당은 매우 큰 세력으로 진행하였다. 그들은 거의 팔도의 초목이 널리 쓰러지듯이 퍼졌다. 그들의 수령은 최 모(某)라 칭하고 또 정 모(某)라고 부르지만, 사실은 파괴적인 대동단결이다. 당 사람들의 의견은 잘 실행으로 나타났다. 오합을 약졸이라며 경멸할 수 없는 것은 실로 여론을 응결한 집단이다.

　관군은 연전연패하였고 추토사는 생사를 알지 못한다. 제2의 원군은 양군이 아직 경내에 들어가지 않았는데 일찍이 이미 군기를 상실하고 혹은 익산에서 혹은 임파에서 패전 소식이 계속 이어졌다. 동군(東軍)은 크게 일어나 북상길에 올랐다는 보도는 그렇게나 권세가 높아 나는 새도 떨어뜨린다는 민씨 일문(一門)의 무리로 하여금 얼마나 낙담하고 낭패하게 하였는가. 그들은 모두 기색을 잃고 해야 할 바를 알지 못해 마침내 외국군 차입의 논의를 하여 원군을 청국에 청하기에 이르렀다고 한다. 우리는 체맹(締盟)한 열국(列國) 가운데 홀로 청국을 향해 구원을 요청하기에 이른 것을 보고 그 진의가 어디에 있는지 크게 의심하지 않을 수 없다. 아마도 통교상 가장 친했던 점에 의한 것인가, 또는 조선 조정이 스스로 청국의 속방이라는 것을 감수하고 그렇게 한 것인가. 어쨌든 당당한 독립의 깃발을 휘날리는 정부로서 구구한 내란을 진정할 수 없어서 원군을 외국에 구한 것은 이보다 큰 국욕(國辱)은 없다. 그렇지만 가족이 있음을 알고 나라가 있음을 알지 못하며 자기가 있음을 알고 임금이 있음을 생각하지 않는 조선 조정의 많은 관리가 이러한 때에 나온 것 또한 괴이한 것이 아니다.

조선국의 서북은 러시아와 청과 경계를 접하고 동쪽은 일위대수(一葦帶水)의 관계에 있는 우리 일본과 마주하고 있다. 러시아의 뜻은 실로 조선에 있다. 청국 또한 항상 엄유(奄有)하려는 뜻을 잊지 않고 있다. 조선은 말할 것인가. 청국은 춤다. 조선은 청에 속할 것인가. 영국은 즐거워하는 바로 영국은 사실 러시아의 적이다. 우리나라 역시 조선과 순치(脣齒)의 관계에 있다. 계림(鷄林)의 들판에 어찌 타인의 소리를 허용할 수 있을까. 이것은 실로 동양의 발칸반도인 까닭으로 하나의 약소국이라고 하더라도 천하의 이목이 이에 경주(傾注)하여 그 성패 여하에 주의하는 것이 또한 합당하다.

한나라의 가의(賈誼)가 말한 것이 있다. 지금 때는 다른 사람의 장작을 안고 불에 들어가는 것 같다고 하였다. 한국의 형세 또한 이것과 매우 비슷한 점이 있다. 한국이 한 때 고식주의 정략을 행하여 어찌 능히 지킬 수 있을까. 5백년의 성상(星霜)을 경과하여 완전히 망국의 경우에 진입하고 있는 이씨(李氏)의 천하는 사태가 급급(岌岌)하여 매우 위험하지 않은가.

函南逸人, 1894.6, 『甲午朝鮮內亂始末』, 駸々堂

6. 을미사변 관련 자료

자료 1) 을미사변에 대한 스기무라 후카시(杉村濬)의 진술서

지난해[1894년] 7월 23일의 경성의 사변은 외교상의 문제로 일본과 조선 양국 정부 사이에 충돌을 일으켜 시위적 운동을 위해 마침내 우리 군대를 성안으로 들여보내 왕궁으로 접근시켰는데 곧이어 조선군과 교전이 일어나 우리 군이 마침내 왕궁으로 진입한 것이기 때문에 더 이상 논하지 않겠지만 동시에 우리 군이 대원군을 옹립해 입궐하게 한 것은 어째서인가. 이것은 조금도 외교문제의 충돌과 관계 없는 것이다. 옛 사정을 거슬러 올라 생각해 보면 외교문제의 충돌은 표면적인 일이고 그 사실은 우리에 반대하는 민당(民黨) 정부를 쓰러뜨리고 대원군에게 정권을 장악하게 하여 그 정부를 우리 편으로 끌어들여 우리가 계획한 개혁을 마음대로 행하게 하려고 희망한 것에 다름 아니었다. 당시의 일은 전임 오토리 게이스케(大鳥圭介) 공사가 미리 우리 정부의 훈령을 받든 것은 아니지만 사후에 정부는 그 보고를 받고 굳이 이를 책망하지 않고 말을 바꾸어 이를 묵인했던 것이다.

그 뒤 같은 해 11~12월경 이노우에 가오루(井上馨) 공사는 대원군의 무례함을 들어 이를 면책하고 또 국왕 앞에 여러 대신이 열석한 장소에서 격론을 벌여 대원군을 물리치고 정무에 관여하는 것을 제지하였다. 이는 그 전에 대원군이 은밀히 청국 장수와 내통해 동학당을 불러들여 일본군을 물리치고 또 개혁파 사람들을 제거하여 정권을 장악하려고 기도한 것이기 때문에 대원군을 일본을 배반하고 개혁을 방해한 자로 간주하여 이 일에 나선 것이어서 그 목적은 오토리 공사의 일과 다르지 않은 것이었다. 그리고 당시의 일 역시 원래 미리 정부의 훈령을 받들지 않았으나 사후에 이르러 정부는 이를 묵인했던 것이다.

요컨대, 조선은 예부터 중국에 복속되어, 이를 보면 마치 부자 형제와 같은 정이 있다. 이에 반해 다년간 우리를 적대시해 오다가 작년에 갑자기 그 태도를 바꿔 서쪽(중국 - 옮긴이)에서 등을 돌려 동쪽으로 향하게 한 것이기 때문에 그 정부가 항상 우리에게 복종하고 우리의 지도에 따라 정치개혁을 성취하도록 하려면 도저히 보통의 수단만으로 그 목적을 달성할 수 없었다. 그래서 우리 정부에서도 본디 양해를 하고 이를 묵인하리라 추측했다.

올해 10월 초 조선의 형세가 심히 절박하고 위기를 맞게 되어 미우라 공사는 그 책임으로 대원군 재옹립 희망에 동의하고 이 일을 뒤에서 도왔다. 이는 그 목적이 오토리 게이스케, 이노우에 가오루 두 공사와 같으나 그 수단은 작년 7월의 거사보다 훨씬 온건한 것이라 믿었다. 그런데 정부가 만약 올해의 거사를 공사의 과실로 삼거나 또는 잘못이라 안정한다면 정부는 무엇 때문에 작년의 거사(청일전쟁 당시 일본이 군대를 동원해 경복궁을 점령하고 대원군을 옹립한 사실 - 옮긴이)를 시인했는가. 정부가 이미 작년의 거사를 시인한 이상, 후임 공사가 그 예에 따라 행한 올해의 거사를 책할 수 없으리라 확신한다.

檜山幸夫 総編集, 2007,
『伊藤博文文書』第八卷(秘書類纂 朝鮮交涉資料8), ゆまに書房

자료 2) 을미사변 관련 우치다 사다쓰치(內田定槌) 서한

(1) 1895년 10월 8일 자 서한

삼가 아룁니다. 오랫동안 격조했습니다만, 더욱 건승하심을 경하드립니다. 오늘 아침 왕궁에서의 사변에 대해서는 이미 우리 공사관으로부터 공보가 있으리라고 생각합니다만, 여기에 소생이 현지에서 견문한 것을 참고 삼아 내밀히 보고드리니 비밀로 해 주셨으면 합니다. 이와 같은 사변이 일어날 것이라는 소문은 수일 전부터 어렴풋이 듣고 있었는데. 오늘 아침 5시 반포 성에 놀라 깨어나 방 밖을 바라보는데, 왕성 방향에서 빈번하게 소총 소리가 연발해서 정찰인을 보내고자 호리구치(堀口) 영사관보 및 오기와라(荻原) 경부 집에 가서 이들을 호출하려고 했습니다. 그러나 두 사람 모두 부재중이어서 오기와라와 같이 기거하고 있는 히오키(日置) 서기생에게 두 사람의 소재를 캐물었습니다. 두 사람 모두 어젯밤부터 미우라(三浦) 공사의 내명에 의해 대원군의 저택에 가서 대원군을 옹립하여 오늘 아침 왕궁에 들어갔다는 것이어서 소생도 매우 놀라 공사관에 가서 미우라 공사를 방문하려고 했습니다만, 공사는 이미 스기무라(杉村) 서기관과 함께 입궐한 후라서 면회를 할 수 없었습니다.

히오키 서기관을 대동하고 니이로(新納) 소좌 자택에 갔을 때 그곳에는 소좌 외에 시바 시로(柴四郎) 및 성명 불상인 장사의 일본인 1명이 함께 와 있었습니다. 그 장사라는 남자는 어젯밤부터 대원군 저택에 가서 대원군을 옹립하고 입궐한 사람 중 1명으로 그 경과를 이야기하는 중 소생도 이를 옆에서 들었는데, 오카모토 류노스케(岡本柳之助) 씨가 총지휘자가 되어 다수의 일본인을 데리고 공덕리 별장으로 가서 대원군을 옹립하여 서대문 밖에 있는 훈련대 병졸 및 일본병 한 부대와 합류하여 왕궁

정문이 열리기를 기다려 입궐했다고 합니다.

그런데 그 후 오기와라 경부는 오전 10시경에 영사관으로 돌아왔는데, 영사관 순사 가운데에도 의복에 혈흔을 묻혀 영사관에 돌아온 자가 있었습니다. 호리구치도 역시 오후 4시경에 영사관에 돌아왔는데, 어젯밤의 전말을 물었더니, 위 두 사람과 어젯밤부터 공사의 내명을 받아 오기와라는 부하 순사 수명을 데리고 평상복으로 갈아입고 용산으로 출장 가서 그곳에서 인천에서 온 오카모토와 합류하여 많은 장사풍의 사람들과 함께 마포에 있는 대원군 별장으로 가. 밤 12시경에 순사들이 벽을 넘어 저택에 숨어들어 가게 하여 먼저 호위 순검을 한 방에 가두고 밖에서 자물쇠로 잠가 외출을 차단한 뒤 대문을 열어 동행자를 들여보낸 후, 오늘 오전 4시경에 출발하여 대원군을 보호하여 대궐을 향하던 도중 앞에서 언급한 것처럼 한국 병사 및 일본군과 세를 합쳐서 나아갔다는 것입니다.

이보다 앞서 우리 공관에서는 사다리 및 도끼 등을 영사관 순사 2, 3명에게 건네, 대원군 일행이 궁문에 도달하기 전에 대궐의 높은 벽을 넘어 안에서 정문을 열자마자 앞에서 합류해 기다리고 있던 한 무리의 조선군, 일본군 및 장사 등은 소리를 지르고 문 안으로 진입하거나. 발포하거나, 칼을 휘두르면서 국왕, 왕비 등의 침실을 향해 쳐들어가 부녀 2, 3명 및 남자 2, 3명을 살해한 후에 대원군은 국왕의 거소에 들어가 국왕을 면회했습니다.

다행히 국왕 및 왕세자 부부는 무사했지만, 앞서 살해당한 부녀 중 1명은 왕비라고 하는 바, 이를 살해한 자는 우리 수비대의 어느 육군소위로서 그 사체는 오기와라가 한국인에게 명해 다른 곳으로 운반하여 즉시 불을 질러 버리는 등 매우 난폭한 소행을 저질렀습니다. 그 외 살해된 자 가운데 남자는 홍계훈, 궁내대신, 현흥택이라고 하는데 현흥택은 도망

갔다는 설도 있습니다. 우리 병사 및 다른 일본인 등이 왕궁 안에서 저지른 난폭의 전말은 4, 5명의 서양인이 시종 현장에서 목격했습니다. 또 날이 밝아진 후에는 모두 우리나라 사람들이 했다는 것이 서양인 등에게 알려질 것이라고 생각합니다. 위의 경과와 관련한 본건의 사후책은 매우 곤란하실 것입니다. 또 당 영사관원을 이와 같은 일에 사용하는 것에 대해서는 사전 공사로부터 소생에게는 일절 상담도 없었고 호리구치, 오기와라 등에게는 이러한 일을 결코 저한테 알리지 말 것을 분부하여 소생은 오늘 아침까지 본 사건에 당 영사관원이 관계했다는 것을 조금도 알지 못했습니다. 본건 관계자를 이후 당 영사관에서 어떻게 취급해야 할 것인지 내밀히 고견을 들려주셨으면 합니다. 이러한 사실은 공문으로 보고드리는 것도 타당하지 않아 극비리에 보고드립니다. 부디 일람하신 후에는 태워 주시기 바랍니다. 급히 보고드립니다.

10월 8일 경성 우치다 사다쓰치
하라(原) 귀하

(2) 1895년 10월 9일 자 서한

어제 아침 왕궁 안에서 발생한 사변에는 다수의 본방인 및 당 영사관 가운데에도 미우라 공사의 명령을 내밀히 받아 관계한 자가 있었다는 것은 이미 어제 먼저 말씀드렸습니다. 본방인 관계자의 주요 인물은 저번 편지에 기재한 인명 외에 시바 시로(柴四郎), 야마다 레쓰모리(山田烈盛), 다나카 겐도(田中賢道), 아다치 겐조(安達謙藏), 구니토모 시게아키(國友重章)(이상 2명은 『한성신문』 사주 및 주필) 등으로 그 외 20~30명이나 있습니다. 어제 오후에 이들이 모여 미우라 공사의 내밀한 지시에 의해 본방 신문에 통신하는 자는 없었지만, 우리 수비대를 비롯하여 다수의 일본인

이 대원군을 옹립하여 성내에 쳐들어가 매우 난폭하게 행동한 끝에 왕비를 비롯하여 그 외 사람들을 살해했다는 사실은 왕궁에서 숙직한 서양인 2명(1명은 다이 장군, 1명은 닌스티드 대령) 및 왕궁 안의 소동을 듣고 달려온 르젠드르 장군 및 그레이트하우스 장군 등도 현장에서 목격하여, 본건에 일본인이 관계한 것을 은폐하는 것은 매우 곤란할 것 같습니다.

그렇다고 해서 만약 이것을 은폐하지 않을 때는 우리나라를 위해 매우 중대한 사건이 될 터이니, 소생은 미우라 공사의 명령에 의해 외국인 및 거류 본방인에 대해서 일본인은 결코 관계한 적이 없다는 것을 빈번하게 변명했지만, 거류민 가운데에는 야단법석을 떨면서 대궐에 난입한 자가 다수 있습니다. 이들 무리는 다른 사람들에게 기탄없이 공명담을 득의만만하게 떠벌리고 있는 상황이라 참으로 그 처리가 어렵고, 만약 일일이 이들을 처벌한다면 제일 먼저 우리 관원을 처벌해야 하며, 또 미우라 공사의 진퇴에 관계될 것입니다.

위와 같은 상황에 대해서 어제도 말씀 드렸던 대로 앞으로 소생은 본건을 어떻게 처분해야 좋을지 조속히 고견을 들려주시기 바랍니다. 이만.

10월 9일 경성 우치다 사다쓰치

하라 귀하

(3) 1895년 10월 11일 자 서한

삼가 아룁니다. 이번 사변에 대해서 지난 8일 및 9일 두 차례 보고를 드려 대략적인 실황 파악하셨으리라 생각합니다. 그런데 이 사건에 가담한 본방인의 처분은 외교상 실로 중대한 관계를 가지고 있다고 생각되는 바, 이 처분은 결국 다음 세 가지 중에 하나가 될 수밖에 없을 것입니다. 제1, 본건에 가담한 자는 관민 구별 없이 모두 상당히 처벌할 것. 제2, 본건 공범자는 모두 불문에 부칠 것. 제3, 공범자 가운데 일부는 처벌하고 다른 사람들은 불문에 부칠 것. 만약 제1안에 의할 때는 미우라 공사를 비롯하여 사역한 공사관원, 영사관, 경찰관, 수비대 장교, 하사, 병졸 및 오카모토(岡本), 시바(柴) 그 외 말사(末社, 낭인 조직)의 장사 등을 처벌해야만 합니다. 매우 중대한 의옥(疑獄)이 될 것입니다. 제2안은 일본인이 관계했다는 사실은 이미 내외인 사이에 널리 알려진 지금 도저히 소관의 직무상 불문에 부칠 수 없습니다. 제3안이야말로 가장 적당한 조치로 영사관원, 공사관원 및 수비대 외에 가장 중요한 자 20~30명 정도를 처벌한 뒤에 종결지었으면 합니다. 그런 고로 만약 공사관원, 영사관원 및 수비대 가운데 이에 관계한 일을 표명한 이상은 외교상 매우 번거로움을 야기할 것입니다.

또 이런 사람들이 본건에 관계한 것은 아직 외국인 사이에 확연하지 않고 지금 이것을 은폐하려고 하면 그 수단도 있을 것입니다. 그러나 당관에서 조사하는 데 가장 난처한 것은 관원 중 경부, 순사 및 호리구치(堀口) 등이 실제로 여기에 관계했다는 사실입니다. 실은 우리 정부의 의향을 묻고 난 후에 그 처분에 착수할 것이지만, 본건의 처분을 너무 미루는 것은 매우 곤란하므로 공사와 상담한 후에 제3안에 의해 오늘부터 그 심사에 착수할 것이니 양해해 주시기 바랍니다. 이만.

10월 11일 경성 우치다 사다쓰치
하라 귀하

(4) 1895년 10월 19일 자 서한

삼가 아룁니다. 이번 사건에 대해서는 두 차례의 사신으로 이미 보고 드렸을 뿐 아니라 호시(星), 사이토(齋藤) 두 사람도 귀국하여 그 실정을 파악하고 계시리라 생각됩니다. 이번 일은 저번 편지에서도 말씀드렸듯이 소생에게는 실로 청천벽력과 같은 사건으로 처음에는 이것이 과연 우리 제국 정부의 의지에서 발생한 것인지 아닌지. 만약 제국 정부의 의지가 아니더라도 작년 7월 23일의 왕성사변에서 있었던 것처럼 우리 정부에서 이것을 추인했는지 아닌지 확연치 않습니다. 설마 우리 정부의 본의에 의한 것이 아니라고 상상하지만, 우리 정부에서 본건의 경과를 어떻게 처리할 전망이 서지 않아 소생에게도 관계인의 처벌이 당혹스럽습니다.

지난 15일 고무라(小村) 국장이 도착한 이후 차관의 의도도 조금은 이해했습니다만, 오늘 기밀 전신으로 자세히 보고한 대로 각각 처분을 결행했습니다. 그런데 어제 퇴한 처분을 받은 자는 본건 관계자의 일부로 면밀히 조사하면 더 많은 사람이 있겠지만, 퇴한 처분은 먼저 이 정도로 해 두는 편이 좋겠다는 고무라 국장의 의견도 있었습니다. 또 현재 관계했다는 것이 밝혀진 자 중에는 아직 어떤 처분도 받지 않은 자가 있습니다. 즉 다나카 겐도(田中賢道), 히라야마 이와히코(平山岩彦)처럼 이미 귀국한 자는 당관에서 어떻게 처분하기 어렵고, 시바 시로(柴四郎)는 장사를 교사한 주요 인물이지만 동인이 미우라 공사와 밀접한 관계라는 것은 현지 외국인도 잘 알고 있습니다. 만약 동인을 처분할 때는 미우라 공사가 본건에 관계했다는 것을 알리는 것이 되어 외교상 좋지 않은 일을 초래할 우려가 있어 퇴한은 명하지 않았지만, 잘 타일러 다른 퇴한 장사와 함께 내일 당지를 출발하여 귀국할 것입니다. 또 구마모토현(熊本縣) 출신 아다치 겐조(安達謙藏)라는 자도 본건의 중요한 관계인이지만 만약 그를 퇴한시킬 때에는 우리 공사관 영사관 및 재류일본인의 기관신문인 『한성신보』는 폐간되어 불편이 적지 않기 때문에 퇴한을 면제했습니다. 또한 당지 거류민

총대서기 스즈키 시게유키라는 자도 오카모토에 이끌려 본건에 관계하게 되었는데 만약 그를 퇴거시킬 때에는 거류민의 공공사무를 집행하는 기관은 완전히 운영을 정지하는 상황이 되어 그 또한 피한을 면제했습니다. 또 이외에 아사야마 모, 사세 구마테쓰(佐瀨熊鐵) 두 사람이 있는데, 두 사람 모두 당국(조선) 정부가 고용한 자로 만약 이들을 퇴한시킬 때는 당국 정부에 고용된 다른 일본인까지 신용을 해칠 수 있기 때문에 퇴한을 면제했습니다. 그리고 위 일들은 전부 고무라 국장과 상담한 후에 결행한 것이니 그렇게 알아 두시기 바랍니다.

이번 사변에 관해서 퇴한을 명령받은 자에게는 대원군으로부터 합계 6,000엔을 기증받았다고 해서, 그 분배는 시바, 오카모토가 적절히 처분하여 1명당 100엔 내지 200엔씩 배당했다고 들었습니다. 또 본건에 관계하지 않고 퇴한을 명령받은 5명에게는 스기무라가 어디서 마련한 다소의 여비를 지급하게 되었습니다. 이번 퇴한자는 그다지 불평하는 것 같지 않고 오히려 기뻐하고 있다고 들었습니다. 그리고 그들은 후일 귀국한 후에 누구에게라도 공사관원 및 영사관원이 본건에 관계했다는 것을 입 밖에 내지 않겠다고 굳게 맹세했습니다. 호리구치와 오기와라 경부의 귀국을 명령한 것은 고무라 국장의 뜻에 의한 것입니다. 퇴한자 처분이 끝날 때까지 이를 비밀로 할 것입니다. 호리구치는 이미 이번에 도착한 『관보』에 등재되었기 때문에 이를 즉시 발표하고 2~3일 안에 이곳을 출발하여 귀국시킬 것입니다. 먼저 이곳 사정을 보고드립니다. 이만.

10월 19일 경성 우치다 사다쓰치
하라 귀하

原敬關係文書硏究會編, 1984, 『原敬關係文書』第1卷 書翰篇, 日本放送出版協會, 242~246쪽.

7. 민간의 조선 인식 관련 자료

자료 1) 후쿠자와 유키치(福澤諭吉)의 「탈아론」

　세계교통이 편리해지고 서양문명의 바람이 동으로 불어와 이르는 곳마다 풀과 나무가 이 바람을 맞지 않는 것이 없다. 무릇 서양사람들은 예나 지금이나 크게 다르지 않지만, 그 거동이 예전에는 느리고 미련했는데 비해 지금은 활발하다. 이는 오직 편리한 교통을 이용하여 시세를 타기 때문일 것이다. 따라서 지금 동양에서 나라를 위하여 일을 도모함에 있어 동양으로 밀려드는 이 문명 세력과의 교류를 막으려고 각오한다면 가능하기는 하다. 그러나 만일 조금이라도 세계의 현상을 관찰해서 실제로 이것이 불가능하다는 것을 아는 자는, 세계의 변화에 따라 함께 문명의 바다에서 부침하고, 함께 문명의 파도를 타며, 함께 문명의 고락을 맞는 길밖에 없다.

　문명은 마치 홍역과 같다. 지금 도쿄의 홍역은 우리나라의 서쪽 나가사키(長崎) 지방에서 동쪽으로 밀려들어 따스한 봄과 함께 점점 퍼져나가는 것과 같다. 현재의 시점에서 유행병의 폐해를 막고자 해도 과연 그 수단이 있겠는가. 우리들은 단호하게 그런 방법은 없다고 믿는다. 해로울 뿐인 유행병이라도 역시 그 세는 심할 것이다. 하물며 이해가 서로 달라 항상 이익이 많은 문명은 단지 이것을 막을 것이 아니라, 도리어 힘써 그 확산을 돕고 국만으로 하여금 일찍 그 기풍에 젖게 하는 것이 지혜로운 자가 해야 할 일일 것이다.

　서양 근대문명이 우리 일본에 들어온 것은 가에이(嘉永) 시대의 개국을 발단으로 하고 있지만, 국민이 점점 그 채택하는 바를 알고 점점 활발한 기풍을 준비함에도 불구하고, 진보의 길에서 늙고 낡은 거대한 정부란 것이 가로누워 있으니 이를 어떻게 할 수 없다. 정부를 보존하자니 문명이 쉽게 들어오지 못한다. 어떻게 하든 근대문명이 일본의 구투(舊套)와 양립할 수 없으므로 구투를 벗으려면 동시에 정부도 폐기해야만 한다. 그런즉 문명을 막고 그 침입을 저지하려 한다면 일본국은 독립할 수 없다. 어떤 식으로든 세계 문명의 복잡한 분쟁은 동양의 고도(孤島)를 혼자 잠자게 내버려 두지 않을 것이다. 이에 우리 일본의 지사(志士)는 국가를 중요시 하고 정부를 가볍게 삼는 대의에 기초하고, 또한 황실의 신성·존엄에 의지하여 단호하게 옛 정부를 타도하고 신정부를 세워야 한다. 그리하여 나라 안의 조야(朝野) 구별 없이 모든 일을 서양 근대문명을 받아들여 단지 일본의 구투에서 벗어날 뿐만 아니라 아시아에서 새롭게 하나의 중심을 세워야 하는데, 이를 위해 우리가 주장하는 바는 오직 탈아(脫亞) 두 글자에 있을 뿐이다.

　우리 일본의 국토는 아시아의 동쪽 변두리에 있지만, 그 국민의 정신은 이미 아시아의 고루에서 벗어나 서양의 문명으로 옮겨갔다. 그런데 여기에서 불행한 인은 인접국 문제로서, 하나는 중국이고 또 하나는 조선이다.

　이 두 나라의 인민 역시 아시아류의 정치, 교육, 풍속으로 양성되어 우리 일본 국민과 다르지 않지만, 그 인종은 유래를 달리하든가 아니면 똑같은 정치, 교육, 풍속 가운데 살면서도 전해져 온 교육의 취지가 같지 않다. 일·중·조를 비교할 때 중국과 조선은 일본에 비해 서로 유사한 바가 많으며, 이 두 나라는 모두 한몸으로 또 국가에 대해 개진(改進)의 길을 알지 못하고 있다. 교통이 매우 편리한 세계에서 문명의 사물을 견문했더라도, 이목의 견문으로써 마음을 움직이는 데 충분치 못하니, 그 고풍과 구습에 연연하는 것은 오랜 옛날과 다를 바가 없다. 이 문명 일신의 활극장에서 교육을 논함에 유교주의로 하여 학교의 가르침을 인의예지라 일컬으니, 하나부터 열까지 외견의 허식만을 일로 삼아 실제로는 진리의 원칙을 보지 못할 뿐만 아니라, 도덕조차 땅에 떨어져 잔인하고 염치는 매우 없으며, 오만무례하여 자성의 마음이 없는 것과 같다.

우리들이 이 두 나라를 보면 지금 문명이 동점(東漸)하는 때를 맞아 도저히 그 독립을 유지할 길이 없다. 다행히 그 나라 가운데 지사(志士)가 출현하여 먼저 국사 개진에 손을 대고, 우리의 유신처럼 정부를 개혁하려는 거사를 일으켜 정치를 먼저 개혁하고 더불어 인심을 일신하려는 활동이 있다면 모르겠지만, 만약 그렇지 못할 경우 지금부터 수년도 체 못되어 나라를 잃고 그 국토는 세계 문명국가들의 분할지로 될 것이 분명하다.

홍역처럼 문명개화의 유행과 만나면서도 중국과 조선이 그 천연의 전염에 등을 돌리고 무리하게 이를 피하려고 방안에만 들어박힌다면 공기가 없어져 질식하고 말 것이다. 순망치한(脣亡齒寒)이란 인접국이 서로 돕는 것을 뜻하는데, 지금 중국과 조선은 우리 일본을 위해 한 터럭의 원조도 할 수 없을 뿐만 아니라, 서양 문명인의 눈으로 보면 3국의 지리가 접하고 있기 때문에 때로는 이를 동일시하여 중국과 조선에 대한 평가를 우리 일본에도 적용할 것이다.

예를 들면 중국·조선의 정부가 고풍의 전제(專制)로 인하여 법률에 의지하는 바가 없다면 서양인은 일본 역시 법률이 없는 나라라 의심할 것이고, 중국·조선의 선비가 혹닉(惑溺)하여 과학이 뭔지도 모른다면 서양 학자는 일본 역시 음양오행의 나라라고 생각하고, 중국인이 비굴하여 부끄러움을 모르면 일본인의 의협심도 이 때문에 가려질 것이며, 조선에서 사람을 벌함에 참혹하게 한다면 일본인도 역시 무정한 것으로 추측되는 등 이런 사례는 헤아릴 수 없이 많다. 이는 처마를 나란히 하는 어느 마을의 사람들이 어리석어 법을 모르고 게다가 잔인무정할 때, 드물게 그 마을의 일가족이 정당한 일에 주의를 기울이더라도 다른 추한 일에 가려져 사라져 버리는 것과 마찬가지이다.

그 영향이 현실로 나타나 간접적으로· 우리 외교에 좋지 못한 일이 적지 않게 일어난다면 우리 일본국의 커다란 불행이라 할 수 있다. 그렇다면 현재 일을 도모하기 위해 우리나라는 인접국의 개명을 기다려 함께 아시아를 일으킬 여유가 없다. 오히려 그 대오(隊伍)에서 벗어나 서양의 문명국과 진퇴를 함께 하고 중국과 조선을 대하는 방법도 인접국이기 때문에 특별히 대우하지 말고, 서양인이 이를 대하는 형태에 따라서 처분해야 한다. 나쁜 친구와 친한 사람은 함께 악명을 벗지 못한다. 우리들은 진심으로 아시아 동방의 나쁜 친구를 사절하는 바이다.

『時事新報』, 1885.3.16.

자료 2) 다루이 도키치(樽井藤吉)의 「대동합방론」 (1893) 발췌

우리 일본국이 합동을 하게 되면 불리한 점이 많다고 말하는 사람들이 있다. 그들은 다음과 같이 말한다.

"그 첫째로 조선은 빈약국으로 지금 억지로 이와 합치는 것은 부자가 빈자와 재산을 함께 하는 이치와 같다. 둘째로 조선은 문화가 두루 미치지 못하고, 공업이 흥하지 못하며, 지식 또한 진보하지 못했는데, 지금 이와 합치는 것은 어리석은 사람과 사귀는 일이다. 셋째로 조선은 청·러와 접해 있어 지금 이와 합치면 훗날의 방어비를 부담하지 않을 수 없게 된다. 넷째로 지금 이와 합치면 우리 국력을 다하여 조선의 개명을 인도해야 하는데, 그것은 우리의 손해이고 그에게는 이익이 되므로 우리에게 불리하다. 다섯째로 조선은 기후가 고르지 못해 수해·흉작이 해마다 있으니 지금 이와 합치면 이를 구호해야만 한다. 여섯째로 조선은 정강이 문란하고 난이 일어나려 하는데, 지금 이와 합치면 그 화를 입는다. 일곱 번째로 조선인은 자주의 기상이 결핍되어 지금 이와 합치면 나태함을 확산시킨다."

주장하는 바가 일리가 없는 것은 아니다. 그렇지만 그 불리함만을 알고 아직 그 이로움을 모른다. 조선이 빈약국이라 하더라도 그 면적은 우리나라의 절반이다. 그 가난은 제도의 잘못에서 기인한다. 만일 합동해서 그 폐해를 고치면 부 또한 기대할 수 있다. 예부터 빈자가 변해 부자가 되고 약소국이 강국으로 된 예는 많다. 현상을 가지고 장래를 깔보아서는 안 된다. 문화가 꽃피지 않고, 공업이 흥하지 않고, 지식이 진보하지 못한 것은 시운에 따른 것이다. 과거 우리나라는 조선에서 배워 오늘의 성장이 있었다. 지금 우리가 그들을 이끄는 것은 덕에 보답하는 것이다. 더욱이 가르치는 것은 또한 배우는 것도 되지 않는가.

변경의 수비를 부담하는 것은 단지 조선의 방어일 뿐 아니라 또한 우리의 수비이다. 조선이 침략을 받는다면 합동하지 않았더라도 방관할 수는 없다. 이유를 말하면 조선의 수비는 곧 우리의 수비이기 때문이다. 국력을 다해서 조선의 개명을 인도하는 것은 우리로서는 손실이 더 크다. 그렇지만 이를 인도하는 것은 함께 그 이익을 누리고자 함이다. 조선의 이익은 곧 일본의 이익, 일본의 이익은 곧 조선의 이익이다. 만일 합친다면 어찌 피아의 구별이 있으랴.

수해와 흉작이 많음은 사람이 다스리지 못한 탓이다. 이를 다스릴 방법이 없지는 않을 것이다. 또한 합동하지 않더라도 굶어죽는 자가 들에 늘어져 있다면 이들을 잘 돌봐주는 것이 친구된 나라의 우애이다. 이제 양국을 합쳐 수해를 막을 제방을 쌓는다면 구휼비용을 절약해서 함께 부강으로 나아갈 수 있다. 이 또한 좋지 않은가.

조선에 변란의 조짐이 있는 것은 사실이다. 그렇지만 변란이란 것은 사람이 하는 일이지 하늘에서 만드는 것이 아니다. 합방의 제도가 성사되어 그 폐단을 없애면 또한 자연히 소멸될 것이다. 자주의 기상이 부족한 것은 약하기 때문이다. 우리와 서로 합치면 큰 힘을 이룬다. 큰 힘을 얻으면 자주의 기상 또한 발휘되는 것이 자연의 이치다.

반면에 서로 합치면 청·러와 통상을 쉽게 할 수 있다. 이것이 우리의 첫째 이익이다. 조선인은 신체가 크고 힘이 세다. 따라서 우리 병제(兵制)를 익히고, 우리 병기를 사용하면 러시아를 충분히 막을 수 있다. 이것이 우리의 둘째 이익이다. 가령 이런 이익이 없다 하더라도 양국의 지세는 순망치한의 관계이다. 어찌 서로 떨어져야 하는가.

우리 가운데 정한론을 주장하는 사람들이 있다. 그들(조선인 - 옮긴이)

과 싸워 조선을 얻으려면 반드시 국력을 피폐하게 하고 또 그 원성을 살 것이다. 정한론을 주장하는 자가 이런 사실을 알면서도 여전히 조선을 취하고자 하는 것은 외국인이 이 땅에 거주하는 것을 두려워하기 때문이다. 그렇다면 이제 협의로 조선을 합치는 것은 그야말로 큰 조선을 얻게 된다. 조선 또한 무기를 쓰지 않고 일본을 얻게 된다. 한 번의 싸움을 하지 않고 만 명의 뼈를 묻지 않는 것이다. 군비에 쓰이는 자금으로 조선의 개명을 인도한다면 이는 원성을 사지 않고 덕을 심는 것이다. 합방이 어찌 일본에 불리한가.

조선인에게서 합방의 이익과 불리(不利)를 논하는 것을 나는 아직 듣지 못했다. 그러나 그 나라 정세로 보건대 반드시 이를 배척할 것이다. 조선인은 전에 "서양 오랑캐가 침범하는데, 싸우지 않으면 곧 화의하는 것이요, 화의를 주장함은 나라를 파는 것이다.(洋夷侵犯非戰則主和賣國)"이라고 격렬하게 말한 적이 있다. 합동을 논의하더라도 끝까지 완벽하게 할 수 없다는 것을 알아야 한다. 그렇지만 주화(主和)면 매국이란 것은, 싸워야 할 나라와 싸우지 않고 화합해서는 안 될 나라와 화합하는 것을 말한다. 한일 양국은 싸워야 할 나라가 아니라 서로 화합해야 할 나라이다. 서로 화합해야 하는 것과 화합하는 것이 어찌 매국하는 것이겠는가.

그렇지만 조선인이 이 말을 들으면 분명히 이렇게 말할 것이다. 이 일본인이 궤변으로 우리를 기만한다고. 아아, 내가 궤변이나 늘어놓는 무리로 보이는가. 그래! 궤변이고 망언이다, 그 평하는 대로 맡겨보자! 그러나 감히 묻건대 내가 주장하는 것이 학리에 비추어 오류가 있는가. 일의 공적으로 증명하건대 거짓말이 있는가. 도리에 비추어볼 때 어긋남이 있는가. 시운으로 봄에 억지 이야기인가. 이해를 따짐에 손실이 있는가. 조선을 대신해서 내가 이를 보건대 이익만 보이지 손해는 보이지 않는다. 일본인들이 말하는 일곱 가지 불리함이란 곧 조선의 이익이다. 그 밖에 기후, 토지의 비옥도, 풍경의 아름다움, 국토의 지리적 위치 따위를 서로 비교해도 일본이 조선에 비해 훨씬 뛰어나다. 이 또한 조선의 이익이다. 국정 문제에서도 그 좋고 나쁨의 차이는 매우 뚜렷해 말할 필요가 없다. 때문에 합동하면 그 국민의 행복은 이루 말할 수 없이 많다.

그리고 조선왕이 영구히 존경과 영광을 지키고자 한다면 또한 일본과 합동하는 것이 상책이다. 일본의 황통은 만세일계(萬世一系)이며, 국민은 충성해야 한다. 지금 형제의 우의를 맺어 서로 나란히 서면, 그 왕통은 일본 국민이 옹호하게 되는 것이고 또 이를 만세에 전하니 마치 모시 가운데 쑥과 같다. 왜냐하면 합병제도는 그 국민이 서로서로 임금을 모시기 때문이다. 조선왕을 위해 이를 말하니 어찌 기쁘지 않겠는가. 따라서 합방의 이익은 조선에 많다고 말하노라.

『アジア主義』, 現代日本思想大系 9, 筑摩書房

자료3) 야마지 아이잔(山路愛山)의 「한산기행(韓山紀行)」

오전 10시 부산항에 도착했다. 부산항은 삼면이 산과 구름으로 쌓여 있고 한쪽은 대양으로 연결되어 있다. 항구 안은 매우 넓지만 바람이 불면 높은 파도를 피할 수 없다고 한다. 시코쿠마루(四國丸)에서 짐을 하역하기 위해서는 다소의 시간이 필요해 작은 배를 빌려 부산 시가를 둘러보았다.

처음으로 한인의 생활과 접한다. 길가에서 시장을 열어 물건을 파는 것이 에치고(越後), 니이가타(新潟)의 변두리 아침 시장과 같지만, 다만 지저분한 것이 다를 뿐이다. 여자들이 물건을 머리에 이고 팔러 다니는 것도 오하라메(大原女)의 여자들과 같고, 지게에 물건을 높이 쌓아 등에 지는 것은 교토(京都)의 시골 사람들과 같고, 조그만 차에 긴 물건을 싣고 가는 것도 산조 다리(三條橋) 위에서 본 것과 유사하다. 그리고 그 걸음걸이가 유유자적하여 해가 지는 줄도 모르는 것 같은 광경 역시 거의 우리 교토 사람과 같다. 지토(持統) 천황의 노래에서 "봄이 가고 여름이 왔구나. 하얀 옷을 말리는 것 같은 가구야마(산 이름 - 옮긴이)의 모습이여"라는 구절이 있다. 때는 바야흐로 봄에서 여름으로 넘어가는 시절, 조선인들이 흰 옷을 말리는 것이 진정 이와 같다.

내 눈에 비친 조선인은 실로 우리 나라(奈良)시대의 부활이다. 다만, 조선인의 생활은 정신이 없는 나라시대의 생활인 데 비해, 나라시대의 생활은 정신이 있는 조선인 생활임을 느낄 뿐이다. 조선인 노동자는 신체와 체력이 모두 우리보다 뛰어나다. 지극히 무사태평하여 밥을 먹으면 곧장 일어나 노동에 종사하고, 겨우 하루의 양식을 채우면 곧장 집으로 돌아가 잠잘 것을 생각한다. 재물을 모을 생각도 없고, 자기의 욕망을 개량하려는 희망도 없으며, 거의 돼지우리 같은 더러운 곳에서 칩거하니, 그 고루한 풍습을 지킬 뿐 고치는 것을 알지 못한다.

내가 비록 부산 땅을 한 번밖에 밟지 않았지만, 곧바로 조선 경영이 용이하지 않으리라는 것을 알게 되었다. 길에서 만나는 조선인은 틈만 나면 모두 긴 담뱃대(장죽)를 옆에 자고 한가롭게 담배를 피우고 있다. 또한 명태라 부르는 마른고기를 뜯어먹기도 한다. 마늘과 고추를 매우 좋아해 음식물에는 반드시 이것을 넣는다. 그렇게 자극적인 식료를 탐식하니 정말로 미개의 본색을 드러낸다고 할 수밖에 없다. 오후 11시 시코쿠마루가 부산을 떠나 인천으로 향한다. 오늘 하루는 해상에서 있었다. 서해안 다도해 밖의 항로로 갔다. 5일 저녁에 이르러 인천에 도착했다. (1904년 5월 5일 저녁)

『ナショナリズム』現代日本思想大系4, 筑摩書房

8. 한일병합 관련 자료

자료 1) 우치다 료헤(內田良平), 「일한 합병과 우리의 책임(日韓合倂と 我責任)」

총독 정치의 기구는 희망을 배신했다. 일한 합방은 일진회와 저자 등이 상당히 고심하는 가운데 성립한 것인데, 그 결과는 총독 정치가 되었고, 그 기구는 주창자들의 희망을 배신하여 동아 연방 조직의 기초가 되지 않았을 뿐만 아니라, 일진회 백만의 대중을 만주로 이주시키는 계획조차도 그림의 떡이 되어 버리고 말았다.

처음 가쓰라 수상은 이용구, 송병준이 계획하였던 합방 후 일진회원으로 하여금 만주로 이주시키는 사업에 대해서는 크게 찬성한다는 뜻을 표시했고, 2백만이나 3백만 엔 정도의 보조금은 반드시 지급해야 한다고 했다. 마침내 병합의 아침이 밝아오자 일진회의 해산은 어쩔 수 없다고 하더라도 만주 이주비 같은 것은 한 푼도 주지 않았을 뿐만 아니라 해산비로 내려준 금액은 겨우 15만 엔으로, 이것을 회원 100만 인에게 분배할 때에는 한 사람당 15전이 되며, 7년간 다대한 희생을 지불하고 분투한 결과 드디어 목적을 달성하여 합방을 성립시킨 그 보수가 이러한 15전을 얻는 데 지나지 않게 되었던 것이므로 회원은 모두 원망을 품고 해산했다. 이때 이용구는 병에 걸려 경성 병원에 입원했고, 1912년 봄, 전지 요양(轉地療養)을 위해 스마(須磨)에 와 있었다. 저자는 때마침 지나 혁명의 원조에 분주하여 병문안을 할 수 없었는데, 4월 2일에 이르러 스마에 가서 병상을 방문했다. 이용구는 크게 기뻐하면서 저자의 손을 부여잡고 "우리들은 바보였군요"라고 말했다. 즉 바보를 보았다는 의미였다. 저자는 이것을 위로하면서 "훗날 반드시 밝혀지지 않겠습니까? 오늘의 바보는 훗날의 현자가 될 것입니다"라고 했다. 이용구는 크게 웃으면서 "알겠습니다"라고 하면서 다시 과거를 말하지 않았다. 5월 22일 오전 9시, 결국 영면했다.

　이보다 앞서 병이 위독하다는 소식을 천황께서도 아시고 훈 1등을 내리셨다. 야인으로서 곧바로 1등 훈장을 하사받은 예는 들어본 적이 없는 파격의 일이었으므로, 저자는 이렇게 천황 폐하의 은혜로움이 지극하다는 뜻을 누워 있던 그에게 이야기해 주었더니 귀족의 영예로움을 경험한 적이 없던 이용구도 진정 감격한 기색을 보이면서 "감사합니다"라고 대답하고, 동쪽을 향하여 엎드려 절했다. 아! 박명한 영웅으로 그는 최시형 문하의 기린아로서 동학당의 난, 경상도 방면의 주장(主將)이 되었으며, 전투에서 다친 후 붙잡혀 고문으로 다리를 절게 되었고, 겨우 목숨을 부지하여 북쪽 지역으로 도망하였다. 러일전쟁에서는 교도를 이끌고 일본군을 위해서 헌신적 노력을 했고, 나아가 일진회 회장이 되어 동아 100년의 대계를 꾸며서 한일합방을 주창하고 실현시켰다. 하지만 아직 그 뜻을 얻지 못한 채 돌아오지 못할 사람이 되었다. 무릇 100년의 대계란 눈앞의 성패에 따라 결정할 수 있는 바가 아니다. 사이고 다카모리 등의 대륙 경륜이 당시에 패배하였다고는 해도 그의 사후에 착착 실현되었던 것처럼, 이용구 등의 정신적 이상이 되는 동아연맹은 병합의 목적 달성 후에 당국의 몰이해, 냉혹한 처치에 따라 좌절되었던 것 같기는 하다.

　하지만 현재 만주 문제의 해결, 즉 만주국의 성립은 드디어 한 걸음을 내딛게 된 것이므로, 이것이 온전한 목적을 달성하여 그 영혼을 위로하는 것은 저자 등이 항상 책임을 통감하는 바이다. 저자는 여기서 일한 병합을 기술하면서 일진회에 대한 우리 정부 당국의 각박함을 기록한 까닭은 폭로하여 바로잡기 위해서가 아니라, 정부 당국자 스스로 서양 사상의 폐해인 공리주의에 빠져 메이지 이래로 조선에, 중국에 항상 이와 같이 행동하고, 성상의 덕을 훼손하며, 일본 정신과 반드시 상반된다는 점에 분개하여 후세로 하여금 다시 이것을 반복하지 않도록 할 것을 경계하도록 하기 위해서이다.

竹內好 編, 1963, 『アジア主義』, 筑摩書房, 236~238쪽.

자료 2) 「한일병합과 나의 책임」(사회주의자의 한국병합관)

한일병합은 이제 사실이 되었다. 그것의 가부를 논할 때가 아니다. 오늘의 긴급한 임무는 우리 새로운 조선을 통치하는 데 있어서보다 차원이 높고 교묘한 수단과 방법을 이용하는 것이다. 그들이 우리에게 동화하든지 말든지 그것은 문제가 아니다. 조선인에게 반드시 심어주어야 하는 것이 하나 있다. 이 하나를 심어주지 않으면 그들은 우리에게 화근이 될지도 모른다. 성가시게 할지도 모른다. 그 하나는 무엇인가. 그것은 다름이 아니라 일본제국의 신민으로서 지녀야 할 독립심이다.

원래 조선은 우리보다도 오랜 역사를 가진 문명국이다. 그러나 수천 년 동안 확고한 독립을 이루지 못했던 것은 백성들이 이 독립심을 갖지 못하고 살았기 때문이다. 토대 없는 기둥과 같이 줏대 없이 사는 사람들이다. 중국에 복종하고, 일본에 머리를 숙이며, 러시아에 아부하는 정말로 패기 없는 역사일 뿐이다. 이것이 마침내 오늘의 병합에 처할 수밖에 없었던 운명이다.

그렇다면 일본인이 해야 할 일은 대단한 성의로 조선인을 양성하여 훌륭한 일본제국의 신민으로 만드는 데 있다. 만일 이 한 가지 일을 일본이 정치교육을 통해, 또한 사회적 대우와 경제적 지위를 줌으로써 완수하지 않으면 조선인은 성가신 자가 되든가 또는 화근이 될지도 모른다. 그것은 우리를 위해서만이 아니라 조선인 자신을 위해서도 커다란 불행이다. 그들은 지금 여전히 미개한 인민이다. 지도와 교육은 우리의 책임이다.

일본제국은 확장되었다. 1,300만 인민이 일시에 증가하였다. 만약 그들 새로운 국민이 진정한 독립을 존중하고, 제국 신민으로서의 의무와 책임을 다하는 사람이 되지 않고, 과거의 경우와 같은 사람으로 남는다면, 확대하고도 오히려 강해지지 못할 우려도 있다. 이것은 실로 중대한 문제이다. 위정자는 물론이고, 개인이든 사회단체이든 일본 국민이라면 누구나 그들을 교육으로 유도하여, 새 동포로서 훌륭하게 만들 필요가 있다. 이것이 합병에 대한 나의 소감이다.

「論說」,『社會新聞』, 1910.4.15.

참고문헌

1. 사료

『時事新報』,『萬朝報』,『每日新聞』,『讀賣新聞』,『朝鮮』,『日本』등 일본의 각 신문, 잡지

慶応義塾 編, 1969~1971,『福沢諭吉全集(2版)』전20권, 岩波書店.

國史編纂委員會 編, 1986~1998,『駐韓日本公使館記錄』전26권.

_____ 編, 1998~2000,『統監部文書』전11권, 國史編纂委員會.

琴秉洞 編·解説, 2017,『資料雜誌にみる近代日本の朝鮮認識』전5권, 綠蔭書房.

奈良本辰也, 2013,『吉田松陰著作選 留魂錄·幽囚錄·回顧錄』, 講談社.

多田好問 編, 1927,『岩倉公實記』전3권, 岩倉公舊籍保存會.

大山梓 編, 1966,『山縣有朋意見書』, 原書房.

德富蘇峰編述, 1967,『公爵山縣有朋傳』전3권, 原書房(復刻).

동학농민혁명기념재단 동학농민혁명연구소 편, 2022~2024,『동학농민혁명 신국역총서』 14~16권, 동학농민혁명기념재단.

立教大學日本史研究室編, 1965~1971,『大久保利通關係文書』전5권, 吉川弘文館.

木戸公傳編纂所編, 1927,『松菊木戸公傳』上/下, 明治書院.

尾藤正英, 島岐隆夫 校註, 1977,『安藤昌益 佐藤信淵』(日本思想大系45), 岩波書店.

山口縣敎育會 編, 2012,『吉田松陰全集』전10권, 大和書房.

山口県教育會, 1934~1940,『吉田松陰全集』全13卷, 岩波書店.

山田朗 編, 1997,『外交資料 近代日本の膨脹と侵略』, 新日本出版社.

尚友俱樂部 山縣有朋關係文書編纂委員會 編, 2004~2008,『山縣有朋關係文書』전3권, 山川出版社.

松方峰雄[外] 編, 1978~2001,『松方正義關係文書』전20권, 大東文化大學東洋研究所.

勝田孫彌, 1910~1911,『大久保利通傳』전3권, 同文館.

伊藤博文 編, 1970,『朝鮮交涉資料』上/中/下, 原書房.

伊藤博文關係文書研究會 編, 1973~1981,『伊藤博文關係文書』全九卷, 塙書房.

日本史籍協會 編, 1927,『大久保利通日記』上/下, 日本史籍協會.

_____ 編, 1927~1929, 『大久保利通文書』 전10권, 日本史籍協會.
_____ 編, 1927~1935, 『岩倉具視關係文書』 전8권, 日本史籍協會.
_____ 編, 1929~1931, 『木戶孝允文書』 전8권, 日本史籍協會.
_____ 編, 1932~1933, 『木戶孝允日記』 전3권, 日本史籍協會.
_____ 編, 1966, 『山縣有朋意見書』, 原書房.
日本外務省 編, 1954, 『日本外交文書』, 日本國際聯合協會.
_____ 編, 1965, 『日本外交文書竝主要年表』 上/下, 原書房.
_____ 編, 1966, 『小村外交史』, 原書房.
井上毅傳編輯委員會編, 1966~1977, 『井上毅傳 史料篇』 전6권, 國學院大學圖書館.
井上馨傳記編纂會編, 復刻, 1968, 『世外井上公傳』 전5권, 原書房.
朝鮮總督府, 1917, 『朝鮮ノ保護及併合』.
芝原拓自·猪飼隆明池田正博校注, 1988, 『對外觀』日本近代思想大系12, 岩波書店.
倉知鐵吉, 「韓國併合ノ經緯」, 日本外務省 外交史料館 소장 자료.
千葉功 編, 2010, 『桂太郎關係文書』, 東京大學出版會.
春畝公追頌會 編, 1934, 『伊藤博文傳』 全3卷, 統正社(原書房, 1970年復刻).
平塚篤 編, 1982, 『伊藤博文秘錄』, 原書房.
海野福壽 編, 2004, 『(外交史料) 韓國併合 上-下』, 不二出版社.
헐버트 박사 기념사업회 편역, 2007, 『헤이그 만국평화회의 관련 일본정부 기밀문서 자료집』, 선인.
檜山幸夫 總編輯, 2007~2015, 『伊藤博文文書』 전127권, ゆまに書房.
黑龍會, 1930, 『日韓合邦秘史』 上/下, 黑龍會出版部.

2. 단행본

『吉田松陰と松下村塾』(別冊寶島), 寶島社.
岡島茂雄, 2009, 『明日に續く道吉田松陰から安倍晉三へ』, 高木書房.
奈良本辰也, 1951, 『吉田松陰』, 岩波新書.
桐原健眞, 2009, 『吉田松陰の思想と行動』, 東北大學出版會.
羅義圭, 2021, 『「可能性」としてのもう一つの日本: 「日韓史認識」の連を切り拓く手がかりとして』, ココ出版.
毛利敏彦, 1978, 『메이지 6년 정변의 연구(明治六年政變の硏究)』, 有斐閣.

_____,1979,『메이지 6년 정변(明治六年政變)』,中公新書

_____, 2002,『明治維新政治外交史研究』, 吉川弘文館.

森山茂德, 1987,『近代日韓關係史研究: 朝鮮植民地化と國際關係』, 東京大學出版會, (김세민 옮김, 1994,『近代日韓關係史研究』, 현음사)

小森陽一, 2001,『ポストコロニアル』, 岩波新書.

伊藤隆 編, 2008,『山縣有朋と近代日本』, 吉川弘文館.

伊藤之雄, 2009,『山縣有朋-愚直な權力者の生涯』, 文春新書.

_____, 2009,『伊藤博文-近代日本を創った男-』, 講談社.

井上壽一, 2010,『山縣有朋と明治國家』, NHKブックス.

中塚明, 1993,『近代日本の朝鮮認識』, 文出版.

崔碩莞, 1997,『日淸戰爭への道程』, 吉川弘文館.

坂野潤治, 2013,『近代日本とアジア-明治・思想の實像』, 筑摩書房.

海野福壽, 2004,『伊藤博文と韓國併合』, 靑木書店.

강창일, 2003,『근대 일본의 조선 침략과 대아시아주의: 우익낭인의 행동과 사상을 중심으로』, 역사비평사.

국방군사연구소 편, 1997,『메이지시대 일본군대의 형성과 발전』, 국방군사연구소.

금병동, 2008,『일본인의 조선관: 일본인 57인의 시선, 그 빛과 그림자』, 논형.

_____, 2008,『조선인의 일본관: 600년 역사 속에 펼쳐진 조선인의 일본 인식』, 논형.

김흥수, 2010,『한일관계의 근대적 개편 과정』, 서울대학교 출판문화원.

나카무라 기쿠오 지음, 강창일 옮김, 2000,『이등박문』, 중심.

나카쓰카 아키라 저, 성해준 역, 2005,『근대 일본의 조선 인식』, 청어람미디어.

다보하시 기요시 지음, 김종학 옮김, 2013~2016,『근대 일선관계의 연구』상·하, 일조각.

도면회 외, 1999,『일제식민통치연구1, 1905~1919』, 백산서당.

미야케 히데토시, 하우봉, 1990,『역사적으로 본 일본인의 한국관』, 풀빛.

박훈 외, 2008,『일본 우익의 어제와 오늘』, 동북아역사재단.

방광석, 2008,『근대 일본의 국가체제 확립과정-이토 히로부미와 '제국헌법체제'-』, 혜안.

_____, 2019,『이토 히로부미: 일본의 근대를 이끌다』, 살림.

야마다 쇼오지 외, 1992,『근현대사 속의 한국과 일본』, 샘기획.

오가와라 히로유키, 최덕수/박한민 옮김, 2012, 『이토 히로부미의 한국병합 구상과 조선사회』, 열린책들.

요네타니 마사후미 지음, 조은미 옮김, 2010, 『아시아/일본: 사이(間)에서 근대의 폭력을 생각한다』, 그린비출판사.

운노 후쿠쥬 지음, 정재정 옮김, 2008, 『한국병합사연구』, 논형.

이규수, 2007, 『제국 일본의 한국 인식 그 왜곡의 역사』, 논형.

이성환/이토 유키오 편저, 2009, 『한국과 이토 히로부미』, 선인.

이종각, 2010, 『이토 히로부미 - 원흉과 원훈의 두 얼굴-』, 동아일보사.

장용걸, 2004, 『정한론과 조선 인식』, 보고사.

조항래 편, 2004, 『일제의 대한침략정책사연구』 상·하, 한국학술정보.

최석완, 최혜주, 2001, 『근현대 한일관계와 국제사회』, 한국방송통신대학교 출판부.

최혜주, 2010, 『근대 재조선 일본인의 한국사 왜곡과 식민통치론』, 경인문화사.

한국외교사편찬위원회, 2018, 『한국의 대외관계와 외교사』, 동북아역사재단.

한명근, 2002, 『한말 한일합방론연구』, 국학자료원.

한상일, 2002, 『아시아연대와 일본제국주의』, 오름.

_____, 2021, 『일본의 '한국병합' 과정 연구』, 경인문화사.

한일관계사학회 편, 2005, 『일본의 한국 침략과 주권 침탈』, 경인문화사.

함동주 외, 2009, 『근현대 일본의 한국 인식』, 동북아역사재단.

현명철, 2019, 『메이지유신 초기의 조선침략론』, 동북아역사재단.

3. 논문

강창일, 2000, 「일진회의 '합방'운동과 흑룡회 - 일본 우익의 대아시아주의와 관련하여 -」, 『역사비평』 52.

공의식, 1991, 「日本의 幕府末期 明治初期의 朝鮮侵略論:「權念的 征韓論」과 「政略的 征韓論」을 中心으로」, 『국제문제논총(부산외국어대)』 4.

김관원, 2017, 「1905년 일본제국의 독도편입 배경 - 야마자 엔지로와 보호국화 정책을 중심으로-」, 『한일군사문화연구』 24.

김정기, 1984, 「김옥균에 반영된 명치일본신문의 對韓觀」, 『東園 金興培博士 古稀紀念論文集』, 한국외국어대학교.

김태정, 1991, 「自由民權論者의 對韓國觀」, 『일본연구(외국어대)』 6.

김현철, 2003, 「아시아연대론의 명분과 실제: 일본의 역할과 한국의 반응」, 『아세아연구』 46-1.

_____, 2004, 「청일전쟁 개전시기 일본의 대조선 정책의 명분과 실제」, 『일본연구논총』 19.

김흥수, 2009, 「운요호사건과 이토 히로부미」, 『한일관계사연구』 33집.

_____, 2013, 「임오군란시기 일본의 조선 정책과 여론」, 『군사연구』 136.

라의규, 2016, 「명치시대 지식인들의 조선 인식」, 『日本文化學報』 68, 2016.

박소영, 정예실, 2016, 「근대시기 일본이 바라보는 한국에 대한 시선」, 『한국콘텐츠학회논문지』 16-2, 2016.

박영재, 1996, 「근대 일본의 침략주의적 대외론과 한국론」, 『한국사시민강좌』 10, 1996.

박영준, 2007, 「근대 일본의 국제질서인식과 대외정책론」, 『일본연구논총』 25, 2007.

_____, 2017, 「제국주의 질서와 조선의 식민지화:일본의 제국(帝國) 부상과 식민지 정책론 전개를 중심으로」, 『한국정치외교사논총』 38-2, 2017.

박인호, 2002, 「일본인의 한국 인식과 역사왜곡」, 『청계사학』 16, 2002.

박종근, 1986, 「明治維新以後 日本의 對朝鮮 侵略政策」, 『민족문화논총』 7, 1986.

박훈, 2010, 「吉田松陰의 대외관 - '敵體'와 팽창의 이중구조」, 『동북아역사논총』 30, 2010.

朴熙琥, 1997, 「舊韓末 韓半島中立化論 硏究」, 동국대학교 사학과 박사학위논문.

방광석, 2010, 「'이토 히로부미 사살사건'에 대한 각국 언론의 반응과 일본정부의 인식 - 일본외무성 외교사료관 소장자료를 중심으로 -」, 『동북아역사논총』 30.

_____, 2010, 「德富蘇峰의 동아시아 인식」, 『동북아역사논총』 27, 2010.

_____, 2010, 「일본의 한국 침략정책과 伊藤博文-統監府 시기를 중심으로 -」, 『일본역사연구』 32.

_____, 2014, 「러일전쟁 이전 이토 히로부미의 조선 인식과 정책」, 『한일관계사연구』 48, 2014.

서민교, 「청일전쟁기 이토 히로부미(伊藤博文) 내각의 조선에 대한 군사외교정책」, 『일본역사연구』 32.

심기재, 1998, 「근대 일본인의 조선 인식 - 左田白茅를 중심으로 -」, 『일본학보』 40.

_____, 2008, 「메이지 초년 기도 타카요시의 대외 인식」, 『일어일문학연구』 66-2.

유불란, 2018, 「정한론, 혹은 방편으로서의 '조선'-幕末期 對馬藩의 경우를 중심으로-」, 『일본사상』 35.

유상희, 2000, 「近代日本文人의 韓國認識-淸日戰爭에서 韓日合邦까지-」, 『일본학보』 45.

이규수, 2006, 「일본의 국수주의자, 시가 시게타카(志賀重昻)의 한국 인식」, 『민족문화연구』 45.

_____, 2006, 「한국강점 직후 일본 지배계층의 조선 인식잡지 '太陽'을 중심으로」, 『대동문화연구』 54.

_____, 2009, 「안중근 의거에 대한 일본 언론계의 인식」, 『한국독립운동사연구』 34.

이원우, 2012, 「사이고 다카모리와 '정한론'-2012년도 검정통과 일본 고등학교 역사교과서와 관련해서-」, 『일본학(동국대)』 35.

이태진, 2014, 「요시다 쇼인(吉田松陰)과 도쿠토미 소호(德富蘇峰)-근대 일본 한국 침략의 사상적 기저」, 『韓國史論』 60.

제홍일, 2010, 「근대 여명기 일본의 조선 정책과 宮本小一」, 『역사와세계』 37.

채수도, 2003, 「일진회의 '합방'운동과 흑룡회-일본 우익의 대아시아주의와 관련하여-」, 『일본문화논총』 40.

_____, 2006, 「근대 일본에 있어서 아시아연대론: '일방성'을 중심으로」, 『일본어문학』 35, 일본어문학회.

천지명, 2007, 「을사조약 이후 일본의 '보호국' 인식」, 『역사와현실』 66.

최덕수, 1986, 「청일전쟁 전후 일본의 한국관: 복택유길(福澤諭吉)을 중심으로」, 『사총』 30.

_____, 1993, 「大韓帝國期 日本人의 朝鮮論研究; 近衛篤를 중심으로」, 『송갑호교수정년퇴임기념논문집』, 기념논문집간행위원회.

최보영, 2019, 「가토 마쓰오(加藤增雄)의 주한일본 영사·공사 활동과 한국 통치론」, 『한국민족운동사연구』 100.

최석완, 2002, 「근대 일본의 동아시아 정책에 대한 재검토-1880~1890년대를 중심으로-」, 『이화사학연구』 29.

_____, 2004, 「일본정부와 조선 내정의 개혁안(1894.6)」, 『일본역사연구』 21.

최은석, 2010, 「사토 노부히로의 대외관-구제와침략-」, 『동북아역사논총』 30, 동북아역사재단.

최종길, 2016, 「일본의 아시아주의와 조선인의 반응-흥아회를 중심으로-」, 『사림』 56.
최혜주, 2005, 「한말 일제하 샤쿠오(釋尾旭邦)의 내한활동과 조선 인식」, 『한국민족운동사연구』 45.
_____, 2008, 「잡지 『朝鮮』(1908~1911)에 나타난 일본 지식인의 조선 인식」, 『한국근현대사연구』 45.
_____, 2012, 「일본 東邦協會의 조선사정 조사활동과 조선 인식」, 『한국독립운동사연구』 43.
_____, 2014, 「1910년대 일본인의 조선사정 안내서 간행과 조선 인식」, 『한국민족운동사연구』 81.
하지연, 2010, 「'한국병합'에 대한 재한일본 언론의 동향-잡지 『朝鮮』을 중심으로-」, 『동북아역사논총』 30.
_____, 2010, 「일제의 한국강점에 대한 일본 언론의 동향: 일본 잡지 『태양』・『일본급일본인』・『중앙공론』을 중심으로」, 『한국민족운동사연구』 64.
한성민, 2018, 「망명자 김옥균(金玉均)에 대한 일본의 처우와 조선 정책(1884~1890)」, 『역사와현실』 109.
함동주, 1995, 「명치기 일본의 아시아주의와 국권의식」, 『일본역사연구』 2.
_____, 1997, 「명치초기(1868~1875) 일본 외무성의 조선침략론과 그 성격」, 『사학연구』 54.
_____, 2002, 「근대 초기 일본의 외교체계 수립과 동아시아 정책-조선과의 관계를 중심으로-」, 『이화사학연구』 29.
현명철, 1994, 「日本 幕府 末期의 對馬島와 소위 '征韓論'에 대하여」, 『한일관계사연구』 2.
홍순호, 1994, 「近代日本의 侵略思想과 政策: 征韓論을 중심으로」, 『사회과학논총(이화여대)』 14.
_____, 1996, 「征韓論-근대 일본의 침략사상과 조선정벌정책」, 『한국정치외교사논총』 14.
황미주, 2007, 「근대 일본잡지를 통해 본 일본인의 한국 인식」, 『일어일문학』 34.

吉野誠, 1998, 「吉田松陰と朝鮮」, 『朝鮮學報』 128輯.
木村直也, 1993.4, 「幕末の日朝關係と征韓論」, 『歷史評論』 516, 1993.4.

芳賀登, 1983, 「명치유신에 있어서 일본지식인의 한국관」, 『한국학논총(한양대)』 3.

保坂祐二, 1999, 「吉田松陰의 朝鮮侵略論에서 본 明治新政府의 초기 對韓政策」, 『한일관계사연구』 10.

山田昭次, 1970.6, 「征韓論, 自由民權論, 文明開化論-江華島事件と自由民權運動-」, 『朝鮮史研究會論文集』 7號.

_____, 1981, 「自由民權期의 興亞論과 脫亞論: 아시아주의의 형성을 에워싸고」, 『국권론과 민권론』, 한길사.

森山茂德, 1994, 「1890년대 일본의 대한국정책」, 『인문논총(아주대)』 5-1.

三宅紹宣, 2010, 「幕末·維新期 諸階層の對外意識」, 『歷史學硏究』 1989年 別冊特輯.

矢澤康祐, 1969.6, 「江戸時代における日本人の朝鮮觀について」, 『朝鮮史研究會論文集』.

찾아보기

ㄱ

가게야마 히데코(景山英子) 93, 360
가쓰라 다로(桂太郎) 149, 227, 247, 276, 304
가쓰라-태프트 협약 17
가토 마스오(加藤增雄) 158, 317
가파산사건 87
간도 문제 325~328, 341
간도 영유권 325~327
갑신정변 16, 17, 42, 43, 46, 63, 66, 68~70, 75, 79~84, 90, 91, 95, 97, 98, 101~103, 106, 111, 112, 141, 142, 161, 178, 181, 186, 232, 233, 334, 337, 341, 342
갑오개혁 66, 68
강화도사건 16, 20, 40, 41, 61, 232
강화도조약 48, 59, 63, 66, 139, 161, 333, 334, 337
거문도사건 144
게이오의숙(慶應義塾) 16, 180, 186, 188, 208
격화사건 87
고마쓰 미도리(小松綠) 278

고무라 주타로(小村壽太郎) 235, 276, 304
고바야시 구스오(小林障雄) 87~89, 93, 356
고사기(古事記) 23, 27
고토 쇼지로(後藤象次郎) 55, 85, 129
고토쿠 슈스이(幸德秋水) 118, 121, 336
구라치 데쓰키치(倉知鐵吉) 248, 259, 277, 284, 310
구로다 기요타카(黑田淸隆) 60, 74, 182
구루시마 쓰네키(來島恒喜) 169, 178, 179, 181
구마모토 국권당 191, 202, 205, 208, 209
구사카 겐즈이(久坂玄瑞) 28, 228
「국가결합 및 국가병합 유례」 290, 291
국권론 91~96, 100, 103, 199, 209, 335, 342
국권확장론 31, 63
국권확장정책 63
국위선양론 15, 31
국회개설조칙 86, 230
군마사건 87
「군비의견서」 20
기도 다카요시(木戶孝允) 16, 21, 27~29, 31~33, 45, 49, 51, 54, 69, 71, 72, 74, 167, 228, 229, 333, 349

김옥균 75, 76, 87~90, 97, 98, 102, 110, 112, 114, 163, 178, 181, 186~188, 190, 356, 357

ㄴ

나가사카 기사쿠(長坂喜作) 99
나고야사건 87
내치파 37, 38, 41, 63, 232, 333, 334
노먼(Egerton Herbert Norman) 196, 197
노무라 모토스케(野村素介) 33
녹스(Philander C. Knox) 279, 322
니시 도쿠지로(西德二郎) 150

ㄷ

다루이 도키치(樽井藤吉) 16, 101, 102, 335, 388
다치 사쿠타로(立作太郎) 18, 256, 259, 260, 339
다카스기 신사쿠(高杉晋作) 28, 168, 228
다케다 한시(武田範之) 197, 202
다케조에 신이치로(竹添進一郎) 97, 141, 357
다테 무네나리(伊達宗城) 52
대동단결운동 179
『대동합방론(大東合邦論)』 16, 101~103, 106, 107, 110, 335, 388
대러동지회 191

대륙낭인 190, 198, 204, 205, 209, 211
대역사건 122
대외팽창론 15, 20, 21, 24, 47, 49, 63, 69, 71, 113, 332, 333
대외침략론 15, 23, 24, 346
대외화친론 15, 31, 63
「대한방침」 160, 235, 260, 308~310
「대한시설대강」 277, 309
「대한세목요강기초안」 284~286
「대한정책의 기본방침」 277, 285, 286
데라우치 마사타케(寺內正毅) 227, 276~278, 304
도야마 미쓰루(頭山滿) 165, 177, 337
도요협회 250, 311
도요토미 히데요시(豊臣秀吉) 15, 22, 45
도쿠토미 소호(德富蘇峰) 285
동아동문회 203, 204, 208, 211, 212, 222
동양자유당 92
동양척식회사 247, 248
동청철도 279, 322
동학농민전쟁 126, 190, 197, 364

ㄹ

람즈도르프(Vladimir Nikolaevich Lamzdorf) 153
러일전쟁 7, 14, 17, 67~70, 118, 121, 122, 136, 137, 139, 145, 147~150, 154~156, 157, 159, 161~163, 191, 192, 194, 195,

204, 208, 210, 221, 224, 226, 227, 233, 234, 254~256, 262, 276, 303~305, 308, 320, 326, 327, 336~339, 342

류큐번(琉球藩) 39

류큐 병합 39, 63

류큐처분 42, 46

ㅁ

마루야마 사쿠라(丸山作樂) 52

마쓰카타 마사요시(松方正義) 113, 182, 184

마에바라 잇세이(前原一誠) 167, 171

마토노 한스케(的野半介) 178, 190

만국공법 31~35, 41, 45, 46, 63, 143, 332, 333

만국공법질서 15

만국평화회의 146, 147, 242

만주의군(滿洲義軍) 191, 192, 195, 338

만주철도 279, 322

만한교환론 149~154

만한불가분론 149, 150, 154

맥도널드(Claude McDonald) 144, 280

명성황후시해사건 70, 133, 134, 136, 165, 197, 203, 205, 206, 218, 226, 232

모리야마 시게루(森山茂) 36, 53, 59

모토노 이치로(本野一郎) 241, 321, 323, 328

묄렌도르프(Paul Georg von Möllendorff) 143

무단파 14, 227, 276

무쓰 무네미쓰(陸奧宗光) 126, 137, 190,
233, 361

문치파(文治派) 14, 67, 227, 233, 276

미구회람 사절 33

미야모토 오카즈(宮本小一) 58, 62

미우라 고로(三浦梧樓) 133, 202

민선의원설립건백서(民選議院設立建白書) 85, 95

ㅂ

박영효 75~77, 87, 133, 186

번벌관료 66, 334

번벌정부 164, 174, 185, 198, 200, 206, 216

병인양요 48

「병합실행방법세목」 278, 300, 301, 340

'병합안' 18, 278, 287, 289, 298, 300, 302, 340

병합준비위원회 278, 300, 301, 340

보스(Rash Behari Bose) 194~196

보신(戊辰)전쟁 15, 174

보아소나드(Gustave Emil Boissonade) 137, 140

보호국 126, 130, 254~259, 261~268, 270, 272, 276, 303, 314, 327, 328, 339, 340

보호국 논쟁 254, 256

보호국론 18, 254, 256, 262, 264, 265, 268, 272

보호국화 68, 129, 131, 136, 138, 139, 149, 150, 157, 159~161, 226, 233, 234, 236,

237, 242, 254~257, 259~261, 268, 270, 271, 276, 304, 305, 320, 325, 336~339, 342
보호통치 18, 67~69, 226, 233, 236, 240~242, 244, 249~253, 272, 273, 286, 303~305, 314, 329, 339, 340
부들러(Hermann Budler) 143
불평등조약 16, 31, 35, 41, 74, 118, 172, 182, 277, 279, 280, 289, 332, 333
비전론(非戰論) 118
비정한파 49, 333
비테(Sergei Yulyevich Witte) 152

ㅅ

사가라 마사키(相良正樹) 53
사다 하쿠보(佐田白茅) 36, 50
사이고 다카모리(西鄕隆盛) 16, 21, 36, 54, 59, 72, 166~168, 171, 174, 178, 209, 229, 333, 350, 352, 355, 395
사이온지(西園寺) 316
사카모토 료마(坂本龍馬) 28
사카이 도시히코(堺利彦) 118, 121, 336
사쿠마 쇼잔(佐久間象山) 24~26
사토 노부히로(佐藤信淵) 15, 21, 22, 24, 37, 44, 47, 63, 332, 333
산조 사네토미(三條實美) 49, 54, 76
삼국간섭 17, 96, 132, 136, 149, 161, 201, 214, 219, 221, 226, 233, 320, 337, 342

삼한정벌 27
샌즈(William Franklin Sands) 145
세이난(西南)전쟁 86, 166, 167, 169, 173, 174, 185, 206, 209, 230
소네 아라스케(曾禰荒助) 251, 316
소에지마 다네오미(副島種臣) 55
속방론 140
송병준 318, 394
쇼카손주쿠(松下村塾) 24, 28, 29, 69, 70, 228, 332
스기무라 후카시(杉村濬) 375
스기야마 시게마루(杉山茂丸) 177, 180, 317, 318
스톨리핀(Pyotr A. Stolypin) 280, 324
쑨원(孫文) 163, 174, 192~196, 205
쓰시마번(對馬藩) 36, 47, 49
시나가와 야지로(品川彌二郎) 184
시모노세키 조약 201
시정개선협의회 239
신미양요 48

ㅇ

아관파천 149, 161, 337
아다치 겐조(安達謙藏) 198, 208, 379, 382
아라이 쇼고(新井章吾) 87, 88
아리가 나가오(有賀長雄) 256, 262, 278, 339
아오키 슈조(靑木周藏) 137, 145, 146
아이누 38

아키야마 마사노스케(秋山雅之介) 278, 286, 340
안중근 30, 67, 69, 233, 296, 316, 328
안중근 의거 18, 303, 304, 314, 315, 318~320, 328, 340, 341
알렌(Horace Newton Allen) 144, 147
앙탕트체제 18
애국사(愛國社) 85, 170, 171, 175
야나기와라 사키미쓰(柳原前光) 51
야마가타-로바노프 협정 151
야마가타 아리토모 17, 20, 21, 29, 31, 42, 45, 71, 83, 92, 142, 227, 250, 273, 276, 304, 318, 334
야마기와 시치시(山際七司) 89, 356
야마자 엔지로(山座圓次郎) 259
야마지 아이잔(山路愛山) 392
약육강식 32, 45, 105, 213
어넥세이션(Annexation) 241
에토 신페이(江藤新平) 55
연대론 16, 101, 107
열국공법 34
영세중립화 82~84, 141, 142, 161, 334, 337
영일동맹 17, 147, 148, 150, 324, 342
오가와 헤이키치(小川平吉) 249
오개조서문(五箇條誓文) 31, 32
오무라 마스지로(大村益次郎) 20
오미와 조베(大三輪長兵衛) 158
오사카사건 85, 87, 90, 92, 93~96, 98, 99, 106, 195, 335, 338, 356, 360

오야 마사오(大矢正夫) 93, 97, 99, 360
오이 겐타로(大井憲太郎) 87, 88, 92~94, 97, 106, 187, 195, 209, 338, 356
오카모토 류노스케(岡本柳之助) 198, 377
오쿠마 시게노부(大隈重信) 38, 86, 173, 181, 200, 229, 230, 232
오쿠보 도시미치(大久保利通) 21, 52, 54, 72, 86, 167, 169, 229
오토리 게이스케(大鳥圭介) 129, 375, 376
옥시첩(獄是帖) 53
「외교정략론」 43
외정론 15, 22, 346
왜양일체(倭洋一體) 37
『요로즈초호(萬朝報)』 118, 120~123, 335, 336
요시다 쇼인(吉田松陰) 15, 21, 24, 28, 31, 47, 49, 63, 69~71, 167, 228, 332, 333, 346
요시오카 고키(吉岡弘毅) 52
요시쿠라 오세이(吉倉汪聖) 197, 364
우에키 에모리(植木枝盛) 170
우치다 료헤이(內田良平) 191, 196, 317, 318
우치다 사다쓰치(內田定鎚) 377, 379~381, 383
우치무라 간조(內村鑑三) 118, 336
운요호사건 46, 63, 73~75, 79, 141, 233
위안스카이(袁世凱) 193, 218, 366
유길준 143
유수록(幽囚錄) 26

유일관(有一館) 360
을미사변 17, 133, 149, 208, 211, 214, 233, 342, 375, 377
을사늑약/을사조약 17, 30, 137, 160, 161, 226, 230, 233~236, 242, 256, 261, 271, 282, 304, 305
이노우에 가오루(井上馨) 28, 61, 74, 80, 81, 89, 129, 137, 182, 185, 202, 227, 229~232, 276, 336, 342, 356, 375, 376
이노우에 고와시(井上毅) 79, 137, 140, 141
이노우에 요시카(井上良馨) 74
이소야마 세이베(磯山淸兵衛) 87~89, 356
이와쿠라 도모미(岩倉具視) 33, 49, 54, 72, 76
이와쿠라사절단 54, 333
이완용 242, 282, 317, 319
이용구 317, 318, 394, 395
이용익 148, 149, 155, 158, 159
이익선 17, 21, 43, 44, 46, 82~84, 92, 142, 334, 342
이즈볼스키(Alexander P. Iswolskii) 146, 151, 153, 279, 321~323
이지용 148, 149, 155, 156, 159
이타가키 다이스케(板垣退助) 36, 54, 85, 95, 167, 169, 173, 200, 230, 350, 352
이토 히로부미(伊藤博文) 16, 17, 21, 28, 29, 31, 34, 45, 66~72, 76, 77, 79, 81, 113, 134, 136, 137, 141, 149, 160, 161, 173, 177, 178, 182, 226, 228, 233, 262, 272, 276, 303~305, 334, 336, 338, 340
일군만민론 24, 29
일본서기(日本書紀) 23, 27
일진회 205, 210, 282, 317~319, 3285, 341, 394~396
일한일가설(日韓一家說) 250, 311
임오군란 16, 42, 46, 63, 68~70, 75, 77, 82, 84, 95, 101, 139, 140, 142, 161, 178, 181, 185, 186, 189, 334, 337, 341
입지사(立志社) 85, 170, 171
입헌개진당 86, 173, 184, 200
입헌정우회 29, 230, 232, 236

ㅈ

자명회(紫溟會) 173, 174, 177, 179, 182
자유당 17, 86~89, 92, 94, 97, 99, 109, 170, 173, 184, 187, 200, 209, 356, 357
자유민권운동 17, 85~88, 91, 95~97, 99, 100, 103, 164, 165, 169~172, 181, 199, 200, 206, 209, 230, 335
자유민권파 16, 17, 85, 87, 92, 94, 95, 178, 180, 188, 334, 335
자치식민지 246, 279, 313
자치육성정책 244, 247
전봉준 364
전시중립선언 155~158, 162
정미조약 18, 30, 243~245, 249, 306~308, 320, 326, 327

'정한론' 15, 16, 22, 28, 36~38, 40, 46~50, 53~59, 63, 72, 73, 85, 112, 185, 229, 232, 333, 334, 349, 389, 390
'정한론' 정변
'정한파' 72, 229, 333, 334
제너럴셔먼호 48
제1차 러일협약 320~323, 325
제2차 러일협약 277, 280, 281, 299, 300, 320, 323, 324, 328
조러밀약 43
조선낭인 17, 163, 165, 190, 197, 201~204, 206, 207, 209~213, 215, 217, 219, 221, 224, 337, 338, 342
조선 '독립론' 81, 140
조선멸시관 15, 20, 46, 47, 52, 63, 333
조선방임론 17
조선보호국화 17
「조선사변처분안」 134, 135
조선 중립화 79, 135, 141
조선속방론 77
「조일수호조규」 16, 40, 41, 61, 66, 74
중립화안 139, 143, 145, 146, 152, 155, 279, 337
『지지신보(時事新報)』 101, 113, 117, 118, 121, 123, 180, 335
지치부사건 88
진다 스테미(珍田捨巳) 153, 259
질록처분(秩祿處分) 85
존왕론(尊王論) 25, 29, 30

존왕양이론 24, 29, 228
주권선 21, 43, 83, 142, 334
즉시 병합론 241, 249, 250, 253, 286~288, 291, 298, 299, 317, 339
직접식민지 18, 312, 319, 328
진구황후 27, 45, 63, 347
징병제 20

ㅊ

천우협(天佑俠) 165, 190, 191, 197, 200, 202, 206, 207, 210, 213, 215, 217, 221, 338, 364
천황친정 32
청일수호조규 16
청일전쟁 17, 43, 63, 66~70, 83, 96, 91, 101, 106, 113, 115~123, 126, 128, 129, 131, 132, 137, 138, 142, 143, 148, 150, 161, 163, 190, 195, 197, 201, 203, 219, 221, 226, 233, 234, 254, 262, 268, 276, 320, 334, 336, 337, 342
초망굴기론(草莽崛起論) 29

ㅋ

코콥초프(Vladimir Nikolaevich Kokovtsov) 279, 316, 322

ㅌ

타이완 침공 20, 38, 39, 41, 46, 63, 73, 75, 229, 232, 333

「탈아론(脫亞論)」 16, 101, 102, 107, 108, 111, 112, 114, 335, 341, 384

태프트(William Howard Taft) 322

텐진조약 81~84, 127, 142, 334

통감부 7, 17, 68, 61, 161, 234, 236, 238, 239, 278, 287, 288, 300, 303~305, 341, 319, 325

통감정치 66, 291, 311

ㅍ

파워 폴리틱스 32

판적봉환(版籍奉還) 50

팔굉일우(八紘一宇) 15, 22, 23

폐번치현(廢藩置縣) 37, 47, 78

포츠머스조약 204, 320, 321

ㅎ

하나부사 요시모토(花房義質) 137

하세가와 요시미치(長谷川好道) 236

하야시 곤스케(林權助) 145, 146, 154, 235, 236, 326

하야시 다다스(林董) 241, 243, 305, 306, 317, 326

한국병합 14, 15, 17, 18, 67, 68, 226, 227, 240, 241, 248, 251, 253, 272, 276~281, 283~286, 289~304, 306~309, 312, 316, 320~325, 327~329, 332, 340, 341

한국병합론 14, 307, 309

한일의정서 159, 160, 234, 235, 258, 259, 269, 271

한일협약 234, 242, 243, 270, 271, 306, 308

「합방청원서」 282, 317

합방청원운동 317~319, 341

핫코 준슈쿠(八戶順叔) 48

향양사(向陽社) 170~172, 175, 181

헤이그사건 18, 30, 242, 304, 305, 313,

현양사 17, 163, 170~193, 195~197, 202, 208, 209, 337, 339

호시 도루(星亨) 89, 356

후쿠다 히데코(福田英子) 88

후쿠시마사건 87

후쿠자와 유키치(福澤諭吉) 16, 101, 106, 107, 111, 180, 335, 342, 362, 363, 384

흑룡회 191, 196, 197, 204, 205, 207, 208, 210, 214, 215, 223, 224, 317, 319, 338, 341

홍아론 106

히라노 구니오미(平野國臣) 168

히로쓰 히로노부(廣津弘信) 53, 56, 60

히라오카 고타로(平岡浩太郎) 169, 171, 174, 178, 185, 188, 191, 192

동북아역사재단 일제침탈사 연구총서 03
근대 일본의 한국 인식과 침략론

초판 1쇄 발행　2024년 12월 10일

지은이　방광석
펴낸이　박지향
펴낸곳　동북아역사재단

등　록　제312-2004-050호(2004년 10월 18일)
주　소　서울시 서대문구 통일로 81 NH농협생명빌딩
전　화　02-2012-6065
팩　스　02-2012-6186
홈페이지　www.nahf.or.kr
제작·인쇄　청아출판사

ISBN　979-11-7161-149-2　94910
　　　　978-89-6187-669-8 (세트)

· 이 책은 저작권법에 의해 보호를 받는 저작물이므로 어떤 형태나 어떤 방법으로도
　무단전재와 무단복제를 금합니다.
· 책값은 뒤표지에 있습니다. 잘못된 책은 바꾸어 드립니다.